贾益民 主编
胡培安 胡建刚 副主编

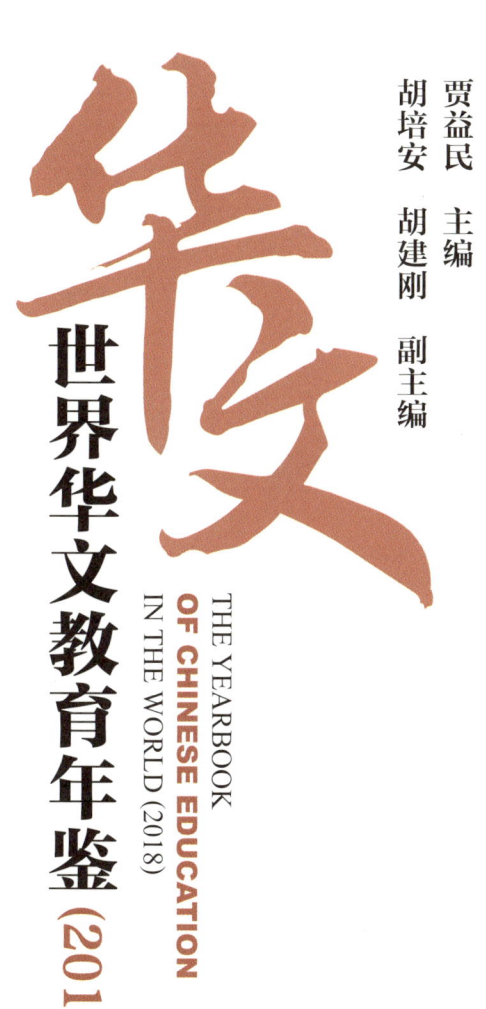

世界华文教育年鉴（2018）

THE YEARBOOK OF CHINESE EDUCATION IN THE WORLD (2018)

社会科学文献出版社
SOCIAL SCIENCES ACADEMIC PRESS (CHINA)

第四届世界华文教育大会开幕式

主办单位：国务院侨务办公室 中国海外交流协会
2017年12月 北京

2017年12月19日至20日，由中国国务院侨务办公室和中国海外交流协会主办的第四届世界华文教育大会在北京召开。图为大会开幕式上海外优秀华文教师代表获颁表彰证书。

2017年8月22日，中国国务院侨务办公室专家咨询委员会大会在北京举行。会上成立了国务院侨务办公室专家咨询委员会，设华文教育等四个分委员会。图为大会开幕式。

2017年10月28日,值《中文》教材出版发行20周年之际,《中文》教材座谈会在华侨大学厦门校区举行。与会嘉宾相约共同修订完善《中文》教材。图为座谈会现场。

2017年12月18日,《重温经典·筑梦祖国》大型朗诵会暨首届全球华语朗诵大赛在中国北京举行。图为朗诵会现场。

2017年,华文教育研究取得丰硕成果,不同地区、不同国家学术交流频繁。上图为2017年10月26日至29日在中国华侨大学厦门校区举办的"第二届国际华文教学研讨会暨第七届两岸华文教师论坛"现场。下图为2017年4月6日在美国得克萨斯州休斯敦召开的第十届全美中文大会现场。

华教人物
（按音序排列）

 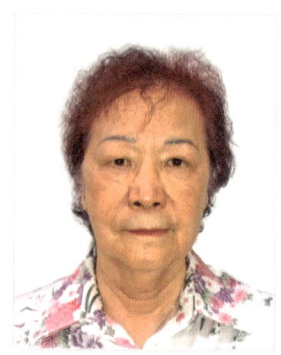 

〔德国〕陈薇　　　〔南非〕陈玉玲　　　〔马来西亚〕古润金

〔印度尼西亚〕何文金　　〔阿根廷〕刘芳勇　　〔巴西〕袁爱平

   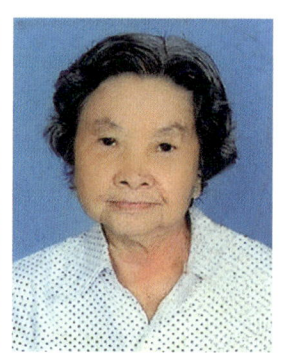

〔缅甸〕曾圆香　　〔日本〕张述洲　　〔奥地利〕赵静、赵国刚伉俪　　〔柬埔寨〕周洁明

本书系"海外华文教育与中华文化传播协同创新中心"研究成果

- 华侨大学
- 中国社会科学院文化研究中心
- 香港凤凰卫视
- 中国华文教育基金会
- 台湾世界华语文教育学会
- 社会科学文献出版社

《世界华文教育年鉴（2018）》
编委会

顾　　问	崔希亮	董鹏程	范开泰	李景源	李宇明
	陆俭明	谢寿光	赵金铭	周清海	
编　　委	陈旋波	陈学超	程鹤麟	胡建刚	胡培安
	贾益民	柯华葳	李　泉	李晓琪	齐沪扬
	任　弘	沙　平	吴伟平	吴英成	吴应辉
	吴勇毅	曾毅平	曾　路	张　博	张建民
	赵　杨	周小兵	朱瑞平		
主　　编	贾益民				
副 主 编	胡培安	胡建刚			
编写成员	蔡晓宇	付梦芸	高　翀	郝瑜鑫	洪桂治
	胡建刚	胡培安	贾益民	李　欣	林刘巍
	刘丙丽	刘　旭	任　弘	孙　菁	汪晓凤
	张　斌	张文静	赵雅青	周洪学	

新时代世界华文教育发展理念探讨（代序）

贾益民

2017年10月18日，中共中央总书记习近平在中国共产党第十九次全国代表大会上庄严宣告："经过长期努力，中国特色社会主义进入了新时代，这是我国发展新的历史方位。"（习近平，2017：10）同时指出："中国特色社会主义进入新时代，在中华人民共和国发展史上、中华民族发展史上具有重大意义，在世界社会主义发展史上、人类社会发展史上也具有重大意义。"（习近平，2017：12）中国进入了新时代，这一重要判断无疑具有重大的历史意义，而且必将对世界产生巨大而深远的影响。这对华文教育来说，同样具有重大的历史意义和深远影响。新时代为华文教育发展创造了新的机遇和条件，同时也为华文教育发展提出了新要求、新任务、新目标。因此，探讨新时代下世界华文教育发展理念就成了摆在我们面前的重大现实课题。这里所说的"华文教育"是指"大华文教育"概念，既包括面向海外华侨华人的中华语言文化教育，也包括面向世界各国的中国语言文化国际传播。本文旨在抛砖引玉，提出新时代世界华文教育发展"十大理念"，仅供参考，并请斧钺。

一 "新时代"发展理念

习近平在党的十九大报告中指出："中国特色社会主义进入新时代，意味着近代以来久经磨难的中华民族迎来了从站起来、富起来到强起来的伟大飞跃，迎来了实现中华民族伟大复兴的光明前景；意味着科学社会主义在二十一世纪的中国焕发出强大生机活力，在世界上高高举起了中国特色社会主义伟大旗帜；意味着中国特色社会主义道路、理论、制度、文化不断发展，拓展了发展中国家走向现代化的途径，给世界上那些既希望加快发展又希望保持自身独立性的国家和民族提供了全新选择，为解决人类问题贡献了中国智慧和中国方案。"同时还指出："这个新时代，是承前启后、继往开来、在新的历史条件下继续夺取中国特色社会主义伟大胜利的时代，是决胜全面建成小康社会、进而全面建设社会主义现代化强国的时代，是全国各族人民团结奋斗、不断创造美好生活、逐步实现全体人民共同富裕的时代，是全体中华儿女勠力同心、奋力实现中华民族伟大复兴中国梦的时代，是我国日益走近世界舞台中央、不断为人类作出更大贡献的时代。"（习近平，2017：10 - 11）在这样的新时代，华文教育必须坚持"新时代"发展理念。

首先，要坚持以"习近平新时代中国特色社会主义思想"为指导。习近平（2017：20）指出："新时代中国特色社会主义思想，是对马克思列宁主义、毛泽东思想、邓小平理论、'三个代表'重要思想、科学发展观的继承和发展，是马克思主义中国化最新成果，是党和人民实践经验和集体智慧的结晶，是中国特色社会主义理论体系的重要组成部分，是全党全国人民为实现中华民族伟大复兴而奋斗的行动指南，必须长期坚持并不断发展。"华文教育作为国家和民族的一项伟大事业，是新时代中国特色社会主义伟大事业的一个重要组成部分。华文教育在"新时代"条件下要更快更好发展，就必须坚持以习近平新时代中国特色社会主义思想为指导，深刻领会、全面把握新时代中国特色社会主义思想的精神实质和丰富内涵，科学分析新时代世界华文教育发展现状、存在问题与发展需求，制定符合"新时代"发展特征与需要的华文教育发展规划与具体措施，更好更快地推动世界华文教育发展迈上新台阶，以适应新时代中国特色社会主义发展需要，服务于实现中华民族伟大复兴的中国梦。

其次，要服务、助力于新时代坚持和发展中国特色社会主义基本方略的贯彻、实施。习近平在党的十九大报告中提出了"十四条"新时代坚持和发展中国特色社会主义的基本方略。这些方略是习近平新时代中国特色社会主义思想的主要内容和具体体现，必须全面贯彻落实。华文教育也不例外，基本方略很多具体内容与华文教育密切相关，华文教育应该从中吸收理论营养，用以指导华文教育理论创新、体制创新、实践创新、发展创新。尤其是以下三个方面值得高度重视。

（1）习近平关于"文化自信""中外人文交流"的论述对华文教育意义重大。"文化自信是一个国家、一个民族发展中更基本、更深沉、更持久的力量。必须……不断增强意识形态领域主导权和话语权，推动中华优秀传统文化创造性转化、创新性发展，继承革命文化，发展社会主义先进文化，不忘本来、吸收外来、面向未来，更好构筑中国精神、中国价值、中国力量，为人民提供精神指引。"（习近平，2017：23）而"文化是一个国家、一个民族的灵魂。文化兴国运兴，文化强民族强。没有高度的文化自信，没有文化的繁荣兴盛，就没有中华民族的伟大复兴"（习近平，2017：40-41）。要"加强中外人文交流，以我为主，兼收并蓄。推进国际传播能力建设，讲好中国故事，展现真实、立体、全面的中国，提高国家文化软实力"（习近平，2017：44）。这些思想对华文教育具有非常大的指导意义。华文教育是世界范围内中华语言文化教育和国际传播的重要形式。华文教育不仅对海外华侨华人树立中华文化自信和民族自信，培养一代又一代具有中华文化自信、民族自信和中华文化认同感、中华民族认同感的新一代华侨华人具有重要作用，而且对推动中华优秀传统文化在海外的创造性转化、创新性发展以及更有效的国际传播，讲好中国故事，宣传中国精神和中国价值，展现真实、立体、全面的中国，提高中国文化软实力，促进中外人文交流和文明互鉴等，都具有重要的现实意义。因此，华文教育必须以此为己任、为使命，努力开拓中华语言文化国际教育与传播新局面。

（2）习近平（2017：25）提出"实现祖国完全统一，是实现中华民族伟大复兴的必然要求"，这为华文教育提出了新任务。海外华文教育是促进祖国统一大业的重要平台与形式。华文教育和汉语国际传播必须服务、服从于"一国两制"和祖国统一大业，在华文教育和汉语国际传播中"必须坚持一个中国原则，坚持'九二共识'，推动两岸关系和平发展，深化两岸经济合作和文化往来，推动两岸同胞共同反对一切分裂国家的活动，共同为实现中华民族的伟大复兴而奋斗"（习近平，2017：25）。在这一方面，华文教育必将也应该大有作为。

（3）"基本方略"中指出："中国人民的梦想同各国人民的梦想息息相通，实现中国梦离不开和平的国际环境和稳定的国际秩序"，"促进和而不同、兼收并蓄的文明交流，构筑尊崇自然、绿色发展的生态体系，始终做世界和平的建设者、全球发展的贡献者、国际秩序的维护者"（习近平，2017：25），这对华文教育有引领性、方向性意义。华文教育及汉语国际传播作为促进各国人民民心相通的重要桥梁，应该致力服务于坚持推动人类命运共同体的构建，通过华文教育和汉语国际传播，促进不同国家、不同民族之间的文明交流与互鉴，为世界和平创造良好的语言文化环境。

再次，适应并服务于实现"两个一百年"奋斗目标带来的海外华侨华人以及各国人民对中华语言文化日益增长的迫切需求，促进发展更高质量、更高水平、更丰富多样的华文教育。党的十九大提出"决胜全面建成小康社会，开启全面建设社会主义现代化国家新征程"，到2025年，"把我国建成富强民主文明和谐美丽的社会主义现代化强国"。到那时，我国将"成为综合国力和国际影响力领先的国家""中华民族将以更加昂扬的姿态屹立于世界民族之林"（习近平，2017：29）。由此可以想见，随着我国"两个一百年"奋斗目标的实现过程以及"一带一路"建设的推进与发展，海外华侨华人以及各国人民对华文教育必将有更大、更多、更广泛更迫切的需求，世界范围内的"华文热""汉语热"必将持续升温。因此，更快、更好、更有力地发展华文教育及汉语国际传播事业，以满足海外华侨华人以及各国人民对华文教育的迫切需求，就成为华文教育界以及华文教育工作者义不容辞的历史使命和责任。

总之，"新时代"发展理念要求华文教育必须置身"新时代中国特色社会主义"建设发展过程中，置身"实现中华民族伟大复兴中国梦"的进程中，深入探讨新时代华文教育的新使命、新任务、新目标、新举措，深入探讨新时代华文教育的规律与特征，大力推动新时代华文教育发展。

二 "全球化"发展理念

习近平在党的十九大报告中指出："世界正处于大发展大变革大调整时期，和平与发展仍然是时代主题。世界多极化、经济全球化、社会信息化、文化多样化深入发展，全球治理体系和国际秩序变革加速推进，各国相互联系和依存日益加深，国际力量对比更趋平衡，和平发展大势不可逆转。"（习近平，2017：58）这一重要判断说明，世界全球化发展已经是不可阻挡的历史潮流。在世界全球化发展的历史进程中，中国的全球化发展不仅已经成为世界全球化发展的重要助推力量，而且为世界带来巨大的全球化红利，带来前所未有的机遇和福祉。尤其是伴随着中国全球化发展的历史进程，中华语言文化国际传播也必然成为全球化发展的重要组成部分。

全球化虽然是以经济全球化为核心，但同时也包含了各国各民族各地区在政治、文化、科技、军事、安全、意识形态、生活方式、价值观念、人际交往、国际关系等多方面、多层次、多领域的相互联系、相互依存、相互影响与制约等。世界发展到今天，尤其是随着经济、信息全球化的发展，任何一个国家和地区都不可能再是一个自给自足、闭关自守的封闭体。正如马克思、恩格斯在《共产党宣言》中所说的："资产阶级,由于开拓了世界市场,使一切国家的生产和消费都成了世界性的了。……过去那种地方的和民族的自给自足和闭关自守状态,被各民族的各方面的相互依赖所代替了。物质的生产是如此,精神的生产也是如此。各民族的精神产品成了公共的财产。民族的片面性和局限性日益成为不可能,于是由许多种民族的和地方的文学形成了一种世界的文学。"(马克思、恩格斯,1848/1972:254-255)这里"文学"实际的旨意是"文化",所谓的"世界的文学"亦即"世界的文化"。这是马克思恩格斯第一次提出并使用"世界文化"的概念。世界文化的形成与发展既是世界经济全球化发展的必然结果,又是世界全球化发展的重要内容和组成部分。从历史上看,中国文化对世界文化做出了巨大的历史贡献,中国文化本身就是世界文化的重要内容和不可缺少的组成部分;从中国日益走近世界舞台中央的今天来看,中国文化在世界上的影响力和感召力日益提高,贡献愈来愈大,这都是全球化发展的必然。其中,华文教育与汉语国际教育扮演了非常重要的角色,成为中国文化走向世界的主要推动力量,做出了重大贡献。无论从分布于世界各国的20000多所华文学校与教育机构来看,还是从全球1638所孔子学院与孔子课堂(其中孔子学院525所,孔子课堂1113个)来看(刘延东,2017),学习汉语与中国文化的海外华侨华人以及其他外国朋友数量之多是前所未有的。截至2017年,全球华文学校在校学生已达数百万人,仅华文教师就有数十万之多;分布于各国的孔子学院(含孔子课堂)的学员已达916万人(刘延东,2017)。这充分说明,华文教育和中华文化国际传播已经走向世界,获得前所未有的全球化发展,并作出了积极贡献。华文教育是海外华侨华人社会的"留根""铸魂""搭桥""圆梦"工程,即:留中华文化、中华民族之根,铸中华文化、中国精神、中华民族之魂,搭中外人文交流、中外友好、民心相通之桥,圆实现中华民族伟大复兴之中国梦,其意义十分重大。正如刘延东(2017)所说:"习近平主席指出,孔子学院是中外语言文化交流的窗口和桥梁。孔子学院属于中国,也属于世界。孔子学院创办十三年特别是近五年来,在中外双方努力下,坚持共建共享,为增进中国与各国人民友谊,促进中外文明交流互鉴作出了积极贡献。"由此可见,华文教育树立"全球化"发展理念既是世界全球化发展的必然要求,也是中国全球化发展的必然选择,更是华文教育全球化发展的内在需要。

华文教育"全球化"发展理念就是要把华文教育置于中国和世界全球化发展的大背景下,面向全球推进华文教育大发展,以适应"全球化"对中华语言文化的现实需求,满足各国人民学习中华语言文化的需要,从而推动中外人文交流和民心相通。这就是华文教育全球化的现实意义。华语是全球华人的华语，同时也是世界人民的华语。因为不仅全球华人需要华语，而且全世界都需要华语。这就要求我们必须立足于全球有需求者"人人学华语"来思考"大华语"问题，必须从华语在世界范围内的传播实践角度来研究"大华语"。正因为如此，华文教育应该整合世界各国优势资源与力量，建立"全球华文教育责任共同体"，形成"世界华文教育联盟"，遵循共商、共建、共享原则，倡导人人学习、人人参与、人人担当、人人奉献精神，共同推动华文教育全球化发展。这是华文教育"全球化"发展理念的题中应有之义。

三 "大华文教育"发展理念

华文教育在概念范畴上分为广义的华文教育和狭义的华文教育。广义的华文教育指的是华侨华人社会面向华侨华人子弟、以华语为媒介语的中华语言文化教育以及活动，是对华侨华人学生开展的旨在培养人才的综合性文化素质教育，其语言教学性质既包括华语作为母语或第一语言的教学，又包括华语作为第二语言的教学，同时还包括以华语为教学媒介语的各学科如数学、历史、地理、生物、化学、物理、体育、音乐、美术、常识等在内的综合性文化素质教育；狭义的华文教育就是指面向华侨华人学生、以华语语言教学为核心内容的华语文教学，其语言教学性质包括华语作为母语或第一语言的教学，也包括华语作为第二语言的教学。这里讲的"大华文教育"，既不是广义的华文教育，更不是狭义的华文教育，而是指基于新时代"大华语"全球化发展背景下的全新的华文教育的概念。"大华语是以普通话/国语为基础的全世界华人的共同语。"（李宇明，2017）从全球化发展来看，这种"大华语"不仅仅是全球华人的共同语，而且也是各国人民把华语作为第二语言学习的对象，即华语也是"世界人民的华语"，或曰"世界的华语"。贾益民（2017a）提出："从语言学的角度看，'大华语'应该包括三个层次：一是'作为母语的华语'，二是'作为民族语言的华语'，三是'作为世界语言的华语'。'作为母语的华语'要求我们必须不断提高母语水平，建设高质量的华语，以提升自己母语的语言生活质量；'作为民族语言的华语'要求我们必须在世界华人即全球华夏儿女中传承民族语言文化，不断提高华语的生活水平并以此来影响世界；'作为世界语言的华语'则要求我们必须承担起世界责任，努力在世界范围内帮助有需要的各国人士学习、使用华语，逐步建立起华语作为世界语言的世界华语生活体系（包括华语教育传播应用体系等）以满足各国人士学习、使用华语的现实需求。""作为世界语言的华语""世界公民人人学华语"，这是新时代全球化发展条件下"大华语""大华文教育"题中应有之要义。

由此我们认为，"大华文教育"的基本内涵，其一是指面向全球的既包括各国各地区的华侨华人又包括各国各地区的其他人士在内的、以中华语言文化为核心教学内容、以各种不同类型不同层次的学校教育和社会教育为基本形式的教育活动，如海外以华语和中华文化为主要教学内容的各种华文学校、孔子学院、孔子课堂以及各种形式的社会补习、培训等活动；其二是指面向海外华侨华人以及其他外国人士以华语作为教学基本媒介语所开展的综合文化素质教育和各种不同类型不同层次的人才培养活动，比如以华语作为基本教学语言所开展的中、小、幼教育以及大学教育（含学历教育和非学历教育）等；其三是指全球范围内面向社会开展的各种形式各种类型的中华文化活动，如"中国文化周""中国文化月"、中华艺术展演、中华体育与武术、中国节庆、中华文化讲座、中华文化知识大赛、"汉语桥"大赛等；其四是指面向全球的中华文化国际交流与传播，如中华广播影视、华文媒体、中华图书出版、中国文献译介、中外人文交流活动等。由此可见，"大华文教育"其对象不仅面向华侨华人，而且面向非华侨华人，即面向世界人民；其内容不仅包括语言，而且包括文化，注重以语言为基础，以文化为主导，实现语言文化并重；其形式不仅包括学校教育，也包括各种形式的社会教育以及社会文化活动；其类型不仅包括各种形式的教育活动，而且包括各种形式的人文交流与国际传播等。所以，由全球"大华语"进而发展到全球"大华文教育"，这是全球化时代发展对华文教育提出的新要求，是世界华文教育发展的必由之路。因此，牢固树立"大华文教育"发展理念，以此引领、推动世界华文教育发展，意义重大而深远。

四 "融入主流"发展理念

贾益民（2017b）认为，华文教育"如何进入主流社会，如何和主流教育体系相融合，甚至直接进入主流教育体系，或者得到主流教育体系的认可。这是目前华文教育面临的非常大的课题""在中国日益走向世界的今天，我们应该更加重视推动这种融合"。华文教育要顺应新时代全球化发展的大势，使华语逐渐成为"全球华语""世界语言"，就必须使华文教育尽快融入各国发展的主流。所以，"融入主流"是世界华文教育发展不可缺少的重要理念。

其一，华文教育要融入世界多元文化发展主流。习近平（2017：59）指出，世界正处于"文化多样化深入发展"时期，"要尊重世界文明多样性，以文明交流超越文明隔阂、文明互鉴超越文明冲突、文明共存超越文明优越"。这充分说明，一方面中华文化应该走向世界，为世界文明多样化发展、各国文明交流与互鉴、共存共荣做出积极贡献；另一方面在中华文明走向世界的过程中，必须尊重世界文明的多样性，努力消除文明隔阂与冲突，同时要防止文明优越倾向。这是华文教育"融入主流"发展必须注意的。华文教育要融入世界多元文化发展主流，就是要自觉尊重所在国文明发展的历史与现实，自觉吸收所在国文明的营养，努力把中华文明与所在国文明有机结合起来，推动所在国人民对中华文明的认知，促使中华文明成为所在国文明多样性发展的组成部分，创造中华文明与所在国文明共存共生共荣的文明和谐局面。

其二，华文教育要融入所在国教育主流。这是华文教育"融入主流"发展的核心、关键问题。通常人们所讲的华文教育"融入主流"指的就是华文教育要融入所在国教育主流。面向主流社会的孔子学院进入所在国大学教育体系，尽管较少学历教育，甚至在极个别国家的极个别大学遭到不公正对待，但毕竟为汉语教学进入所在国大学教学体系迈出了一大步，有了良好开端。面向华侨华人社会的华文教育，从全日制中小学到周末制或课后制华文学校，也已经越来越多地进入所在国政府主流教育体系而被承认，或给予学区学分认可。更可喜的是，很多国家的大学已经开设汉语或中国文化的学分课程，有的还专门增设汉语系或中国学系；很多国家在中小学开设汉语必修课程或选修课程，而且选修的人数逐年增加；有的国家已经把汉语作为升学考试科目，而且选考的人数在逐年增加。这些都昭示着华文教育"融入主流"发展的良好态势。但是，"融入主流"仍然存在很多困难和问题，甚至在有些国家和地区依然对华文教育持有偏见，存有戒心，因而在政策上仍然有诸多限制；有的国家政府甚至仍然把语言教学意识形态化，把中国支持和帮助其所在国人民学习汉语看作是中国的对外"文化扩张"与"文化侵略"。这特别值得我们注意。华文教育"融入主流"发展除了政策问题外，更大困难在于华文师资的严重匮乏，以及教学、教材、教法等与本土化现实要求差距甚大。所以，华文教育"融入主流"发展势在必行，但仍然举步维艰，任重道远。越是这样，我们就应该越要强化华文教育"融入主流"发展理念，进一步分析"融入主流"存在的困难和问题，找到解决办法，推动华文教育进一步融入所在国教育主流，得到所在国政府和社会的支持与帮助，并将发展华文教育变为所在国政府和社会的自觉行动与追求。

其三，华文教育要融入所在国经济社会发展主流。服务于所在国经济社会发展，是海外华文教育"融入主流"发展的重要内容。任何一个国家政府和主流社会，支持一种外来语言文化教育事业在本国的落地生根、普及发展，很重要的目的就是看这种语言文化能够在多大程度上有效地服务于国家的经济社会发展，其中包括有利于保持本国语言文化安全、社会稳定、经济发展、就业扩大、对外交流、人口素质提升等等。因此,华文教育应该通过自身的发展和努力,发挥华侨华人社会及其华文教育促进中外人文交流、经贸往来、金融投资、产业融合、科教合作等桥梁作用和人脉资源优势,有效地消除所在国政府及其主流社会的误解及戒备心理,自觉尊重所在国语言文化传统,增强其语言文化安全感,维护社会稳定,促进就业与经济发展,推动对外交流(尤其是与中国的交流)和人口素质的提升,为所在国经济社会发展作出积极贡献。这是华文教育"融入主流"发展尤其是可持续发展的重要前提和条件。

其四,华文教育要融入所在国华侨华人社会发展主流。海外华文教育本身就是华侨华人社会发展的一项共同事业,需要华侨华人社会各团体、各界别、各行业、各领域、各企业及其所有华侨华人的共同参与、支持和帮助。一是华侨华人社会要把华文教育看作是华侨华人社会发展的头等大事,齐心协力,做好规划,加大投入,支持华文学校扩大办学规模,加强华文师资队伍建设,提高教育教学水平,扩大华文教育影响力;二是华文教育应当努力适应华侨华人社会发展的需要,发挥华文教育培养高素质人才的优势,努力为华侨华人社会培养各种类型各种层次的优秀就业创业人才,以促进华侨华人经济社会和文化事业发展;三是华文教育界应积极主动地置身华侨华人社会主流之中,自觉听取、吸纳、接受华侨华人社会关于华文教育的意见和建议,积极争取华侨华人社会的支持与帮助,不断改善办学条件,努力办华侨华人社会满意的华文教育,不断满足华侨华人对华文教育的需求与期待。

总之,华文教育"融入主流"发展是新时代华文教育全球化发展的必然选择,是华文教育可持续发展的重要途径,是极其重要的。

五 "多元驱动"发展理念

新时代世界华文教育发展已经进入"多元驱动机遇期"(贾益民,2017b),尤其是以下五个方面的驱动力量显得特别重要。

第一,政治驱动。这是指中国和平崛起、世界和平发展的驱动。一方面,中国国际政治地位与影响力日益提升,参与全球治理的能力越来越强,全球事务的参与度和话语权越来越大;另一方面,世界和平发展的力量日益增强。正如习近平(2017:58)所说:"和平与发展仍然是时代主题",中国"全面推进中国特色大国外交,形成全方位、多层次、立体化的外交布局,为我国发展营造了良好外部条件。实施共建'一带一路'倡议,发起创办亚洲基础设施投资银行,设立丝路基金,举办首届'一带一路'国际合作高峰论坛、亚洲经合组织领导人非正式会议、二十国集团领导人杭州峰会、金砖国家领导人厦门会晤、亚信峰会。倡导构建人类命运共同体，促进全球治理体系变革。我国国际影响力、感召力、塑造力进一步提高，为世界和平与发展做出新的重大贡献"（习近平，2017：7）。这种世界政治局面必将为新时代华文教育发展注入强大驱动力量：一是世界各国与中国友好关系日益发展，二是各国对华文教育的需求愈来愈大，三是各国政府和社会各界越来越支持华文教育。这种"政治驱动"作用伴随中国"两个一百年"目标的实现过程将日益凸显。

第二，经济驱动。这是指中国经济发展的驱动。中国已经成为世界第二大经济体，对世界经济发展做出了显著贡献。世界各大机构近期纷纷上调对中国经济的增长预期，高度评价中国对全球经济做出的贡献。联合国在纽约总部发布《2018 年世界经济形势与展望》，指出 2017 年全球经济增长速度达到 3%，是 2011 年以来的最快增长，其中中国对全球经济增长的贡献最大，约占 1/3。国际货币基金组织在最新发布的《世界经济展望》报告中表示，中国国内生产总值到 2019 年将从 2017 年的 11.9 万亿美元增至 14.2 万亿美元，超过同年欧元区共计 14 万亿美元的 GDP，中国经济对未来世界经济的贡献还将持续增加（李春霞、周明阳，2017）。未来十五年，中国市场将进一步扩大，"预计将进口 24 万亿美元商品，吸收 2 万亿美元境外直接投资，对外投资总额将达到 2 万亿美元"（王义桅，2017）。由此可见，中国经济乃至世界经济的发展，必将为新时代华文教育发展提供强大的经济驱动力：一是扩大了世界各国对华文教育的需求，促使学习华语与中华文化者会日益剧增，华教市场会越来越大；二是为华文教育大发展提供了经济支持和保障，不仅中国政府和社会将进一步加大投入，而且各国政府和社会也必将加大对华文教育的投入，海外华侨华人社会也会一如既往地支持华文教育办学。

第三，文化驱动。这是指中华文化及其国际传播的驱动。华文教育是中华文化国际传播的重要形式和平台。华文教育既要服务于中华文化国际传播，又要加大自身中华文化国际传播的力度。同时，中华文化国际传播对华文教育也产生着积极而重大的影响，成为促进华文教育发展的重要驱动力量。从历史上看，中华文化国际传播最早大都是伴随华文教育而产生、发展起来的，华文教育对中华文化国际传播发挥了重要的历史推动作用。比如宋代的李竹隐，1276 年即赴日本讲学，传播中华文化；明代的朱舜水先后七次东渡扶桑，在日本教授儒学达 20 余年，对中华传统文化在日本的传播做出了积极贡献（贾益民，2012：22）。当前，中华文化及其国际传播已经响彻世界五洲之滨及广袤大地，中华文化对世界各国的影响力、感召力、吸引力日益增强。正因如此，中华文化国际传播的内容和形式日益丰富，各类型的华文媒体层出不穷。中华文化国际传播一方面为华文教育提供了更广阔舞台，华文教育可以借助于中华文化传播媒体（包括传统媒体、新媒体或融媒体等）更好地开展教育教学活动；另一方面对华文教育培养中华文化国际传播人才提出了新任务、新要求。而且随着世界范围内想要了解、认识、感知、体验、习得中华文化的各界各层次人士越来越多，"中国文化热"会日益增温，这就为以传承传播中华语言文化为己任的华文教育开拓了更广阔的天地。

第四，区域驱动。这是指"一带一路"倡议的区域驱动。"一带一路"倡议是新时代中国深入参与全球经济治理体系改革和建设，承担大国担当，贡献中国方案和中国智慧，顺应世界时代潮流和发展规律的必然选择。"一带一路"倡议的实施，使得"一带一路"沿线国家和地区与中国的经济贸易往来、产业合作、人文交流等更加频繁，与其他国家和地区相比在与中国合作发展方面具有更大的区域优势。"一带一路"倡议实施以来，中国在"一带一路"沿线国家和地区的投资大幅度增加。2016年数据显示，中国进出口银行为"一带一路"沿线国家贷款余额已超过6000亿元人民币，涉及的项目超过1000个；国家开发银行为沿线国家提供的融资项目超过400个，贷款余额1000多亿美元；截至2016年末，已有9家中资银行在26个"一带一路"沿线国家设立62家一级机构；截至2016年底，中国企业已在沿线20多个国家建设56个经贸合作区，累计投资超过185亿美元，为东道国创造了近11亿美元税收和18万个就业岗位；2017年1~10月，中企对沿线国家新增投资111.8亿美元，新签对外承包工程合同额1020.7亿美元（钱菁旎，2017）。这些充分说明，"一带一路"建设已经成为中外区域合作的重要平台，成为带动、推动沿线国家经济建设发展的重要力量，这也必将极大地推动沿线国家的人文交流，为沿线国家华文教育发展创造了无限机遇。华文教育本身就是"一带一路"建设的重要组成部分，是沿线国家和地区人文合作交流不可缺少的重要内容。紧抓这一机遇，借助"一带一路"区域合作发展的驱动力量，必然会推动华文教育获得更大发展，并助推"一带一路"倡议的全面实施。

第五，内生驱动。这是指华侨华人社会生存与发展的内生驱动。"这种内生驱动，不是传统意义上的'生存'的概念，而是在世界经济社会发展新形势下华侨华人社会自身发展带来的关于语言、文化、教育的内在需求。"（贾益民，2017b）随着中国的日益强盛，尤其是"一带一路"倡议的实施和"两个一百年"目标的实现，给海外华侨华人经济社会发展带来了无限机遇,同时,海外华侨华人社会对中华语言文化和华文教育的需求亦随之迫切、多样。华文教育必须把华侨华人社会的需求作为奋斗目标,致力于办华侨华人满意的华文教育,一方面服务于华侨华人在住在国的长期生存与发展,另一方面要借助于华侨华人社会的资源优势及其生存、发展的内生动力,推进华文教育自身发展。

总之,在新时代下,"多元驱动"给华文教育发展带来了多元机遇,我们要善于整合、利用"多元驱动"资源与力量,助推华文教育和汉语国际教育事业的新发展。

六 "民间力量"发展理念

所谓"民间力量"即非政府组织机构,包括各类民办教育机构、社会团体、工商企业、文化产业、法定个人以及其他各种非政府组织等。目前,除了孔子学院和孔子课堂由中国政府通过孔子学院总部进行组织管理之外,海外从事华文教育的学校基本都是由华侨华人"民间力量"在办学并进行自我管理。这是世界华文教育一支非常重要的力量,非常值得关注和重视,并在条件允许的情况下给予一定的支持和帮助。但是,在国内从事华文教育和汉语国际教育的"民间力量"则非常薄弱,与我国经济社会发展水平极不相称,即便有极少数民间办学机构,但大都规模偏小,影响力不大,远远不能适应快速发展的华文教育以及汉语国际教育的需求。所以,支持"民间力量"开展华文教育和汉语国际教育势在必行。习近平(2017:46)指出:"支持和规范社会力量兴办教育。"笔者认为,在华文教育和汉语国际教育领域也应该积极支持和规范社会"民间力量"自主参与、开展华文教育及汉语国际教育的办学。"华文教育发展与汉语国际传播都需要社会各方的协同与协作。而在这个过程中,如何发挥华文教育、汉语国际传播的民间力量的作用显得非常重要。除了政府的推动之外,民间力量应该自发地组织、协调起来,以民间力量来推动华文教育的发展。"(贾益民,2017b)因此,树立华文教育"民间力量"发展理念非常必要。

首先,从政府层面来说,一是在思想认识上要把"民间力量"看作"国家力量"的重要组成部分,给予充分信任,公平对待;二是在政策上要出台具体措施给予支持和规范,如"民间力量"办学享受政府公办教育的同等待遇,制定专门办学标准,定期评估考核等,通过有效的指导和管理,使"民间力量"自觉成为基于政府指导下的民间办学机构;三是为"民间力量"办学提供服务和帮助,尤其是要发挥政府资源优势和桥梁作用,支持和帮助有条件的民间办学机构走出国门举办华文教育或汉语国际教育。当前,世界面临的不稳定性不确定性突出,国际政治形势复杂多变。在这种情况下,发挥"民间力量"作用,帮助他们"走出去"开办汉语国际教育,政府给予必要的支持,这比政府直接走到前台要安全得多,也会避免一些不必要的麻烦。其次,从"民间力量"来说,一是要把华文教育看作国家和民族的一项伟大事业,站在国家和民族的立场上,从中国语言文化走向世界的高度认识开展华文教育和汉语国际教育的必要性和重要性,敢于担当,勇于奉献;二是要自觉接受政府领导与指导,严格依法依规办学,保证办学投入和办学质量。在海外办学还要严格遵守所在国的法律法规,尊重所在国的文化习俗等;三是在海外办学要处理好与孔子学院(孔子课堂)以及华侨华人举办的华文学校的关系,形成资源互补、优势共享、良性互动、和谐相处、共生共荣的华文教育新局面。

七 "转型升级"发展理念

"转型升级"是新时代华文教育发展面临的一个重要课题。新时代给华文教育提出了新任务、新要求,使华文教育的"转型升级"成为可能与必然。"中国经济、世界经济发展都面临转型升级的问题。在这种形势下,海外华文教育也迎来了转型升级的大好时机。"(贾益民,2016)裘援平2014年就提出:"华侨华人对华文教育的期望越来越高,现有教育教学水平难以满足要求,华文学校转型升级的必要性和迫切性进一步凸显。"针对海外华文教育发展变化的新情况,裘援平表示,"要推进标准化、专业化、正规化建设,支持海外华文学校转型升级发展"(黄小希,2014)。裘援平(2015)又指出:"我们正着力打造'施教体系、教材体系、培训体系、帮扶体系、支撑体系、体验体系',引导海外华文学校转型升级,推动华文教育向'标准化、正规化、专业化'方向发展。"裘援平2016年在访问老挝寮都公学时又说:"自2015年起,国侨办先后研究制定了相对规范的华文教育办学标准、华文教师从业水平测试标准和华裔青少年华文水平测试标准,并组织研发了华文教育教学大纲、华文教材编写大纲等,推动海外华文教育向转型升级迈进。"(齐彬、蒋涛,2016)2017年许又声在第四届世界华文教育大会上指出:"本届大会是在中共十九大胜利召开、中国特色社会主义进入新时代、'一带一路'建设取得显著成效、华文教育'三化'(标准化、正规化、专业化)建设全面推进的关键时期召开的一次盛会,对于推动华文教育事业加快转型升级有着至关重要的意义。""华文教育要在'三化'进程中全面转型升级""当前华文教育发展机遇与挑战并存,推进华文教育'三化'建设,推动华文学校转型升级发展,是破解各类问题的有效方案。"(马秀秀,2017)可见,以推动"三化"(标准化、正规化、专业化)和"六大体系"(施教体系、教材体系、培训体系、帮扶体系、支撑体系、体验体系）建设为主要内容的华文教育"转型升级"，已经成为近几年国家开展华文教育的重要任务。

新时代华文教育的"转型升级"，根本目的在于由传统的华文教育观念、体系、模式向新时代华文教育发展、变革，由过去的规模化发展向内涵建设、提升质量、增强效益转型。笔者认为，在推动以内涵发展、质量提升为核心内容的"三化"和"六大体系"建设的基础上，应该重视以下八个方面的"转型升级"：一是由民间教育向主流教育转型，争取进入主流教育体系，或得到主流教育体系的认可；二是由非学历语言补习、培训向学历教育转型，争取业余教育向全日制学历教育发展，尤其是推动政府学校（包括中小幼和大学）开设华文学历教育课程；三是由单语教育向双语或三语教育转型，在有条件的地方开办国际双语（三语）学校；四是由单一的语言文化教育向语言文化教育与职业（专业）教育结合转型，以满足海外社会对华语专业人才的需求；五是由师资短期培训向专业学历师范教育转型，以满足各国主流教育体系对华文师资专业学历的要求；六是由单一的学校语言文化课堂教学向与中华文化国际传播相结合转型，以发挥华文教育在中华文化国际传播中的重要作用；七是由传统的课堂教学模式向现代智慧教学模式转型，充分利用互联网环境下的现代云教育技术，增强华文教学的趣味性、吸引力和感召力；八是由中国式教育向本土化教育转型，包括教师、教材、教学、管理的本土化等。当然，关键还在于由传统的华文教育观念向新时代华文教育观念转型，树立"转型升级"的自觉意识并付诸实践。

八 "华文教育+"发展理念

随着"大华文教育"的发展以及华文教育的"转型升级"，华文教育今后绝不再是单一的、传统意义上的华文教育，而是在"华文教育+"发展理念引领下呈现多元发展态势。华文教育多元发展是新时代对华文教育提出的新要求。"华文教育+"至少要重视以下几个方面。

其一，华文教育+中华文化传播。华文教育是中华文化国际传播的重要平台和形式。华文教育的根本目的就在于面向海外华侨华人及其他外国朋友传播中华语言文化。对华侨华人开展华文教育，就是为了让华侨华人继承、传扬中华文化优秀传统，保持中华民族之根，铸就中华文化之魂，同圆中华民族伟大复兴之梦，这也正是华侨华人社会积极开展华文教育的内生动力，是海外华侨华人社会中华语言文化生生不息、延绵不断、创新发展的不竭源泉；对其他外国朋友开展华文教育，就是为了让他们认识、了解、感知、体验中华语言文化，增进对中国以及中国人民的友好感情，促进中外文明交流互鉴及各方面的友好合作，推动构建人类命运共同体，为世界和平发展和人民幸福生活做出贡献。所以，华文教育在教育教学过程中必须承担起中华文化国际传播的历史使命和责任，树立文化传播意识，使华文教育与文化传播紧密结合，以促进不同国家不同民族多元文化的交流融合，互学互鉴，共存共荣，避免为语言而语言，为教学而教学，为办学而办学。

其二，华文教育+职业（专业）教育。一方面，海外华文学习者无论是华侨华人还是其他外国朋友，学习华文的主要大都是为了职业发展的需要，尤其是成年学生；另一方面，随着中国经济的强盛尤其是"一带一路"建设的加快推进，中国为世界各国提供了搭乘中国经济快车的重大机遇，世界各国也因此需要大量会使用华语的专业人才和技术人员，"而且需求量非常大，经贸的、金融的、旅游的、科技的、工程的、医学的、管理的、文化的、教育的，乃至军事的、国防的等等。这必将会扩大华文教学的领域，扩大汉语教学的范围，促使华文教育由过去单一的汉语教学、汉语补习向汉语专业学历人才培养以及汉语和专业学习培养相结合转变"（贾益民，2016）。所以，华文教育职业化发展、专业化发展势在必行。

其三，华文教育+通识教育。通识教育是世界教育发展的主流，华文教育也不例外。从历史上看，华文教育一直都是与通识教育密切相关，重在学生文化素质培养，尤其是重视道德教育，以优秀的中华文化道德传统教育人、熏陶人。可是，20世纪五六十年代以来的海外华文教育，由于地缘政治原因以及办学条件限制，除了少数国家华侨华人社会保持了传统的华文教育体系、模式（全日制教育），继续坚持华语母语教学和华文通识教育之外，绝大多数国家和地区的华文教育已经沦为纯粹的"二语"教学，课堂仅仅教授语言的听说读写。后来新办的华文学校或称为中文学校，绝大多数是周末制学校，仅在周六或周日上两个课时的汉语课，尽管这些学校尽了很大努力，试图把其他素质教育内容融合在一起，但终因学时等条件有限而无法实现。所以，恢复华文学校教育传统，结合新时代华文教育发展的必然要求，在语言教学的同时引入通识教育，使华文教育通识化，以适应新时代对华文人才综合素质的要求，这是华文教育必须树立的发展理念。所谓通识教育（general education），指的是非专业、非职业教育，目的是在现代多元化的社会中，为受教育者提供能够通行于社会的丰富的人文与自然科学知识和科学、正确的价值观，旨在培养学生的综合素质和能力，使学生在道德、情感、思维、理性、知识、能力、价值观等方面全面发展。正因为这样，通识教育又称为"全人教育"。海外华文教育的主要对象是青少年学生，他们正是处在价值观和知识养成的关键阶段，所以"华文教育＋通识教育"是他们自身成长的内在需求，这也是华文教育立德树人的根本目的所在。

其四，华文教育＋信息技术。现代信息科技发展为华文教育拓展了更为广阔的天地，"互联网＋"、云技术、大数据、智慧技术、人工智能等在华文教育中的应用已是大势所趋，这既为华文教育带来重大发展机遇，也为华文教育带来严峻挑战。华文教育如果无视现代信息技术应用，仍然抱残守缺，必将被时代所淘汰。相反，如果勇于迎接挑战，积极推动现代信息技术在华文教育中的应用，比如运用"云技术"开展智慧教学、利用"人工智能"实施人机对话、利用互联网开展远程教育（如慕课课程）、利用"大数据"分析教与学的质量并适时进行教与学的评估等等，通过教育教学信息技术革新，不断促进华文教育信息化的普及与应用水平的提高，必将迎来华文教育发展新的春天。

其五，华文教育＋产业化。这是指华文教育的产教融合。前文已经提出华文教育发展的"民间力量"，而"民间力量"发挥作用就必须走华文教育产教融合的道路，否则就会中途夭折。下面将就"产教融合"进行专门讨论，在此不赘。

总之，"华文教育＋"加什么、怎么加，完全视华文教育发展需求而定，但必须符合华文教育培养中华语言文化人才、立德树人的根本目的。

九　"产教融合"发展理念

华文教育"产教融合"发展理念是基于世界范围内社会产业、市场对中华语言文化人才需求而提出的。《国务院办公厅关于深化产教融合的若干意见》提出"深化产教融合，促进教育链、人才链与产业链、创新链有机衔接"（国务院办公厅，2017），文中对我国教育形势的分析判断以及对产教融合的指导意见，同样适用于华文教育和汉语国际教育。

其一，华文教育和汉语国际教育要面向各国不同区域产业、市场发展需求，加快人才培养结构调整，把中华语言文化人才培养和产业、市场所急需的各类型各层次专业人才培养紧密结合起来。

其二，华文教育和汉语国际教育要"引企入教"，构建"校企合作、协同育人"新体制、新模式，充分调动企业参与产教融合的积极性和主动性，充分发挥市场、产业对教育资源及社会资源的拓展、配置作用。

其三，强化政策引导，鼓励、支持企业以独资、合资、合作等方式依法参与或自主举办多形式、多类型、多层次的华文教育和汉语国际教育，推动"民间力量"国内外办学，拓宽华文教育与汉语国际教育的渠道。

其四，产教融合必须要遵循教育规律与市场规律相结合的原则，既要尊重教育规律，又要尊重市场规律。目前，国内外华文教育及汉语国际教育的市场需求越来越大，华文教育办学一方面必须根据产业需求积极培育、拓展教育市场，尤其要重视发挥办学企业主体作用；另一方面又要按教育规律规范办学，建立完善的教育质量保障体系，包括"华文教育教学标准体系建设、海外华文教育评估体系建设、华文水平测试体系建设、华文教师专业发展体系建设、华文教育教学资源体系建设以及华文教育学科理论体系建设"（贾益民，2015）等，不断提高教育教学水平。

十 "华教安全"发展理念

华文教育和汉语国际教育的主阵地在国外，自然就有"安全"问题。我们必须充分认识，"世界面临的不稳定性不确定性突出，世界经济增长动能不足，贫富分化日益严重，地区热点问题此起彼伏，恐怖主义、网络安全、重大传染性疾病、气候变化等非传统安全威胁持续蔓延，人类面临许多共同挑战"（习近平，2017：58）。在这样复杂的国际环境下，华文教育和汉语国际教育基于所在国政治、经济、文化、民族、宗教以及国际关系等矛盾的激化可能引发各种安全问题，如民族语言安全、文化传播安全、教育政策安全、外派人员安全、华侨华人社会安全、国家政治安全等。因此，华文教育和汉语国际教育必须坚持"华教安全"发展理念，"统筹发展和安全，增强忧患意识，做到居安思危"（习近平，2017：24）。

其一，重视和维护国家、民族的"语言安全"。"语言从来就是政治、文化斗争的有效工具，是获取民族和国家经济发展的重要手段，是保持和发展国家－民族共同文化的重要内容。"（潘一禾，2005）在华文教育和汉语国际教育过程中，国家、民族的"语言安全"问题就显得特别重要。一是要维护民族语言的尊严和权力，防止华语遭受歧视、攻击、侮蔑、打压和不公正对待；二是要保持华语作为民族语言的纯洁性，防止所在国语言及其他外来语的侵害；三是要保护国家语言信息安全，防止重要语言信息外泄。

其二，重视和维护"文化传播安全"。华文教育过程中必然会遇到中外文化冲突，如果处理不当，就会引发文化安全事件，尤其是华文传媒在文化传播和开展华文教育过程中要格外谨慎。一要尊重所在国不同民族文化，避免文化冲突引发其他族群与华族之间的矛盾；二要防止所在国民族文化对中华文化造成危害和侵蚀，自觉保护中华文化的纯洁性、正当性；三要积极促进中华文化与所在国民族文化的互学互鉴、交流融合，做到相互尊重，共存共荣。

其三，增强"教育政策安全"意识。不同国家往往根据本国国情制定本国的语文教育政策，尤其是外来语文教育政策，其中有的开放，有的保守，有的有所限制，有的甚至禁止。所以，华文教育和汉语国际教育必须根据不同国家的国情及外来语文教育政策而采取不同策略与办法，避免政策性冲突导致的教育安全事件。

其四，做好"外派人员安全"工作。首先要加强对外派人员的安全教育，使其树立安全意识，明确安全责任，自觉维护"教育安全"；其次要建立外派人员安全管理体系和安全目标责任制，建立外派人员安全预警及救助机制，及时防范和应对安全应急事件。

其五，维护华侨华人社会安全。华文教育及汉语国际教育的安全问题是关系到海外华侨华人社会安全的头等大事，关系到华侨华人在所在国的长期生存与发展，每一个华文教育工作者都务必要放在心上，抓在手上，落实在行动上。

其六，坚持国家利益至上，以国家政治安全为根本。涉外教育安全是总体国家安全的重要组成部分。华文教育安全问题事关国家政治安全，华文教育工作者必须树立国家政治安全意识，坚决反对一切危害国家政治安全、侮蔑祖国和人民、背叛和分裂祖国的行径。

总之，在思想上必须牢固树立"华教安全""汉教安全"发展理念，提高教育安全警惕性；在行动上要建立海外华教安全与汉教安全预警机制、防范机制和应对机制，统筹国内国外，完善教育安全制度体系，加强教育安全能力建设，打造华文教育及汉语国际教育高地，维护华侨华人社会合法权益，维护中华民族的团结统一，维护国家主权、安全、发展利益。正如王建勤（2015）所说，"国家必须采取有力措施，加快国家语言战略，特别是国家对外语言战略研究的步伐，加强国家语言文化安全对策研究，维护国家安全，防患于未然"，"以保证国家的语言文字的主导地位不受侵害，保证国家和民族的文化安全不受外来文化的侵蚀和渗透"。

以上所述"十大理念"，是笔者学习党的十九大精神，就华文教育及汉语国际教育未来发展理念问题所做的初步探讨。因时间和水平有限，上述看法还只是初步的，旨在听取大家的意见，期望有更多专家学者一起来研究、讨论新时代华文教育发展理念问题，以推动新时代华文教育和汉语国际教育事业的大发展。

参考文献

国务院办公厅　（2017）国务院办公厅关于深化产教融合的若干意见（国办发〔2017〕95号），

中华人民共和国中央人民政府网（www. gov. cn）12 月 19 日。

黄小希　（2014）国侨办主任：推进海外华文学校标准化专业化正规化建设，新华网北京 3 月 20 日。

贾益民　（2012）《华文教育概论》，广州：暨南大学出版社。

贾益民　（2015）海外华文教育质量保障体系建设，《世界华文教学》第一辑，北京：社会科学文献出版社。

贾益民　（2016）"一带一路"建设与华文教育新发展，《世界华文教学》第二辑，北京：社会科学文献出版社。

贾益民　（2017a）"大华语"的三个层次和"大华语战略"，《语言战略研究》第 4 期。

贾益民　（2017b）世界华文教育发展新形势与多元驱动，《世界华文教学》第三辑，北京：社会科学文献出版社。

李春霞、周明阳　（2017）中国对全球经济增长贡献最大，《经济日报》12 月 20 日。

李宇明　（2017）大华语：全球华人的共同语，《语言文字应用》第 1 期。

刘延东　（2017）刘延东在第十二届全球孔子学院大会上指出为构建人类命运共同体贡献力量，《人民日报》12 月 13 日第 4 版。

马克思、恩格斯　（1848）共产党宣言，《马克思恩格斯选集》第 1 卷，北京：人民出版社，1972 年。

马秀秀　（2017）许又声：第四届世界华文教育大会达成三点重要共识，中新社北京 12 月 20 日电，中国新闻网 12 月 20 日。

潘一禾　（2005）当前国家体系中的文化安全问题，《浙江大学学报》（人文社科版）第 2 期。

齐彬、蒋涛　（2016）裘援平：整合各方资源 推进海外华教"三化"建设，中新社万象 9 月 9 日电，中国新闻网 9 月 9 日。

钱菁旎　（2017）"一带一路"投融资发展机遇无限，《经济日报》12 月 11 日第 12 版。

裘援平　（2016）振兴华文教育事业，助力中华民族复兴——《世界华文教育年鉴》序言，《世界华文教育年鉴（2015）》（贾益民主编），北京：社会科学文献出版社。

王建勤　（2015）美国国家语言战略与我国语言文化安全对策，中国网·丝路中国（sl. china. com. cn）8 月 3 日。

王义桅　（2017）中国进入新时代将为世界提供新机遇，《丝路瞭望》第 12 期。

习近平　（2017）《决胜全面建成小康社会　夺取新时代中国特色社会主义伟大胜利——在中国共产党第十九次全国代表大会上的报告》，北京：人民出版社。

（原文刊于《世界汉语教学》2018 年第 2 期）

目录 Contents

第一部分　2017年世界华文教育发展综述 ············· 1
 一　华文教育政策综述 ············· 3
 二　华文教育工作会议综述 ············· 5
 三　华教机构发展与变迁综述 ············· 7
 四　华文教育交流与合作综述 ············· 9
 五　华文教育活动综述 ············· 12
 六　华文师资培养综述 ············· 17
 七　台湾地区华文教育工作综述 ············· 22
 八　海外示范华校华文教育工作综述 ············· 25
 九　华文教学与研究综述 ············· 28

第二部分　2017年世界华文教育大事记 ············· 35

第三部分　2017年世界华文教育资讯 ············· 43
 一　华教政策 ············· 45
 二　华教工作会议 ············· 51
 三　华教机构发展与变迁 ············· 61
 四　华教交流与合作 ············· 71
 五　华教活动 ············· 119
 六　华文教育师资培养 ············· 197
 七　华教资源建设 ············· 234

第四部分　台湾地区华文教育活动 …………………………………… 237
　　一　华教会议 ………………………………………………………… 239
　　二　华教交流与合作 ………………………………………………… 241
　　三　华教活动 ………………………………………………………… 247
　　四　华教师资培养 …………………………………………………… 256

第五部分　2017年海外示范华校华文教育活动撷要 ………………… 259

第六部分　世界华文教育学术动态 …………………………………… 283
　　一　华教学术会议 …………………………………………………… 285
　　二　论文选介 ………………………………………………………… 302
　　三　著作选介 ………………………………………………………… 326

第七部分　华教天地 …………………………………………………… 351
　　一　华文教育基地 …………………………………………………… 353
　　二　华文教育示范学校 ……………………………………………… 359
　　三　华文教育人物 …………………………………………………… 382

第一部分

2017年世界华文教育发展综述

一　华文教育政策综述

2017年10月18日，习近平总书记在中国共产党第十九次全国代表大会报告中指出，"加强中外人文交流，以我为主、兼收并蓄。推进国际传播能力建设，讲好中国故事，展现真实、立体、全面的中国，提高国家文化软实力。"在新形势下，华文教育事业作为中外人文交流的重要组成部分，不仅有了更广阔的发展前景，更肩负着新时代的历史使命。中国政府高度重视中外人文交流工作，并落实到政策扶持、经费支持等实际工作中。此外，随着"一带一路"倡议的顺利实施和快速推进，中国及沿线各国的交往以及贸易、文化等多方面的交流日益深入，中国和沿线各国政府纷纷出台相关政策，支持华文教育发展，为其提供政策扶持及便利条件。

1. 中国各级政府加大"一带一路"沿线国家华文教育扶持力度

2017年度，中国国务院侨务办公室通过增派华文教师等政府扶持，大力发展"一带一路"沿线国家华文教育事业。同时，中国各级政府的华文教育工作政策导向，在师资方面呈现由"输血"向"造血"功能的转型过渡状态，在奖学金等项目方面则继续加大经费支持，扩大来华华裔留学生规模。

2017年度，国务院侨办外派1100多名华文教师赴海外近30个国家任教，其中，90%以上外派教师分布在"一带一路"沿线国家。福建省通过开展华校师资培训，采取"请进来""走出去""互联网＋"以及学历教育等措施，为"海丝"沿线国家培训了近900名华文教师，缓解了"海丝"沿线国家华文师资短缺的难题。

中国香港特别行政区政府教育局在泰国曼谷推出"一带一路奖学金"，为"一带一路"倡议的实施培养人才。广东省教育厅公布广东省教育发展"十三五"规划（下称"规划"），明确提出实施"丝绸之路"留学推进计划，设立"一带一路"留学生奖学金专项，每年向沿线国家提供1000个奖学金名额。海南省外事侨务办公室联合海南省教育厅共同设立"海南省华文教育奖学金"，用于资助到海南进行一学期或一学年汉语进修的优秀华裔国际学生。厦门以"嘉庚"之名，设立了面向华侨华人子弟的奖学金，推动中华文化在"海丝"沿线国家传播架起桥梁。

2. "一带一路"沿线各国重视华文教育工作，华文教育发展态势迅猛

"一带一路"沿线各国政府通过与中国开展项目合作、加大华文教育经费投入、提升中文在本国教育中的地位和重要性等政策导向性支持工作，使华文教育在"一带一路"沿线国家呈现蓬勃生机。

2017年9月22日，在海上丝绸之路博览会上，约旦安曼工商会、印中经济文化促进会、伊朗中国工会、泰中经济协会、南非开普敦商会等20多个海上丝绸之路沿线国家商会或协会现场签订"一带一路"沿线国家商会国际实用汉语培训合作备忘录，以开展相关项目合作，扩大汉语在"一带一路"沿线的影响力，更好地发挥中资企业在"一带一路"建设中的重要作用。

马来西亚、印度尼西亚、柬埔寨政府高度重视华文教育，支持力度有增无减。马来西亚政府宣布增建10所新华文小学；马来西亚教育部副部长张盛闻到马六甲发放特别拨款给该州37所全津贴华小及5所国民型中学，总数逾265万令吉。柬埔寨启动"中柬华文师资培训中心"项目，为本地华文教师提供免费进修机会，进一步提升当地华文教育师资水平。

俄罗斯首次制定了中级义务教育（五年级以上）汉语教学大纲，计划以此为基础制定全国统一考试，该考试可能于2019年实施；黎巴嫩教育部长马尔万·哈马德说黎巴嫩政府希望与中国在教育领域的协议有所更新，增派两国留学生，把中文引入黎巴嫩高校教学课程中来；继2008年起在全国高级中学开设汉语选修课后，土耳其政府提出，计划从2018年开始在全国初级中学普遍开设汉语选修课。

目前汉语已划入美国四年制大学128个学分的课程中；爱尔兰教育部部长理查德·布鲁顿宣布，中文普通话、波兰语、立陶宛语和葡萄牙语将正式加入2020年的全国高考科目；新西兰国家党称，1.6亿新西兰元将用于所有小学生习得第二门语言，中文位列其中；新西兰中国文化中心与惠灵顿市政府自2017年6月起，正式启动"汉语与中国文化"培训项目；圣马力诺中学和孔子学院"联姻"，对中学生进行常态化系统中文课程教育。

二 华文教育工作会议综述

1. 全球共同推进深化华文教育"三化"建设工作

2017年在北京召开了第四届华文教育大会，国务院侨办主任裘援平在开幕式上作了题为《深化华文教育"三化建设"，大力弘扬中华优秀文化》（"三化"为"标准化、正规化、专业化"）的主题报告，总结了第三届世界华文教育大会以来的海外华文教育工作情况，分析了当前海外华文教育发展面临的新机遇与新挑战，介绍了未来3年国务院侨办支持华文教育发展的主要举措。她希望广大华文教育工作者坚定文化自信，抓住大好机遇，以不断创新精神全面深化海外华文教育"三化"发展，巩固好、发展好作为海外中华语言文化基础教育首选平台的2万所华文学校，同时创新拓展新形势下的海外中文教育事业。"三化"建设的提出得到各国华文教育组织及华校的积极响应，分别从教学法、师资培养、教材编写等方面入手，深化"三化"建设工作。

福建省、广东省、贵州省、广西壮族自治区、上海市等地外事办公室及侨务部门积极响应，深化华文教育"三化"建设工作，纷纷召开教育工作会、研讨会、教师座谈会等，将"三化建设"工作落在实处。

海外华文教育界也掀起了不断深化"三化建设"工作的热潮。美国华文教育工作在"三化"建设及发展方面效果显著，首届全美汉语沉浸式教学大会在阿尔弗莱德大学（Alfred University）举办，大会以"汉语沉浸式教学的可持续发展"为主题，邀请了多位汉语教学方面的专家学者，就汉语沉浸式项目推广与评估、教学内容和教学法、教学交流平台的构建等方面展开研讨。此外，美国还举办了第十四届缅因州中文大会、美国中西部九州华文教育研讨会。加拿大举办了"2017年度中文教学与研究学会年会"暨"中小学与大学汉字教学论坛"。澳大利亚中文教师联会第23届年会在悉尼召开，其主题是"探索和提高汉语的可学性"，来自泰国、日本、中国香港以及澳大利亚各州的中文教师代表450多人出席年会。意大利教育部在伦巴第大区米兰比可卡大学召开年度工作会议，来自意大利各大区及主要城市的教育局局长、校长和教师代表共 400 余人参加会议。

2. "一带一路"沿线国家成为华文教育工作重点、热点区域

"一带一路"倡议的提出及实施对华文教育有着深远的意义和影响，同时带来了机遇和挑战。

中国华文教育基金会"'一带一路'人才培训专项基金"工作组在新加坡、江西九江、福建厦门三地召开连线视频会议，听取并讨论了华侨大学有关"一带一路"人才培训项目策划情况。贾益民校长围绕"请进来"高端人才培养、举办"一带一路"高端论坛、开展"一带一路"国家情况调研并编写出版蓝皮书等内容详细介绍了华侨大学关于专项基金项目的设想。

第十二届东南亚华文教学研讨会在缅甸举行，泰国、马来西亚、印度尼西亚、菲律宾等东南亚国家的各界华文教育工作者，缅甸各界爱华、知华、友华人士及媒体界人士共 140 余人出席研讨会。由印度尼西亚泗水国立大学孔子学院及泗水国立大学中文系共同主办的第七届印度尼西亚汉语教学研讨会暨首届印度尼西亚汉语教学案例交流会在泗水国立大学举行。泰国东部华文民校第二次学术研讨会在罗勇光华学校举行。泰北华文民校联谊会暨第五届汉语教师培训会在南邦公立育华学校召开，就泰国华文教育的现状与特点、泰北华文民校联谊会的建设与发展、各会员学校发展过程中所遇问题，以及汉语课堂的组织与管理、方法与技巧等进行探讨。菲律宾华教中心"2017～2018 年度国侨办外派教师交流会"在马尼拉举办。马来西亚华校联合会总会举办"2017 年独中马来西亚文文学与翻译教学暨高中新教材说明"活动。

在中国驻匈牙利大使馆教育组的大力支持下，匈中双语学校孔子课堂在布达佩斯召开了以"新时代匈牙利汉语教学的发展与挑战"为主题的教学研讨会，讨论了作为"一带一路"沿线国家的匈牙利汉语教学发展及其趋势。

3. 驻外使领馆大力助推华文教育发展

华文教育的发展离不开驻外使领馆的支持与推动，这种支持与推动不仅扩大了华文教育在当地的影响力，更为华文教育的发展提供了有力保障。

中国驻日本福冈总领事馆首次召开华文教育研讨会，此外，该总领事馆还举办了"学汉语、知中国"九州地区中文学习交流会；中国驻印度尼西亚登巴萨总领事馆举行中国教师座谈会和"中文教学研讨会"；中国驻悉尼总领事馆教育组邀请悉尼地区部分留学人员到教育组，就留学人员子女的中文学习情况进行了交流和座谈；中国驻加拿大温哥华总领事馆教育组召开了大温哥华地区 K-12 汉语教师协会会员年会。

三　华教机构发展与变迁综述

作为华文教育的重要组成部分，2017年，华文教育机构的发展主要表现为：海外华文教育示范学校数量增加；国内华文教育基地类型更加丰富；多个国内华文教育机构设立海外研究或办事机构。

1. 海外华文教育示范学校数量增加

经过长期发展，海外华文教育已经拥有几十万名华文教师，几百万名在校生，2万多所学校，已经逐步构建起从幼儿园到高中颇具规模的海外华文教育格局。2017年，海外华校发展极为迅速，海外华文教育示范学校数量增加，办学性质多样，显示出海外华侨华人对中华文化的认同和传承中华文化的需求愈加强烈。

2017年12月20日，在第四届世界华文教育大会闭幕式上，中国国务院侨务办公室党组书记、副主任许又声为荷兰旅荷华人联谊会中文学校、法国小熊猫学校、德国易北中文学校、厄瓜多尔思源中国语学校等15家海外华校授予"华文教育示范学校"牌匾。授予"华文教育示范学校"称号是对海外特定国家或地区华文教育工作的高度肯定。当前国际背景下，海外国家和地区对中文教育采取了更加鼓励的态度，海外中华语言文化传播的阻力减小。国务院侨办等部门从海外华文教育发展状况出发，提出海外华文教育要朝着标准化、正规化、专业化方向发展，助推海外华文学校转型升级，不断巩固和提升华文学校的中华语言文化海外基础教育水平。

2. 国内华文教育基地类型更加丰富

国内各级华文教育基地仍在不断增加，并与海外华校建立紧密联系。基于书法、武术、汉字文化等主题，依托中学、大学、传统书院等场馆，这些华文教育基地各有特长，各有特色，类型多样，对华文教育的发展起着积极的作用，真正使国内外华文教育机构的交流落到实处。例如，江苏省共有32家单位被授予江苏省"中华文化海外交流基地"。首批授牌的江苏"中华文化海外交流基地"包含知名旅游文化景点、文化遗产保护场所、文化研究培训机构等。山西省太原市首家"中国华侨国际文化交流基地"在中国传统古村落"青龙古镇"挂牌。自 2014 年以来，已有 164 个单位或机构被中国侨联确认为"中国华侨国际文化交流基地"。在上海华文教育研讨会上，上海市侨务办公室和上海市教育委员会新挂牌一批上海华文教育基地，在原有 40 个上海华文教育基地的基础上新增 8 个基地，新设立华文教育体验基地 4 个。这些基地已经不仅包括国内各大专院校，还纳入了非教育机构如旅游文化景点、文化遗产保护场所、知名企业等。2017 年福建新增"福建省海外华文教育基地"龙人古琴文化研究院，这个基地集生态旅游、古琴传承教育及学术研究、文化艺术传播于一体。这些基地的挂牌，使华文教育基地更加多样化，华文教育工作更加全面和系统化。多样化的华文教育基地建设适应了新时代的需求，利用社会资源拓展了华文教育的渠道和内容。

3. 多个国内华文教育机构设立海外研究或办事机构

新时代要推进国际传播能力建设，讲好中国故事，展现真实、立体、全面的中国，提高国家软实力，离不开作为沟通载体的语言及其承载的文化。华文教育发展空间巨大，潜力无穷。浙江师范大学设立意大利汉语教育中心、华侨大学在斯里兰卡成立"海上丝绸之路南亚研究中心"、美洲首家中国国家普通话水平测试海外培训测试中心在纽约州立大学石溪分校成立、暨南大学在西班牙巴塞罗那中加友好学校设立招生处、博茨瓦纳哈博罗内华侨华人互助中心设立华文教育辅导中心、华侨大学设立南非开普敦海外招生联络处、2017 年 17 家"华星艺术团"在世界各地成立等，无不体现着语言文化在对外交流中起到的重要作用。随着海外华文教育的日益壮大，华文教育机构紧抓"一带一路"建设契机，致力于建立、完善其教学机构，培养华文教育领域的复合型人才，保证华文教育在新时代的可持续发展。

四 华文教育交流与合作综述

"一带一路"倡议的实施,为世界华文教育的发展带来了难得的历史性机遇。国之交在于民相亲,民相亲在于心相通,要做到民心相通,华文教育是重要平台。2017年,全国各级政府机构、民间组织和海内外各层次的华文教育机构借助"一带一路"倡议这一东风,紧密围绕发展华文教育这一主题,深化交流,密切合作,取得了一系列丰硕成果。这些交流与合作活动,有力地促进了国内外各级政府机构、组织和海内外各层次的华文教育机构之间的相互了解、相互认知、相互理解,拓展了华文教育交流的深度和广度,在促进合作共赢和推动世界华文教育发展方面发挥着重要的作用。2017年,华文教育在交流与合作方面呈现以下特点。

1. 华文教育交流类型多样化、内容多元化

2017年华文教育交流类型多样,内容丰富。从交流的主体来看,2017年度的交流主体既包括常见的各级侨(外)办、各驻外使领馆、各级海外交流协会和国内外各华文学校,还有一些热心华文教育的民间组织和个人。其中除了各级政府机构和各种民间组织外,还包括各级华文学校和相关的华人社团和企业,参与交流的主体类型多样,层次丰富,覆盖面广泛,体现了国内外社会各层次各级团体对华文教育的广泛关注和重视,它们彼此之间密切交流,紧密合作,共同促进了世界华文教育事业的发展。从交流的形式而言,2017年度的交流形式包括参观、访问、考察、视察、观摩、巡讲、座谈、调研、看望、慰问等多种形式。交流形式灵活多样,各有特色,各级机构通过这些多样化的交流形式密切了彼此的联系,协调、理顺了各方面的关系,增进了各方面的友谊,进一步推动了海内外对于华文教育的重视、理解和支持,扩大了华文教育的国际影响力。就交流的内容而言,2017年华文教育交流活动除了常规的语言教学交流外,还包括武术、书法、中国画、剪纸、民族舞蹈、中国乐器等中华传统文化的交流。如云南海外交流协会文化艺术团到访泰国崇华新生华立学校,访问团学

生与崇华新生华立学校学生一起表演民族舞蹈,双方学生还共同绘画表达友谊。意大利保罗茨落中等学校的师生到温州市少年艺术学校进行交流访问,体验了中国画、中国乐器、民族舞蹈等丰富多彩的文化课程。这些文化交流活动不但拓展了华文教育交流的内容,为其注入了新的活力,而且促进了中华文化海外传播,对服务国家"一带一路"倡议,搭建中外"民心相通"桥梁,起到了积极作用。

2. 华文教育交流活动覆盖面广、机制常态化

2017年华文教育的交流在国内、国外两个维度上各有特色。在国内交流方面,各级政府或民间侨务机构对国内华文教育基地的调研是其主要形式,其中又以国务院侨办直属的暨南大学、华侨大学、北京华文学院等侨校为主要对象。2017年,中国国务院侨务办公室、中国华文教育基金会和各级地方政府侨办多次赴国内的华文教育基地院校调研,实地考察学校的软硬件设施,与相关人员座谈交流,了解情况,解决问题。这些调研活动主要是上级主管部门对其下属或业务相关的华文学校各方面工作的调查和指导,体现出主管部门对下属华教机构华文教学工作的重视,具有常态化的特点。

在国际互访与交流方面,华文教育国际交流持续推进,交流的覆盖面广,交流的水平不断提升,呈现新的繁荣。从地域上来看,华文教育交流活动的范围覆盖了全球五大洲几十个国家和地区,在亚洲,泰国、缅甸、菲律宾、印度尼西亚、马来西亚是2017年华文教育国际交流最为密集的国家。这些国家的华教机构众多,与中国境内各级华教机构、在其本国内部华教机构之间均开展了丰富的交流活动。如泰国崇华新生华立学校除了与中国境内华教机构交流外,还与本国的华文民校联谊会交流。在马来西亚,2017年度巫统领导人访问董总,与董总负责人针对统考文凭事宜进行了交流,这是巫统领导人首次到董总访问,具有重要的意义。意大利是欧洲地区华文教育国际交流最为密集的国家,当地华文学校与中国华文教育基地院校缔结姊妹学校,互相交流访问,与意大利主流学校开展交流活动,如意大利佛罗伦萨中文学校与保罗茨落学校小学部联合在保罗茨落学校开展了教学交流。

3. 华文教育合作成效显著,多方合作频现

2017年华文教育各相关机构组织之间在合作办学、项目合作、缔结姊妹学校等方面开展了密切的合作,成效显著。

就合作的形式而言,高校之间的合作仍以项目合作为主,旨在推动办学的国际化;中小学之间的合作则以缔结姊妹学校、建立友好学校关系为主要方式。在高校合作方面,发展态势良好,合作的对象越来越多,合作的内容越来越广,如暨南大学与

泰国皇太后大学汉学院、马来西亚雪兰莪大学、韩国釜山外国语大学、日本千代田教育集团、秘鲁中华通惠总局、阿联酋阿布扎比投资局等组织或机构签订合作协议，在教职人员交流、人才培养以及教学科研等多领域开展合作。华侨大学与印度尼西亚亚洲国际友好学院、印度尼西亚达国大学、印度尼西亚梭罗三一一大学、法国巴黎精英中文学校、泰国清迈皇家大学等学校签订合作协议，在学生交换、教师互访、学术研究等多方面开展合作。在中小学合作方面，越来越多的中小学与境外学校缔结姊妹学校关系。除温州华教基地院校多与意大利友好学校续签友好合作协议外，成都蒙彼利埃小学与美国圣保罗路德会学校、福建师范大学附属小学与老挝万象寮都公学、福建宁德市中学与南非中文学校也都以各种方式建立友好学校关系，地域覆盖亚洲、欧洲、非洲和美洲。

就合作的主体而言，2017年华文教育组织和机构之间的合作在两方合作以外，三方甚至多方合作的情况开始增多。如北京华文学院、昆明华文学校与越南老街省教育厅建立合作关系共同开展华文教育工作；昆明华文学校与德宏师范高等专科学校、瑞丽市第三民族中学签署联合办学协议。这种合作形式可以让更多的机构或组织加入发展华文教育的事业，可以整合更多的资源推动世界华文教育事业发展，具有积极的意义。

总之，2017年度各类华文教育组织和机构通过积极交流、密切合作，不断拓展交流内容，创新合作形式，形成鲜明特点，在提升自身整体水平的同时也从各个方面推动了世界华文教育事业的发展。

五　华文教育活动综述

习近平主席指出："海外华裔青少年是海外华侨华人社会的希望和未来。""华教活动"是以华裔青少年为主体的华语与中华文化学习实践活动。本年鉴收录了2017年海内外举办的以华文教育和中华文化传播为核心的各类夏（冬）令营、竞赛及文艺演出等活动。2017年，"华教活动"在国务院侨务办公室及各级地方侨务办公室、中国海外交流协会、中国华文教育基金会、归国华侨联合会、华文教育基地院校、海外华社与华教组织的精心组织下蓬勃开展，以中国寻根之旅、"亲情中华"、中国文化行、中国文化海外行、中华文化大乐园等品牌项目为主导，以推动华语与中华文化传播为己任，助力海外华裔青少年成长为中华民族优秀传统的自觉继承者、中外交流的积极促进者和"一带一路"的热忱支持者。

1. 祖地寻根，认识历史中国与现代中国

2017年，"中国寻根之旅"举办夏（春、秋、冬）营近150场，参营华裔青少年14000多人次。活动在全国25个省（直辖市）举办，包括福建、北京、广东、广西、山东、云南、上海、浙江、江苏、河南、江西、重庆、吉林、山西、湖北、海南、天津、四川、陕西、黑龙江、河北、湖南、辽宁、新疆、宁夏。作为传统侨乡的福建、广东和北京三地办营最为活跃。参营国家有44个，包括亚洲的马来西亚、泰国、印度尼西亚、菲律宾、日本、缅甸、老挝、新加坡、韩国、越南、文莱、尼泊尔、柬埔寨、蒙古国、哈萨克斯坦、巴基斯坦、阿联酋，欧洲的意大利、西班牙、德国、英国、法国、葡萄牙、荷兰、爱尔兰、俄罗斯、瑞典、瑞士、奥地利、比利时、波兰、芬兰、捷克、希腊，美洲的美国、加拿大、智利、巴西、巴拿马、阿根廷，大洋洲的澳大利亚、新西兰，非洲的南非、毛里求斯。可以看到，这些国家在全球的分布十分广泛。来自马来西亚、泰国、印度尼西亚、意大利、西班牙、美国、加拿大、澳大利亚等国家的华裔青少年最多。其中，既有"老侨"集中的东南亚国家，也有新移民

不断增加的欧美国家。此外，中国香港、中国澳门、中国台湾地区的青少年也是"寻根之旅"的重要成员。活动举办地与参营国家内在关联性密切。如，新疆作为中国西北门户，是哈萨克斯坦、巴基斯坦、阿联酋等中亚国家与中国开展人文教育交流的重要阵地；福建、广东接待参营国家多，但以马来西亚、印度尼西亚、菲律宾等东南亚国家为主；广西接待参营国家多为印度尼西亚、泰国；缅甸、老挝等国华裔青少年多在云南地区开展活动；韩国、日本等国华裔青少年多在山东地区寻根溯源；意大利、西班牙等欧洲国家华裔青少年多活动于浙江地区。

从活动内容来看，"中国寻根之旅"以夏（春、秋、冬）令营为载体，形式多样，包括以课堂教学形式开展的汉语与中华文化教学、以实践体验形式开展的中华才艺教学、以参访旅游形式开展的传统中国认知与现代中国了解、以"住家、结对子"形式开展的中外青少年互动交流。具体来说，汉语教学以口语表达为主，开设了汉语口语、汉语拼音、汉语会话等普通话教学课和粤语、四邑话等方言教学课；同时，还开设了汉字书写、趣味汉字、汉语阅读等以汉字为核心的课程。中华文化教学讲授与实践相结合，除了中国书画、中华武术、手工制作、中华饮食等经典国粹以外，主办方往往还结合当地特色开展活动，以福建泉州的南音与木偶表演，广西、云南的葫芦丝，福建、广东的龙狮、龙舟等，河南的祭祖与拜比干公活动等。木板年画、篆刻、彩绘团扇、石碑拓片、古琴等中华文化遗产也重新焕发生机。有的营团特设了专题，如冬奥文化、丝路探源、书画、戏曲、舞蹈、少林功夫、中华经典诵读、华乐等。此外，举办"一带一路与当代中国"相关知识讲座，让世界、让华裔青少年了解中国"一带一路"倡议，也是2017年营团活动的重要内容之一。在学游活动中，华裔青少年通过寻访祖籍地、游览名胜古迹、参观城市新貌、参加特色企业、乘坐高铁等活动，深入了解中国与地方历史，感受中国发展新貌。此外，2017年营团活动也多次组织华裔青少年到各地中小学，走进课堂听课，与中国青少年结对子，入住中国家庭，实现充分的互动交流。

2. 海外参营，构建印象中国

在海外参加夏（春、秋、冬）营，是更多海外华裔青少年认识中国、了解中国的重要渠道。"中华文化大乐园"和"中国文化海外行"是分别由国务院侨务办公室和中国华文教育基金会打造的品牌活动，依据海外华裔青少年的特点和需要，组派国内优秀才艺教师团"走出去"，与海外华文学校联合举办夏令营，把汉语知识、中国历史、中华武术、中国书法、中国画、民族舞蹈、民族音乐、传统手工艺等中华文化精品课程送到海外华文学校，增进他们对中华文化的兴趣，满足他们了解中国历史和文化的需求，推动海外华文教育的发展。

2017年，"中华文化大乐园"在泰国、菲律宾、印度尼西亚、老挝、缅甸、日本、蒙古国、阿联酋、英国、意大利、德国、捷克、美国、加拿大、智利、厄瓜多尔16个国家的22个城市办营，相较于2016年的20个国家27个城市，数量略有减少，但也是"中华文化大乐园"首次登陆阿联酋、捷克、厄瓜多尔，显示了中华文化海外传播范围的逐步扩大。"中国文化海外行"分别在泰国曼谷、印度尼西亚巴厘岛、新西兰基督城、英国伦敦举办，参与的华裔青少年及家长众多，受到当地侨界热烈欢迎。

华侨大学主办的中华文化海外传播实践团和泰国基础教育委员会主办的"一带一路"主题汉语营同样值得关注。前者是以海外在华留学生为传播主体的营团。来华留学生利用假期回所在国，以亲身经历向当地大中小学华语学习者讲述留学中国故事，带领当地学生体验中华文化，进行汉语学习经验交流。相比国内组派的教师团，这一传播主体与传播对象更具有共鸣，更能产生共情。后者是泰国官方与华校联合举办的汉语营活动，除了开办文化知识讲座、设计中国传统服饰、体验中国茶艺外，还特别设计了寻找"一带一路"旅游路线活动，显示出海外国家对中国"一带一路"倡议的关注。

3. 以赛促学，推动华语与中华文化传播

竞赛是华教活动的重要形式。它旨在通过有效的组织，以趣味化的形式，激励海外华裔青少年去接触、学习汉语与中华文化。2017年的竞赛活动丰富。从主办者来看，有中国方面组织、主办的全球性的比赛，更多的是海外华人社团、华文学校举办的某一国家、某一地区的比赛。从竞赛内容来看，有单项能力竞赛（如作文、演讲、朗诵、辩论、小品、歌唱、摄影、手工、中华文化知识等），也有综合能力竞赛，将唱歌、朗诵、演讲、书写、绘画、中华传统体育、中华文化知识等单项能力综合评定。其中，朗诵、演讲、辩论类型的竞赛最多，在中国、马来西亚、日本、英国、缅甸、泰国、印度尼西亚、美国、澳大利亚等多个国家成功举办，反响热烈。全英普通话朗诵比赛已举办十五届，马来西亚霹雳州的中学华语辩论比赛已是第29届。马来西亚的"乡音乡语讲演竞赛"更是以乡音方言为媒介语，让华裔青少年进一步了解、传承祖辈们的家乡话。

中国主办的竞赛活动往往规模宏大，以"分赛区选拔赛+中国赛区总决赛"的方式进行，既实现了最广泛的参与，又与祖籍国凝聚在一起。如"文化中国·水立方杯"海外华人中文歌曲大赛共有28个国家43个海外赛区的1万余名选手报名参赛，举办选拔赛150余场，现场观众累计近3万人，网络投票点击量突破1000万次，受众超过1亿人，并通过传统媒体与微博微信、网络直播等新媒体手段向全球全面推

广。《重温经典·筑梦祖国》朗诵会暨首届全球华语朗诵大赛共有全球 64 个赛区、124 个分赛区、超过 60 万选手参赛，以《回眸·经典》《传承·铭记》《展望·颂歌》3 个篇章回溯诗歌的发展脉络，提醒人们不忘乡愁、不忘初心，不改赤子真性，世界各地中华儿女共同传承中华民族的优秀文化，让世界听到中国的声音。

4. 文化搭桥，凝聚全球中华儿女心

向海外传播中华文化，促进中华文化在海外华族的传承，是华文教育的重要使命。通过各类富有中国特色的文艺演出、蕴含中华文化元素的节目表演，丰富海外侨胞文化生活，满足海外侨胞精神需求，增进世界人民对中华文化的了解和认知，沟通世界与中国。2017 年的文艺慰侨、交流演出包括国家级文化品牌"文化中国"系列活动、"中华文化大乐园"优秀才艺学生交流团活动、"中华曲艺海外行"活动、"亲情中华"艺术团巡演活动等。

"文化中国"系列活动由中国国务院侨务办公室打造，包括"文化中国·四海同春"演出、"文化中国"中秋·国庆慰侨演出、"文化中国·全球华人音乐会"。2017 年春节期间，中国国务院侨务办公室和中国海外交流协会派出 7 支"文化中国·四海同春"艺术团，分赴欧洲、亚洲、北美洲、大洋洲的 15 个国家和中国香港、中国澳门共 38 个城市进行慰问演出，展示了歌舞、声乐、器乐、戏曲、武术、杂技、魔术、龙狮等一系列独具中国特色的精彩表演，赢得了海外侨界和当地民众的热烈欢迎和广泛赞誉。中秋、国庆期间，"文化中国"中秋·国庆慰侨演出在菲律宾马尼拉、阿联酋迪拜、南非约翰内斯堡、希腊雅典、美国波士顿等地举行，数万名海外华侨华人、留学生代表、当地友人观看了演出。2017"文化中国·全球华人音乐会"在北京国家大剧院上演，为现场近 2000 名观众献上一场融会中西的艺术盛宴。这场音乐会是国务院侨务办公室、中国海外交流协会为庆祝中华人民共和国成立 68 周年，凝聚全球华人力量同圆共享中国梦而举办的。

"中华文化大乐园"优秀才艺学生交流团也赴美国费城和休斯敦、新西兰惠灵顿和奥克兰、老挝万象、缅甸仰光，以及日本福冈、横滨、长崎、东京、札幌、神户等地演出交流。

曲艺是中华文化的宝贵遗产，近年来频频走出国门。中国曲艺家协会于 2015 年启动"中华曲艺海外行"海外文化交流项目，旨在通过在海外举办曲艺专场展演、艺术沙龙、曲艺座谈等活动，向海外观众推介中国最接地气的传统艺术，以促进海外民众对中国传统文化的了解与知识，增强海外华人华侨的民族自信与文化自信。2017 年"中华曲艺海外行"南美文化交流活动、欧洲文化交流活动成功举办，在巴西圣保罗、智利圣地亚哥、秘鲁利马、意大利罗马和那不勒斯、爱尔兰都柏林、卢森堡、

德国、比利时、荷兰等地进行演出。此外,巴黎中国文化中心在法国举办第十届巴黎中国曲艺节,在马赛、南锡和巴黎3个城市展开4场演出,让更多海外人士了解和理解中国的曲艺。

"亲情中华"海外文艺演出是中华归国华侨联合会为弘扬中华文化、慰问海外侨胞、增进中外友好交往而开展的一项品牌活动。2017年,该活动在美国纽约举行演出;以"筑梦丝路"为主题赴捷克布拉格、斯洛文尼亚卢布尔雅那、意大利波尔查诺巡演;赴加拿大温哥华、维多利亚和美国洛杉矶、尔湾、圣路易斯、华盛顿巡演。同时,湖南省归国华侨联合会携湖南省演艺集团赴芬兰、奥地利、荷兰开展"亲情中华·纯粹中国·魅力湖南"对外文化慰问演出。

此外,泰国、葡萄牙、西班牙、意大利、英国、美国、加拿大、马来西亚、尼泊尔、斯里兰卡、新加坡、印度、澳大利亚、新西兰、南非、尼日利亚、马拉维、巴西、厄瓜多尔、威廉斯塔德等多个国家,以春节、儿童节、端午节、教师节、中国国庆节、中秋节、华校校庆、国家建交纪念为契机,举办联欢会、游园、中国文化周等活动,深受华裔青少年喜爱。

六 华文师资培养综述

2017年,海外华文教育师资的培训和培养工作不断扩大局面,打造精品项目,推动华文教育工作朝"标准化、正规化、专业化"方向发展。

1. 树立精品意识,打造华文教育师资培养品牌项目

2017年,海外华文教育师资的培训和培养工作注重强化精品意识和品牌理念,有效提升了师资培养的规模和水准。

一是"华文教师证书"项目在境内、境外同步进行。"华文教师证书"培训项目是国务院侨办为提升海外华文教师综合素质和教学能力而推出的,目前已在世界各国广泛开展。"华文教师证书"培训项目的课程设置主要分为三大板块:汉语知识与能力、中华文化以及教学法。

2017年,国务院侨办"华文教育·华文教师证书"培训班先后在西南大学、安徽师范大学、暨南大学、青岛大学、华中师范大学、南京晓庄学院、北京华文学院、华侨大学等院校开办,共培训学员约1600人。在境外,2017年"华文教师证书"培训班先后在爱尔兰、马来西亚砂拉越州、美国旧金山、英国伯明翰、西班牙马德里、印度尼西亚巴淡、加拿大多伦多及蒙特利尔、日本横滨及神户、泰国、法国巴黎等地区举办,培训海外华文教师900名左右。

二是"海外华文教师完美远程培训"项目不断创新形式,提高质量。基于"互联网+"的华文教育远程师资培训形式日益受到重视,由中国华文教育基金会主办的品牌项目"海外华文教师完美远程培训"持续开展,成效显著。2017年,远程培训项目在既有培训模式上提升课程质量,创新服务形式,以切实满足海外华文教师的需求。

2017年,"华文教师完美远程培训"先后为法国巴黎精英学校、德国斯图加特中文学校、美国明尼苏达明华中文学校、美国新泽西樱桃山中文学校、美国匹兹堡中文学校、美国西北中文学校、西班牙维卡尔瓦若文化中心、斯洛伐克敦敏书院、英国德福中文学校、荷兰安多芬中文学校、加拿大多伦多启迪教育学校、西班牙中加友好学校、澳大利亚珀斯中华乐思中文学校、澳大利亚中华黎明中文学校、澳大利亚中华摩利中文学校、美国匹兹堡中文学校、美国宾夕法尼亚州光华中文学校、巴拿马外语培训学校、希腊雅典中文学校、匈牙利金桥汉语学校、比利时欧华汉语语言学校、马达加斯加孔子小学、西班牙优尔教育、西班牙鸿轩学校、意大利中意学校、西班牙博思语言学校、奥地利维也纳中文教育中心等27所华校或华教机构定制了培训课程，通过远程上课的形式培训了大批海外华文教师。

2017年，"华文教师完美远程培训"的创新形式——全球直播课持续进行。全球直播教学法课程讲座在全球直播平台进行，来自德国、英国、日本、瑞典、马来西亚等50个国家和地区的1171位华文教师参与直播课。北京语言大学教授刘珣在全球直播平台主讲课程《汉语的特点和汉语教学的总原则》，来自五大洲32个国家和地区的华文教师参加了课程学习。北京语言大学崔永华教授主讲《汉字教学的原理和方法》，来自法国、英国、荷兰、瑞士、新加坡、马来西亚等33个国家的华文教师参加培训。

三是"名师巡讲"项目系列活动广受欢迎。"名师巡讲"是华文教育师资培训"走出去"的重要形式，并已逐步发展成为广受海外欢迎的华教师资培训项目。它既包括由中国海外交流协会主办的"华文教育·名师巡讲"系列活动，也包括由中国华文教育基金会主办的"2017华文教育名师大洋洲/亚洲/欧亚/非洲巡讲团"系列活动。

2017年，由中国海外交流协会主办的"华文教育·名师巡讲"团持续开展。一是福建省海外交流协会主办的"华文教育·名师巡讲"团赴菲律宾开展为期9天的巡讲活动；二是浙江省人民政府外事侨务办公室组织的"华文教育·名师巡讲"团乐学营活动在马来西亚沙巴州举办。

2017年，由中国华文教育基金会主办、完美（中国）有限公司资助的"华文教育名师大洋洲/亚洲/欧亚/非洲巡讲团"系列活动，先后组织专家赴大洋洲的汤加、瓦努阿图共和国、斐济，亚洲的柬埔寨、泰国、文莱、阿联酋、塞浦路斯，欧洲的希腊，南美洲的巴西，非洲的南非等多个国家重要城市巡讲，有效加强了与各方在远程华文教育、教师培训及学生学习交流交换等方面的合作。

四是"校长研习""杰出人士、华校校董华夏行"项目持续开展，培训效果显著。中小学华校校长和校董是华文教育工作开展的主导力量之一，针对这一特定目标人群的培训项目在2017年继续扩大培训规模。

2017年，国务院侨办主办的"华文教育·校长研习"班分别在云南华文学院、广西华侨学院、北京华文学院、暨南大学等院校举行，培训来自缅甸、老挝、泰国、越南、印度尼西亚等国家和地区的华校负责人达 150 人。"外派教师海外聘方学校校长研习班暨全国侨务干部华文教育专题培训班"在海南海口举行，来自印度尼西亚、泰国、菲律宾、缅甸、柬埔寨、老挝、美国、墨西哥、厄瓜多尔、捷克 10 个国家的华文学校校长、校董、教师等共 94 人参加研习班。

由国务院侨办、中国海外交流协会主办的"华文教育·杰出人士、华校校董华夏行"活动在新疆、宁夏举行，来自美国、德国、澳大利亚、巴西和马来西亚等 31 个国家和地区的海外华校杰出人士和校董共计 245 人参加。"华文教育·示范学校和华教机构负责人华夏行"先后在山西太原和河南郑州举办，来自 28 个国家和地区的 128 家海外华文教育示范学校、华教机构负责人近 380 人参加。

2. 服务"一带一路"需求，华文教育师资专项培训大力发展

随着"一带一路"建设的推进，华文教师素质能力提升日益迫切。具有针对性的专项培训是"一带一路"建设推进的迫切要求。2017 年，专项培训工作在培训对象和培训内容上都实现了新发展，迈入"新时代"。

"广西海外华文教师与社团骨干才艺进修班"首次把培训对象拓展到社团侨领。"海外中国文化中心汉语教师研修班"培训了来自法国、德国、新西兰、毛里求斯、埃及、韩国、泰国等 20 个国家中国文化中心的 24 名中高级汉语教师。应马来西亚董教总和华校教师的需求，华侨大学承办了首期"海外华文教师（民俗体育）研习班"。"2017 海外华文教师四川武术培训班"对来自美国、澳大利亚、意大利、加拿大等 4 个国家的 20 位华文教师进行了传统武术培训。

2017 年，面向特定教材的教学教法培训也继续受到重视，坚持多措并举，开展了多种形式的师资培训。昆明华文学校承办的"汉语教学（初级）教材教法培训班"对来自缅甸、越南、印度尼西亚和泰国的共计 40 名学员进行了为期 30 天的培训。昆明华文学校先后承办了两期"华文教育·教师研习"教材教法培训班，主要针对海外教师进行语文和数学教学教法的综合培训。云南师范大学举办了 2017 年缅甸"华文教育·教师研习"教材教法培训班，来自缅甸 39 所华校的 100 名缅甸华文教师参加了为期 21 天的培训。暨南大学华文学院承办了 2017 "华文教育·教师研习"马来西亚班。

3. "输血""造血"并举，常规华文教育师资培训稳步开展

一方面，外派华文教育师资培训持续开展。近年来，外派教师规模、影响力逐渐扩大，2017 年，共选派 1065 位教师赴 28 个国家 260 所华校任教。外派华文教师师资

培训是海外华文教育工作的重要力量，相关单位对外派教师的行前培训非常重视。2017年，国务院侨务办公室先后委托云南省侨办、湖北省侨办、四川省侨办、河南省侨办、福建省侨办、湖南省侨办、贵州省侨办、浙江省侨办和广西壮族自治区侨办及云南华文学院、四川师范大学、河南大学及华侨大学等单位举办国务院侨办外派教师行前培训班。国务院侨办文化司多次专程前往培训班讲授海外侨情，强调外派工作的纪律要求、责任意识和工作定位等。各单位精心挑选培训专家，就外事纪律、涉外礼仪礼节，海外国情、侨情和华文教育情况、跨国文化交际、海外华文教学的特点和教学方法等方面开展综合培训。

另一方面，2017年，"海外华文教师培训班"先后在东北师范大学、浙江大学、济南大学、首都师范大学开班，共培训来自澳大利亚、奥地利、德国、瑞典、泰国、美国等14个国家的86名华文教师。华侨大学先后两次举办"缅甸华文教师汉语言文化培训班"，并举办了"菲律宾宿务亚典耀圣心学校骨干教师研习班"。

2017年，两岸华文教学研习班在暨南大学开班，研习班共有来自台湾的23位老师参加，课程学习和教学交流的多样形式促进了两岸华文教育的合作与交流。"华文教育·优秀教师、资深教师华夏行"活动在贵州兴义举行，来自意大利、缅甸、新加坡、印度尼西亚等国家的160余名一线华文教师参加活动。广东第二师范学院承办的第三期海外华教高层研修班在广州举行，来自老挝、缅甸、日本、委内瑞拉、印度尼西亚、马来西亚、柬埔寨7个国家的华教高层参加了培训。由中国华文教育基金会主办的"2017海外红烛故乡行"活动先后开展了"湖北荆楚文化之旅""宁夏文化之旅"和"江苏文化之旅"。

幼儿教师培训是发展海外华文教育不可缺失的一环。2017年，广州市幼儿师范学校承办了"第14期海外华文幼师培训班"。海外华文幼师培训班自2004年开办至今，每期学制一年，已成功举办了13期，为印度尼西亚、马来西亚、泰国、文莱、柬埔寨、缅甸、老挝、泰国、菲律宾等东南亚国家培训了800多名华文幼儿老师和汉语人才。

4. 提升办学层次，学历型师资培养成果丰硕

2017年，华文教育学历型师资培训成果丰富。湖南师范大学首个研究生层次境外办学项目"印度尼西亚华文教师对外汉语专业硕士研究生学历班"举行课程面授；昆明华文学校2017届汉语言专业本科学历班毕业；菲律宾华教中心华语师资"造血计划"新老生60人分批赴北京华文学院、暨南大学和华侨大学深造；华侨大学和泰国华文教师公会承办的第二届泰国华文教育本科学历班第三阶段教学在曼谷泰国开班，共招收学员45人，均为曼谷及其周边地区各校一线华文教师；暨南大学华文学院海外华语及华文教学专业首届日本兼读制硕士研究生第一次来华开展集中面授课程。

5. 注重本土开发，境外自主开展具有针对性的华文教师培训

海外华校、华教组织开展在地化华文教师培训工作是华文教育师资培训的重要形式，能够有效促进各地华文教育向"标准化、正规化、专业化"转型升级。2017年，缅甸曼邦地区第二期教师培训班在缅北勐约华光中学举行，共有10所华校共63名教师参加培训。在泰国，泰北华文民校联谊会第五届汉语教师培训会在南邦公立育华学校召开，培训会突出强调了"校董要懂办学""校长要懂管理""老师要懂教学"三个方面的目标，并结合主题报告专门开设校董培训班、校长培训班以及教师培训班。英国中文教育促进会在伦敦皇家地理学会剧场举办第十七届英国华文教师节暨优秀教师颁奖典礼，激励优秀华文教师。

七 台湾地区华文教育工作综述

2017年,台湾地区持续加速华语文教育产业输出,推动世界华语文学习和交流,开展了不同类别的海外华文教育工作。长期以来,台湾地区促进侨教与主流教育接轨,大量输出华语教师、华语教材,持续开展海外华裔青年活动、培训海外华语师资,大力支持各项中华文化传播推广活动,提供经费辅助海外华校、中文班经营发展。其工作特点主要体现在以下三个方面。

1. 深化交流合作、开展政策说明,推进华教界互访互信

2017年,台湾地区侨务主管部门相关负责人多次奔赴各地区海外华校、侨社及华教组织机构,深化交流合作,讨论华文教育发展;部分海外华校、相关华教机构、华裔青年、游学团体等也组团前往台湾地区侨务主管部门和台湾地区院校参观访问,增进了解互信。此外,台湾地区侨务相关部门也联合当地华校、华教机构举办台湾地区相关华侨政策说明会,以推动世界华语文教学的发展。

出访方面,台湾地区侨务主管部门相关负责人赴海外华校及相关机构指导、参访共计8次,按时间顺序分别与美国俄勒冈中华会馆、韩国首尔多所华校、泰国华兴中学、韩国首尔议政府华侨小学、马来西亚华校董事联合会总会、巴西圣保罗三好学习中心、菲律宾台湾工商总会、阿根廷布宜诺斯艾利斯华兴中文学校等海外侨校、侨社、华教组织等进行合作交流。

来访方面,台湾地区侨务主管部门及相关机构共接待了来自各地华教界海外华校、华教机构、华裔青年及游学团体的访问参观共计3次,包括印度尼西亚的华文学校初、高中校长及当地教育代表,缅甸华文中学校长、老师和升学辅导人员和美国"纽约救国团之友会"举办的访问台湾地区夏令营活动。这些参访活动加强了海外华教界对赴台留学、留台深造等台湾地区华教政策的了解,深入台湾地区感受民俗文化也使其加深了对中华文化的理解与认同。

此外，2017年，部分海外华文学校和华文机构也对本地区的华文教育发展情况和与台湾地区华教合作方面开展了华教政策说明会，共计5场，分别为韩国"侨生返回台湾地区升学事务"会议、菲律宾"侨教替代役"座谈会、"台湾驻洛杉矶办事处"2017年春季工作重点说明会、马来西亚"3+4建教侨生专班"招生倡导说明会和印度尼西亚"技职教育侨生专班海外联合招生"说明倡导会。这些会议针对一些台湾地区的海外华教政策和当地华侨工作进行了说明和讨论，为台湾地区在海外开展华语文教育提供了良性驱动，有利于华语文教学更好发展。

2. 优化华教师资、研讨华教发展，提升华语文教育质量

为优化海外华语教师、民俗文化教师师资水平，台湾地区多年来依托海外华校、华文教育组织举办海外华文教师研习会（班）、海外民俗文化种子教师培训班等活动。同时，为了推动海外华文教育的深入发展，台湾地区与海外华校等机构合作举办的华教研讨会也不断发展。2017年，台湾地区共举办海外华文教师研习会12场，其中东南亚地区3场，北美地区7场，欧洲地区1场，大洋洲地区1场；举办海外民俗文化种子教师培训班2场。另外，台北也举办了"海外华文教师研习成果分享会"，分享一年来海外教学的成果，展现海外不同华校教学动态，更好地为海外华语文教育服务。

2017年，台湾地区各相关机构还联合当地华校、华教机构开展华文教育相关研讨会共计3场，分别为韩国北中南各地侨校研讨会、美国北加州中文学校联合会第三次教学研讨会、美国华盛顿主流中文学校教师春季会议。这些学术研讨以华语文在国际经济和社会领域的机遇、课堂教学法、海外华文教材、中华文化艺术等为内容，对当地侨校发展、华语文师资水平的提高、教学经验分享、教学资源共享、华文教育的发展趋势等问题进行深入探讨，以期提升华文教学水平、促进华语教学的建设和发展。

同时，2017年台湾地区也继续在海外开展华语文测试，例如加拿大温哥华儿童华语文能力测试、阿根廷地区华语文能力测试、巴西圣保罗圣儒华文学校华语文能力测试等。这些华语文测试对于海外华语文教学的发展与传播有着很好的推动作用。

台湾地区与海外华文学校、华文机构开展的教师研习会和华教探讨会，对世界华语文教学的推进和中华文化的传播贡献了力量，优化了华教师资，深化了华教政策研讨，为华文教育的可持续发展起到了积极的推动作用。

3. 传播民族文化，凝聚海外侨力，推动中华文化走向世界

2017年，台湾地区的海外华文教育践行文化教学理念。为传播、推广中华文化，

台湾地区侨务主管部门继续以海外华校、侨教中心为依托，围绕汉字文化节展开各种形式的侨教活动，同时各地侨教中心、海外华校仍以春节、侨校开学毕业典礼（结业式）、教师节、侨校校庆等常态化活动日为载体开展文化推广活动。

中华文化博大精深，台湾地区侨务主管部门针对海外华文学生对于中华文化的兴趣和喜爱，开展了以汉字文化节为代表的中华文化竞赛、展演、展览等活动。据统计，2017年海外各华校、华教机构共开展了35次文化活动，其中包括文化讲座2场，包括美国"金山湾区侨教中心"中华文化与文学讲座、巴西圣保罗源德中文学校老子《道德经》讲座等；文化推广活动5场，由包括美国、澳大利亚等地的华教机构举办；汉字文化节14场，举办方包括德国、美国、加拿大、南非、澳大利亚、印度尼西亚等国家的华校和华教机构；其他类别文化知识竞赛12场，有成语比赛、演讲比赛、绘画比赛、歌唱比赛、作文比赛、书法比赛等，涵盖美国、巴西、泰国、菲律宾等国家和地区的华校。

2017年海外各华校依托春节、教师节、校庆、毕业典礼等活动日开展文化展演活动，有力推动了中华文化的传播与推广。其中依托春节各华校举办的庆祝春节活动9场，包括美国、德国、荷兰、泰国等地华校；依托教师节举办的文化活动6场，包括美国、巴西、加拿大、阿根廷、德国等地华校；依托校庆、毕业典礼举办文化活动8场，具体为：阿根廷中观侨联中文学校建校44周年校庆、德国慕尼黑中文学校30周年校庆、韩国首尔华侨中学69周年校庆和第60届毕业典礼、巴拉圭埃斯特城中山侨校29周年校庆、德国莱茵台北中文学校20周年校庆、阿根廷新兴中文学校27周年校庆、阿根廷华兴中文学校建校31周年校庆等。

诸多文化活动的开展，为中华文化走向世界起到了积极的作用，同时也体现了台湾地区对华文教育中文化教学的重视。传播中华文化，凝聚海外侨力，文化活动的举办和推广有效地激发了华侨华人学生和外国学生对汉语的兴趣，为世界华语文教学的推广、华文教育的发展贡献了力量。

八 海外示范华校华文教育工作综述

2017年,在第四届世界华文教育大会上,国务院侨务办公室主任裘援平表示,未来3年,将继续全方位支持海外华人社团办好华文教育,特别是借助"六大支撑体系",为华文学校转型升级发展提供更多、更有针对性的帮助,力争到2020年,华文学校转型升级发展取得阶段性成果,初步建立起"标准化、正规化、专业化"的华文教育体系,在更大的范围内实现热爱中华文化的华裔青少年"有学上、有书读、有合格教师教"的目标。海外华文学校在祖(籍)国的关怀下取得积极进展,它们"扩联系、强造血、重传播、促融合",开展了一系列有针对性的教育活动。

1. 汇集内外合力,强强联合,交流成果不断优化

海外华校受到国务院侨务办公室等政府部门的重视和支持。2017年,国务院侨务办公室派多支访问团到访迪拜阿联酋你好语言学校、菲律宾侨中学院、菲律宾中正学院、葡萄牙里斯本中文学校、澳大利亚布里斯班中文学校等多所示范华校。他们关心学校发展,慰问教师。各地侨务办公室,如中国云南省侨务办公室、中国吉林省侨务办公室、中国广东省侨办、中国山东省侨务办公室、上海市侨务办公室等分别与缅北腊戌黑猛龙中学、日本横滨山手中华学校、泰国曼谷培知公学、德国纽伦堡中文学校、德国巴伐利亚中文中心学校等多所海外示范华校访问,探讨海外华文教育工作,商讨合作事宜。

2017年,菲律宾中正学院与中国福建师范大学、缅北腊戌黑猛龙中学与中国昆明市明通小学、意大利中意学校与温州大学附属宏德实验幼儿园分别结为友好学校;菲律宾中正学院与中国福州大学签署教育交流与合作协定;缅甸云华师范学院与中国云南工商学院、中国云南民族大学将展开在就业、毕业生实习、招生等项目上进行深度合作。

2. 重视"造血",积极开展华文教师师资培养工作

为提高教师质量,提升教师素质,海外示范华校重视对教师业务水平的培训以及中华文化的熏陶。2017年,缅北腊戌黑猛龙中学、缅甸掸邦腊戌双龙学校、泰国北榄公立培华学校、缅甸曼德勒云华师范学院、美国华夏中文学校、德国华达中文学校、泰国曼谷时代中学等都为教师开展了教学培训活动。有不少学校联合起来,共同组织师资培训交流活动,如美国希望中文学校联合亚省现代中文学校承办了"2017亚利桑那中文教师培训";泰国曼谷培知公学与曼松德昭帕亚皇家师范大学孔子学院共同举办了"第三届暨2017年度曼谷及周边地区汉语教师培训";意大利佛罗伦萨中文学校与保罗茨落学校小学部教师开展教学交流,共同探讨华裔学生有效教学方法。此外,有的示范华校紧跟时代潮流,推进"互联网+华文教育"工程,促进教育方式的转型升级,如美国旧金山南侨学校、意大利佛罗伦萨中文学校、意大利米兰龙甲中文学校等利用先进的网络媒体与设备,实时连线海外华文教师进行培训,从而提高华文师资的教学能力,丰富其理论体系。

为拓展教学思路,提高文化素养,示范华校教师也经常分赴各地交流学习,如缅甸东枝果文中学组织教师赴曼德勒参加外派教师座谈会;德国纽伦堡中文学校教师参加了全德中文学校联合会南德地区高年级教学研讨活动;缅北腊戌果文中学教师到中国云南省保山市开展文化考察。

3. 大力开展形式多样的活动传播中华文化

海外示范华校不仅肩负着教授语言的重要任务,更有着传承文化的历史使命。为进一步让学生们了解中华文化的独特魅力,示范华校在课程设置上引入了中华文化元素,开设"舞蹈、剪纸"等趣味课程,并鼓励学生参与相关竞赛活动,受到学生们的喜爱;积极举办汉语朗诵、听写、认字、毛笔书法、中文歌唱等系列比赛,重视培养华裔学生们的汉语听、说、读、写能力。由于中文教学在国外开展有一定的难度,因此通过体验活动激发学生的兴趣尤为重要。为了帮助学生更好地体验中华文化,德国华达中文学校等学校开展"中国文化体验"活动。此外,文莱中华中学开设《弟子规》课程;厄瓜多尔思源中国语学校开展主题为"中国明星""茶与书法""绕口令""网络热词和表情包""微信"的汉语角活动;德国斯图加特汉语学校邀请《中国民间童话系列》绘本故事作者到校讲解中国民间童话;意大利中意学校举办"查字典大赛";英国伦敦普通话简体字学校开设琵琶学习班;葡萄牙淑敏语言文化中心、意大利米兰华侨中文学校组建舞龙舞狮队;西班牙巴塞罗那孔子文化学校举行"研读经典,尊师重道"祭孔特别活动;意大利普拉托华人华侨联谊会中文学校举行

"告别我们的坏习惯"文明礼仪教育活动等,用不同方式进行中华传统文化传播。

4. 融入主流社会,增进各民族情感与交流

华裔子女在当地出生,除了接受祖(籍)国语言文化的教育,更需要积极融入主流社会,更加自信地在当地发展。为此,海外华校努力为华裔学生们创造活动机会,如德国纽伦堡中文学校太极班参加了爱尔兰根学联举办的迎春晚会演出;意大利佛罗伦萨中文学校受邀参加当地社区活动开展了夏日美食文化节;意大利普拉托华人华侨联谊会中文学校组织师生参加当地政府在普拉托历史博物馆举办的多元文化交流活动,并展示了具有浓郁中华民族特色和风情的传统文化;澳大利亚丰华中文学校和麦考瑞大学联合举办2017年"中国文化节";澳大利亚苗苗中文学校组织师生参与Mortonbay政府举办的中华文化节活动等。

九　华文教学与研究综述

2017年，世界范围内的相关华文教育研究取得了较为丰硕的成果。其中，较大规模的华文教育学术会议共举办30场，高质量的学术论文发表约60篇，代表性学术著作达40余部。

一　华文教育学术会议

（一）华文教育学术会议举办地与参会人员多元化

在收录的30场华文教育学术会议中，中国大陆举办的会议最多，占了总数的2/3，远远多于位居第二的英国和美国所举办的场次数（均为2场），而其他国家（如德国、韩国、匈牙利等）和地区（如中国台湾、中国澳门）则各举办了1场。这一方面反映了华文教育学术会议的国际化趋势，另一方面也说明中国大陆依然是华文教育研究的重要阵地。此外，华文教育学术会议的参会主体也反映了这一点。与会的专家学者虽然来自欧美、东亚、东南亚、大洋洲的几十个国家，但参会者仍以中国学者居多，包括华文教育研究领域的专家、华文教育教学的管理者、一线华文教学的教师、在读的硕士生和博士生等多个群体。

（二）华文教育学术会议的主题分布广泛

2017年度举办的华文教育研究主题分布广泛，涉及华文教育国别化、华文教师培养与华文课程、华文教材与其他教学建设、华文教学法、华文教育技术与信息化、华语习得、汉语国际传播的理论与政策研究、"互联网+"背景下的汉语国际教育、欧洲汉语教学学科建设、汉语学习者语料库研究、汉语本体研究等各个领域。通过对各会议主题和分论坛议题的进一步梳理和归纳发现，2017年华文教育学术会议呈现如下3个特征。

第一，探究的重点依然是传统的教学三要素——教师、学生和教材。统计发现，30场会议中有20场是围绕师资建设（如华文教师培养、专业发展、师资培训等）、教师教学方法与策略、学生学习过程与评价、教材（课程资源）开发与设计等展开。

其中，学生学习中关于二语习得的会议占了较大比例，有6场涉及了相关议题。

第二，会议主题较为重视华文教育研究的跨文化视域。华文教育与文化传播本就相互融合、彼此交织，在2017年度收录的学术会议中有6场涉及跨文化议题，譬如跨文化视野下的汉字汉语研究与超越文化多样化、多元文化背景下汉语教学理论与方法、国际汉语教学中的跨文化交流、跨文化视域下的中华文化海外传播、跨文化交际与汉语教学，等等。

第三，议题逐渐开始关注汉语教学学科理论与建设。学科理论是学科的基础，也是学科与学科之间得以区别的关键内容。对汉语教学（包括把汉语作为第二语言教学、华文教育学）学科理论与建设的思考，有助于促进相关学科的发展与成熟。在2017年举办的各类华文教育会议中，有4场涉及了相关内容。比如，2月举办的首届欧洲汉语教学国际研讨会，其主题是"欧洲汉语教学学科建设——挑战与机遇"；4月举办的2017汉语教育高峰学术论坛、第5届语言理论和教学研究国际学术研讨会以及5月举办的第十届北京地区对外汉语教学研究生学术论坛等也都涉及语言教学的学科理论与学科建设议题。

二 华文教育学术论文

2017年度辑录各类相关华文教育学术论文共58篇，其中期刊论文47篇，硕博学位论文11篇，涉及七大主题：华文教育理论与华文教育史研究、华文教学研究、华文测试与习得研究、华文教材研究、华文教师发展研究、跨文化传播及华文传媒研究和海外华语特点与使用现状研究。

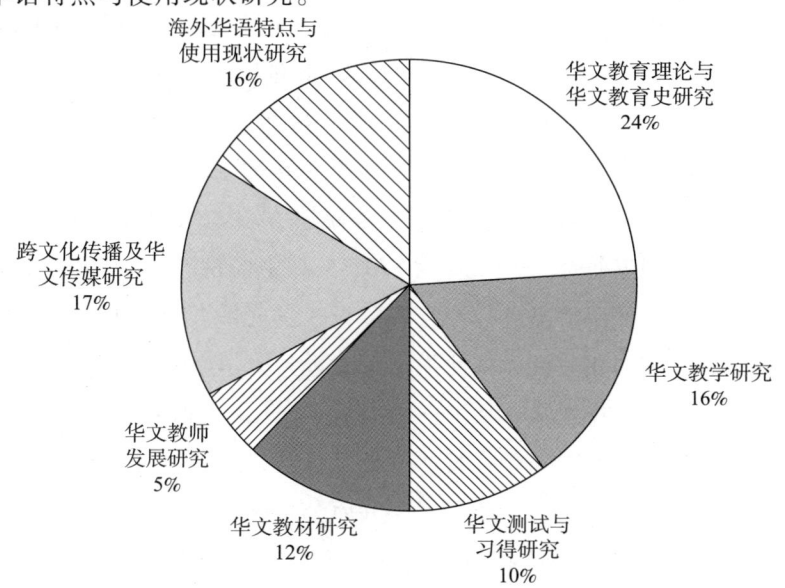

图1-1 2017年度华文教育学术论文主题分布

从图 1-1 可以看出，2017 年度收录的学术论文中，所占比例最高的是华文教育理论与华文教育史研究，占 24%；其次是跨文化传播及华文传媒研究，占 17%；之后是华文教学研究及海外华语特点与使用现状研究等。

主题一"华文教育理论与华文教育史研究"共有 14 篇学术论文，其中 9 篇研究东南亚国家的华文教育发展问题，多数是以国别为研究对象，如郭素芬、洪丽芬《马来西亚国民型华文小学多元化现象》，杨静林、黄飞《新世纪以来菲律宾华文教育的新发展及其困境》，王焕芝《世界"汉语热"背景下马来西亚华文教育发展的困境与出路》等。另有两篇论文分别对美国和意大利华文教育的现状、问题及对策做出了探讨。此外，李宇明在《大华语：全球华人的共同语》一文中，提出大华语表现出"继续分化"和"趋近趋同"两种发展趋势，且后者更占优势。因此，需要通过加强促进海峡两岸的语言文字协调、推动各华语社区的交流合作、开展全球视角下的华语研究等方面的工作，以促进大华语的逐渐融合。

主题二"华文教学研究"共有 9 篇学术论文，主要内容包括华文教学现状、课堂教学问题以及华文教学模式的探讨。例如，步延新、朱志平在《非汉语环境下中小学汉语教学用句型研究——基于泰国中学汉语教学标准的研制》中借助泰国中学课程等研究课题，对二语教学视角下的汉语句型进行应用研究，指出非汉语环境对汉语二语教学的挑战。王晓庆、赵君在《字本位视域下对外汉语单音动词教学模式探析》中具体研究了单音制作义动词的课堂教学策略实施，提出在学习者学习策略方面应根据词汇词理识记，根据词汇语义结构分析，根据词汇文化因素渗透来培养，使学生取得最好的学效果。陆俭明在《"一带一路"建设与汉语教学》中，提出重视商务语言教学以契合"一带一路"以经济建设为主导的理念，并呼吁国家设立一定的规划、管理机构，制定"一带一路"总体的语言规划和顶层设计。

主题三"华文测试与习得研究"共 6 篇学术论文，主要内容有汉语学习者习得研究、语言使用情况研究及学习态度和动机等个体因素对习得的影响，涉及意大利、新加坡、马来西亚、泰国等地。如李宝贵、姜晓真在《意大利华人青少年汉语语言态度及语言使用情况调查研究——以米兰 ZAPPA 高中为例》一文中，通过对华人青少年的语言态度和语言使用情况进行调查和分析，发现华人青少年的汉语语言态度和汉语使用情况具有一定的相关性，据此提出了改进华人学生汉语教学的建议。张扬在《新加坡成年华人的华语再学习研究——以当地 WSQ 华语课程为例》一文中，针对新加坡成人华语再学习的特殊现象，具体分析了目前新加坡以成年华人为对象的华语教学发展现状，并从教材、学生、师资三个方面分析课程运行情况，指出新加坡商务华语课程目前存在的问题并提出相关建议。吕军伟、钟杏梅在《近二十年来泰国学生汉语学习动机研究现状及问题分析》一文中，通过分析近 20 年间针对泰国学生汉语学习动机的文献，得出现有的动机分析普遍存在的问题，据此提出为把握泰国学生汉语学习动机及其变化情况应采取的相关对策。

主题四"华文教材研究"共有7篇学术论文，主要内容有教材编写模式探讨、教材对比分析以及国别化教材分析等。如罗庆铭、王燕燕、闵玉在《新版新加坡小学华文教材汉字编写模式》一文中针对新加坡华语教学识字、写作教学的问题，指出华语教材《欢乐伙伴》汉字编写模式中对"语""文"关系的处理进行了新的尝试，为今后华语教材的编写提供了一个新的视角。裴新蕾在《马来西亚教材〈国小华语〉和泰国教材〈快乐学中文〉的话题对比研究》一文中通过话题选取情况和话题内容的对比分析、两套教材的共性和区别特征以及两套教材词汇的比较，发现两套教材话题处理的异同，提出在编写本土少儿汉语教材时应注意的几个方面。梁宇在《东南亚汉语教材发展评估的国别比较研究》一文中对东南亚10国的汉语教材现状进行评估，指出东南亚汉语教材发展策略的分层模型，以此指导东南亚国家教材的发展。

主题五"华文教师发展研究"共有3篇学术论文。主要是东南亚华文教师的发展情况研究。余可华在《新加坡华文教师教育及其启示》一文中具体分析了新加坡华语教师培养的五个特点，得出了本国政策支持、以需求为导向和多层次培养方案的国际汉语师资培养的启示。郑亚南在《印尼本土华文教师现状调查分析及建议——以雅加达、唐格朗为例》一文中，从四个方面对印度尼西亚本土华文教师展开问卷调查分析，总结出目前印度尼西亚本土华文教师出现的新老问题，并提出提高印度尼西亚本土华文教师的质量的建议。薛璋霖在《印尼万隆国际外语学院中文师资问题对策研究》一文通过分析学院中文师资来源，中文教师与院长和助理、本土老师、万隆劲松基金会以及就读学生的关系，了解当前该学院的师资现状，提出缺乏称职和够格的华文教师是当前华文教育师资方面面临的最主要问题。

主题六"跨文化传播及华文传媒研究"共有10篇学术论文。主要内容包括海外华人文化认同、华文媒体发展研究以及媒体对华文传媒的影响等。研究地区以东南亚为主。林进桃在《泰国华文媒体与在泰华人的身份认同》一文中通过对泰国当下6家最具影响力和知名度的华文报纸的发展脉络进行梳理，探析全球化背景下在泰华人的身份认同问题。杨丽芳在《中华文化在马来西亚的传播——中文教育和华文报纸扮演的角色》一文中分析了马来西亚的中文教育、媒体和多元化、媒介自由以及互联网现状，突出现有文献研究中对当代马来西亚华人的认识，认为相比其他东南亚国家，马来西亚的中文教育历史具有持续、悠久且适应性强的特点。

主题七"海外华语特点与使用现状研究"共有9篇学术论文。主要内容包括全球华语的整体研究以及不同地区华语词汇和语用差异研究等。祝晓宏、周同燕对国内全球华语研究作了综述。王晓梅对国外全球华语研究作了综述。张聪研究了英国华语与普通话的词汇差异。孙利萍在《两岸华语后置标记"样子"的语用差异及其成因》一文中基于两岸华语语料库,探讨后置标记"样子"在两岸华语的语用差异及不同华语功能,并从历时演变角度探讨差异原因及其融合趋势,对深入研究两岸华语标记的形成及差异具有重要参照作用。

三 华教学术著作

2017年度收录各类华文教育著作44部,其中学术专著25部、教材类书籍10部、论文集9部。具体而言,学术专著重在探究微观的华文教学以及二语习得领域,比例超过一半。比如,郭睿的《国际汉语教师教学能力框架》论述了汉语教师从事汉语教学的一系列基本教学技能;郝瑜鑫的《汉语同语义类动词搭配研究:第二语言教学视角》多维度地考察了汉语同语义类动词搭配与外国学生习得汉语同语义动词搭配的相关问题;王功平的《汉语二语习得者普通话口语语音习得研究》揭示了汉语二语习得者产生汉语口语语音偏误的深层机制,并提出了相应的教学策略;王建勤等人的《第二语言学习者汉语声调范畴习得与模拟研究》利用多种研究方法系统考察了汉语作为第二语言的学习者汉语声调范畴习得。当然也有一些专著对华文教育进行了宏观分析,譬如,朱瑞平、冯丽萍等人的《全国对外汉语教学与汉语国际教育基本信息调研报告》对国内对外汉语教学以及汉语国际教育师资培养领域的现状、发展趋势和存在问题进行了分析;姚敏的《中国华文教育政策历史研究:语言规划理论透视》梳理了清末至今政府发布的华文教育政策和措施;闫丽萍主编的《吉尔吉斯斯坦汉语国际教育现状》对吉尔吉斯斯坦的国际教育进行了系统探究等。教材类书籍主要涉及华文教育心理学、华文教育技术学以及国际汉语教学等学科领域。比如,张金桥的《华文教育心理学》阐述了华文学习理论、华文学习过程、华文教师心理和华文学生心理健康等内容;熊玉珍的《华文教育技术与实践》阐述了现代教育技术在华文教育领域的理论与实践运用;杨玉玲、孙红玲所著的《国际汉语教师中级语法教学手册》对汉语教学中的50个中级语言点进行了讲解练习;等等。

论文集涉及的主题较多,包括汉语与汉字研究、华文教育教学理论、国别与区域华文教育、学科理论与建设以及其他多方面的内容(见图1-2)。与期刊论文相似,论文集收录的论文也以华文教育与教学研究为主,总数多达155篇,占比超过60%,这说明,华文教学领域正是当前研究的重点。另外需要说明的是,这些华文教学类的研究多收录在《华文教育研究(第1辑)》《海峡华文教学论丛(第2辑)》《世界华文教学(第3辑)》等论文集中。占比位居其次的是关于汉语本体及语用、汉语语言要素等方面的研究,论文总数有60余篇,比例超过1/4;而关于国别与区域华文教

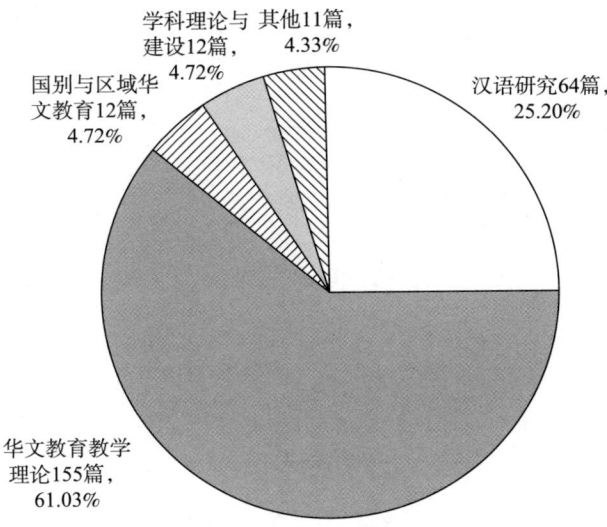

图 1-2 论文集主题分布

育、学科建设理论等相关研究较少,总比尚不超过 15%。

第二部分

2017年世界华文教育大事记

1. 第四届世界华文教育大会在北京召开

2017年12月19日至20日,由中国国务院侨务办公室主办的第四届世界华文教育大会在北京召开。中共中央政治局委员、国务委员杨洁篪于开幕式前在钓鱼台国宾馆接见了来自55个国家和地区的600余位华文教育界参会代表并致辞。

杨洁篪在致辞中强调,党中央、国务院高度重视侨务工作,十分关心海外华文教育事业。党的十八大以来,海外华文教育标准化、正规化、专业化建设取得了新进展、新成效;希望广大华文教育工作者树立高度文化自信,坚守华文教育阵地的职责使命,努力提高华文学校的教学质量和办学水平,不断推动海外华文教育繁荣发展;同时,发挥自身独特优势,更加积极主动地向各国人民宣介中国文化、中国故事、中国成就,促进中国与世界各国民心相通,做中华优秀文化的热情传播者、和谐侨社建设的自觉践行者、中外友好事业的积极推动者。

国务院侨办主任裘援平在开幕式上作了题为《深化华文教育"三化建设",大力弘扬中华优秀文化》的主题报告,总结了第三届世界华文教育大会以来的海外华文教育工作情况,分析了当前海外华文教育发展面临的新机遇与新挑战,介绍了未来3年国务院侨办支持华文教育发展的主要举措。

中央统战部、全国人大华侨委员会、外交部、国家发展和改革委员会、教育部、财政部、文化部、全国政协港澳台侨委员会、中国侨联、致公党中央、孔子学院总部(国家汉办)等部门和单位有关负责人出席大会。

开幕式上,国务院侨办表彰了1599名长期从事华文教育的海外优秀华文教师和140名为华文教育慷慨解囊的热心华教人士。会议期间,与会代表围绕"深化华文教育'三化建设',大力弘扬中华优秀文化"的主题进行了交流研讨。

中国国务院侨务办公室党组书记、国务院侨务办公室副主任许又声在12月20日的闭幕致辞中总结了大会召开的背景和取得的成绩。他指出,华文教育要在新时代展现新气象;华文教育从诞生之日起就已经承担起在海外弘扬中华优秀文化、促进中外人文交流的神圣使命;随着中国综合国力和国际影响力不断增强,"一带一路"建设的全面推进,祖(籍)国不断加大对华文教育的支持力度,中华语言文化必将加快走向世界,这为华文教育发展提供了更大机遇。

2. 国务院侨务办公室专家咨询委员会在北京成立,设华文教育等四个分委员会

2017年8月22日,中国国务院侨务办公室专家咨询委员会大会在北京举行。国务院侨务办公室党组书记许又声在会上宣读了《国务院侨办关于成立国务院侨办专家咨询委员会的决定》(下称"决定"),宣布国务院侨办成立专家咨询委员会。决定指出,为汇聚华侨华人高层次专业人士和海内外涉侨相关领域的智慧和力量,服务国家创新发展和侨务工作的科学发展,国务院侨办决定成立专家咨询委员会。国务院侨办专家咨询委员会下设政策法规、经济科技、华文教育、文化传媒四个分委员会,拟聘请丁肇中、朱经武、邓文中、王辉耀、庄国土、郑晓瑛、王超群等280位华侨华人高层次专业人士和涉侨相关领域专家学者担任委员,任期4年。决定明确了专家咨询委员会的主要职责,即紧密联系华侨华人高层次专业人士和涉侨相关领域专家学者,发挥多学科、宽领域、专业化优势,开展交流合作、积极建言献策,为促进国家创新发展和侨务工作科学发展提供智力支撑。

中共中央政治局常委、全国政协主席俞正声,国务委员杨洁篪会见了国务院侨办专家咨询委员会大会代表。俞正声充分肯定了海内外的专家学者长期以来积极投身中国改革开放和现代化建设所发挥的重要作用。他表示,国务院侨办整合组建"专家咨询委员会"很有意义,为海内外的专家学者参与中国经济社会发展、贡献智慧和力量提供了一个很好的平台。国务院侨办主任裘援平表示,希望受聘的委员们,为祖国发展立言力行、引智引才。

受聘委员代表在发言中表示,专家委员会广泛邀请海内外专家参与,这一开放心态彰显了国务院侨办广纳贤才、助力中国创新发展的坚定决心。获邀成为首届委员,他感到"无比荣幸"。

开幕式上,国务院侨办、北京市有关部门负责人还为委员代表颁发了聘书。

表2-1为国务院侨务办公室专家咨询委员会华文教育分委员会组成人员名单。

表2-1 华文教育分委员会组成人员名单(24人)

序号	所在馆区	姓名	单位职务
1	驻菲律宾大使馆	黄端铭	菲律宾华教中心常务副主席

续表

序号	所在馆区	姓名	单位职务
2	驻英国大使馆	伍善雄	英国中文教育促进会会长
3	驻马来西亚大使馆	王超群	马来西亚华校教师总会会长
4	驻泰国大使馆	梁冰	泰国华文民校协会主席
5	驻圣保罗总领事馆	肖思佳	巴西华侨天主堂中文学校、圣本笃学校总校长
6	驻文莱大使馆	许月兰	文莱中华中学校长
7	驻日本大使馆	张岩松	日本横滨山手中华学校校长
8	驻曼德勒总领事馆	李祖清	缅甸曼德勒福庆学校校长
9	驻旧金山总领事馆	顾丽青	美国旧金山黄河长江中文学校校长
10	驻悉尼总领事馆	许易	澳大利亚中文教育促进会会长
11	国内委员	姚喜双	教育部语用司司长
12	国内委员	李宇明	北京语言大学党委书记
13	国内委员	刘嘉	北京师范大学心理学院院长
14	国内委员	张英	北京大学对外汉语教育学院教授
15	国内委员	王立群	河南大学文学院教授
16	国内委员	郦波	南京师范大学教授
17	国内委员	吴勇毅	华东师范大学对外汉语学院院长
18	国内委员	齐沪扬	上海师范大学教授
19	国内委员	陈学超	陕西师范大学教授
20	国内委员	贾益民	华侨大学校长
21	国内委员	邵宜	暨南大学华文学院院长
22	国内委员	郭熙	北京华文学院原副院长
23	国内委员	陈进超	广西华侨学校校长
24	国内委员	张明军	云南昆明华文学校校长

3. "文化中国·四海同春"荣获2017"中华之光——传播中华文化年度人物"集体奖

2017年12月15日,2017"中华之光——传播中华文化年度人物"颁奖典礼在北京举行,"文化中国·四海同春"系列文化活动荣获本届唯一一个集体奖。国务院侨务办公室主任裘援平,中共中央宣传部副部长、国务院新闻办公室副主任崔玉英等出席颁奖典礼。

"中华之光——传播中华文化年度人物"评选活动由国务院新闻办公室、国务院侨务办公室、中国人民对外友好协会、孔子学院总部/国家汉办、中国文联和中央电视台共同主办,是继"感动中国""年度经济人物""体坛风云人物"之后的又一项大型文化人物评选活动，迄今已举办六届。本届共评出 10 位个人、1 个集体以及 2 个特别贡献奖。获奖者来自世界五大洲，代表了不同的文化领域，每一位都是推动中华文化走向世界的代表性人物。

"文化中国·四海同春"是由国务院侨办和中国海外交流协会主办的系列文化活动，旨在丰富海外侨胞的文化生活，满足海外侨胞的精神需求，增进世界人民对中华文化的了解和认知，以侨为桥，沟通世界与中国。该活动于 2009 年首次举行，此后每年春节期间在全球各地华人聚居的主要城市举行慰问演出，被誉为全球华人的"海外春晚"，至今已在五大洲 265 城次演出 373 场，观众超过 520 万人次，赢得了海外侨界和当地民众的热烈欢迎和广泛赞誉，成为推动中华文化"走出去、融进去"的国家品牌文化活动。

4.《重温经典·筑梦祖国》大型朗诵会暨首届全球华语朗诵大赛在中国北京举行

2017 年 12 月 18 日，由中国华文教育基金会支持，中国关心下一代工作委员会事业发展中心、中国诗歌学会朗诵演唱专业委员会、北京市教育学会以及北京市东城区文化委员会联合主办的《重温经典·筑梦祖国》大型朗诵会在北京人民大会堂举行。

朗诵会分《回眸·经典》《传承·铭记》《展望·颂歌》3 个篇章。《回眸·经典》从三言、五言到七律，从《诗经》《楚辞》到唐诗宋词再到婉转悠扬的元曲，回溯诗歌的发展脉络，演绎经典诗篇；《传承·铭记》提醒人们不忘乡愁、不忘初心，不改赤子真性；《展望·颂歌》表达对祖国的热爱，传递"少年强则中国强"的心声。曹灿、陈铎、殷之光、宋春丽、臧金生等众多朗诵艺术家，"曹灿杯"青少年朗诵大赛的历届获奖选手、各行各业的朗诵爱好者奉献了一场声音的饕餮盛宴。

第十届全国人大常委会副委员长、中国关心下一代工作委员会主任顾秀莲，中国华文教育基金会副理事长兼秘书长邱立国，中国华文教育基金会理事、完美（中国）有限公司董事长古润金，泰国华文教师公会主席罗宗正，英国中文教育促进会会长伍善雄，阿根廷华文教育基金会会长、侨联中文学校校长刘芳勇，南非华文教育基金会主席、中文学校校长韩芳，瑞士日内瓦华文教育基金会会长褚峻等嘉宾出席启动仪式。来自全球各华文教育机构和华文学校的 500 多名世界华文教育大会代表也出席了朗诵会。

此前，中国华文教育基金会与北京曹灿文化传播有限公司签署了战略合作协议，未来 5 年内将基于"曹灿杯"这一品牌在海外开展"全球华语朗诵大赛"，让朗诵艺术走出国门，让世界各地的中华儿女凝聚在一起，共同传承中华民族的优秀传统文化，让世界听到中国的声音。大赛在全球拥有64个赛区、124个分赛区，超过60万名选手参赛。网络声音平台喜马拉雅FM还为大赛打造了网络报名系统，参赛选手用手机就能一键提交音频、视频作品，打破了时间空间的局限，让参赛体验更加便捷、自由、舒畅。

5. 中国国务院侨务办公室与意大利签署威尼托大区首份华文教育合作备忘录

2017年8月25日，在中国国务院侨务办公室主任裘援平和中国驻米兰总领事宋雪峰见证下，中国国务院侨务办公室文化司与意大利威尼托大区教育厅在威尼斯签署了华文教育合作备忘录。

裘援平在致辞中表示，这是中国国务院侨务办公室与意大利政府间签署的首份华文教育合作协议。之所以与威尼托大区签署这份协议，既因为这一地区在中意两国友好交往和古丝绸之路历史上占有重要地位，同时也由于在当地教育厅的支持下，这一地区的华文教育目前开展得很成功，欧洲首座由华人创办的双语国际学校便诞生于威尼斯。裘援平还指出，过去华文教育只涉及中国移民学习中文，现在随着中国发展为世界第二大经济体、中文成为仅次于英文的国际通用语言，华文教育在意大利已经远远超出了过去的意义。

意大利威尼托大区教育厅厅长达尼埃拉·贝尔特拉梅表示，双方此次新确立的合作模式目的在于让两国交流各自的教育制度，并在威尼托推广汉语。这种模式的核心是从小学开始教汉语，一步一步地到高中、大学。

根据备忘录内容，中方同意每年在中国接待30名意大利或中国教师参加汉语教学课程；每年派遣汉语专家代表团给意大利汉语教师提供培训；每年在中国接待50名来自威尼托大区的学生，其中包括部分华侨。此外，根据协议，双方每年将为学习汉语的威尼托学生举办一次中国文化大赛。帕多瓦中意国际学校将协调各种相关活动，威尼托教育厅则将负责推广工作，以便让威尼托大区的学校积极参加。

6. 逾千名外派华文教师赴28个国家260所华校任教

由国务院侨务办公室文化司主办的外派华文教师行前培训有序开展。国务院侨办外派教师已经成为海外华文教育工作的重要力量，并且随着海外华文教师需求的日益提升，外派华文教师的规模、影响力逐渐扩大，2017年，共选派1065位教师赴28个国家260所华校任教。

相关协办单位对外派教师的行前培训非常重视。2017年，国务院侨办先后委托云南省侨办、湖北省侨办、四川省侨办、河南省侨办、福建省侨办、湖南省侨办、贵州省侨办、浙江省侨办和广西壮族自治区侨办及云南华文学院、四川师范大学、河南大学、华侨大学等单位举办国务院侨办外派教师行前培训班。

国务院侨办文化司多次专程前往培训班讲授海外侨情,强调外派工作的纪律要求、责任意识和工作定位等。各单位精心挑选培训专家,就外事纪律、涉外礼仪礼节、海外国情、侨情和华文教育情况、跨国文化交际、海外华文教学的特点和教学方法等方面开展综合培训。

外派教师积极融入海外环境,当好中华文化的传播者,成为华侨华人同祖籍国交流交往的桥梁和纽带,其精湛的教学技能和过硬的专业素养,深受海外华校和华人社团好评。

第三部分

2017 年世界华文教育资讯

一　华教政策

1. 广东省每年向"一带一路"沿线国家提供1000个奖学金名额

2017年1月9日，广东省教育厅公布广东省教育发展"十三五"规划（下称"规划"），明确提出实施"丝绸之路"留学推进计划，设立"一带一路"留学生奖学金专项，每年向沿线国家提供1000个奖学金名额。

规划提出，到2020年，力争沿线国家在粤留学生超过9000人，力争成为沿线国家学生出国留学首选目的地之一；加强"一带一路"教育合作国别和区域研究，建设若干国别和区域研究基地；实施"丝绸之路"合作办学推进计划，配合21世纪海上丝绸之路建设和广东企业"走出去"，支持广东输出优质职业教育资源，探索开展多种形式的境外合作办学；支持非通用语种人才培养，促进沿线国家语言互通，探索推进"一带一路"高等教育合作联盟建设。

2. 韩国首尔华侨协会发放"冬令济贫补助金"

2017年2月6日，在韩国首尔华侨协会刊登"汉协冬令济贫通告"、当地侨界和侨团进行推荐后，首尔华侨协会"济贫小组"委员会审核选出32位来自首尔市麻浦区、西大门区以及中区的孤独、残障以及贫寒侨胞发放"冬令济贫补助金"，每人1170万韩币。这笔补助金由首尔华侨协会会长谭绍荣交到侨胞手中。

随后，"首尔市麻浦区厅自治行政课社会振兴团"负责人郑原均、"延南世界村中心村"负责人刘岩、"麻浦人才培育奖学财团"负责人权五范等一行7人也特地前来感谢首尔华侨协会每年捐赠600万奖学金，也希望受惠的学生能够了解爱心是来自长住韩国的侨胞，并呼吁韩国有关单位多多关注居留在韩国的华侨。

首尔华侨协会（汉城华侨协会）创建于1969年6月，由前"汉城华侨自治区"改组而成立，"华侨自治区"前身为创立于1884年的"中华商会"。

3. 中国香港教育局在泰国推出"一带一路奖学金"

2017年2月20日,中国香港特别行政区政府教育局在泰国曼谷推出"一带一路奖学金",以吸引泰国优秀学子赴港攻读学士学位,为"一带一路"倡议的实施培养人才。

中国香港教育局局长吴克俭与泰国教育部部长提拉杰于2017年2月20日在泰国教育部举行双边会议后,就奖学金计划达成协议。

此次香港特区政府针对泰国的奖学金计划从2017~2018学年起实施,持续3年,每年最多10个名额,也就是最多有30名学生受益。每个获奖学金的学生每年均可得到最多12万港币至大学毕业。此外,有经济需要的学生如需额外资助,还可额外获得5万港币的定额奖学金。

香港教育局已于2016~2017学年在印度尼西亚推出"一带一路奖学金",已有10名获奖学金的印度尼西亚学生在香港就读大学本科课程,而日后"一带一路奖学金"还将继续拓展至马来西亚。

4. 中文正式纳入圣马力诺中学课程

2017年3月27日,在圣马力诺国家大议会议长泰伦齐的多方工作下,圣马力诺中学和孔子学院联姻,对中学生进行常态化系统中文课程教育。

泰伦齐表示,下一个目标就是在圣马力诺大学开设中文专业课程,让更多的人学习中文、学好中文、认识中国,与中国建立更加牢固的合作,真正树立起大国与小国的友谊典范。

5. 马来西亚国民型华文中学将统一以"华中"作简称

2017年4月19日,马来西亚国民型华文中学校长理事会在怡保举行第24届会员大会时通过提案,统一以"华中"为国民型华文中学的简称,同时呼吁各华文报章也采用"华中"为简称字眼。

该会主席陈德祥表示,国民型中学由华文中学改制而成,采用"华中"简称具有中华特色,该会已习惯用"华中"字眼,希望各华文报章也以"华中"取代"国中"作为国民型中学的代称。

6. 国务院侨务办公室外派华文教师九成分布于"一带一路"沿线国家

2017年4月27日,国务院侨务办公室文化司司长雷振刚透露,2017年国务院侨办外派1100多名华文教师赴海外近30个国家任教,其中,90%以上的外派教师分布在"一带一路"沿线国家,东南亚国家居多。

雷振刚还介绍,近年来,外派教师逐渐转变职能,由"输血"变"造血",从原来的一线教学逐步演变到培养、培训当地老师,开展示范性教学,参与教学督导与管理,以期发挥更大的作用。

7. 新西兰小学汉语作为第二语言教学

新西兰国家党于 2017 年 8 月 27 日举行的竞选启动仪式上宣布,将投资 3.79 亿新西兰元优化教育资源。其中,1.6 亿新西兰元将用于所有小学生习得第二门语言。学校将在至少 10 门主要外语中进行选择,包括中文、法语、西班牙语、韩语等。

8. 土耳其初级中学将普遍开设汉语选修课

2017 年 9 月,土耳其提出,计划从 2018 年开始在全国初级中学普遍开设汉语选修课。目前汉语课课程安排已经展开,教材正在编撰中。土耳其各初中学校只要具备教学计划、教材和师资力量,即可开设汉语课程。

土耳其教育部自 2008 年起在全国高级中学开设汉语选修课。截至 2017 年,共有 7 所高中开设汉语选修课,在教育部注册的中学汉语教师共 25 名,选修汉语课的学生 462 名。

在中、土两国政府的推动下,目前在土耳其的中东技术大学、海峡大学、奥坎大学等分别设立了孔子学院,包括安卡拉大学和埃尔吉耶斯大学在内的多所土耳其高校都设立了汉语系。以上教学机构通过开展丰富多彩的教学和文化活动、采用各具特色的办学模式,推动土耳其"汉语热"进一步升温。

9. 多国商会将开展国际实用汉语培训合作

2017 年 9 月 22 日,在海上丝绸之路博览会上,约旦安曼工商会、印中经济文化促进会、伊朗中国工会、泰中经济协会、南非开普敦商会等 20 多个海上丝绸之路沿线国家商会现场签订"一带一路"沿线国家商会国际实用汉语培训合作备忘录,以开展相关项目合作,扩大国际实用汉语在"一带一路"沿线的影响力,更好地发挥中资企业在"一带一路"建设中的重要作用。同时,将与肯尼亚、马来西亚、独联体国家商会等机构签署合作协议,推动项目落地。

此次主题论坛在中国广州东方宾馆举行。"一带一路"沿线 13 个国家部长级官员、22 个国家重要商会负责人出席。

10. 马来西亚华文中学行动路线图完成

由马来西亚国民型华文中学发展理事会、马来西亚行动方略联盟改制中学行动委员会及马来西亚国民型华文中学校长理事会三会联合编撰的《马来西亚国民型华文中学行动路线图（2017 至 2025 年）》已经完成。马来西亚教育部副部长张盛闻于 2017 年 10 月 2 日接见理事会成员并进行交流。

11. 福建省多举措助推"海上丝绸之路"沿线国家华文教育

2017 年，福建多举措助推"海上丝绸之路"（以下简称"海丝"）沿线国家华文教育。

2017 年上半年，福建开展华校师资培训，采取"请进来""走出去""互联网+"以及学历教育等措施，为"海丝"沿线国家培训了近 900 名华文教师。为了缓解"海丝"沿线国家华文师资短缺的难题，福建还选派了 81 名优秀教师赴菲律宾等国家的华校支教。

福建各地亦依据各自特色和优势推进海外华文教育。福州市通过搭建各种交流平台，加强与海外华人社团的交流。2017 年 10 月中旬，福州市外侨办历时 8 天，行经马来西亚、印度尼西亚、柬埔寨 3 个国家，举办华文教育座谈会，与华文教育工作者、华文学生、华文教育协调机构，进行了面对面的深入交流。

厦门以"嘉庚"之名，设立了面向华侨华人子弟的嘉庚奖学金，不仅为希望回到祖（籍）国接受教育的学子提供圆梦机会，也为推广海外华文教育、推动中华文化在"海丝"沿线国家传播架起桥梁。首届奖学金已在 10 月 21 日陈嘉庚诞辰 143 周年之际颁发。

此外，泉州的高校开设汉语国际教育专业，选派志愿者赴"海丝"沿线国家教授汉语，赴国外举办中华文化大乐园等品牌活动。

福建省侨办主任冯志农表示，华文教育的发展空间大，希望加强与海外华教机构的联系和合作，使教育更加科学化、规范化。他说，福建将继续大力开展海外华文教育，开展百家华校手拉手、海外华文教育千人培养计划等系列活动，将"中国寻根之旅""海丝情·桑梓梦"等品牌活动做大做强。

12. 马来西亚政府将增建 10 所新华文小学

2017 年 10 月，马来西亚华人公会总会长廖中莱称，马来西亚政府最近宣布增建 10 所新华文小学，是马华公会在建设华小方面取得的突破。马华公会也将确保在国家制度内，以制度化方式增建华小。

13. 俄罗斯首次制定中学汉语教学大纲

2017 年 11 月，俄罗斯首次制定了中级义务教育（五年级以上）汉语教学大纲，计划以此为基础制定全国统一考试,该考试可能于2019年实施。

根据初步方案,初级水平学习汉语的11年级毕业生应能够在正式和非正式交流场景下进行对话;谈论自己,谈论他们的计划,谈论他们的环境;阅读不同体裁的真实文本;写个人信件并填写表格。

据俄罗斯联邦教育科学监督局数据,2016~2017年俄罗斯约有1700名中小学生学习汉语。

14. 海南省设立"海南省华文教育奖学金"

为鼓励和支持华裔国际学生到海南学习汉语,海南省外事侨务办公室联合海南省教育厅于2017年11月共同设立"海南省华文教育奖学金",用于资助到海南进行一学期或一学年汉语进修的优秀华裔国际学生。

"海南省华文教育奖学金"资助内容为全额学费、住宿费、教材费、综合保险费,并提供部分生活补助。具体申请条件、所需材料、申请程序等可于海南省外事侨务办、海南省教育厅及海南师范大学等高校网站查询。

海南是侨务大省,华文教育是侨务工作的重要组成部分。长期以来,海南省坚持把华文教育作为侨界的"留根工程"、民心工程抓紧抓好。特别是近5年来,海南省向海外侨社、华校等捐赠资金150余万元,以及价值50多万元的图书读物,并派出汉语教师赴海外执教,为海外华文学校解决师资、校舍、图书教材等方面问题提供了实实在在的帮助。此次设立奖学金,支持华裔新生代到海南学习汉语,就是海南省支持华文教育事业的最新举措。

15. 马来西亚发放特别拨款 马六甲37所华小5所国民型中学受益

2017年11月27日,马来西亚教育部副部长张盛闻到马六甲发放特别拨款给该州37所全津贴华小及5所国民型中学,总数逾265万令吉。

张盛闻表示,特别拨款从2012年开始至今不曾间断。2017年,马六甲37所全津贴华小一共获得188.5万令吉的拨款,而5所国民型中学则获得77万令吉。从2012年至今,甲州37所华小共得拨款1662.8万令吉,而国民型中学则获得640万令吉的拨款。

16. 黎巴嫩愿扩大黎中教育交流 语言教学最受关注

2017年11月底,黎巴嫩教育部部长马尔万·哈马德接受采访时说,黎中教育交流近年来迅速扩展,黎巴嫩与中国在教育领域签有协议,鉴于两国关系快速发展,这一协议需要更新,尤其是在语言教学方面。根据现有协议,黎中每年各有5名学生被公派前往对方国家留学。哈马德希望能为两国学生提供更多留学机会。他说，除了公立的黎巴嫩大学，黎巴嫩还有42所私立大学，双方私立大学之间也有待继续加强合作。

哈马德还指出，尽管目前黎巴嫩圣约瑟夫大学设有孔子学院教授中文，但应把中文引入黎巴嫩的高校教学课程，以便为那些愿意前往中国深造的黎巴嫩学生节省时间，让他们届时无须再花费一年时间学习中文。

17. 2020年中文将正式加入爱尔兰全国高考科目

2017年底，爱尔兰教育部部长理查德·布鲁顿（Richard Bruton）在未来10年发展计划（Education 2017–2026）展望会议上宣布，中文普通话、波兰语、立陶宛语和葡萄牙语将正式加入2020年的全国高考科目。这意味着目前处于中学二年级的学生将成为第一批在高考中接受"新"语言测试的学生。

18. 云南保山在缅甸学校设立永昌奖学基金支持华文教育

2017年12月20日，为支持缅甸克钦邦密支那育成学校华文教育，推动汉语国际化，云南省保山市驻密办先期出资人民币38万元在缅甸克钦邦密支那育成学校设立永昌奖学基金。

缅甸克钦邦密支那育成学校成立于1929年，是一所由当地华人、华侨筹资创办的以华文教育为主的民办学校，主要招收缅甸华人、华侨子弟，同时招收缅甸克钦邦愿意学习汉语的其他民族学生。学校目前有学生1500名（其中非汉族学生300名）、教师63名，是缅甸规模最大、教学质量最高的全日制华文中学。

19. "中国大使助学金"项目在布隆迪大学启动

2017年12月20日，中国驻布隆迪大使李昌林出席布隆迪大学硕士研究生"中国大使助学金"项目启动仪式，决定从2018年起在布隆迪大学设立专项助学金，为50名家庭贫困、品学兼优且选择学习汉语的优秀研究生提供每月60000布郎助学津贴。布隆迪青年、体育与文化部部长助理，教育、高等教育与科研部部长代表，布隆迪大学校长、副校长、各学院院长、首批硕士生代表及使馆政务参赞孙健等出席。

布隆迪大学校长巴尼扬基姆博纳在致辞中表示，中国使馆倡议设立的"中国大使助学金"开了布隆迪教育的先河。

二 华教工作会议

1. 韩国4所华侨中学举行"侨生返回台湾地区升学事务"会议

2017年1月8日,韩国4所华侨中学在韩国首尔华侨中学大会议室举行联合会议。此次会议由首尔华侨中学校长于植盛主持,仁川华侨中山中学校长孙承宗、大邱华侨中学校长唐家本、釜山华侨中学校长高吉庆出席,"台湾驻韩国代表处"张俊均及秘书卓亚伦列席参加。

张俊均对韩国侨校在困难环境下仍愿意为侨教付出努力表示感谢,并与在座校长研讨每年举办的"侨生返回台湾地区升读大专院校学科考试"事宜。4所华侨中学也针对经费补助、与台湾地区同步教科书、华侨中学学生升学等事项进行讨论。

2. 中国华文教育基金会"'一带一路'人才培训专项基金"工作组召开项目研讨视频会议

2017年1月11日,中国华文教育基金会"'一带一路'人才培训专项基金"工作组在新加坡金鹰国际集团北京办事处、江西九江、福建厦门三地召开连线视频会议,听取并讨论了华侨大学有关"一带一路"人才培训项目策划情况。新加坡金鹰集团副总裁虞俊、华侨大学校长贾益民、中国华文教育基金会常务副秘书长邱立国等出席会议。

邱立国常务副秘书长表示,中国华文教育基金会将尽快与相关部委联系沟通,争取人才实地培训,召开高层次的论坛,为"一带一路"沿线国家"政策沟通、设施联通、贸易畅通、资金融通、民心相通"做出积极的贡献。

3. 2017年印度尼西亚东爪哇召开华文教育论坛

2017年1月17日,印度尼西亚东爪哇华文教育论坛在在泗水市召开。中国驻泗水总领事顾景奇，印度尼西亚全国华文教育协调机构联合秘书处主席罗荣钜，印度尼西亚三语学校协会主席陈友明，印度尼西亚雅加达华文教育协调机构主席蔡昌杰，东爪哇华文教育统筹机构主席李光迈及机构同仁，印度尼西亚全国各地华教工作教学、科研及管理人员、华社领袖等代表近400人出席开幕式。

中国驻泗水总领事顾景奇在致辞中表示，印度尼西亚政府自2000年以来对华文政策逐渐放宽，印度尼西亚全国华人和友族学习华文的热情不断高涨，华文教育蓬勃发展，取得卓越成绩。2016年中国成为印度尼西亚第3大外资来源国，在印度尼西亚投资的中国企业超过1000家，涉及众多领域，为印度尼西亚社会创造了大量的就业机会，也迫切需要汉语和印尼双语人才的加入。

顾景奇鼓励大家学好中文，并表示中国驻泗水总领馆将继续与印尼各界携手并肩弘扬中华文化，促进华文教育，不断为中印尼两国关系发展注入新的活力。

此次东爪哇华文教育论坛是东爪哇华文教育统筹机构为庆祝成立十五周年而举办的学术研讨会，大会主题是"与时俱进，开拓创新"。

4. 中国驻日本福冈总领事馆召开华文教育研讨会

2017年2月26日，中国驻日本福冈总领事馆首次召开华文教育研讨会，中国驻福冈总领事何振良和领事馆领侨、教育、科技领事等嘉宾出席，来自福冈、熊本、大分4所华校的有关负责人及教师代表参加。研讨会上，4所华校负责人分别就各自学校现状、运营和教学方式及迄今取得的成效等做了介绍，同时提出了当前面临的一些问题。代表们还就今后如何相互支持办学等进行了探讨，交流了经验。

5. 中国驻印度尼西亚登巴萨总领事馆举行中国教师座谈会

2017年3月中旬，中国驻印度尼西亚登巴萨总领事馆举行中国教师座谈会。驻登巴萨总领事胡银全、中国公派中文教师、志愿者、访问学者及总领事馆有关部门人员30余人参加活动。

胡银全向中国老师们为传播中国优秀传统文化做出的努力表示感谢。他强调，老师们在国外工作，是"移动的中国名片"，要遵守当地法律法规，尊重当地风俗习惯。他叮嘱老师们，要根据印度尼西亚学生特点，认真研究教学方法，做好中文的教学工作，同时还要讲好中国故事，做两国文化交流的友好使者。

老师们畅谈工作和生活体会，交流教学经验，表示要珍惜在巴厘岛工作的机会，下力气认真研究教学方法，不断提高教学水平，为更好地推广华文教育、培养更多的中印尼友好事业的接班人做出更大的努力。

6. 美国北加州中文学校联合会举行第三次教学研讨会

2017年4月7日,美国北加州中文学校联合会在圣何塞"金山湾区侨教中心"举办第三次教学研讨会,旨在推广传统中华语言文化以及文字,进一步达到会员学校之间的横向沟通。"金山湾区侨教中心"吴郁华、全美中文学校联合总会总会长陈安东以及90位湾区侨校中文教师出席。

柏拉阿图中文学校老师林华一从认知理论角度说明如何根据不同文化背景设计教学活动;戚继梅老师从手工制作文化产品说明"文化产物所展现的价值与美感",展示的模型作品,让与会教师大开眼界;北加州中文学校联合会会长钟玛莉表示,文化是人日常生活的体现,在海外父母对孩子文化知识的言传身教尤为重要。

研习会最后,海外青年文化大使在现场示范擂茶制作,将文化活动融于教学中。

7. 美国华盛顿主流中文学校举行教师春季经验交流座谈会

2017年5月8日,美国华盛顿主流中文学校举行教师春季会议。"台湾驻美国代表处"迟耀宗、"华盛顿侨教中心"陈世池出席了此次会议。此次华语文教师座谈会由华盛顿特区主流中文学校教师联谊会会长卢瑞平主持,参与者为当地主流中小学和大学的华语文教师,旨在交流华语文教学的经验与想法。

卢瑞平分享了马里兰州2所主流学校师生赴"华盛顿侨教中心"做文化导览的心得,他鼓励其他主流学校华语文教师多带学生到"华盛顿侨教中心"参访,让学生们体验中华文化的精致内涵与多元创意。卢瑞平表示,学中文已经在美国成为一股风潮,各地的主流教育主管机构纷纷推动开设中文课程,对华语文教师的需求也日益增加。顺应这个趋势,他希望能整合所有主流学校华语文教师,分享相关的教学经验及资源信息,增进彼此交流互动。

8. 美国中西部华文教育研讨会在芝加哥举行

2017年6月3日,由全美中文学校协会和亚洲文化中心主办、中西部七个示范中文学校协办的"美国中西部九州华文教育研讨会及2017年华文教育证书班",在芝加哥北郊阿灵顿高地市举行了开幕式。

9. 美东中文学校协会举行第44届年会

2017年6月12日,美东中文学校协会第44届年会在美国康涅狄格州哈特福希尔顿饭店举行。此次年会以"数字网络蔚风潮,华文学习遍世界"为主题,邀集来自康涅狄格州、马萨诸塞州、纽约州、新泽西州等7州46所学校将近700人参加。开幕式上，会长林宏图致辞表示，年会的举行是为了帮助中文学校设定长远计划，适应世界潮流。

年会主席庄嘉祺负责筹划此次活动，共有21场教学研讨会和6项学生文艺竞赛，另外还会举办"大学申请"讲座，邀请耶鲁大学教授和2016年入学的2位大学生分享如何申请入学。"台湾驻纽约办事处"陈丰裕、"纽约侨教中心"黄正杰、康涅狄格州首位华裔州议员汤伟麟出席年会。

年会当天也邀请前康涅狄格州教育厅企划经理利瓦伊林博士作"有效教学法"专题演讲。会上还颁发了90名优良教师奖、92名资深教师奖以及29名优秀学生的奖学金。

10. 澳大利亚中文教师联会第23届年会在悉尼召开

2017年7月8日至9日，为期2天的澳大利亚中文教师联会第23届年会在悉尼召开。本届年会的主题是"探索和提高汉语的可学性"，来自泰国、日本、中国香港以及澳大利亚各州的中文教师代表450多人出席年会，包括知名的中文教育专家古川裕教授、Jane Orton博士、许慧玲博士、Robyn Moloney博士和Allan Harding先生。中国驻悉尼总领事馆教育参赞牛文起，新南威尔士州议员柯民思等嘉宾出席了此次会议。中国驻澳大利亚大使馆教育处徐孝公参，以及新南威尔士州议员王国忠均为年会发来了贺信。本届"汉语桥"新南威尔士州赛区优胜者登台向现场来宾们展示了他们的中文演讲实力。

澳大利亚中文教师联会自1994年9月成立以来，在澳大利亚中小学中文教学方面发挥了重要作用。每年一届的学术年会都吸引了众多来自世界各地的中文教师交流讨论中文教学理念，分享教学经验。

11. 泰国东部华文民校召开第二次学术研讨会

2017年7月28日，泰国东部华文民校第二次学术研讨会在罗勇光华学校举行。此次研讨会主要讨论第十一届泰国东部华文学术大赛比赛项目的设置及评分标准。

泰国华文民校协会主席梁冰和罗勇光华学校、春府大众学校等14所华校的校董、校长、中文教师近200人参加研讨会。

12. 2017年北加州中文学校联合会年会在美国圣荷西举办

2017年8月10日，北加州中文学校联合会年会在美国圣荷西密尔必达市举办，共有侨界及中文学校教师约200人出席。

在开场节目"风中之羽"过后，即将卸任的会长钟玛莉致辞感谢大家的到来，随后"台湾驻旧金山办事处长"马钟麟也致辞表达祝贺。年会上举行了新旧任会长交接仪式,马钟麟代表台湾地区侨务部门颁发贺状给两位会长,并祝福北加州中文学校联合会会务蒸蒸日上。

13. 中国驻悉尼总领事馆举办留学人员子女中文教育座谈会

2017年8月27日,中国驻悉尼总领事馆教育组邀请悉尼地区部分留学人员到教育组,就留学人员子女的中文学习情况进行了交流和座谈。教育参赞牛文起主持了座谈会。

与会留学人员到澳大利亚的时间从20世纪80年代到21世纪初均有,相应的,子女就读大学、中学、小学、幼儿园的都有。大家围绕如何有效培养子女学习中文的兴趣、如何提高子女中文水平、如何发挥子女中英两种语言的优势、如何传承发扬优秀中华文化等话题,从各自的实际情况出发,分享了自己在参与子女中文学习过程中的经验和体会,分析了机遇和挑战,并提出了意见和建议。

14. 第二届英国汉语考试年度工作会议在伦敦举行

2017年10月7日,为进一步推进英国汉语教学及汉语水平考试,由英国汉语考试委员会主办的第二届英国汉语考试相关考点年度工作会议在伦敦沃本豪斯(Woburn House)举行。

会议围绕中文教学、汉语水平考试概况、汉语水平考试与英国本土考试衔接、考官资质考评等核心问题进行了详细介绍,伦敦普通话简体中文学校、周末华文学校、彼得堡中文学校等来自英国各地区30多家中文培训学校的教师代表参加了会议,交流并分享了学校在组织汉语水平考试方面的成功经验。

全球目前共有125个不同国家的1081个考点开设了HSK等各类型汉语考试。2016年一年,在全球58万名汉语考生中,欧洲考生人数占全球考生总人数的9%。英国国内2016年共有6775人参加汉语考试,考生数量超过德国与法国。另外,英国2017年已开设共计18个汉语水平考试考点,其中11家为正式考点,7家为准考点。

15. 菲律宾米沙鄢华教协会举办2017~2018年度年会

2017年10月18日,由菲律宾米沙鄢华教协会主办、菲律宾怡朗华商学院承办的2017~2018年度年会在菲律宾怡朗华商学院总校四楼大礼堂开幕。菲律宾华教中心领导、中国国务院侨务办公室山西省专家团以及菲律宾米沙鄢华教协会14所会员学院的董事、校长、主任、教师等120人出席了此次盛会。

本届年会持续3天,通过公开课、案例分析、专家讲座、座谈交流等多种方式,增进了各校的交流,分享了优秀的教学理念和方法,推动了米沙鄢地区华文教育的发展。

16. 美国第十四届缅因州中文大会在班戈市举办

2017年10月27日至28日,由缅因州中国语言文化中心及其孔子课堂和班戈汉语学校共同主办的第十四届缅因州中文大会在班戈市会议中心举办。中国驻美国纽约总领事章启月和教育参赞徐永吉应邀出席。班戈市市长、缅因州教育厅、商务厅官员、汉语教学和研究专家学者、大学师生、孔子课堂师生及家长、留华毕业生代表以及华人华侨等各界人士近150人参加了本届大会。

缅因州中国语言文化中心主任兼孔子课堂副理事长张静主持大会并致欢迎辞;班戈市市长Joe Baldacc、缅因大学法明顿校区校长Kathryn Foster、缅因州教育厅首席学术官员Paul Hambleton、缅因州商务厅企业发展与创新办公室主任John Endicott和缅因州国际贸易中心主任Zeynep Turk女士在讲话中分别表示了对缅因州汉语教学事业发展的期待和对到缅因州留学的中国学生的欢迎。

在同期举行的2017年度缅因州留华毕业生座谈会上,50余名留华毕业生代表及家长齐聚一堂。多位留华毕业生上台发言,分享自己学习汉语和留学中国的感触和收获,鼓励更多美国同学积极学习中国语言和文化,做两国友好交流的使者。

此次缅因州中文大会以"放眼全球,立足本地"为主题,以"爱是我们共同的语言"和"中国人民美国人民永远是好朋友"为主旋律,集聚了80余名汉语教学专家和一线中文老师,广泛讨论了最新的汉语教学方法和教材、教师培训以及运用目标语言教学等,同时就如何帮助美国中小学建立中文项目、如何有效组织中文教学等课题进行了充分的研讨。

17. 2017上海华文教育研讨会召开

2017年11月,由上海市人民政府侨务办公室主办、静安区侨务办公室协办的"2017上海华文教育研讨会"在上海国际贵都大饭店召开。国务院侨务办公室文化司副司长梁智卫,上海市侨办主任徐力、副主任姚卓匀,上海市教育委员会副主任李永智,静安区区委常委、统战部长凌惠康,华东师范大学校长助理高炜等领导出席了开幕式。来自上海华文教育研究中心专家组的专家,澳大利亚、加拿大、美国及法国4国教育界人士和上海华文教育工作者近140人,就"中文教育在海外当地的发展现状和趋势以及跨文化环境下的中华语言文化交流互鉴"主题进行了探讨和交流。与会嘉宾一致认为,华文教育遇到了好时机,也必将走入一个新时代。

研讨会上,上海市侨办还向上海华文教育研究中心新一届专家组22位专家颁发了聘书,对8个新增上海华文教育基地和4个上海华文教育体验基地授予了铭牌。其中,新设的上海华文教育体验基地是2017年继"华侨学院"之后,上海市侨办的又一项创新举措。

18. 首届全美"汉语沉浸式教学大会"在纽约举行

2017年11月4日,首届全美汉语沉浸式教学大会在阿尔弗莱德大学(Alfred University)举办。本届大会的主题是"汉语沉浸式教学的可持续发展",邀请了多位汉语教学方面的专家学者,主要就汉语沉浸式项目推广与评估、教学内容和教学法、教学交流平台的构建等方面展开研讨。

中国驻纽约总领事章启月应邀出席大会并致辞,共有来自中国、加拿大、美国的汉语专家学者100余人参加会议。阿尔弗莱德大学教务长兼副校长里克·斯蒂芬斯、中国地质大学(武汉)副校长赖旭龙等嘉宾到场并致辞。教育参赞徐永吉亦参加上述活动。

19. 温州籍华校参加意大利全国教育大会并发言

2017年11月24日,意大利教育部在伦巴第大区米兰比可卡大学召开年度工作会议,来自意大利各大区及主要城市的教育局长、校长和教师代表共400余人参加会议。意大利温州籍华校——佛罗伦萨中文学校作为唯一一所中文学校获邀参会,并作为国际化教育的典型在会上作交流发言。

会上,中国国务院侨务办公室外派教师陈小丽代表佛罗伦萨中文学校介绍了有关中国政府在教育国际化方面的政策、中国学校教育国际化的现状以及具体做法,尤其列举了佛罗伦萨中文学校近年来促成中意合作办学和中意友好学校结对交流互访的一些数据和实例,引起了与会代表的强烈反响,受到广泛好评。

20. 中国驻登巴萨总领事馆举办中文教学研讨会

2017年11月25日,为了进一步促进领区华文学校中文教学的发展,提高本地中文教师尤其是印尼教师的中文教学水平,中国驻印度尼西亚登巴萨总领事馆举办了"中文教学研讨会",邀请泗水孔子学院中方院长肖任飞老师为领区华文学校的40名本地中文教师开展培训讲座。驻登巴萨总领馆陈巍副总领事出席研讨会并致辞,佉晓笛领事、秦为芬副领事陪同出席。

陈巍在大会上致辞,表示此次总领事馆邀请中文教学的专家以研讨会的形式和大家面对面,希望将专家更多的经验传递给大家,希望能够以此进一步推动教学方法的改进,更好地做好中文教学工作,为中印尼友好合作培养更多接班人。

研讨会上,肖任飞以"Collocation:从语音到语用教学都需注意的问题"为主题,从唐诗教学、词汇和语音搭配、教学效率等方面进行了讲解,并回答了老师们关于词汇教学、教学中中介语的应用等教学难点和问题。

21. 中国驻福冈总领事馆举办"学汉语 知中国"中文学习交流会

2017年11月25日,中国驻日本福冈总领事馆举办"学汉语、知中国"九州地区中文学习交流会,何振良总领事率全体馆员出席,并在大会上致辞。来自鹿儿岛、佐贺、熊本、大分、山口等领区内各县的中文爱好者、各日中友好协会负责人、习悦中文学校师生及长崎牡丹舞蹈队等约100人参加。

众多学习中文的日本朋友走上舞台,交流自己的学习心得,分享自己学习中文、和中国人交流时发生的故事。总领事夫人沈建领事结合自身多年从事对外汉语教学的经验做了以"快乐学中文"为题的讲座。长崎牡丹舞蹈队、习悦中文学校的孩子们及山口大学学生代表还表演了舞蹈、旗袍秀、唱唐诗和中文歌曲等节目。

22. 加拿大温哥华地区中小学汉语教师协会年会举行

2017年12月3日,加拿大大温哥华地区K-12汉语教师协会年会在中国驻加拿大温哥华总领事馆教育组召开。协会现任理事会就2017年度开展工作情况及未来工作计划向全体会员进行了详细汇报,并选举出新一届理事会,雷泽宏先生连任会长。在听取协会工作介绍后,中国驻加拿大温哥华总领事馆教育组于长学参赞对协会工作给予肯分充分定,并表示将继续支持协会和各位老师的工作。

23. 第十二届东南亚华文教学研讨会在缅甸开幕

2017年12月中旬,由曼德勒福庆学校主办的第十二届东南亚华文教学研讨会举行。

中国驻缅甸曼德勒总领事王宗颖出席开幕式并致辞。他向与会嘉宾阐述中华文化的博大精深,介绍中国教育的发展历程,剖析海外华文教育存在的问题和困难,对侨胞们传承和弘扬中华文化表示赞赏和肯定,并祝愿华文教育越办越好。

来自泰国、马来西亚、文莱、印度尼西亚、菲律宾等东南亚国家的华文教育工作者、缅甸各界爱华、知华、友华人士及媒体界人士共140余人出席研讨会。

24. 福建召开2017年"中国寻根之旅"夏令营专题工作会议

2017年12月14日,福建省9个设区市、平潭综合实验区外侨办,8个福建省海外华文教育基地、重点侨(县)乡的近百名工作人员齐聚晋江,参加2017年全省海外华裔青少年"中国寻根之旅"夏令营专题工作会议。福建省人民政府侨务办公室副主任刘良辉出席并作总结讲话。

福建省侨办文宣处处长张志英传达省侨办关于进一步规范海外华裔及港澳台地区青少年"中国寻根之旅"夏令营活动的若干意见。此外，张志英处长还传达了福建省侨办关于进一步规范海外华裔及港澳台地区青少年"中国寻根之旅"夏令营活动的若干意见。福州市、泉州市、龙岩市外侨办，晋江市侨台外事局以及武夷学院5家单位分别在会上分享了举办"中国寻根之旅"夏令营活动的经验以及工作思路。

25. 第四届世界华文教育大会在北京召开

2017年12月19日至20日，由中国国务院侨务办公室主办的第四届世界华文教育大会在北京召开。中共中央政治局委员、国务委员杨洁篪于开幕式前在钓鱼台国宾馆接见了来自55个国家和地区的600余位华文教育界参会代表并致辞。

杨洁篪在致辞中强调，党中央、国务院高度重视侨务工作，十分关心海外华文教育事业。党的十八大以来，海外华文教育标准化、正规化、专业化建设取得了新进展、新成效。希望广大华文教育工作者树立高度文化自信，坚守华文教育阵地的职责使命，努力提高华文学校的教学质量和办学水平，不断推动海外华文教育繁荣发展。同时，发挥自身独特优势，更加积极主动地向各国人民宣介中国文化、中国故事、中国成就，促进中国与世界各国民心相通，做中华优秀文化的热情传播者、和谐侨社建设的自觉践行者、中外友好事业的积极推动者。

国务院侨办主任裘援平在开幕式上作了题为《深化华文教育"三化建设"，大力弘扬中华优秀文化》的主题报告，总结了第三届世界华文教育大会以来的海外华文教育工作情况，分析了当前海外华文教育发展面临的新机遇与新挑战，介绍了未来3年国务院侨办支持华文教育发展的主要举措。

中央统战部、全国人大华侨委员会、外交部、国家发展和改革委员会、教育部、财政部、文化部、全国政协港澳台侨委员会、中国侨联、致公党中央、孔子学院总部（国家汉办）等部门和单位有关负责人出席大会。

开幕式上，国务院侨办表彰了1599名长期从事华文教育的海外优秀华文教师和140名为华文教育慷慨解囊的热心华教人士。会议期间，与会代表将围绕"深化华文教育'三化建设'，大力弘扬中华优秀文化"的主题进行交流研讨。

26. 第二批北京华文教育基地评审工作会召开

2017年12月26日，2017年华文教育工作总结暨北京华文教育基地评选工作会在北京举行。中国传媒大学、北京青年政治学院、北京市第八十中学、北京国际汉语研修学院4所学校被评定为第二批北京华文教育基地并接受授牌。北京市政府侨务办公室副主任史立臣、北京市教育委员会副主任黄侃出席会议。首都体育学院党委副书记王尚忠主持会议。会上，北京语言大学等4所首批北京华文教育基地分别进行了华文教育工作总结。

闭幕式上，中国国务院侨务办公室党组书记、国务院侨务办公室副主任许又声为15家海外华文教育示范学校授牌。针对大会两天的分组讨论，各小组代表围绕培养广大华裔青少年学习华文兴趣、加快建立海外华文教师培养长效机制、提升华文学校办学水平等具体议题做出成果汇报。

为加强对北京华文教育基地的建设管理，不断提高新时期华文教育工作的专业化水平，自2018年起，北京市政府侨办、市教委将每五年组织开展一次全面系统的综合考评，对表现优秀的予以表彰奖励，对未能发挥应有作用的将予摘牌。

27. 广西召开侨务工作会议，部署新时期工作重点

2017年12月20日，广西外事侨务办公室在南宁召开广西侨务工作会。会议总结了广西"十二五"以来侨务工作情况，要求新时期要以机构合并为新起点，推进外事侨务工作新发展。

此次会议是广西外事侨务办公室组建以来召开的首次全自治区侨务工作会议。广西壮族自治区政府副秘书长李芳源及广西有关厅局、涉侨单位负责人，各市、重点侨乡县（市、区）政府分管负责人，各市外侨办主任及广西外侨办机关干部等150多人出席会议。

广西壮族自治区人民政府副主席张晓钦在会上发言，就如何做好广西新时期侨务工作，提出五点要求。他还指出，广西各级外侨部门在具体工作中要用好用足侨务资源优势，服务广西经济社会发展；加强侨务工作法治化建设，依法维护海外侨胞和归侨侨眷权益；强化为侨公共服务，不断改善侨界民生；加强联谊服务引导，发展壮大友好力量；弘扬中华优秀文化，提升广西文化影响力；加强华文教育和侨务外宣工作，讲好广西故事。

此外，会上还总结了广西"十二五"以来侨务工作情况。柳州市、桂林市、玉林市、来宾市、东兴市、广西—东盟经济开发区管委会、广西华侨学校相关负责人作了典型经验交流发言。

三 华教机构发展与变迁

1. 缅甸云华职业学院揭牌成立

2017年1月9日,中国云南师范大学与缅甸曼德勒恩瓦教育培训中心合作共建的"缅甸云华职业学院"在缅甸曼德勒正式揭牌成立。中国驻曼德勒总领事馆总领事王宗颖、缅甸曼德勒省社会救济与安置部社会福利厅厅长吴觉温、缅甸恩瓦教育培训中心董事长尚兴玺、云南师范大学党委书记饶卫等300余人参加了揭牌仪式。

缅甸云华职业学院于2017年9月招收第一届学前教育专业的学生,共2个班80人,按照师范类专科培养,学制3年。学院还将面向缅甸在职幼儿教师开展短期专业培训。缅甸云华职业学院充分利用云南师范大学教师教育和职业教育资源,结合地缘优势和本土特色,促进中缅教育、文化交流,为缅甸培养骨干教师队伍以及社会所需人才。

2. 江苏首批"中华文化海外交流基地"授牌

2017年1月10日,江苏省侨务办公室、江苏省文化厅在江苏扬州举行江苏省首批"中华文化海外交流基地"授牌仪式,共有32家单位被授予江苏省"中华文化海外交流基地"。

江苏"中华文化海外交流基地"分知名旅游文化景点、文化遗产保护场所、文化研究培训机构及其他文化交流单位4类,必须具备"文化特色鲜明、交流服务热情、引领作用突出、运行机制完善"4个基本条件。首批被授牌江苏"中华文化海外交流基地"的知名旅游文化景点有南京中山陵、扬州瘦西湖、昆山周庄古镇等10家;文化遗产保护场所有南京城墙保护管理中心、苏州博物馆等11家;文化研究培训机构有侵华日军南京大屠杀遇难同胞纪念馆、苏州大学等8家;其他文化交流单位有淮安周恩来故里景区等3家。

"中华文化海外交流基地"的成立,旨在研究探讨中华文化弘扬与传播,充分利用侨务资源积极推动中华文化的对外交流与合作。

3. 曲靖师范学院获批成为"云南省华文教育基地"

曲靖师范学院被云南省侨务办公室正式批准成为云南省华文教育基地。2017年1月10日，曲靖师范学院举行了"华文教育基地"揭牌仪式。云南省侨务办公室文化教育处高厘原处长、曲靖市副市长张向明出席揭牌仪式。

4. 缅华妇女协会华文教育中心新校舍落成

2017年1月19日，缅华妇女协会华文教育中心举行新校舍落成典礼。中国驻缅甸大使馆大使夫人王雪鸿、公赞夫人倪宏伟，缅华妇女协会主席李为华、缅华妇女协会华文教育中心主任叶雪金出席落成典礼并为新校舍剪彩揭牌。王雪鸿代表中国驻缅甸大使馆向缅华妇女协会捐赠一批教学设备。

5. 缅甸云华师范学院家长学校成立

2017年2月25日，缅甸云华师范学院举行家长学校成立仪式。曼德勒云南同乡会会长、曼德勒云华师范学院董事长尚兴玺，曼德勒云华师范学院院长李岚、常务副院长杨周出席了成立仪式。家长学校的成立旨在促进教育中社会和家庭的参与，以期家庭教育与学校教育紧密联系，共同促进青少年的健康成长。

6. "浙江师范大学意大利汉语教育中心"揭牌成立

2017年3月4日，浙江师范大学校长蒋国俊率该校代表团访问意大利佛罗伦萨，并代表浙江师范大学与意大利国际协助发展中国家协会（COSPE协会）、意大利佛罗伦萨中意文化交流协会签署三方合作协议，成立"浙江师范大学意大利汉语教育中心"。中国驻佛罗伦萨总领事馆总领事王辅国、COSPE协会亚洲部主任玛丽娅和佛罗伦萨中意文化交流协会会长潘世立共同为中心揭牌。

7. 2所"国家开放大学华侨学院"揭牌成立

2017年3月8日，上海市侨务办公室和上海开放大学在上海签署成立"上海华侨学院"的合作办学协议，并举行揭牌仪式。上海华侨学院成为中国首家"国家开放大学华侨学院"。

2017年10月25日，"宁波华侨学院"在浙江宁波揭牌成立。宁波华侨学院将与宁波侨联进行战略合作，共同探索为侨服务的新路径、新方法，积极搭建并完善为侨服务的各类教育服务平台，逐步探索多元化对外合作办学机制。

"国家开放大学华侨学院"是由中国国家开放大学主办，中国侨联支持的一种办学新业态。学院以服务全球汉语学习者、海内外华侨华人及归侨侨眷为旨归，基于现代远程开放教育和"互联网＋华文学习"模式，实施线上与线下相结合的非学历培训和学历教育，拓展国际教育合作项目，传播中华文化，讲述中国故事。

8. 尼日利亚拉各斯华助基金会成立

2017年3月25日，全球第3家华助基金会——尼日利亚拉各斯华助基金会宣告成立。中国驻拉各斯总领事馆总领事巢小良出席揭牌仪式，向华助基金会第一届理事会成员授牌并致辞。

尼日利亚拉各斯华助基金会隶属于尼日利亚拉各斯华侨华人互助中心，是在尼日利亚的社会团体、中资企业、其他组织及个人提供关爱、帮扶，为促进文化交流及慈善公益事业自愿捐赠资金，进行筹集和管理的非营利性社会组织。基金会的宗旨是在遵守当地法律法规的基础上，积极广泛募集，关爱救助，回馈当地社会，取之于侨、用之于侨，弘扬中华文化，促进侨团和谐发展。

9. 希腊第一所"华文教育示范学校"揭牌

2017年4月3日，雅典中文学校正式挂上由中国国务院侨务办公室授予的"华文教育示范学校"的牌匾，成为希腊第一所"华文教育示范学校"。中国驻希腊大使馆大使邹肖力出席揭牌仪式。

雅典中文学校创办于2004年，学校设有幼儿部和小学部，开设中文、武术、书法、绘画、希腊语等课程。该校自建校以来，就以"创办家长满意的学校"为奋斗目标，以"传承中华文化、发展海外教育事业、促进中希文化交流"为己任。

10. 山西太原首家"中国华侨国际文化交流基地"挂牌

2017年4月8日，山西省太原市首家"中国华侨国际文化交流基地"在中国传统古村落"青龙古镇"挂牌。中国侨联文化交流部副部长邢砚庄，山西省侨联党组书记、主席王维卿出席揭牌仪式。

中国华侨国际文化交流基地是侨联组织整合社会资源、推进优势互补、合力开展海内外文化交流活动的重要平台。其认证工作自2014年开展以来，已有164个单位或机构被中国侨联确认为"中国华侨国际文化交流基地"。

11. 美洲首家"中国国家普通话水平测试海外培训测试中心"在美国成立

2017年5月，美国纽约州立大学石溪分校与中国教育部语言文字应用管理司、中国传媒大学播音主持艺术学院于纽约州立大学石溪分校成立美洲首家、全球第二家"中国国家普通话水平测试海外培训测试中心"。

作为石溪大学全球化发展的重要战略,该校正在建设中国中心。设立在中国中心下的"海外普通话培训测试中心"将为美国大中小学汉语教师和汉语学习者提供培训和测试,积极推广普通话,研究开发普通话课程教材,开展中外语言文化交流和学术研究活动,提高国际汉语教师水平。

首家"中国国家普通话水平测试海外培训测试中心"2016年12月在荷兰海牙成立。

12. 龙人古琴文化研究院成为"福建省海外华文教育基地"

2017年6月6日,福建省龙人古琴文化研究院举行"福建省海外华文教育基地"授牌仪式。福建省侨务办公室文宣处处长齐志、漳州市外事侨务办公室副主任许惠勇出席授牌仪式。齐志代表福建省侨务办公室向龙人古琴文化研究院院长谢建东颁授"福建省海外华文教育基地"牌匾。

龙人古琴文化研究院地处长泰县马洋溪生态旅游区,集古琴传承、文化艺术传播、教育及学术研究于一体,先后与福建省海外华文教育基地厦门大学、华侨大学、闽南师范大学、泉州师范学院等院校合作开展古琴教学及人才培养工作,开发古琴文化教材,发挥了龙人古琴文化村在中华古琴文化海外传播中的积极和独特作用。

13. 泰国合艾泰南教学中心成立

2017年6月10日,泰国合艾华侨华人互助中心第一届理事会暨合艾侨团联合会第二十一届理事会成立就职典礼在泰国宋卡府合艾市举行。合艾华侨华人互助中心与东盟华文学院合作设立的"泰南教学中心"也在当天举行授牌仪式。中国驻宋卡总领事馆总领事周海成,宋卡府府尹宋蓬、行政机构主席尼蓬,合艾华侨华人互助中心新任主席张俊贵等出席典礼。

14. "昆明华文学校泰北生源基地"签约挂牌

2017年6月19日,"昆明华文学校泰北生源基地"签约挂牌仪式在泰国美赛光明华侨公学举行。中国驻清迈总领事馆总领事任义生、昆明华文学校校长张明军、泰国美赛光明华侨公学董事会主席徐秀如共同签署华文教育合作协议。任义生总领事向昆明华文学校和美赛光明华侨公学联合授予"昆明华文学校泰北生源基地"牌匾。

泰北生源基地的建立,将在昆明华文学校和美赛光明华侨公学之间架起一座桥梁,为海外华裔学子在祖籍国进行高等教育搭建平台。泰北生源基地的学生在光明华侨公学和昆明华文学校学习期间可享受奖学金及生活费的补助。

15. 云南艺术学院附属艺术学校成为"云南省华文教育基地"

2017年7月6日，云南省侨务办公室授牌云南艺术学院附属艺术学校，成立"云南省华文教育基地"。云南省侨务办公室副主任刘文娥、云南艺术学院副校长陈艳萍参加了授牌仪式。

云南艺术学院附属艺术学校（原云南艺术学院附中）建于1959年8月，位于昆明市云南艺术学院内，是隶属云南省教育厅的一所综合性的中等艺术专业学校，主管部门为云南艺术学院。学校现设音乐、美术、舞蹈3个专业，办学层次包括三年制中专、六年制中专、五年制大专。

16. 泰国清迈教联高级中学（城区）分校成立

2017年8月18日，泰国清迈教联高级中学（城区）分校成立。中国驻清迈总领事馆代总领事王秀胜、泰国清迈泰华妇女联谊会会长李健圆、泰北清迈区华人村华文教师联谊会会长兼教联高级中学校长王相贤等出席成立仪式。

清迈教联高级中学（城区）分校，坐落在清迈府斋里銮寺斜对面。学校秉承"使用规范汉语，传承中华文化"的理念，将学习汉语和传承中华文化相结合，并融入其他语言的学习，做到多元化发展。学校现有办公室、教室12间，办学以1对1或小班模式教学，以汉语学习为主，开设多语种学习，以学习1~3个月即可熟练交流为教学目标。

17. 国务院侨务办公室华文教育专家咨询委员会在北京成立

2017年8月22日，中国国务院侨务办公室专家咨询委员会大会在北京开幕。国务院侨务办公室党组书记许又声在会上宣读了《国务院侨办关于成立国务院侨办专家咨询委员会的决定》（下称"决定"），宣布国务院侨办成立专家咨询委员会，下设政策法规、经济科技、华文教育、文化传媒四个分委员会。

决定指出，为汇聚华侨华人高层次专业人士和海内外涉侨相关领域的智慧和力量，服务国家创新发展和侨务工作的科学发展，国务院侨办决定成立专家咨询委员会。国务院侨办专家咨询委员会下设政策法规、经济科技、华文教育、文化传媒四个分委员会，拟聘请丁肇中、朱经武、邓文中、王辉耀、庄国土、郑晓瑛、王超群等280位华侨华人高层次专业人士和涉侨相关领域专家学者担任委员，任期4年。

决定明确了专家咨询委员会的主要职责，即紧密联系华侨华人高层次专业人士和涉侨相关领域专家学者，发挥多学科、宽领域、专业化优势，开展交流合作、积极建言献策，为促进国家创新发展和侨务工作科学发展提供智力支撑。

开幕式期间，国务院侨办、北京市有关部门负责人还为委员代表颁发了聘书。

18. 意大利中文学校联合总会成立

2017年8月24日，意大利中文学校联合总会在米兰成立，米兰华侨中文学校校长陈小微女士荣任首届会长。中国国务院侨务办公室主任裘援平、中国驻米兰总领事馆总领事宋雪峰出席成立仪式。

意大利中文学校联合总会是意大利首个以中文学校为主体的华文教育协会。目前，已有25所意大利中文学校加入该会，其中有8所是中国国务院侨务办公室授予的"海外华文教育示范学校"。该会的宗旨是传承中华文化，推广华文教育，团结奋进，互学互助，为创建标准化、正规化、专业化中文学校而努力。该会还在意大利南部、北部设立联络处，以便就近为中文学校服务。

19. 博茨瓦纳哈博罗内华侨华人互助中心华文教育辅导中心揭牌

2017年9月22日，博茨瓦纳哈博罗内华侨华人互助中心华文教育辅导中心举行揭牌仪式。中国驻博茨瓦纳大使馆大使赵彦博、哈博罗内华侨华人互助中心主任胡中文共同为中心揭牌。

哈博罗内华侨华人互助中心华文教育辅导中心的成立，解决了博茨瓦纳长期以来缺少华文教育学习平台的问题，将为博茨瓦纳华侨华人子女学习汉语及中国传统文化提供极大便利。

哈博罗内华侨华人互助中心成立于2017年3月，是全球第46个、非洲第6个华侨华人互助中心。

20. 北京华文学院第二届董事会成立

2017年9月27日，北京华文学院召开第二届董事会第一次会议，宣告第二届董事会正式成立。国务院侨务办公室主任裘援平，党组书记、副主任许又声出席会议。

北京华文学院第二届董事会共有成员45人，由中国港澳台地区及海内外热心华文教育事业的各界知名人士，以及中国有关部门负责人组成。原全国政协副主席罗豪才继续担任荣誉董事长，泰国中华总商会前主席刘锦庭当选董事长，黄志源等6人担任副董事长，北京华文学院院长周虹连任秘书长；董事36人，其中续聘董事16人，新聘董事15人，职务董事5人。

会议期间，裘援平、许又声共同为第二届董事会成员颁发聘书。裘援平对长期关心支持北京华文学院发展的董事会成员表示感谢，希望董事们继续发挥监督指导、咨询纽带、支持帮扶三方面作用,为北京华文学院发展建设提供更多帮助。

21. 海外多地设立"华侨华人互助中心"助力华社发展

2017年,多家"华侨华人互助中心"在海外多个国家成立。

2017年3月6日,泰国清迈华侨华人互助中心正式成立,成为泰北首个、泰国第二个华侨华人互助中心。中国海外交流协会副会长江岩、泰国清迈府副府尹格理、中国驻清迈总领事馆总领事任义生等出席揭牌仪式。

2017年6月19日,美国内布拉斯加州华侨华人互助中心揭牌,中国国务院侨务办公室国内司副司长张毅、中国驻美国大使馆侨务处领事丁阳等出席揭牌仪式。

2017年8月12日,吉尔吉斯斯坦首个华侨华人互助中心在比什凯克揭牌。中国国务院侨务办公室副主任谭天星、中国驻吉尔吉斯斯坦大使馆大使肖清华共同为比什凯克华侨华人互助中心揭牌。由中国国务院侨务办公室赠送的"华星书屋"中文图书室也正式交付使用。

2017年8月23日,日本名古屋华侨华人互助中心举行揭牌仪式。这是继东京华侨华人互助中心之后成立的日本第二家华侨华人互助中心,由名古屋中国春节祭执行委员会和爱知华侨华人总会共同组建。中国驻名古屋总领事馆总领事邓伟、中国国务院侨务办公室国外司副司长朱柳出席揭牌仪式。

2017年9月29日,国务院侨务办公室主任裘援平,党组书记、副主任许又声,副主任谭天星,副主任郭军共同为第四批15家"华侨华人互助中心"授牌。此次新揭牌的"华侨华人互助中心"是:美国盐湖城华侨华人互助中心、美国夏洛特华侨华人互助中心、美国圣路易斯华侨华人互助中心、牙买加金斯顿华侨华人互助中心、澳大利亚墨尔本华侨华人互助中心、菲律宾达沃华侨华人互助中心、菲律宾宿务华侨华人互助中心、韩国济州华侨华人互助中心、塔吉克斯坦杜尚别华侨华人互助中心、西班牙巴塞罗那华侨华人互助中心、坦桑尼亚达累斯萨拉姆华侨华人互助中心、肯尼亚内罗毕华侨华人互助中心、博茨瓦纳哈博罗内华侨华人互助中心、瑞典斯德哥尔摩华侨华人互助中心、葡萄牙里斯本华侨华人互助中心。

2017年12月2日,阿根廷举行华侨华人互助中心揭牌仪式,中国国务院侨务办公室副主任郭军、中国驻阿根廷大使馆官员、阿根廷侨界代表等出席揭牌仪式。

"华侨华人互助中心"是中国国务院侨务办公室在2014年提出的"海外惠侨工程"的八大计划之一,是由政府支持、侨胞自办、立足华社、面向全侨的民间非营利性机构,建立起由华助基金、求助热线、服务网站及微信公众号、维权律师、义工队伍和巡逻队、救火队、救护队等构成的公共服务体系。目前在全球42个国家已设立60家华侨华人互助中心,基本覆盖全球五大洲。

22. 华侨大学与葡萄牙里斯本中文学校共建海外华文教育基地

2017年10月28日，中国华侨大学与葡萄牙里斯本中文学校签署合作协议，双方将在葡萄牙共建中国华侨大学海外华文教育基地，携手弘扬中华文化，发展华文教育，促进中外文化交流。华侨大学华文教育处处长、华文学院院长胡培安与里斯本中文学校校长陈晓红共同签署了"共建海外华文教育基地"协议，华侨大学副校长曾路向里斯本中文学校授予"中国华侨大学海外华文教育基地"牌匾。中国驻葡萄牙大使馆领事部主任诸葛蔡延，里斯本中文学校名誉校长、中华总商会会长蔡文显等嘉宾出席并见证签字仪式。

23. 上海新增一批华文教育基地

2017年10月30日，在上海华文教育研讨会上，上海市侨务办公室和上海市教育委员会新挂牌一批上海华文教育基地，在原有40个上海华文教育基地的基础上新增8家基地，新设立华文教育体验基地4家。

上海市原有的华文教育基地都是教育机构，2017年，上海市侨务办公室遴选了一些非教育机构参与，比如上海纺织博物馆、上海电影博物馆、爱尔眼科等，通过这些基地的挂牌，使华文教育基地更加多样化，华文教育工作更加全面和系统。

24. 泰国崇华新生华立学校"昆明书屋"揭牌

2017年11月13日，泰国崇华新生华立学校"昆明书屋"正式成立。崇华新生华立学校法人代表关复兴，昆明市归国华侨联合会副主席毕娇娇出席揭牌仪式。

崇华新生华立学校自建校以来，一直致力于中文教育和中华文化的传播，是泰北华文教育的一面新旗帜。"昆明书屋"的建立以"点滴润物"的方式让更多的华裔青少年共沐书香，汲取母语的营养，增强他们对中国传统文化的认知和对家乡的了解。云南省经贸外事学院肖薇董事长为"昆明书屋"捐赠了价值5万元的书籍。

"昆明书屋"由昆明市委统战部牵头，昆明市外侨办、昆明市侨联共同实施，计划"十三五"期间在周边国家创建15~20个"昆明书屋"。截至2017年底，精心挑选了在当地华文教育中影响面广泛的缅甸仰光东方语言与商业中心、泰国清迈南邦育华学校、崇华新生华立学校，已完成捐建4个"昆明书屋"，共捐赠13140册中文图书。

25. 暨南大学新西兰实验学校举行"华文教育示范学校"揭牌仪式

2017年11月25日，暨南大学新西兰实验学校举行"华文教育示范学校"揭牌仪式，中国国务院侨务办公室党组书记、副主任许又声和中国驻奥克兰总领事馆总领事许尔文共同为暨南大学新西兰实验学校揭牌。

暨南大学新西兰实验学校是"暨南大学新西兰校友会教育基金"成立的学校。在新西兰以华人子女为主要对象的课后、周末的中文学校，并兼设其他学业补习辅导和才艺课程，现开设学前中文班、普通中文班和 IB、CIE、SAT、NCEA 中文班作为第二外语的考试的准备课程。

26. 华侨大学设立南非开普敦海外招生联络处

2017 年 12 月 17 日，中国华侨大学海外招生联络处在南非开普敦挂牌成立。华侨大学党委书记关一凡、开普敦中国和平统一促进会会长胡建华、南非宋庆龄基金会会长陈清等人出席活动。

开普敦海外招生联络处成立后，为开普敦华文教育的进一步提升提供了有力支持，为华侨华人提供到中国学习中华文化和专业技术的机会，培养他们对祖籍国、家乡和中华文化的认知，为促进中国与南非文化交流做出贡献。

27. 15 所华校被授予"华文教育示范学校"牌匾

2017 年 12 月 20 日，在第四届世界华文教育大会闭幕式上，中国国务院侨务办公室党组书记、副主任许又声为荷兰旅荷华人联谊会中文学校、法国小熊猫学校、德国易北中文学校、厄瓜多尔思源中国语学校等 15 家海外华校授予"华文教育示范学校"牌匾。

28. 国务院侨务办公室"华文教育基地"落户各省市单位

2017 年，国务院侨务办公室遴选出 4 家单位成立"华文教育基地"。

2017 年 4 月 14 日，广西师范大学"华文教育基地"在广西师范大学国际教育交流中心揭牌。这是继广西华侨学校之后，广西第二个国家级华文教育基地。国务院侨务办公室文化司巡视员汤翠英，广西壮族自治区侨务办公室主任秦春成出席开幕式。

2017 年 6 月 18 日，河北大学"华文教育基地"揭牌仪式在该校举行。这是河北省唯一获批建设的华文教育基地。其建立对该校建设华文教育特色品牌、扩大对外交流合作，乃至推动河北省华文教育工作深入发展，具有深远意义。国务院侨务办公室文化司副司长王梦黎、河北省侨务办公室副主任叶长青、保定市侨务办公室主任潘志勇、河北大学副校长杨学新出席揭牌仪式。

2017 年 7 月 26 日，南京晓庄学院"华文教育基地"揭牌仪式在南京晓庄学院莫愁校区举行。江苏省侨务办公室副主任杜伟、南京晓庄学院校长许承明出席揭牌仪式。

2017 年 8 月 25 日，山东济宁曲阜孔子研究院"华文教育基地"揭牌。国务院侨务办公室文化司巡视员汤翠英，山东济宁市委常委、市纪委书记范晓丽出席揭牌仪式。中国孔子研究院位于山东省曲阜市，是国务院1996年批准设立的研究孔子及其思想的专门机构，具有学术研究与交流、博物展览、文献收藏、孔子及儒学研究信息交流、人才培训等功能，规划建设成为世界儒学研究与交流中心。

从2000年开始，国务院侨办在全国多地遴选了一批大专院校，作为开展海外华文教育的基地，华文教育基地主要承担海外华文教育教材的研究、开发工作，接待海外华裔青少年夏（冬）令营活动，为海外各类华校培训教师，开展海外华文教育的理论研究等。这些基地院校已成为国务院侨务办公室开展海外华文教育工作的重要依托和有力补充。

29. 2017年17家"华星艺术团"在世界各地成立

2014年，中国国务院侨务办公室创新提议，由海外华侨华人在聚居的较大城市分期分批筹建"文化中国·华星艺术团"，为其提供来华培训、交流、观摩和比赛的机会，邀请其参与或承办"文化中国"系列访演等。目前，在全球65个国家已成立42个华星艺术团。

据统计，2017年在世界各地共成立了17家"华星艺术团"。如表3-1所示。

表3-1 全球华星艺术团一览

序号	名称	成立时间	所在城市
1	匈牙利华星艺术团	2017年2月4日	匈牙利布达佩斯
2	拉各斯华星艺术团	2017年6月11日	尼日利亚拉各斯
3	吉隆坡华星艺术团	2017年6月15日	马来西亚吉隆坡
4	荷兰华星艺术团	2017年7月25日	荷兰海牙
5	佛罗伦萨华星艺术团	2017年7月24日	意大利佛罗伦萨
6	慕尼黑华星艺术团	2017年7月30日	德国慕尼黑
7	米兰华星艺术团	2017年8月24日	意大利米兰
8	罗马华星艺术团	2017年8月27日	意大利罗马
9	里斯本华星艺术团	2017年8月29日	葡萄牙里斯本
10	开普敦华星艺术团	2017年9月28日	南非开普敦
11	莫斯科华星艺术团	2017年9月28日	俄罗斯莫斯科
12	珀斯华星艺术团	2017年9月28日	澳大利亚珀斯
13	马德里华星艺术团	2017年9月28日	西班牙马德里
14	巴黎华星艺术团	2017年9月28日	法国巴黎
15	圣地亚哥华星艺术团	2017年9月28日	美国圣地亚哥
16	蒙特利尔华星艺术团	2017年9月28日	加拿大蒙特利尔
17	明尼苏达华星艺术团	2017年10月7日	美国明尼苏达

四 华教交流与合作

（一）国内交流与合作

1. 浙江省温州市外事侨务办公室副主任赴华教基地调研

2017年1月9日，浙江省温州市外事侨务办公室副主任许捷及文宣处负责人赴温州市少年艺术学校调研，看望华文教育艺术特色班学生。

在温州市少年艺术学校校长李绍可、艺术总监应真的陪同下，许捷参观了新建成的校舍，观摩了艺术课堂。许捷充分肯定了学校近年来在海外华文教育工作中取得的成绩，感谢学校对外侨部门的支持，希望他们继续做大做强华文教育品牌，更好地推广华文班，传播中华文化。

温州市少年艺术学校华文班由温州市外事侨务办公室和温州市少年艺术学校联合开办，自2011年开设以来已连续举办六届，共招收近200名来自30个国家和地区的华侨华人子女。

2. 上海市侨务办公室副主任访问广东省侨务办公室

2017年3月16日，上海市侨务办公室副主任姚卓匀等访问广东省侨务办公室，广东省侨务办公室党组副书记、巡视员林琳与姚卓匀等围绕新时期侨务工作进行了座谈交流。

林琳介绍了广东省侨办近年来开展的侨务工作，特别是在推动海外华文教育发展、打造侨务文化品牌、推动广东文化"走出去"、打造侨务外宣品牌、增强广东对外传播、涵养资源做好华裔新生代工作等方面做了介绍。姚卓匀表示，广东是侨务资源大省，侨务工作走在全国前列，此行是专程到广东学习交流，共同探讨今后工作的新思路。她还介绍了上海市侨办近年来开展侨务工作的情况，特别是利用上海开放大学资源开展海外华文师资培训、远程教学等情况。林琳表示，广东侨办与上海侨办联系紧密，上海市侨务工作有许多好的经验，特别是近年来与上海开放大学合作，利用远程教育网络和教学资源等开展侨务工作尤其是华文教育工作的新做法，值得广东学习。

3. 中国华文教育基金会理事长赵阳赴江苏无锡开展项目调研

2017年4月13日,全国政协港澳台侨委副主任、中国华文教育基金会理事长赵阳,中国华文教育基金会常务副秘书长邱立国等赴江苏无锡,听取"快乐练字"创始人李敬伟关于推广规范汉字书写项目的汇报,并畅谈了今后的合作规划。

赵阳对"敬伟快乐练字"品牌成功运营17年来兼顾公益事业的举措表示肯定,并建议今后可在中国华文教育基金会设立专项基金,多渠道募集资金,共同推进提高海外华裔青少年的汉字书写水平。邱立国副秘书长也对专项基金提出了具体建议,认为可利用双方机构的优势,合作开展海外华裔青少年硬笔书法大赛、"海外华裔青少年眼中的中国"摄影大赛、海外华裔青少年书法拍卖会等活动,为海外华文学校和华裔青少年提供交流和提高的平台。

4. 中国华文教育基金会理事长赵阳赴华侨大学调研华文教育工作

2017年4月26日,中国华文教育基金会理事长赵阳赴华侨大学厦门校区调研华文教育工作。在华侨大学校党委书记关一凡、副校长曾路等的陪同下,赵阳理事长参观了"海外华文教育与中华文化传播协同创新中心",体验了华文教育智慧教学法给中文学习者带来的便利和愉悦。在随后的工作座谈会上,关一凡简要汇报了近年来学校发展情况;曾路汇报了"一带一路"倡议背景下华侨大学开展华文教育的设想,并希望能与中国华文教育基金会合作,共同打造创新性的品牌和项目。华侨大学华文教育处处长胡培安详细汇报了学校近年来华文教育工作开展情况,以及承担中国华文教育基金会项目工作情况和未来工作设想等。

赵阳对华侨大学近年来的华文教育成就表示了肯定,赞扬华侨大学善于创新,开创了外国政府官员中文学习班等华文教育品牌项目,希望继续巩固并进一步做大做强这些项目。赵阳表示,华侨大学建立的华文教育智慧教室,开展的智慧教学,适应当前互联网教育的趋势,希望今后分阶段、分国家去推广和应用,让智慧教学更接地气、更有实效。他还建议华侨大学要重视华文教育展览馆建设,要全面地收集、记录和展示世界华文教育历史和成就的文献、资料、成果等。赵阳最后表示,中国华文教育基金会将全力支持华侨大学建设和华文教育工作开展。

5. 北京昌平区外事侨务办公室到北京华文学院考察调研

2017年4月27日,北京昌平区外事侨务办公室副主任王晓征、金圣海赴北京华文学院考察调研。

金圣海表示,这次调研主要是了解北京华文学院优势资源和现实需求,与昌平区外事侨务办公室互通有无，建立长久的联系，整合与利用好各自的侨务资源，最大限度地实现为侨服务的功能。北京华文学院书记刘香玲表示，北京华文学院和昌平区外侨办都担负着为侨服务和促进中外文化交流的使命，今后双方都应该围绕国家侨务发展纲要提出的任务和要求，认真做好海外华文教育，并积极为昌平区政府搭建人文、经贸合作及信息互通平台做出应有的贡献。

王晓征参观了北京华文学院泰来馆，还深入考察了学生宿舍、食堂等场所和设施，并对学院师资力量、教学水平、硬件设施，以及北京华文学院在培养海外华裔人才方面发挥的重要作用表示赞赏，并表示将增强互动交流，通过组织活动搭建平台，更好地服务于华侨华人。

6. 广东省侨务办公室党组副书记一行赴华南师范大学调研华文教育工作

2017年5月9日，广东省侨务办公室党组副书记、巡视员林琳率文教处工作人员赴华南师范大学调研华文教育工作。

林琳介绍了广东省侨办"十三五"期间华文教育、夏令营工作的计划和思路举措，并希望华南师范大学继续支持省侨办的工作，双方多沟通交流，加强资源整合、合作共赢，大力打造华文教育工作平台，共同推动海外华文教育工作的发展。

华南师范大学副校长吴坚表示，华南师范大学有责任和义务做好华文教育工作，有能力配合省侨办做好各项工作。吴坚还介绍了学校在国际交流方面的工作设想，表示华南师范大学高度重视开展与海外的交流合作，尤其是高度重视与东南亚地区院校的合作交流，并正积极探索建立有效的机制，理顺关系，切实支持海外尤其是东南亚地区华文教育发展。

双方还就如何在"一带一路"战略背景下，拓展与马来西亚、泰国、印度尼西亚等东盟国家的教育合作交流等进行了探讨。

7. 中国华文教育基金会理事长赵阳考察浙江丽水莲都外国语学校

2017年5月24日，全国政协港澳台侨委员会副主任、中国华文教育基金会理事长赵阳，常务副秘书长邱立国等前往浙江丽水莲都外国语学校考察，并召开座谈会。

丽水市外事侨务办公室副主任金晓伟介绍了丽水的侨情，重点强调华侨华人子女教育是大问题。邱立国针对该问题做了阐述，表示华侨华人子女的教育问题主要有两个方面，即华文教育和回国基础教育，其中在国内遇到最大的问题就是"三侨生"的高考问题。邱立国肯定了莲都外国语学校为"三侨生"在幼儿园和高中阶段读书问题作出的努力，并对其探索出以侨为特色的升学渠道，彻底解决海外华侨华人子女在国内升学问题表示期待。

8. 中国华文教育基金会理事长赵阳赴浙江温州看望捐赠人并考察学校

2017年5月25日,全国政协港澳台侨委员会副主任、中国华文教育基金会理事长赵阳在基金会常务副秘书长邱立国等的陪同下,赴浙江温州看望归国探亲的王荣弟等3位海外捐赠人,并向他们颁发国务院侨办荣誉证书。

赵阳等人先后拜访法国侨领王荣弟和西班牙侨领李汝龙、孙小敏,对他们为推动海外华文教育事业发展所做出的贡献表示感谢。赵阳称赞他们的善行义举让中华文化更好地在海外华裔青少年中得以传承,为全社会树立了榜样。侨领们对赵阳等人专程登门看望表示感谢,并希望海外华侨华人今后能够有更多机会参与到中国的建设中,为祖籍国的发展做贡献。

当日,赵阳等人还赴温州肯恩大学参观考察,并与该校党委书记王北铰,教育发展基金会理事长、华侨学院院长王成云等座谈交流,了解该校的办学情况。

9. 暨南大学华文学院一行赴华侨大学华文学院调研

2017年7月5日,暨南大学华文学院院长邵宜、党委书记史学浩率该院华文教育系、汉语言系、招生与社会合作部、院办等相关部门人员一行7人到访华侨大学华文学院。华侨大学华文学院领导胡培安、纪秀生、胡建刚等接待了访问团。

胡培安院长简要介绍了学院历史、品牌项目办学情况。纪秀生书记、胡建刚副院长对学院办学特色、生源情况、课程设置、培养模式、学科建设等进行了详细说明。座谈会上,双方就调研的主题展开探讨,对留学生招生管理工作、海外办学、课堂建设、华文教育专业的培养工作等具体内容进行了深入交流。

10. 中国华文教育基金会赴北京四中网校调研华文教师远程培训项目

2017年8月11日,中国华文教育基金会秘书长邱立国赴北京四中网校调研华文教师远程培训项目执行情况。北京四中网校校长黄向伟、副校长刘开朝陪同邱立国参观了网校总部核心办公区,双方并就深化华文教师远程培训合作进行了座谈交流。

11. 江苏省苏州市侨务办公室一行走访江苏省华文教育基地

2017年9月7日,江苏省苏州市侨务办公室副主任苏进奇率文宣处工作人员走访江苏省华文教育基地苏州市评弹学校和第十六中学。走访中,苏进奇向两所学校领导介绍了近两年苏州市侨办举办海外华裔青少年"中国寻根之旅"夏令营和外派教师等情况,以及与海外主流华文媒体的交流合作,并表示,希望两家华文教育基地能够一如既往地发挥教学优势、资源优势、文化优势,为弘扬中华优秀传统文化和苏州文化再立新功。

12. 温州市外事侨务办公室领导赴华教基地看望华文班新生

2017年9月21日，温州市外事侨务办公室调研员许捷一行3人赴国务院侨务办公室华文教育基地——温州少年艺术学校考察。许捷一行在少年艺术学校校长李绍可的陪同下，看望2017届华文班学生，并观摩了体育课和绘画课。许捷充分肯定了少年艺术学校近年来在海外华文教育工作中取得的成绩，希望他们继续做大做强华文教育品牌，更好地推广华文班，传播中华文化。

13. 上海市侨务办公室一行赴普陀区考察华教基地申报学校

2017年10月9日，上海市侨务办公室文宣处处长邹芳及华文教育专家一行3人到上海市普陀区对曹杨二中申报华文教育基地学校进行实地考察。

邹芳听取了曹杨二中校长王洋对学校基本情况的汇报，对曹杨二中的教学管理与质量给予高度评价，就华文教育工作的意义、内容、开展情况等方面向王洋进行介绍，并询问了王洋在国际交流工作方面的想法。王洋就该校的办学情况、师资力量及申报华文教育基地学校的情况等进行了介绍，同时，他希望借助华文教育工作平台，促进本校语言类教学工作再上新台阶，达到双方共赢的效果。

14. 国务院侨务办公室文化司院校处赴暨南大学华文学院调研

2017年10月23日至25日，国务院侨务办公室文化司院校处调研员别林业一行到访暨南大学华文学院，专题调研海外华文教育专业本科奖学金生招生、培养及就业管理等情况。暨南大学华文学院院长邵宜，党委书记史学浩、副书记马洁等参加交流座谈。

汇报会上，华文教育系主任周静汇报了华文学院华文教育专业建设的基本情况、专业特色与优势以及当前存在的问题与改进措施。随后的教师座谈会上，围绕华文教育专业的招生、培养及就业管理等环节的工作，与会的各位教师从自身多年的教学经验出发，积极建言献策，与别林业一行展开深入交流。别林业还深入课堂听课，走访华文教育专业的学生宿舍，并与30多位来自世界各地华文教育专业本科奖学金生进行了座谈。

15. 江苏省侨务办公室一行赴广西开展华文教育学习考察

2017年11月24日，为进一步学习国家"一带一路"倡议，更好地开展华文教育工作，借鉴广西壮族自治区先进侨务经验，江苏省侨务办公室副主任杜伟率省内文宣侨务干部 30 人赴广西学习和考察当地华文教育工作。

考察团与广西壮族自治区侨办、崇左市侨办领导及相关业务处室负责人进行座谈交流，听取广西侨办副主任唐振富、崇左市外侨办主任梁冠文介绍广西近年来华文教育的发展情况。此次广西考察行对两地侨办加强交流、互取所长，进一步做好新时期侨务工作有着重要的意义和作用。

16. 江苏省苏州市侨务办公室一行赴世界联合学院交流华教工作

2017 年 12 月 1 日，江苏省苏州市侨务办公室副主任苏进奇走访世界联合学院（中国·常熟），拜访了学校创办人、董事会主席王嘉鹏。常熟市侨务办公室主任邓玌陪同走访。

王嘉鹏向苏进奇一行介绍了世界联合学院的创办历程和目前发展情况，阐明了学院的价值观念和教育模式，并介绍了常熟分院目前的建设、发展与规划，师资力量、生源、教学特点，在华文教育方面的主要做法等情况。苏进奇表示，王嘉鹏创办世界联合学院本身已经有了推广华文教育的理念和思想，学院在生源选择和课程设置上，华文教育占有很高的比重，王嘉鹏本人又是侨胞，是侨务部门的服务对象，希望能够密切联系，加强合作，共同为推广华教育工作做出贡献。

17. 江苏省侨务办公室一行赴徐州考察中华文化海外交流基地情况

2018 年 12 月 4 日，江苏省侨务办公室华教中心副主任杨严率淮安市、宿迁市侨务办公室相关人员对徐州市"中华文化海外交流基地"的建设情况进行了实地考察。考察组在到徐州汉文化景区、新沂市窑湾古镇考察后表示，汉文化景区和窑湾古镇高度浓缩了徐州的历史文化精华，承载着徐州丰厚的文化底蕴，景区长期以来始终坚持做好对外文化交流传播事业，为中华文化走向世界做出了重要贡献。汉文化景区和窑湾古镇应该充分利用此次申报"中华文化海外交流基地"的契机，进一步梳理完善徐州悠久的历史文化精髓，适当加大对外文化交流力度，充分履行对外文化交流使者的历史使命，面向世界大力弘扬优秀中华传统文化。

（二）国际互访与交流

1. 中国驻奥地利大使李晓驷访问奥华中文学校

2017 年 1 月 4 日，中国驻奥地利大使李晓驷访问奥地利奥华中文学校。李晓驷大使表示，随着中国综合国力的增强和对外交往的不断扩大，中文的重要性越来越凸显，希望学生们努力学好中文，为今后工作、学习、生活及中奥友好交往打下坚实基础。奥华中文学校校长左雅表示，奥华中文学校自2014年成立以来，在使馆和奥地利各界热心人士的支持和关心下，已经有了很大的发展。虽然有一些实际困难，但学校和老师们有信心把学校办好。

2. 澳大利亚维多利亚州华人社团联合会访问广东省侨务办公室

2017年1月6日，澳大利亚维多利亚州华人社团联合会副主席梁青到访广东省侨务办公室，广东省侨务办公室副主任郑建民会见访问团并与其就社团会务进行了交流。

郑建民表示，澳大利亚维多利亚州华人社团联合会作为当地的大型综合性社团，长期以来秉持创会宗旨，在服务侨胞生存发展、传承中华传统文化、推动和谐侨社建设等方面做出了积极贡献，希望今后加强与广东省侨办的沟通联系。梁青表示，得益于广东侨务部门的支持，澳大利亚维多利亚州华人社团联合会会务得到长足发展，在帮助新移民融入当地社会、举办传统文化活动凝聚华人社区等方面做了大量卓有成效的工作。

3. 浙江省温州市外事侨务办公室领导会见西班牙爱华中文学校和意大利中意学校校长

2017年1月12日，浙江省温州市外事侨务办公室副主任许捷会见了西班牙爱华中文学校校长黄小捷和意大利中意学校校长傅文武。

意大利中意学校校长傅文武向温州市外侨办赠送"侨爱不远万里，筑梦华文教育"牌匾，以感谢温州市外侨办多年来对中意学校的帮助。西班牙爱华中文学校校长黄小捷向许捷介绍了西班牙爱华中文学校的近况以及西班牙华文教育现状和当前所面临的问题。许捷表示，温州市外侨办今后会更加重视和支持海外温籍华文学校的发展，利用外侨资源优势，进一步牵线搭桥，为温籍华校发展提供更多支持，帮助海外温籍华校解决发展中的困难。

4. 泰国西部华文民校联谊会访问崇华新生华立学校

2017年1月13日，泰国西部华文民校联谊会主席黄迨光率团到访泰国清迈崇华新生华立学校。崇华新生华立基金会主席学校法人代表关复兴、基金会董事、学校领导及老师们接待了代表团。

交流会上，关复兴向代表团介绍了崇华新生华立学校建校史，中文校长张静向代表团介绍了学校发展管理蓝图以及学校华文教学的规划及华文教学特色。黄迨光向崇华新生华立学校介绍了泰国西部华校华文教学状况,希望双方能够加强交流与合作,互相学习共同进步,共同使泰国华文教育不断蓬勃发展壮大。

5. 泰国清迈华教人士拜访中国驻清迈总领事馆

2017年1月20日,泰国清迈各社团侨领及崇华新生华立学校法人关复兴等人到中国驻清迈总领事馆拜年,并答谢总领事馆对学校华文教育工作的长期大力支持。拜访中,总领事仁义生与大家谈中泰友谊、谈华文教育、谈中国的发展,清迈中华商会主席陈荣波代表全体侨领及华校、感谢中国驻清迈总领事馆一直以来的关心和支持,并表示将做好中泰友谊的桥梁。

6. 中国国务院侨务办公室主任裘援平访问匈牙利匈中双语学校

2017年2月5日,中国国务院侨务办公室主任裘援平访问匈牙利匈中双语学校并出席了匈中双语学校新春联欢会暨"中国大使奖学金"颁发仪式。中国驻匈牙利大使段洁龙、政务参赞陈小君和长城匈中友好协会主席欧拉·劳约、布达佩斯十五区区长郝一渡·拉斯洛及学校师生1000余人出席了活动。

裘援平表示,中国国务院侨办愿意和匈中双语学校加强合作,其中既包括中文教材方面和教师培训方面的合作,也有让学生们参与关于中华文化活动的合作。相信通过这些合作,匈中双语学校的学生会有越来越多的机会到中国参加夏令营和冬令营活动,在游学中学习和了解中华文化。

段洁龙表示,"中国大使奖学金"的设立是为了匈中双语学校的学生能够为传承匈中友谊和弘扬两国文化投入更多的精力,也希望通过此奖学金能够让学生和家长体会到中国对于匈中双语学校的关心和支持。

裘援平还向校方授牌"华星书屋"。

7. 中国国务院侨务办公室代表团访问菲律宾华校

2017年2月5日至9日,中国国务院侨务办公室主任裘援平、国外司司长张建青、文化司司长雷振刚、经科司副司长夏付东等人访问菲律宾华校。

2月7日,裘援平主任在菲律宾华教中心常务副主席黄端铭和副主席杨美美陪同下,访问了中国国务院侨办华文教育示范华校侨中学院和中正学院。裘援平一行参观学校,并了解学校的办学情况和取得的成绩,赞扬华校为培养具有中华文化气质的人才付出了诸多努力。裘援平还慰问了任教于这两所华校的中国国务院侨办外派教师,对他们提出了期望,希望他们再接再厉,积极提高教学质量。裘援平向这两所学校分别颁发"海外华文教育示范学校"资助金 10 万元人民币。裘援平指出，随着中国成为世界第二大经济体，海外华文学校也要培养双语甚至多语的文化人才。

2月8日，代表团访问菲律宾纳卯中华中学。在欢迎仪式上，裘援平向纳卯中华中学赠送"华星书屋"牌匾，并在校园内种植了"中菲友谊树"。随后，在菲律宾华教中心师资部主任郝海庭主持下，代表团与纳卯各华校代表举行座谈会。郝海庭向裘援平介绍了纳卯市6所华校的情况，华校管理人员代表、外派教师代表、本土教师代表、"造血计划"教师代表等轮流上台发言。裘援平鼓励大家为培养具有多语能力和国际竞争力的新生代做出贡献，同时向在纳卯基督任教的外派教师表示慰问。

8. 中国驻南非德班总领事会见领区华文教育工作者

2017年2月6日，中国驻南非德班总领事王建州在总领事馆会见了南非夸纳省华文教育基金会主席、德班树德中文学校校长陈松华和中文学校老师。大家就德班华文教育事业未来发展前景及工作进行了深入交谈。王建州勉励大家把德班的中文学校办得更好。中文老师们表示，他们会充分发挥各自的优势和特长，把华文教育事业办得更好，将中华优秀文化和传统，更好地传承给华裔青少年。

9. 马来西亚巫统领导人首次到访董总了解华文教育

2017年2月7日，马来西亚巫统宣传主任安努亚慕沙首次访问马来西亚华校董事联合会总会，与董总领导层针对统考文凭事宜进行交流。这也是首次有巫统官员以巫统领导人的身份到访董总。

安努亚慕沙认为马来西亚的华文教育已经达到一定的成就和优势，马来西亚应该将多元种族和文化的强项发展成为世界的典范。他认为此次交流让他对华文教育有了更深的了解，包括课程和董总所面临的问题。

董总主席刘利民在交流会上提出两项建议，即承认统考等同于马来西亚高级学校文凭（STPM），允许独中生单科报考马来西亚教育文凭（SPM）的国文条件，就能进入政府大学就读。

10. 多所学校代表团访问泰国崇华新生华立学校

2017年2月8日至9日，泰国程逸皇家师范大学、帕府中兴学校和中国北京交通大学3所学校代表团到访泰国崇华新生华立学校，进行汉语教学经验交流，参观该校汉语教学。

11. 浙江省温州市外事侨务办公室领导拜会荷兰欧华文教协会会长

2017年2月14日，浙江省温州市外事侨务办公室副主任许捷专程到浙江乐清拜访回乡省亲的荷兰欧华文教协会会长、荷兰东区中文学校校董薛正利。许捷与薛正利深入交流，详细了解荷兰东区中文学校的发展情况及荷兰华文教育的整体状况，并向薛正利简要介绍温州华文教育开展情况，希望海外温籍华校抓住华文教育转型升级的发展契机，加强与家乡外侨办的联系与合作，合力推动华文教育发展。

12. 上海市侨务办公室领导会见北美华文教育服务中心会长

2017年2月17日，上海市侨务办公室副主任姚卓匀在华侨大厦会见了北美华文教育服务中心会长、浙商大学校长助理韩清源博士，美国亚洲金融协会秘书长李志鸿等人。韩清源向姚卓匀介绍了中心近年来的情况，希望进一步加强与上海市侨办在华文教育方面的联系与合作。

13. 云南海外交流协会文化艺术团到访泰国崇华新生华立学校

2017年2月17日，云南海外交流协会文化艺术团到访泰国崇华新生华立学校。访问团学生与崇华新生华立学校学生进行了互动交流活动，崇华新生华立学校学生表演了钢琴弹奏、舞蹈《小苹果》、泰式舞蹈《水灯节》等。双方学生还一同在长度近20米的画布上作画。

14. 广东省海外交流协会副会长会见马来西亚新纪元学院董事部主席

2017年2月22日，广东省侨务办公室巡视员、广东省海外交流协会副会长林琳会见了到访的马来西亚新纪元（本科）学院董事部主席、董教总教育中心（非营利）有限公司第十届董事部主席叶新田博士。双方就华文教育工作进行了座谈交流。

林琳表示，广东省侨办、广东省海外交流协会将一如既往地支持马来西亚华社华文教育的发展，在外派华文教师、"名师"海外巡讲、"请进来"师资培训、邀请海外华教高层到广东访问、促进省内学校与海外华校之间友好往来等方面加强与马来西亚华教界的交流合作，进一步提升工作成效。

叶新田博士表示，希望广东省侨办在外派"名师"到马来西亚巡讲、办好东南亚华文教育论坛等方面继续给予支持和帮助。

15. 意大利华校与联盟学校开展华裔学生教学交流

2017年2月28日，为进一步强化联盟学校合作交流，共同探讨华裔学生有效教学方法，意大利佛罗伦萨中文学校与保罗茨落学校小学部联合在保罗茨落学校开展教学交流活动。交流会上，双方老师围绕同时就读于两校的华裔学生学习情况、融入情况、学习兴趣等问题进行了广泛交流并提出了许多实质性的意见和建议。

16. 中国驻缅甸曼德勒总领事访问缅甸掸邦各大侨团及华校

2017年3月2日，中国驻缅甸曼德勒总领事王宗颖赴缅甸掸邦进行例行领区巡视期间访问了包括东枝广东会馆、东枝云南会馆、东枝福州三山同乡会、东枝东华语言与电脑学校、东枝兴华中学、东枝果文中学、大其力云南会馆、大其力福德善堂、景栋慈善堂、景栋中文会话培训中心学校在内的7个华人会馆及5所华文学校。

王宗颖希望广大侨胞积极参与"一带一路"建设，并希望广大侨胞今后继续积极融入当地主流社会，与当地民众建立良好关系，更多回馈当地社会，做好中缅友好的使者。

17. 印度尼西亚华文电视代表访问印度尼西亚雅加达华文教育协调机构

2017年3月8日，印度尼西亚华文电视代表访问雅加达华文教育协调机构辅导委员会总主席郑年锦、常务主席杨健强。

郑年锦和杨健强表示，希望让更多的人了解印度尼西亚目前的华文教育情况。同时，希望华文电视能够大力支持印度尼西亚的华文教育事业。

18. 印度尼西亚阿拉扎大学与雅加达华文教育协调机构商讨拓展华文教育

2017年3月8日，印度尼西亚阿拉扎大学与雅加达华文教育协调机构深入交流探讨在华文教育领域更多的合作可能，决定在适当时间举行华文教育研讨会，将印度尼西亚的华文教育工作做得更好。阿拉扎大学是印度尼西亚知名的高等学府、是穆斯林主流社会一所综合大学。

19. 德国纽伦堡中文学校校长拜访山东省侨务办公室

2017年3月9日，德国纽伦堡中文学校校长、中国留德学者计算机学会主席李立拜访山东省侨务办公室，山东省侨务办公室副主任孙西忠、吴冠与相关处室负责人员与其座谈交流。

李立此次到访，主要是商讨如何进一步与山东省侨办在教师培训、夏令营、文化交流、招才引智等方面开展合作。他表示，作为海外华人，为祖籍国经济社会发展尽一份力量是自己的夙愿，今后会进一步利用自身融通中外的优势，密切与山东省侨办的联系，争取做出更大的成绩。

20. 泰国东南曼谷大学领导访问昆明华文学校

2017年3月9日，泰国东南曼谷大学副校长Pattarada Rungruang、国际交流中心负责人邱晓峰、外部顾问王刚专程拜访昆明华文学校，就交换生、夏（冬）令营、教师培训、派遣教师等事宜进行了座谈交流。双方旨在通过交流与合作，进一步提高泰国华文教师的汉语实践教学能力，建立起一整套本土化的汉语教学体系，发挥中泰之间友好往来的桥梁作用。

21. 浙江省温州市华教基地师生赴意大利友好学校交流访问

2017年3月中旬，浙江省温州华文教育基地瑞安市外国语学校的师生对意大利圣托利诺学校进行交流访问。

访问期间，圣托利诺学校为瑞安市外国语学校师生访问团安排了艺术课、音乐课、绘画课、数学课、体育课、英语课和Pizza制作等丰富多彩的课程，还组织师生参观佛罗伦萨市中心的景点和举世闻名的比萨斜塔。学生们还到意大利家庭体验其生活与文化。双方还互赠礼物以作纪念，加深了友谊。

22. 意大利华校校长访问温州大学华文教育研究所

2017年3月16日，意大利米兰华侨中文学校校长陈小微专访温州大学华文教育研究所，与温州大学国际合作学院院长严晓鹏等商讨进一步合作的相关事宜。

陈小微表示希望温州大学华文教育研究所继续与米兰华侨中文学校保持紧密合作关系，重点在师资培训、文化交流、华文教育课题研究等方面加强合作，为海外华校发展提供智力支持。严晓鹏表示，温州大学国际合作学院将继续在科研力量方面，大力支持米兰华侨中文学校，共同推动双方合作结出更丰硕的成果。同时，他希望在未来，有更多的华校同中国有关政府机构部门、华文教育研究机构等加强联系、沟通、合作，形成良性的积极的多向渠道，促进海外华文教育向广度、深度发展。

23. 浙江省温州市外事侨务办公室领导会见意大利中意学校校长

2017年3月22日，浙江温州市外事侨务办公室副主任许捷会见了来访的意大利中意学校副校长郑影雪女士。许捷希望中意学校进一步探索华文教育新模式，以形成行之有效的方法，普及海外中文教育，使更多的海外侨胞子弟受益。同时表示，温州市外侨办会一如既往关注海外温籍华校的生存发展，倾听意见建议，并发挥桥梁作用，为温籍华校向正规化、标准化、专业化发展提供帮助。

24. 意大利友好学校师生访问华教基地温州市少年艺术学校

2017年3月下旬，意大利保罗茨落中等学校的师生到国务院侨务办公室华文教育基地温州市少年艺术学校进行交流访问。这是两校2006年建立友好校际关系以来意大利保罗茨落中等学校师生第三次访问温州市少年艺术学校。

在温州期间，意大利学生与温州市少年艺术学校学生结成对子，一同学习、生活、游览名胜。意大利学生还住进结对学生的家中，体验中国家庭生活。温州市少年艺术学校还为他们准备了丰富多彩的文化体验课程，如中国画、中国乐器、民族舞蹈等。

25. 中国海外交流协会常务副会长裘援平会见马来西亚中华大会堂总会访华团

2017年4月1日，中国海外交流协会常务副会长裘援平在北京会见以方天兴为团长的马来西亚中华大会堂总会访华团。此次中华大会堂总会访华团由地方会长与总会代表共同组成。

中华大会堂总会在吉隆坡乃至马来西亚其他地区都有重要影响力，是马来西亚全国性的侨团。裘援平表示，华文教育在马来西亚发展的特色显著，教育体系完整、规模较大，这离不开一代又一代在马来西亚的华人的努力。此外，该侨团参与评选马来西亚"年度汉字"活动，参与承办"文化中国·四海同春"中马艺术交流汇演等，都很好地促进了中马文化交流。中国海外交流协会在"一带一路"背景下，愿意为马来西亚华社华商搭建合作交流的平台，希望更多的侨资企业到马来西亚及"一带一路"沿线国家投资兴业。

26. 意大利佛罗伦萨大学交流生访问温州华侨中学

2017年4月上旬，意大利佛罗伦萨大学交流生赴温州华侨中学开展为期3个月的校际交流学习生活。

2015年11月，温州华侨中学与意大利教育部签署了定期互派师生开展教学交流的协议。根据协议，每三个月意方将选派2名佛罗伦萨的中学老师或大学汉语系学生到温州华侨中学学习交流，开设口语和语言实践等特色课程，并学习中文，促进中意两国之间的教育文化交流合作，加深两国之间的友谊。

27. 美国校长代表团访问温州华文教育基地

2017年4月上旬，美国校长代表团赴温州市华文教育基地——瑞安市外国语学校访问，交流国际教育经验。代表团成员包括美国艾慕伍德富兰克林学校、加西亚迭戈高中、加州康奈利女子高中、马歇尔中学、哈蒙德学校、吉尔莫学校等学校的校长。

代表团参观了瑞安市外国语学校海事馆、校史馆、图书馆，观摩了英语课程。该校丰富多彩的校园文化,师生纯正的发音,风趣的课堂,赢得了来宾们的高度评价。在随后的座谈会上,双方进行了座谈交流,在了解瑞安市外国语学校的办学理念、办学特色、办学成果等情况后,代表团成员纷纷表示,愿意在未来与瑞安市外国语学校加强交流与合作。

28. 新西兰前教育部长考察"中华文化海外交流基地"惠山古镇

2017年4月15日,新西兰前教育部长MR. Cchistopher. Carter等人考察江苏省无锡市"中华文化海外交流基地"惠山古镇。

考察团参观了无锡市统战文化建设创新实践示范点惠山古镇,在古镇中进行泥人制作,感受中华传统文化。在随后的座谈中,MR. Cchistopher. Carter介绍了新西兰教育情况,表示随着时代的发展,教育创新是一个很大的挑战,而在创新的过程中,如何与传统文化相结合非常重要。随后,双方就进一步扩大教育交流合作达成共识。

29. 中国驻马来西亚槟城总领事吴骏访问北海钟灵中学

2017年4月18日,中国驻马来西亚槟城总领事吴骏访问马来西亚钟灵中学分校——北海钟灵中学。

吴骏在致辞中对钟灵中学历届校董、校领导和师生的共同努力,学校一流的教育质量、完善的教学设施和优良的学风传统表示了肯定,赞扬其为推动马来西亚华文教育发展和传承中华文化做出的积极贡献,并希望钟灵中学的同学们抓住中马友好和两国共建"一带一路"的历史契机,学好华文,奋发有为,做国家建设的栋梁和中马友好的使者。吴骏还代表中国驻槟城总领馆,向钟灵三校——槟城钟灵中学、钟灵独立中学和北海钟灵中学,捐赠了电脑作为学校教学设备。

30. 广西教育代表团访菲律宾华教中心交流商谈深化合作

2017年4月20日至23日,广西教育代表团赴菲律宾开展教育考察活动。

4月22日,广西教育代表团在亚典耀大学孔子学院中方院长梁广寒的陪同下,到菲律宾华教中心访问。宾主双方在会议室举行了座谈。菲律宾华教中心办公室主任洪湄玲表达了希望深化合作交流的意愿。菲律宾华教中心中心考试部主任刘统厚介绍了菲律宾华文教育概况,交流部副主任孙中华介绍中心组织学生留学中国的情况。

31. "华文教育·教育交流"马来西亚访华团访问福建

2017年4月24日至27日,由中国国务院侨务办公室主办、福建省侨务办公室承办的2017年"华文教育·教育交流"活动在福建举行。由马来西亚华校董事联合会总会主席、诗巫黄乃裳中学董事长、天猛公拿督刘利民率领的马来西亚访华团到福建参访交流。团组成员包括董总主要领导与行政人员。福建省侨办主任冯志农、副主任刘良辉于4月25日在福州会见访问团。

访问团还访问了厦门大学、华侨大学、集美大学和集美中学等几所侨校。访问团每到一所学校，都详细了解学校教育发展、校园环境、办学特色、师资培训等。刘利民表示，当前董总正在规划马来西亚独中的发展方向，为了日后能继续提升马来西亚华文独立中学教师专业能力与素质，董总准备在2017年继续开展"马来西亚华文独中师资培养培训项目"，希望能够在厦门大学、华侨大学等高校里展开这些师资培养培训项目。厦门大学、华侨大学、集美大学和集美中学等校的有关领导均表示，未来希望能与董总建立长期合作，为董总的师生培养开辟更多渠道。

32. 华文教育基地杭州文澜中学艺术团赴意大利交流演出

2017年4月26日，浙江省华文教育基地杭州文澜中学书记王亚权率学校艺术团赴意大利佛罗伦萨进行交流演出。

在5天时间里，艺术团参加了由意大利国际COSPE协会、佛罗伦萨中文学校、佛罗伦萨市保罗茨落学校、岗比市圣托利诺学校、塞斯托市CALAMANDREI学校等托斯卡纳大区联盟学校组织的交流活动。

33. 浙江省温州市外事侨务办公室领导会见罗马中华语言学校校长

2017年5月5日，浙江省温州市外事侨务办公室副主任许捷会见了意大利罗马中华语言学校校长蒋中华。

蒋中华向许捷介绍了意大利罗马中华语言学校的近况，表示希望为推动海外华文教育发展、加强中意文化交流与合作、开展海外华文教育研究做出新贡献。许捷表示，温州市外侨办今后会更加重视和支持海外温籍华文教育的发展，为温籍华校向正规化、标准化、专业化发展提供帮助。

34. 全国人大华侨委员会代表视察德国汉堡汉华中文学校

2017年5月7日，全国人大常委委员、华侨委员会副主任令狐安率全国人大华侨委员会代表团莅临德国汉堡汉华中文学校，实地了解侨情，参观学校设施，考察教学实况。

访问期间，代表团视察了学校不同年级的中文课教学，参观各种体育、音乐、美术、舞蹈兴趣班，旁听中国历史课，还与教师、学生和家长进行亲切友好的会谈。

35. 马来西亚华文中学访问团到访福建宁德开展教育交流

2017年5月上旬,马来西亚华校董事联合会主席、砂拉越黄乃裳中学董事长、天猛公拿督刘利民带领访问团10人赴福建宁德市古田县、屏南县开展教育交流访问。

交流会上,宁德市青年联合会副主席林妃向代表团介绍了宁德市青联的基本情况,希望借此次契机,建立与友城诗巫及马来西亚青年团体的交流渠道,带动更多的海外青年朋友到宁德开展合作交流、投资兴业。刘利民介绍了马来西亚华文教育情况和黄乃裳中学的办学历史,希望双方进一步拓展更多的互动交流活动,不断提高海外华文教育水平。代表团先后参观了古田一中、玉田中学、屏南一中,并与学校的领导和教师代表座谈交流。双方就各自的办学理念、办学经验和今后的合作等方面进行了深入的探讨与交流。

36. 马来西亚董教总教育中心董事部主席访问广东商谈华教合作

2017年5月中旬,广东省侨务办公室巡视员、广东省海外交流协会副会长林琳,与来访的马来西亚董教总教育中心有限公司董事部主席叶新田等人会面,双方就华文教育工作进行座谈交流。

叶新田介绍了马来西亚董教总教育中心有限公司的简要情况,表示希望广东省侨办继续支持马来西亚华文教育的发展,尤其是在推动马来西亚新纪元学院与广东省院校的交流合作、组织学生到广东参加夏令营活动及华文教师培训等方面给予大力协助。林琳表示,马来西亚拥有完整的华文教育体系,广东非常重视和马来西亚开展华文教育、人文交流等多方面的合作,广东省侨办、广东省海外交流协会将一如既往支持马来西亚的华文教育,支持省内相关高校与马来西亚新纪元学院开展人才培训、教育合作等活动。

37. 温州大学代表团访问意大利佛罗伦萨中文学校

2017年5月中旬,温州大学副校长钱强率该校代表团访问意大利佛罗伦萨。

访问期间,代表团拜访了意大利国际COSPE协会亚洲部主任玛丽娅夫妇,访问温籍华校佛罗伦萨中文学校,看望师生,与校长潘世立等座谈交流。在佛罗伦萨中文学校举行的欢迎宴会上,代表团与温籍侨领们叙乡情,话发展。钱强还向各位乡贤介绍温州大学开展国际办学情况和正在筹备的该校意大利分校有关情况,对侨领们常回家走走看看,持续关心温州大学发展表示欢迎,期待进一步推动中意两国在教育、文化等方面的交流合作。

38. 中国驻泰国大使宁赋魁访问泰国达府美速市智民学校

2017年5月20日，中国驻泰国大使宁赋魁、中国驻清迈总领事馆总领事任义生等一行7人到访位于泰国西北部的达府美速市智民学校。

宁赋魁在美速全德善堂永远名誉理事长庄丰隆等人的陪同下参观了智民学校。他大力赞扬智民学校华文教育的发展成就，高度评价当地侨团在中泰邦交、文化传承以及教育服务等领域做出的巨大贡献，并鼓励在智民工作的中国政府外派老师们不辱使命、努力奉献。座谈结束后，宁赋魁大使还代表中国政府为智民学校捐赠教育基金10万泰铢。

宁赋魁一行访问了美速市全德善堂，并参观了全德善堂本头古庙、大峰祖师庙，宾主双方还举行了座谈。在全德善堂举办的欢迎晚宴上，庄丰隆为泰北贫困地区的华校捐赠华文教育发展基金50万泰铢，全德善堂理事会、全德善堂理事长张锦汉博士、副理事长顾琼年先生和智民学校校董会主席陈汉展博士、副主席吕子鹤先生分别捐赠10万泰铢。

39. 江苏省侨务办公室代表团访问德国、瑞士华文学校

2017年5月24日至31日，应德国汉园杜塞尔多夫中文学校校长王杰、瑞士华商会会长邓予立的邀请，江苏省侨务办公室党组成员周林同志率侨务代表团赴德国、瑞士开展侨务访问活动。

出访期间，代表团在德国杜塞尔多夫拜访了汉园杜塞尔多夫中文学校校长王杰夫妇，就进一步助力海外华文教育事业的发展进行了交流，探讨了中德两国教育的融合、融入和融通。双方还就互访交流、外派教师、合作办学等方面达成了长期友好合作意向，并实地参观汉园杜塞尔多夫中文学校。

40. 暨南大学代表团考察意大利罗马中华语言学校

2017年5月29日，暨南大学党委书记林如鹏、国际交流处处长蒲若茜、国际关系学院副院长张小欣等到海外华文教育示范学校意大利罗马中华语言学校考察调研。

双方就华裔学生未来教育、华侨社会成人学历教育、中意学生暨南大学预科培养等进行座谈交流。罗马中华语言学校校长蒋忠华向访问团介绍了学校11年发展历程和现有的教学情况，汇报了学校与暨南大学研究生班合作进展，希望能与暨南大学达成更加深入、紧密的合作。林如鹏介绍了暨南大学的教学情况及合作项目等，并对将来双方发展寄予了厚望。意大利中国总商会会长陈正溪、秘书长戴小璋对暨南大学帮助海外华文学校提高教学，惠及华侨华人子女的中文学习，弘扬和传承了中华文化表

示了肯定，并表示意大利华社会积极支持及资助华文教育事业。

代表团还赴中华学校的合作学校意大利国立技术学院 Galileo Galilei 学校考察。双方就开展全方位的合作和交流进行了座谈。

41. 乌克兰基辅第一东方语言学校代表团参访北京华文学院

2017 年 5 月 31 日，由乌克兰基辅第一东方语言学校副校长 Sokratova Liudmyla 女士率领的 44 名师生抵达北京华文学院，在北京进行了为期 2 天的参观访问。

访问团师生参观了北京著名景点，感受了北京灿烂的文化和悠久的历史。参观访问结束后，北京华文学院周虹院长与乌克兰基辅第一东方语言学校副校长 Sokratova Liudmyla 女士会面。

42. 国务院侨务办公室一行访问菲律宾华教中心

2017 年 6 月 10 日，中国国务院侨务办公室文化司王艺博和山东省侨务办公室文宣处副处长王立东访问菲律宾华教中心，在菲律宾华教中心领导的陪同下参观了中心办公室、华文教育展览厅和中国语言文化图书馆。

菲律宾华教中心常务副主席黄端铭向访问团介绍了中心开展的各项工作和取得的成果，并表示，菲律宾的华教事业长期得到中国国务院侨办和各省市侨办的大力支持，希望今后不断加深合作，开展更多的工作，把华教事业做得更好。王艺博称赞菲律宾华教中心的工作安排完善，并表示，随着"一带一路"战略的提出，菲律宾华教中心这样的全国性专业华教机构的重要性日益凸显。王立东欢迎更多的华裔青少年到"孔孟之乡"山东省感受丰富的中华文化。双方还就夏（冬）令营、中华文化大乐园等项目进行了讨论。

43. 泰国素林府府尹到访北京华文学院

2017 年 6 月 11 日，泰国素林府府尹安塔蓬·信哈威才等人赴北京华文学院访问交流。

座谈会上，北京华文学院副院长曹正国介绍了北京华文学院的基本情况，梳理了学院与泰国有关机构的合作项目，并特别提出北京华文学院通过自身筹措和对外合作，向学生提供丰厚的奖学金。学院招生办负责人介绍了北京华文学院的软硬件情况，重点推荐了北京华文学院与国内名校开展的合作项目，并详细解释了华文学院的奖学金体系。安塔蓬·信哈威才府尹介绍了泰国政府和民众对中文教育的重视，回顾了素林府开展了中文教育的情况以及向北京华文学院派遣学生的历史，他对北京华文学院为素林府开展中文教育提供支持表示期待，就回国后积极宣传北京华文学院作出承诺，期盼中泰两国密切交流。

44. 云南艺术学院代表团参访缅甸云华师范学院

2017年6月13日，云南艺术学院副院长卢宇辉率团赴缅甸云华师范学院参观访问，并宣传云南艺术学院将向全缅甸招收20个免费留学生的招生事宜。云华师范学院副董事长谷森虎、虞少龙、赵德钧等校董与学院常务副院长杨周及副院长林林等院领导接待了代表团。

座谈会上，杨周和林林介绍了缅甸华文教育界华文合格教师的稀缺现状，希望云南艺术学院可以输送优秀的本科生或研究生到云华师范学院支持艺术类课程教学工作，也希望云南艺术学院可以免费招收部分云华师范学院的学生进一步深造。

45. 泰国正大管理学院文学院院长访问厦门大学海外教育学院

2017年6月13日，泰国正大管理学院文学院院长Tipawan Apiwanworarat访问厦门大学海外教育学院。

厦门大学海外教育学院黄冠华副院长介绍了学院的总体情况。Tipawan Apiwanworarat院长介绍了正大管理学院文学院以及希望与厦门大学海外教育学院合作培养汉语本科生和开展教师交流的设想。双方就华文教育、产学研究、学生就业等领域进行广泛的交流，达成初步合作共识。

46. 泰国达府省代表团访问云南师范大学

2017年6月13日，泰国达府省省长桑关颂率领的代表团到访云南师范大学。云南师范大学校长蒋永文，校长助理、华文学院院长武友德与代表团会面，双方举行了会谈。

桑关颂省长表示，希望云南师范大学与达府省内众多高校可以谋求共同发展，合力拓展国际化办学。蒋永文校长表示泰国高校一直是云南师范大学与东南亚高校的首选合作伙伴，云南师范大学愿意结合自己在华文教育、汉语推广方面的优势，与达府省开展合作。代表团成员之一泰国兰纳皇家理工大学副校长查加先生也表示，希望能与云南师范大学在泰国达府共建孔子学院/孔子课堂，开展联合办学。

此次泰国达府省派出由省长带领的访问团到访云南师范大学，旨在增进双方了解、积极探索双方在旅游业、文化交流及高等教育，尤其是人才培养方面合作的可能性。

47. 中国华文教育基金会副理事长赴意大利米兰华校参观访问

2017年6月16日，中国华文教育基金会副理事长、秘书长邱立国等人赴意大利米兰华侨中文学校参观访问。

邱立国等人对米兰华侨中文学校花园般的室外环境，宽敞整洁的室内环境，完备的教学设施给予高度评价，对该校教师的专业素质和学生的中文素养、文明知礼大加赞赏。

48. 加拿大大温哥华中华文化中心主席到访广东省侨务办公室

2017年6月21日，加拿大大温哥华中华文化中心主席郭英华等人到访广东省侨务办公室，广东省侨务办公室党组副书记、巡视员林琳会见了访问团。

林琳对大温哥华中华文化中心成立几十年来，在开展华文教育，弘扬中华文化，促进中加两国人文交流等方面的工作表示了肯定。林琳表示，广东省侨办与大温哥华中华文化中心长期保持联系，并将进一步加强与大温哥华中华文化中心的合作，共同推动中华文化、广东文化"走出去"，共同讲好中国故事、广东故事，共同促进中加人文交流和民心相通。

郭英华对广东省侨办邀请大温哥华中华文化中心参加"华侨华人广东文化行"活动，特别是将中心列为首批"广东文化展示中心"合作单位表示感谢。他详细介绍了文化中心在促进华文教育和弘扬中华优秀传统文化方面的情况，并就推动武术、中医和粤菜"走出去"等提出了意见和建议。

49. 江西九江学院副书记参访缅甸云华师范学院

2017年6月23日，江西九江学院副书记魏立平等4人到缅甸曼德勒云华师范学院参观访问。云华师范学院董事长尚兴玺、常务副董事长杨春勉、副董事长谷森虎、钟顺昌等校董与院长李岚、常务副院长杨周等院领导接待了代表团并召开了座谈会。

座谈会上，魏立平介绍了九江学院的区位优势、发展历程、师资力量、人才培养、服务社会等基本情况，希望双方不断探索，拓宽合作领域，丰富合作内涵，创新合作方式，在师资外派、教师置换短期培训、九江学院华文班、师生夏令营项目开展等方面有更大发展。李岚就云华师范学院办学理念、取得成绩、未来发展方向及学院面临的困难等方面做了详尽介绍，表示希望九江学院与云华师范学院形成对口支援学校，在互惠、互信、互利的原则下，各自发挥优势，共创双赢新局面。

50. "邓慕莲助教专项基金会"团队访问泰国清迈华人村华文学校

2017年6月25日，中国华文教育基金会"邓慕莲助教专项基金会"团队在中国华文教育基金会项目二部主任李晓梅的带领下，访问了泰北清迈区华人村华文教师联谊会部分会员学校。

参访组先后到访清迈景佬县大谷地教联高级中学、芳县伴怀村崇圣中学、清菜回鹏中华中学等7所华人村华文学校。在教联高级中学座谈会上，李晓梅表示，华文教育是中华文化在海外薪火相传的"希望工程"，随着中国国际地位和国际影响力的提高，中文得到了更多国家的认同与支持，尤其中国政府着力推进的"一带一路"建设，海外侨胞对华文教育的需求较之以往更加迫切，她希望华校教师在传承好博大精深的中华文化的同时，培养出更多对泰国经济发展有用的人才。

基金会团队此行还为7所华文学校、14名优秀贫困学生和3名贫困教师捐助善款9万泰铢。

51. 马来西亚槟州独中教育基金会到访广州交流华文教育

2017年6月26日，马来西亚拿督杜乾焕夫妇率槟州独中教育基金会一行到广东省广州市交流华文教育工作。6月28日，广东省侨务办公室党组副书记、巡视员林琳会见了到访的马来西亚槟州独中教育基金会主席杜乾焕博士等人。双方就华文教育工作进行了座谈交流。

林琳表示，广东与马来西亚等东盟国家地缘相近，人文相亲，经济互补性强，是广东参与"一带一路"建设的重要国家，广东省侨办将一如既往加强与马来西亚华教界的联系，支持马来西亚华文教育的发展，与马来西亚华教界一起共同促进广东和马来西亚的人文交流和经贸合作。杜乾焕代表访问团介绍了槟州独中教育基金会和槟州独立中学基本情况，他希望广东省侨办、广东省海外交流协会继续支持马来西亚华文教育的发展，尤其是在组织槟州独立中学学生到广东参加华裔青少年夏令营活动及对槟州华文教师师资培训方面给予大力协助。座谈结束后，广州市侨办还安排基金会访问团到广东华侨中学就姐妹学校缔结、华文教师支教等事宜开展了座谈交流。

52. 巴西圣保罗副总领事傅长华一行参观德馨双语学校

2017年7月1日，中国驻巴西圣保罗总领事馆副总领事傅长华、侨务领事张于成，华助中心教育组组长林凯轩，中国新闻社记者莫成雄及夫人一行到访德馨双语学校。德馨双语学校魏万古校长感谢访问团百忙之中到学校了解孩子们的生活学习情况，并陪同访问团参观了校区。

53. 中国驻缅甸大使馆领事部于边疆参赞一行到访缅甸福星孔子课堂

2017年7月6日，中国驻缅甸大使馆领事部参赞于边疆、主任王晓初、秘书蒋芳等一行到访缅甸福星孔子课堂，并与福星孔子课堂全体教师及福建同乡总会部分理监事代表举行了座谈会。座谈会上，福星孔子课堂的志愿者老师向使馆人员报告了福星孔子课堂近期的教学和文化传播活动状况，得到了与会使馆人员和福建同乡会理监事们的高度肯定。

54. 柯德坤洪亚怀等访问菲律宾华教中心

2017年7月7日，"中华情，少年梦"海内外中华青少年儿童诗文书画作品征集评选大赛发起创办者柯德坤、大明航文化艺术教育中心总导师洪亚怀、石狮市锦尚镇第二中心幼儿园教师邱于勇到访菲律宾华教中心，菲律宾石狮同乡总会理事长蔡章作及副理事长王清涵一同参访。访问团一行在菲律宾华文教育中心负责人的陪同下分别参观了中心办公室、华文教育展览厅和中国语言文化图书馆。

55. 釜山外国语大学代表团赴暨南大学华文学院参观访问

2017年7月7日，韩国釜山大学人文融合教育学院院长郑润哲及刘辰教授在暨南大学荷比卢校友会会长曾穗琴的陪同下访问暨南大学华文学院，商讨院际交流合作项目。

暨南大学华文学院院长邵宜、党委书记史学浩、副院长曾毅平、招生与社会合作部主任温明亮与访问团会面座谈。会谈过程中，双方首先介绍了各自院校的概况。史学浩向来访者介绍了暨南大学及华文学院的历史沿革、办学宗旨、办学特色及综合实力等。郑润哲也详细介绍了釜山外国语大学的性质、人文融合学院的具体情况、与其他院校的合作项目等。随后，邵宜等与郑润哲探讨了院际合作的相关问题。双方主要围绕汉语学前师资的培养、语伴学习方式、粤语教学等三个方面进行了深入探讨。

56. 江苏侨务办公室副主任会见全美中文学校协会访问团

2017年7月9日，全美中文学校协会副会长胡国荣、理事潘建荣一行到江苏侨务办公室访问，江苏侨办副主任杜伟接见了访问团一行。杜伟介绍了两年来江苏侨务工作开展的情况，包括"中华文化大乐园""百千万工程""遴选优秀华文教师赴海外任教"等内容，尤其是2017年度的"中国寻根之旅"江苏千人夏令营。

57. 中国驻菲律宾宿务总领事赴新华学院看望外派教师

2017年7月15日，中国驻菲律宾宿务领事馆施泳总领事和李柯副领事一行在怡朗华商学院董事长傅永杰和校长黄华仁陪同下，到新华学院走访慰问14位外派华语教师，并召开座谈会。在听取黄华仁校长对学院历史和华教工作的汇报后，施泳对华商学院近年来取得的成就和外派教师的工作成果给予充分肯定，并提出进一步要求。他说，希望广大外派教师把握"一带一路"的国际契机，把中华文化带到菲律宾来，把菲律宾学校的好做法带回中国去，让更多的菲律宾孩子学习华语，加强中菲文化交流，取长补短，共同进步。施泳勉励外派教师在新的环境里要克服困难，不断学习，扎实工作，以实实在在的成绩圆满完成祖国和人民交给的光荣任务。

58. 美国、印度尼西亚华教机构负责人到访山东省侨务办公室

2017年7月19日，全美中文学校协会副会长胡国荣和印度尼西亚万隆立人学校董事郑贻清到访山东省侨务办公室，山东省侨务办公室副主任孙传尚负责接待并与来宾座谈。胡国荣和郑贻清分别介绍了各自协会和学校的情况，并表示期待加强与山东侨办的联系，争取在文化、教育、经科等领域开展更多更好的交流与合作。孙传尚希望海外华教机构积极发挥自身优势，不断加大和山东省侨务办公室及各级侨务办公室的交流合作，为中华优秀传统文化在海外传承做出更大的贡献。

59. 中国驻泰国大使宁赋魁参访罗勇光华学校

2017年7月18日，中国驻泰国大使宁赋魁、侨务参赞张东浩等到访罗勇公立光华学校，罗勇光华学校校董会主席庄锡鑫、永远名誉主席张步青及各位校董、中文老师及部分学生代表参加了欢迎仪式。光华学校中文校长蔡玲玲向宁赋魁大使一行介绍了光华学校的办学情况。随后宁赋魁大使与部分中文教师展开了座谈，并在光华学校的礼堂与罗勇府商会、罗勇十七侨团、罗勇府各界侨胞举行了会谈。

60. 华侨大学泰国校友会会长赴四色菊府调研并慰问华文学院志愿者

2017年7月25日，华侨大学泰国校友会会长林如生赴泰国东北部四色菊府开展了为期2天的华文教育推广情况调研工作，并看望和慰问了正在当地学校开展社会实践活动的华侨大学华文学院泰国留学生志愿者。他对该校泰国留学生暑假回到自己国家开展华文教育推广工作给予高度评价，并以个人名义提供了4000元人民币活动经费支持实践队员，鼓励队员们积极服务社会，服务"一带一路"建设，做好中泰两国民心相通的使者。

61. 北美华人华裔寻根协会拜访泉州市外事侨务办公室

2017年7月25日，北美华人华裔寻根协会会长蔡青娜率队拜访泉州市外事侨务办公室，泉州市外事侨务办公室主任温锦辉会见蔡青娜会长一行。温锦辉对北美华人华裔寻根协会长期以来积极促进泉州与美国的文化交流，坚持不懈推动中华文化的弘扬，推动华侨华人寻根谒祖，积极组织"寻根之旅"夏令营表示肯定与赞扬。蔡青娜介绍了协会近几年来的会务情况，对泉州市外侨办长期以来对北美华人华裔寻根协

会的关心与支持表示感谢，并希望泉州市外侨办能继续大力支持协会的活动。

62. 中央电视台归国华侨联合会赴浙江青田调研华文教育工作

2017年7月30日，中央电视台归国华侨联合会一行5人赴浙江省丽水市青田县调研华文教育工作。青田县侨联主席叶毅青、副主席金双恩陪同。调研组此行目的主要是为了解青田籍华侨子女接受华文教育的基本情况、了解作为华侨的家长在其子女学习华文过程中的各类诉求。调研结束后，央视侨联对了解到的情况进行汇总梳理，形成报告，进一步向中国侨联相关部门汇报，以便下一步联合各级侨联推动华侨子女华文教育工作的有序深入开展。

63. 北京市侨联代表团访问巴西圣保罗德馨双语学校

2017年8月8日，以北京市侨联副主席苏泳为团长的代表团一行访问了巴西德馨双语学校。巴西华人协会秘书长张立群、副会长刘利彬，巴西青田慈善总会吴玲军会长，北京文化交流协会会长赵永平等侨领陪同参观访问。

64. 中国华文教育基金会与深圳国际公益学院等单位商谈合作事宜

2017年8月9日，中国华文教育基金会邱立国秘书长在深圳分别与深圳国际公益学院、腾讯公益基金会、平安信托等单位负责人座谈，商讨合作事宜。邱立国秘书长感谢各单位对中国华文教育基金会的支持，会后还专程拜访了中国华文教育基金会捐赠人谢贤团先生，对其捐资支持华文教育和家乡建设表示感谢。

65. 韩国驻上海领事馆文化领事兼文化院院长一行访问温州

2017年8月9日至10日，为促进中韩两国间的文化交流，韩国驻上海领事馆文化领事兼文化院长徐东旭先生与主管安星女士一行访问温州。访问团参观了温州市越秀中学、衍园美术馆，就加强温州市与韩国文化院之间的文化交流等事宜与温州市有关部门进行了协商。徐东旭院长表示，中韩一衣带水，文化相近，文化交流大有可为，愿为文化院与温州之间艺术文化方面的交流献策献力。

66. 中国驻缅甸大使馆田善亭参赞赴云华师范学院考察

2017年8月10日，中国驻缅甸大使馆田善亭参赞到云华师范学院考察。云华师范学院董事长、缅北华文教育协会会长尚兴玺先生及各位校董，缅北华文教育协会部分副会长，云南海外文化教育中心缅甸分中心唐建军主任等接待了田善亭参赞一行，并召开了座谈会。座谈会上，双方表示今后愿共同促进缅甸华文教育向标准化、规范化、专业化转型升级。

67. 中国驻旧金山副总领事会见全美中文学校协会会长

2017年8月11日,中国驻旧金山副总领事查立友会见全美中文学校协会会长刘申一行。查立友副总领事听取了刘申会长对全美中文学校协会的情况介绍,对全美中文学校协会在推动中文教育等方面所做的工作予以肯定,并希望协会进一步加强机制建设,充分发挥平台作用,为促进中华传统文化传承和中美友好做出新的贡献。

68. 山东省烟台市侨务办公室领导访问菲律宾华教中心

2017年8月18日,山东省烟台市人民政府外事侨务办公室副主任迟若维、科长卞明到访菲律宾华教中心,在华教中心资讯部副主任张岩嵩的陪同下,参观了菲律宾华教中心办公室、华文教育展览厅和中国语言文化图书馆。座谈会上,迟若维表示,烟台市侨办每年都承办华裔青少年的夏(冬)令营活动,拥有丰富经验,希望能与菲律宾华教中心开展这方面的合作。同时,在中华文化大乐园和外派教师遴选等项目上,烟台市侨办也将积极配合,加强中菲两国的交往。

69. 泉州师范学院代表团访问菲律宾华教中心

2017年8月16日,泉州师范学院汉语国际教育专业主任王曦、教育科学学院讲师黄妍妮到访菲律宾华教中心,交流华教经验,探讨发展方向。座谈会上,双方就实习生项目的具体实施方法和需要解决的多个难题进行了深入的探讨,达成了共识。

70. 印度尼西亚华文教育机构代表团到暨南大学华文学院交流访问

2017年8月21日,由中国驻印度尼西亚大使馆组织的印度尼西亚华文教育机构代表团一行10人到暨南大学华文学院进行交流访问。双方就印度尼西亚华文师资的培养现状及将来的培养模式,印度尼西亚华裔青少年到暨南大学进修、升学,印度尼西亚华文学校的管理、华文教材的编写、华社管理人员的业务提升等,进行了具体沟通和深入交流。双方一致认为必须进一步加强联系和协调,安排专门人员负责具体项目,共同做好印度尼西亚华文教育本科、硕士、博士研究生的招生、人才培养与学生管理等工作,共同为印度尼西亚华文教师队伍的壮大、从事华教工作积极性的提高献计献策。

71. 国务院侨务办公室主任裘援平赴葡萄牙里斯本中文学校考察

2017年8月29日,国务院侨务办公室裘援平主任率国外司司长张建青、文化司司长雷振刚、经济科技司司长左志强等赴葡萄牙里斯本中文学校考察。裘援平主任一行参观了里斯本中文学校里斯本校区所在的 Nuno Gonçalves 中学，并与学校师生及学生家长代表进行了座谈。期间，裘援平主任代表中国国务院侨办向里斯本中文学校颁发华文教育示范学校资助金，并与陈晓红校长交换礼物，与中文学校的小朋友合影留念。

72. 中国驻哥斯达黎加大使走访中哥文化教育中心

2017年9月8日，中国驻哥斯达黎加大使汤恒走访中哥文化教育中心并与汉语教师志愿者座谈。中哥文化教育中心董事会主席黄志中、校长洪葵、全体董事会成员及来自哥斯达黎加大学孔子学院、国立大学、公立中学、中哥文化教育中心的汉语教师志愿者参加座谈。

73. 中国湖北文化教育交流团访问缅华妇协教育中心

2017年9月9日，中国湖北文化教育交流团一行4人到访缅华妇协教育中心。双方就教学、师资、教室的利用、教材、家长工作等方面问题召开了座谈会。缅华妇女协会向交流团赠送了协会的特刊。

74. 老挝总理府代表团访问华侨大学

2017年9月12日，华侨大学校长贾益民在厦门校区会见了前来参加外国政府官员中文学习班第十三期开学典礼的老挝总理府代表团。老挝政府2017年共派出30位官员到华侨大学学习。贾益民代表学校感谢老挝政府选派学员到校学习，感谢老挝总理府办公厅监察司司长洪刊亲自率队到校参加开学典礼。洪刊代表老挝总理府感谢华侨大学为老挝官员提供来华学习的机会，并希望通过与华侨大学的合作，培养出既懂两国语言又熟悉两国国情的高级人才，为进一步推动老中两国的友好交流与合作贡献力量。

75. 布隆迪参议长访问温州华教基地商谈教育合作

2017年9月15日，布隆迪参议长恩迪库里约率代表团一行7人到温州职业技术学院参观访问。温州职业技术学院党委书记王靖高、院长谢志远会见了代表团。恩迪库里约一行首先参观了该院技术研创大楼，随后双方就加强职业教育的交流与合作进行友好商谈。王靖高介绍了温州职业技术学院基本情况和办学成果，希望学院与布隆迪在国际教育和文化交流领域开辟合作新渠道，推动中国职教"走出去"，助力非洲教育，为两国经济社会发展培养更多的技术人才。恩迪库里约表示，希望未来有机会派遣学生、教师到温州职业技术学院进行交流学习，为推进布隆迪工业化进程添砖加瓦。

76. 福建省代表团访问菲律宾华教中心并看望外派华文教师

2017年9月15日，福建省委常委、秘书长梁建勇率福建省政府访问团一行访问菲律宾华教中心，并专程看望了福建在菲外派华文教师，与外派华文教师代表座谈。福建省侨务办公室主任冯志农、福建省外事办公室主任王天明、福建省商务厅副厅长黄德智，菲律宾华教中心副主席杨美美以及33名赴菲教师代表出席座谈会。

77. 全美中文学校协会一行赴上海、四川、重庆考察访问

2017年9月15日至20日，全美中文学校协会刘申会长一行先后到访上海市、四川省及重庆市。

在上海，上海市侨务办公室主任徐力、副主任姚卓匀接见了代表团。徐力表示，上海市侨办与全美中文学校协会有着长期的合作，在远程培训、"寻根之旅"夏令营方面开展了卓有成效的工作，希望全美中文学校协会能继续在开展华文教育和传播中华文化方面发挥更大作用。刘申会长介绍了全美中文学校协会开展华文教育情况的现状，对上海市侨办一直以来给予的支持表示感谢，希望进一步加强与上海市侨办在华文教育方面的联系与合作。

在四川，四川省政府副秘书长赵卫平会见了刘申会长一行。赵卫平希望协会继续发挥领头效应，积极推动华文教育在美国的发展，并帮助推介四川，让美国人民、尤其是青少年更深入地了解博大精深的巴蜀文化。刘申表示将积极推动美国与四川在教育、文化、师生交流等领域的合作。

在重庆，重庆市人民政府外事侨务办公室副主任杨大庆会见了刘申会长一行。杨大庆指出，华文教育是中华民族在海外的"留根工程"，中文学校已成为联系华侨华人家庭的枢纽，对团结华人社会起到积极作用。刘申表示将发挥自身平台作用，促进美国华文学校与重庆教育实体的合作对接，引导更多海外侨务资源关注重庆，为促进中美文化交流做出积极贡献。座谈会上，双方就今后在重庆开展夏令营、向美国选派中文教师等事宜进行了沟通。此外，在重庆期间，代表团一行还访问了重庆师范大学。

78. 泰国华文教师公会代表团参访北榄公立培华学校

2017年9月20日，泰国华文教师公会代表团参访北榄公立培华学校。欢迎仪式上，为支持北榄公立培华学校华文教育事业，泰国华文教师公会罗宗正主席个人向北

榄公立培华学校捐赠善款 10 万泰铢，教师公会捐赠善款 10 万泰铢，共计 20 万泰铢。欢迎仪式后，在校董会主席李锦龙的带领下，罗宗正主席一行参观了学校第二教学楼和幼儿园教室，并观看了教师的课堂教学。

79. 辽宁、山西代表团访问菲律宾华教中心

2017 年 9 月 20 日，辽宁省侨办侨务联络处处长丘岳、亚洲处调研员崔勇、主任科员黄宝峰在菲中文化教育促进会领导王书侯、温奕明的陪同下到访菲律宾华教中心。

2017 年 9 月 22 日，山西省海外交流协会会长武绍忠、秘书长李彦、副秘书长师晓华到访菲律宾华教中心。参观了菲律宾华教中心办公室、华文教育展览厅和中国语言文化图书馆后，双方进行了座谈。

80. 暨南大学代表团参观访问厄瓜多尔美国学校

2017 年 9 月 23 日，暨南大学副校长宋献中携暨南大学代表团到厄瓜多尔瓜亚基尔市美国学校及中文班参观考察。暨南大学代表团、厄瓜多尔华人华侨总会同美国学校举行了会谈。厄华总会会长蔡志鹏表示，厄华总会不仅愿为两校的合作继续牵线搭桥，使两校有更加全面、深化的合作，更愿为暨南大学在厄瓜多尔甚至南美地区开展科研工作及学术交流等方面继续提供坚强有力的保障。

81. 全美中文学校校长团访问甘肃

2017 年 9 月 25 日，由中国国务院侨务办公室组织的"华文教育·教育交流"全美中文学校协会访华团到访甘肃，来自美国不同州的华文学校"校长团"走进甘肃积石山县、刘家峡镇、兰州城区等多所学校，与学生互动做游戏，并与校方洽谈交流合作。

82. 浙江温州外事侨务办公室领导会见意大利中文学校联合会代表团

2017 年 9 月 26 日，浙江省温州市外事侨务办公室主任雷文东会见了由意大利中文学校联合会会长、米兰中文学校校长陈小微率领的意大利中文学校联合会代表团一行 5 人。陈小微介绍了意大利中文学校联合会的相关情况。雷文东对各位华校校长为发展华文教育事业、促进中意文化交流、弘扬中华文化做出的努力给予高度肯定。他表示，随着中国综合实力的提升，华裔新生代现在学习中文的需求越来越大，海外中文学校任重而道远。他希望意大利中文学校联合会在推进华文教育标准化、正规化、专业化建设方面多做探索、积累经验，为传播中华文化、促进中意文化交流做出更大

贡献。

83. 马来西亚侨团访问广东省侨务办公室

2017年9月27日，马来西亚吉隆坡暨雪兰莪中华大会堂会长翁清玉一行到访广东省侨务办公室，巡视员林琳会见了来访代表。双方就推进"一带一路"、经贸科技、华文教育等方面的合作事宜进行了交流。翁清玉会长介绍了吉隆坡暨雪兰莪中华大会堂和马来西亚的有关情况，并表示此次率团访问主要目的是为了加强与中国、与广东的联系，增进对中国、对广东的认识。林琳巡视员对代表团到访表示欢迎。她希望在推进"一带一路"中，马来西亚华人及吉隆坡暨雪兰莪中华大会堂发挥融通中马的优势，正确宣传推介"一带一路"倡议，发挥桥梁纽带作用，做"一带一路"建设的合作者和参与者，共同促进马来西亚与中国、与广东的友好交往与合作。

84. 华侨大学代表团赴荷兰、德国、卢森堡访问交流

2017年10月5日至13日，华侨大学校党委书记关一凡率董事会办公室/校友工作办公室、招生处、华文学院等单位相关负责人赴荷兰、德国、卢森堡访问，走访华校、看望校友、洽谈合作。

在荷兰，访问团拜访了荷兰中文教育协会及荷兰丹华文化教育中心，与荷兰中文教育协会主席陈华钟及当地重要华校校长座谈。在丹华学校，访问团观摩了幼儿班、一年级、三年级、六年级、初中班及高级语文班的教学后，与中国驻荷兰大使馆领事部秘书袁春华、丹华学校校长李佩燕及几位负责人座谈，进一步探讨今后加强两校合作、推动海外华文教育的事宜。

在德国，访问团拜访了巴伐利亚中文中心学校和法兰克福华茵中文学校，与两所中文学校就海外中文教材应用、中文师资培训、远程线上教育及冬（夏）令营合作等进行探讨。访问团还拜访了当地影响力较大的中资企业——开元集团，双方就如何加强联合开展当地华人华侨社团的文化、体育、艺术活动展开交流。

在卢森堡，访问团拜访了卢森堡华侨华人青年联合会、卢森堡侨团、中国驻卢森堡大使馆及中国华为公司卢森堡分公司。中国驻卢森堡大使黄长庆、参赞尚静接待了访问团。

访问团一行还看望了华侨大学在荷兰、德国、卢森堡等国的校友。关一凡感谢校友对母校的支持和关心，并邀请校友常回母校。

85. 美国侨领赴江苏侨务办公室访问交流

2017年10月10日，江苏省侨务办公室副主任杜伟会见了中国海外交流协会理

事、美国匹兹堡中华文化中心董事长计冠光。双方回顾了合作举办"2017中华文化大乐园——美国匹兹堡营"的经历,并就海外华文教育工作进行了深入交流,探讨了文化交流、外派教师等方面的合作事宜。

杜伟高度评价了美国匹兹堡中华文化中心近年来在中华文化传播和海外华文教育方面所取得的成果,并向访问团一行介绍了江苏省侨办在推进华文教育基地建设以及促进海外华文教育事业发展等方面推出的一系列举措。江苏省侨办将全面推进新时期华义教育工作,以侨为桥,促进中华文化海外传播。希望今后双方进一步互通交流,共同推进海外华文教育事业。

86. 德国波恩华侨中文学校代表团拜访广东省侨务办公室

2017年10月23日,由卢康乐校长率领的德国波恩华侨中文学校代表团拜访广东省侨务办公室,李心主任会见了访问团一行,党组副书记林琳参加了会见。

李心高度评价了波恩华侨中文学校多年来对波恩华文教育事业以及促进波恩与广东教育和人文交流等方面所做的贡献,并对波恩华侨中文学校理事会副会长邓天送对乳源县金禧小学捐资助学的善举表示感谢。李心表示,广东省侨办将继续支持波恩华侨中文学校的发展。

卢康乐表示,从早期双方合作组织华裔青少年来粤夏令营活动,到近期广东省侨办向学校赠送舞龙用品和中文书籍,再到即将在学校设立的"广东书屋",无一不凝聚着双方的友好情谊和积极互动。他希望继续密切与广东省侨办的合作互动。

87. 四川省外事侨务办公室开展"走进西华大学"活动

2017年10月27日,由四川省外事侨务办公室主办的"2017走进西华大学"活动举行。澳大利亚、巴基斯坦、泰国、美国、捷克等驻成都领事机构总领事、领事官员及其家人,以及中国香港特区政府驻成都经贸办官员参加了此次活动。

四川省外事侨务办首次组织领事官员走进高校,旨在进一步加强合作,增进文化交流。活动中,官员们观摩了乒乓球前世界冠军陈龙灿现场教学并参与互动,参观了西华大学精品学生社团展示,以及各领事机构提供的各国文化教育展览。参观结束后,官员们还欣赏了西华大学文艺演出,以及外交官中文学习班学员中文才艺展演,泰国、捷克、巴基斯坦等驻成都总领事馆官员及其家人也带来了中文演出。

88. 中国驻马来西亚哥打基纳巴卢总领事访问山打根市华文小学

2017年11月6日,中国驻马来西亚哥打基纳巴卢总领事梁才德应邀访问山打根政民华文小学。梁才德总领事在山打根政民华文小学江俐缥校长的陪同下参观了校舍及教学设施，听取了关于校史的介绍。

梁才德表示，马来西亚拥有从小学到大学完整系统的华文教育体系，培养了一大批热爱中华文化、熟练掌握中文的人才，这在整个东南亚乃至全世界都首屈一指。总领事馆一直关心和支持沙巴州华教事业发展，并提供力所能及的帮助和支持，今后愿与大家共同努力，继续积极助推华教事业的发展，传承好中华文化。

89. 广西华侨学校代表团一行访问泰国、老挝

2017年11月6日至12日，广西华侨学校校长陈进超率团赴泰国、老挝访问，走访当地华文学校，看望学校外派教师，就深化合作、促进华文教育事业发展与相关华文学校负责人达成共识。

访问团拜访了泰国西部华文民校联谊会的龙仔厝三才公学、致中公学、佛丕府光中公学、佛统府健华公学、华益公学、叻丕府正才公学、曾里振华学校等8所老牌华校，与100多名校领导和教师代表座谈。访问团还赴岱密中学、人民和平学校等多所学校访问，参观学校办学场所设施，深入授课现场，并与当地政府官员、学校负责人和汉语教师座谈，就如何促进华文教育融入主流教育等议题，进行了探讨。在老挝，访问团参加了老挝万象寮都公学建校80周年庆典活动。

90. 暨南大学华文学院代表团赴菲律宾、文莱考察

2017年11月6日至15日，由邵宜院长带领的暨南大学华文学院代表团赴菲律宾和文莱就当地华人社会发展和华文教育现状展开深入调研，随行人员包括招生与社会合作部温明亮主任、华文教育系蔡丽副主任和汉语系金颖副主任。

在菲律宾，代表团访问了菲律宾宿务中华中学、菲律宾侨中学院以及菲律宾华教中心等华校、组织。代表团与暨南大学华文学院华文教育专业菲律宾"造血计划"毕业生展开了座谈。代表团还拜访了菲律宾著名华裔企业家陈永栽先生。通过两天的调研，访问团深入了解了菲律宾华文教育的特色和目前华文教育发展过程中遇到的新问题，与当地华校、教师代表充分交换了意见并尝试寻求解决方案。

在文莱，代表团与都东中华学校、双溪岭中岭学校、九汀中华学校、那威中华学校、淡武廊培育学校5所华校的管理人员及华文教师展开了座谈，双方就文莱华文教育及其前景交换了意见。

91. 云南省海外交流协会代表团访问泰北华校

2017年11月7日至8日，云南省海外交流协会副会长刘云娥一行6人到清迈大谷地教联高级中学、清莱回鹏中学、美赛光明华侨公学等华校慰问外派教师及大学生

志愿者，并与当地华校领导进行了座谈。刘云娥副会长盛赞泰北侨领侨胞们的无私奉献，简述云南在国家未来发展规划中的"民族团结示范区"的地位，鼓励侨胞们乘"一带一路"的大好时机，加强文化交流。刘云娥副会长还特别强调，华校在面对"资金、师资、教材"三大难题时要积极作为，主动谋发展，特别要重视教师队伍建设和教师素质提升。

92. 中国驻西班牙巴塞罗那总领事走访当地孔子学府和孔林学府

2017年11月11日，中国驻巴塞罗那总领事林楠走访了西班牙巴塞罗那孔子学府、巴塞罗那孔林学府、巴塞罗那中国学校和巴塞罗那中国文化学校。访问期间，林楠走进教室，观摩了中文、音乐和舞蹈等课程，向教师们致以亲切问候，同时鼓励学生们学好中文，做中西友谊的小使者，充分肯定各校教职团队为推动加泰罗尼亚自治区华文教育发展、促进中华文化传播做出的努力，同时表示总领事馆将与中国国内涉侨部门一道一如既往为西班牙加泰罗尼亚自治区华文教育发展提供支持，为华侨华人子女接受中文教育创造良好环境。

93. 暨南大学出版社社长赴意大利佛罗伦萨华校调研

2017年11月17日，暨南大学出版社社长徐义雄一行4人到意大利佛罗伦萨中文学校参观调研。调研团在佛罗伦萨中文学校校长潘世立的陪同下，参观了学校，并深入课堂观摩中文课，与师生互动，深入了解学生的课堂学习和兴趣培养教学模式等。调研团还与潘世立等校领导座谈交流，详细了解学校的教材、师资力量、学生来源和学校管理等。

94. 昆明华文学校代表团访问缅甸云华师范学院

2017年11月17日，昆明华文学校副校长陈娜、教务处主任赖一文、学生管理办公室主任许维蕾到缅甸云华师范学院参观访问。云华师范学院院长李岚、常务副院长杨周热情接待了陈娜副校长一行。

云华师范学院师范部甘雪莉副院长针对教学课程设置、师资力量配备、学生学籍管理等存在的问题详细汇报了师范部的办学情况。杨周副院长介绍了缅甸华文教育现状。李岚院长与陈娜副校长就两校合作办学事宜进行了商讨。双方达成了共识，将继续加大小学语文、数学的教学力度，针对缅甸本土实际情况适当调整教学计划，为当地华校培养一批优秀的华文教师。

95. 国务院侨务办公室文化司一行赴缅甸、泰国、老挝慰问考察

2017年11月18日至25日，中国国务院侨务办公室文化司梁智卫副司长一行先

后赴缅甸、泰国、老挝三国考察华文教育，慰问在当地任教的外派教师。

在缅甸，代表团访问了缅甸曼德勒云华师范学院和曼德勒新世纪国际学校。在云华师范学院，代表团一行与曼德勒云南同乡会、仰光汉语教师协会、缅北华文教育协会、缅北果文文教会以及来自仰光、曼德勒、大其力、东枝、皎脉、腊戌、当阳、贵概、南帕嘎等地华教组织和华校领导及外派教师代表共100余人座谈。中国驻曼德勒总领馆刁明副总领事、苏丽格领事出席座谈会。在曼德勒新世纪国际学校，梁智卫副司长听取了张继校长介绍学校情况和工作的汇报，梁智卫对新世纪学校的办学理念以及在华文教育方面所取得的成绩给予了充分肯定。他表示，希望全体教师不负使命，继续为中缅文化交流、服务缅华社会、增进缅中友好交流，做出更大的贡献。

在泰国，代表团赴清迈大谷地教联高级中学慰问外派教师及大学生志愿者。在座谈会上，教师联谊会会长王相贤向来宾介绍了清迈华人村华文教师联谊会及教联高级中学的发展史和学校的发展规划。梁智卫副司长一行还走访了外派教师宿舍，询问生活起居，深入食堂、教室及办公室，了解其生活、工作环境。随后，代表团一行前往昌良育英中学及清迈其他华校慰问外派教师。

在老挝，梁智卫副司长一行访问了老挝沙湾崇德学校，并举行了座谈。座谈会上，梁副司长问询了当地教师在生活和工作中的困难和需求，对外派华文教师的成绩给予了肯定和称赞，并提出了建议和要求。随后，一行人在沙湾中华理事会理事长李开明先生和学校董事长马励娟女士的陪同下，参观了教师宿舍、厨房和校园校舍，并合影留念。

96. 日本千代田教育集团会长与暨南大学华文学院商讨合作事宜

2017年11月21日，日本千代田教育集团会长陈秀姐女士访问暨南大学华文学院，与院长邵宜、副院长曾毅平等共同商讨合作事宜。双方就日本教学点的兼读制硕士班及预科班等合作项目进行交流。华文教育研究院王汉卫教授，华文教育系宗世海教授、李小凤副教授、匡小荣副教授，应用语言学系李香平副教授等出席了座谈会。

邵宜院长简要介绍了目前华文学院各个海外教学点兼读制硕士班的开办情况、运作模式。双方就如何扩大日本教学点兼读制硕士班的招生和宣传展开交流与讨论。陈秀姐表示，目前日本华侨华人子女的升学需求日益扩大，期望能与华文学院在预科项目上展开合作。暨南大学华文学院回应，预科合作关键要考虑教学质量、师资分配以及学生未来出路的问题。双方针对上述问题展开交流与讨论，确定由日方进行相关调研后再议。会上，双方达成一致意见，将共同跟进座谈内容，争取早日落实相关合作项目。

97. 秘鲁中华通惠总局代表团赴暨南大学华文学院洽谈合作

2017年11月22日，秘鲁中华通惠总局主席梁顺、总局理事杨俊伟、总局监事长苏桂森到暨南大学华文学院交流，洽谈合作事宜。华文学院院长邵宜、党委书记史学浩、招生与社会合作部主任温明亮参加了座谈会。双方就秘鲁华文教育的主要困难、双方进行华文教育合作意向等问题展开会谈。

会上，梁顺主席介绍了秘鲁中华通惠总局的历史，并指出了秘鲁华文教育中现存的三个主要问题：第一，秘鲁华裔青少年中文兴趣浓厚，但因秘鲁学校毕业时间与暨南大学本科课程开学时间无法衔接，许多学生无法入学；第二，基于秘鲁当地学生对中文学习的热情，秘鲁对华文教师有较大需求量；第三，中华通惠总局正计划重新筹建华文学校，并期待能与暨南大学进行全面的办学合作。针对上述困难，邵宜表示，暨南大学对秘鲁华侨子女十分欢迎，并建议有意到中国就读的秘鲁学生报名暨南大学华文学院春秋两季招生的中文进修课程，敦实中文基础之后，再衔接到本科的学习；同时，暨南大学将全力支持秘鲁的华文教师培训，并建议通过国务院侨办公派教师、国家汉办汉语志愿者等渠道，为其提供更多的华文教师。此外，他还对秘鲁中华通惠总局的合作意向表示欢迎，并愿对推进华文教育发展提供全力支持。

98. 中国驻西班牙巴塞罗那总领事走访当地中文学校

2018年12月9日至10日，中国驻巴塞罗那总领事林楠走访了巴塞罗那宾敦中文学校、巴塞罗那杜甫中文学校和巴塞罗那信望爱中文学校3所华校。在各校校长及相关人员的陪同下，林楠参观了各校校舍，了解了各校发展历程与现状，以及面临的主要问题，还观看了学生课间操表演，走进课堂与师生进行了亲切互动。林楠感谢各位办学者为发展华文教育付出的努力，表示总领事馆将一如既往地支持该区华文学校的发展。林楠分别向3所学校赠送了中文书籍和文具。

99. 第四届世界华文教育大会海外代表团赴黑龙江交流访问

2017年12月21日至23日，第四届世界华文教育大会海外代表团对黑龙江省华教基地院校发展状况进行了考察。黑龙江省侨务办公室举办了欢迎仪式，侨务办公室副主任王英春出席欢迎仪式并致辞，向来访的23个国家的68位海外代表介绍了黑龙江省华文教育工作的开展情况，并诚挚邀请各位海外代表，能够组织所在教育机构的华裔青少年，参加"中国寻根之旅"黑龙江营活动，亲身感受黑龙江人民的热情、体验黑土地文化的独特魅力。考察团在黑龙江省期间，与哈尔滨师范大学师生进行了教育交流，还参观了哈尔滨冰雪大世界、伏尔加庄园、中央大街、索菲亚教堂、东北虎林园等特色文化景观，提升了海外华文教育界对黑龙江省的认知度。

100. 第四届世界华文教育大会海外代表团赴华侨大学考察

2018年12月21日，由国务院侨务办公室文化司巡视员汤翠英率领的第四届世界华文教育大会海外代表文教考察团一行赴华侨大学厦门校区考察。福建省侨务办公室副主任刘良辉、厦门市外事侨务办公室副主任姚建洪、华侨大学校长徐西鹏等接待了考察团一行。考察团由来自18个国家的58位华文教育界代表组成，在听取了华侨大学办学基本情况介绍后，得知了华侨大学拥有丰富的华文教育培训项目，纷纷表示愿牵线搭桥，帮助联系所在国相关人员到校参加诸如"外国政府官员中文学习班"等项目。

101. 温州市外事侨务办公室主任会见海外华教代表团

2017年12月23日，温州市外事侨务办公室主任雷文东会见了由意大利中文学校联合总会会长、意大利米兰华侨中文学校校长陈小微率领的华文教育代表团一行6人。代表团成员包括法国王氏宗亲联谊会会长王荣弟、旅荷华侨总会乌特勒支中文学校校长胡云飞、意大利中意学校校长傅文武、西班牙巴塞罗那中加学校校长陈淑芬、希腊萨洛尼卡中文学校副校长任计英等。雷文东与代表团座谈，围绕如何推动华文教育"三化"建设，加快海外华校转型升级；如何整合各方作用，共同营造华文教育发展良好环境等议题，展开深入探讨，并提出对策和建议。

102. 巴西侨领赴福建宁德交流访问

2018年12月26日，巴西华人华侨青年联合会秘书长、世界福建青年巴西联会常务副会长、巴西德馨双语学校校长魏万古到访福建省宁德市。访问团走访了宁德师范学院，与该校相关学院领导就开拓海外实践实训基地、开展远程教育和师资交流等事项进行了沟通探讨，达成了合作共识。魏万古还拜访了宁德市外事侨务办公室，林岩峰主任、周秀芬副主任与到访客人亲切交谈，了解海外华文教育发展现状和当前华文教育面临的困难。宁德市外侨办相关负责人表示，希望不断创新交流合作方式，为海外华文教育提供资源与便利，同时通过推动两地学校建立友好校际关系，推动宁德市中小学校与海外华校的国际交流，加强师生互访、教育教学、青少年交流等方面的合作，共同促进两地学校教育教学质量的提高。

103. 德国汉园杜塞尔多夫中文学校代表团赴江苏太仓考察交流

2017年12月27日，德国汉园杜塞尔多夫中文学校校长王杰率领的代表团赴江苏省太仓市考察交流。太仓市侨务办公室主任杨建新、文宣处处长张辉，太仓市教育局副局长张金晔，太仓高新技术产业开发区招商局副局长段月强陪同座谈、实地考察。王杰介绍了德国杜塞尔多夫的华侨华人和中资企业情况，汉园中文学校的创建历程、当前规模、中德双语的办学理念，希望能够有机会进驻太仓，建设一所中德双语学校，为太仓市有需求的人群提供帮助。杨建新表示，从考察交流情况看，太仓与德国在当前和今后一段时间的教育需求上有着很多共同的结合点，期待王杰校长能够充分发挥中德教育资源优势，密切与太仓市教育局及相关部门联系，争取能够在教育合作上有一个良好的结果。在此过程中，太仓市侨办将积极配合，并提供全方位的服务。

（三）华文教育组织及机构间的合作

1. 老挝万象寮都公学和福建师范大学附属小学缔结姊妹学校

2017年3月2日，老挝万象寮都公学董事会董事长林俊雄参观访问福建师范大学附属小学，双方就校际合作和教育交流开展座谈并签订《缔结姊妹学校协议书》。

双方将在教学理念、教学课程、教学技术、教学手段等方面互相切磋、相互学习，推动两校在教师互派培训和学生交流访问等方面进行探索和尝试。

福建省侨务办公室以参访团访问福建为契机，积极牵线搭桥，力促两校结成姊妹校，推动双方更好地开展校际交流，促进中外文化教育交流与合作。

2. 福建省宁德市东侨经济技术开发区中学与南非中文学校建立友好学校关系

2017年3月20日，福建省宁德市东侨经济技术开发区中学与南非德班树德书院在宁德市签署建立友好学校关系备忘录，推动宁德与南非在教育领域的交流合作。

全非洲中国和平统一促进会副会长、南非德班树德书院院长陈松华表示，希望通过建立友好学校关系，加强双方之间的交流合作，并希望在华文教师援助方面得到东侨中学的支持。宁德市外事侨务办公室主任林岩峰表示，希望双方不断拓展宁德与南非等金砖国家在文化、教育等领域的交流合作，不断充实合作内容，争取早日开花结果。

3. 越南老街省教育厅、北京华文学院与昆明华文学校建立合作关系

2017年3月24日，越南老街省教育厅厅长阮英宁率领的教育代表团、北京华文

学院周虹院长一同到昆明华文学校，就三方如何开展华文教育工进行专题研究和探讨。

三方通过会谈初步达成以下共识：北京华文学院、昆明华文学校与老街省教育厅建立合作关系，开展"1+1+2"汉语言本科项目，成绩合格，可获暨南大学本科文凭。昆明华文学校与老街省教育庭在原来合作的"1+1"汉语言专科、教师培训、青少年夏令营等项目的基础上增加职业技能方面的教育培训。

4. 集美大学海外教育学院与泰国3所中学合作签约

2017年4月5日，集美大学海外教育学院与泰国3所中学在集美大学海外教育学院会议室举行合作签约仪式。双方就语言生、留学生的招生与培养等方面达成了共识，并正式签订了合作协议。集美大学海外教育学院陈同文副院长向泰国3所中学校长和老师介绍了集美大学学科发展和海外教育学院办学情况，重点介绍了学校语言生、留学生培养工作，希望与泰国中学之间进一步加强合作与交流，共谋事业的新发展。

5. 暨南大学华文学院与泰国皇太后大学汉学院合作签约

2017年4月6日，暨南大学华文学院与泰国皇太后大学汉学院在广州暨南大学华文学院举行合作签约仪式。

签约仪式上，双方均表达了要建立长久深入合作的良好愿望。暨南大学华文学院邵宜院长介绍了暨南大学华文学院历史、办学情况及特色，建议两所大学在人才培养和科研方面开展深入合作。泰国皇太后大学汉学院 Kanjana Watanasuntorn 院长希望未来有更深层次的合作。康丽妍院长助理介绍了皇太后大学的概况和汉语教学情况，表示该院学生对汉语和中华文化充满兴趣，非常渴望到中国进行学习交流。

协议的签订，标志着双方正式建立了友好合作关系，今后将在教职员交流、人才培养以及教学科研等方面开展合作。目前，学生交流项目已正式启动，暨南大学华文学院从2017年9月开始接收皇太后大学汉学院的学生到华文学院交流学习一学期。预计未来每年将有30~60名学生到暨南大学华文学院交流学习。

6. 马来西亚汝来集团总裁访问厦门大学海外教育学院并签署合作协议

2017年4月21日，马来西亚汝来大学所属汝来集团总裁 Gan Eng Hong 拿督等6人访问厦门大学海外教育学院/国际学院与"一带一路"汉学文化总中心。厦门大学海外教育学院/国际学院院长、"一带一路"汉学文化总中心理事长郑通涛教授会见来宾。

郑通涛介绍了厦大海外教育学院的总体情况和历史沿革，特别是学院与马来西亚等"一带一路"沿线国家高校合作交流以及学院马来西亚留学生情况，希望双方的合作交流能为"一带一路，教育先行"尽一份力量。Gan Eng Hong 拿督介绍了马来西亚汝来集团及其大学的发展概况，特别是汝来大学的特色学科专业和丰富的课程资源。他表示，双方合作交流具有良好的基础和前景，希望双方能在专业课程等领域进行深入交流。

双方就厦门大学国际学院"2＋2＋N"项目、厦门大学海外教育学院"0＋4"本科合作办学项目、学生短期交流项目，以及在马来西亚汝来大学成立"一带一路"汉学文化分中心等方面进行洽谈并达成合作意向，签署合作协议。

7. 泰国清莱皇家大学校长访问云南师范大学续签谅解合作备忘录

2017 年 4 月 27 日，泰国清莱皇家大学校长颂差教授等 6 人到访云南师范大学，云南师范大学校长蒋永文、副校长丁文丽，校长助理、华文学院院长武友德会见了代表团，双方续签了谅解合作备忘录。

颂差校长在云南师范大学国际合作与交流处副处长孔怡的陪同下参观了呈贡主校区能源与环境科学学院、华文学院以及图书馆。随后举行的座谈会上，蒋永文校长表示此次颂差校长的来访，将有力于推动双方的进一步合作，尤其是在学生互换、教师互派、人才培养、科学研究等方面的合作。颂差校长也同蒋永文校长表达了良好合作意愿，并就泰国清莱皇家大学的历史、学科建设、国际合作项目以及民族学研究、泰语教师培训、泰语语言学习中心建设等方面作了介绍，希望两校能将合作交流推向更宽、更广的层面。双方还就拟开展合作的学生长短期交流和地理信息技术、民族学研究等具体事宜进行了深入的交流与磋商。随后，双方续签了谅解合作备忘录。

8. 加拿大昆特兰理工大学代表团与厦门大学海外教育学院签署合作协议

2017 年 5 月 3 日，加拿大昆特兰理工大学副校长 Stuart Mcilmoyle、国际处处长 Laurie Clancy 访问厦门大学海外教育学院，并签署合作协议。

厦门大学海外教育学院院长郑通涛教授、副院长傅万里等会见了来宾。郑通涛介绍了学院的总体情况。Stuart Mcilmoyle 表达了昆特兰理工大学与厦门大学海外教育学院多个项目的合作意愿，并表示看好未来两校的合作交流前景。在此基础上，双方就国际教育、合作形式、专业设置、学分互认以及课程教学等各方面进行充分交流，并达成一致意见，签署了合作协议。

9. 缅甸新世纪国际学校与中国西南大学签署合作协议

2017 年 5 月 8 日至 12 日，中国西南大学前教务处副处长、外国语学院院长刘承宇教授，国际合作与交流处副处长张家政，文学院副院长张春泉教授，招生就业处副处长刘肃，实习实训科科长钟健赴缅甸新世纪国际学校考察访问并签署合作协议。

在新世纪国际学校董事长张旺后和校长张继的陪同下，访问团深入考察缅甸新世纪教育办学情况。双方就如何抓住"一带一路"机遇，充分发挥中国西南大学教师教育资源优势与缅甸新世纪国际学校的新型华文教育优势，开展多方面、多层次的教育合作问题，进行了深层次讨论交流，并在"新世纪学生到西南大学进行文化体验、留学""西南大学为新世纪提供师资援助""共同研究海外新型华文教育""教育合作办学项目"等方面达成了广泛共识并签署了合作协议。

10. 厦门大学海外教育学院与菲律宾至善侨校开展战略合作

2017年5月10日，厦门大学海外教育学院与菲律宾至善华侨学校联手合作，在厦门大学海外教育学院举行战略合作签约仪式。厦门大学海外教育学院院长郑通涛、菲律宾至善侨校董事长方立新分别代表两校签署了战略合作协议。

郑通涛、方立新分别在发言中表示，推动海外华文教育是中国长期的侨务工作重点，培养"一带一路"后备人才是中国当今的重要战略。两校将发挥各自优势，合作发展。至善侨校将为厦门大学海外教育学院的招生和远程教育提供教学场地、部分师资和当地资源等方面的支持，协助在马尼拉总部设立"菲律宾教学点""留学生招生点"以及建立毕业生实习、就业基地等，同时设立"厦大海院'一带一路'汉学文化总中心"菲律宾分中心，合作开展相关学术研究与实践活动。海外教育学院也将对至善侨校在厦门和海外的办学与培训工作予以指导和支持。

11. 泰国三所学校与广西华侨学校建立合作办学机制

2017年5月中旬，由泰国岱密中学、通武立挞乐特批趴拉乐学校、人民和平学校相关负责人组成的代表团到广西华侨学校访问，与该校签署友好合作备忘录，达成开展合作办学协议，共同助推华文教育发展。

广西华侨学校校长陈进超在会见中对3所学校负责人的到来表示欢迎，并介绍了基本办学情况及华文教育开展情况。泰国3所学校的校长一致表示，非常重视与广西华侨学校合作交流的机会，钦佩该校在华文教育工作中取得的突出成绩，希望能通过此次会谈与广西华侨学校建立友好合作关系，共同促进学生培养质量。

根据合作备忘录安排，泰国3所学校将派送优秀留学生到广西华侨学校，开展为期一年的高中汉语知识技能及汉语文化课程的学习，之后重返泰国继续完成高二、高三的学业，以此提高泰国学生的汉语水平，增强泰国学生的国际化交流素养。

12. 云南德宏师专与缅甸云华师范学院签订教育合作协议

2017年5月22日,云南德宏师范高等专科学校与缅甸云华师范学院合作成立教师职业技能缅甸实训中心签约暨揭牌仪式在缅甸云华师范学院举行。双方就两校交往与合作进行了友好会谈并签订教育合作协议。

此次会谈,双方就教学交流、教师互访、在校大学生外派实习项目合作等方面达成共识。根据协议,双方将本着真诚合作,相互促进的理念,以互惠、互信、互利为原则,发挥各自的资源优势进行合作,共同致力于缅甸华文教育发展。根据需要,德宏师专将通过招募志愿者教师的方式,定期向缅甸云华师范学院外派实习教师,进行为期一学期的教学实习项目;云华师范学院根据派出的志愿者教师的专业特长为其提供实习岗位。

13. 广西华侨学校与泰国洛坤市政府签署华文教育友好合作备忘录

2017年5月26日,泰国洛坤市政府副市长彭寻·升蓬携2017"华文教育·校长研习"班泰国洛坤市学员团到广西华侨学校参加研习班活动。国务院侨务办公室文化司司长雷振刚,广西壮族自治区侨务办公室副主任陈洁、文宣处处长史荣平,广西华侨学校校长陈进超等会见了来宾。

座谈会上,雷振刚希望双方能够以此次活动为契机,进一步促进华文教育的交流与合作,在今后的合作中为两国培养更多优秀的人才。彭寻·升蓬详细介绍了洛坤市开展华文教育的情况。座谈会结束后,雷振刚和陈进超分别代表中国海外交流协会文化交流部、广西华侨学校与泰国洛坤市政府签署华文教育友好合作备忘录。根据协议,双方将在华文教师培训交流活动、学生交流活动及其他跨文化交流活动等领域开展深入合作。双方代表一致认为,该合作备忘录的签署会加强中泰双方之间的华文教育合作与交流,有助于推动海外华文教育事业的发展。

14. 华侨大学与印度尼西亚达国大学签合作协议拓合作领域

2017年6月5日,中国华侨大学校长贾益民与印度尼西亚达国大学基金会主席Gunardi签署了合作协议,开启两校全方位合作。

贾益民表示华侨大学和达国大学在很多专业领域都有很好的合作基础,华侨大学希望与达国大学能展开多领域、全方位合作,华侨大学将协助达国大学开办中文系、中文专业或华文学院,还将面向印度尼西亚学生开展华文教学,不仅培养专门的中文人才,也为其他专业的学生学习汉语提供便利条件。此番合作协议的签署,揭开了两校交流合作新的里程碑。

15. 温州少年艺术学校与意大利友好学校续签友好合作协议

2017 年 6 月上旬,温州市少年艺术学校校长李绍可率师生代表团访问意大利佛罗伦萨保罗茨落中等学校,两校续签友好合作协议。

16. 华侨大学与印度尼西亚棉兰高校签署合作备忘录

2017 年 6 月 7 日,华侨大学校长贾益民率团参观访问印度尼西亚棉兰崇文中小学/幼儿园和亚洲国际友好学院,洽谈两校合作,并与亚洲国际友好学院签署了合作备忘录。

贾益民表示华侨大学愿意为崇文学校学生深造、师资培训、教材编写等方面提供支持,并在夏令营及冬令营活动方面和崇文学校保持长期的合作。

贾益民代表华侨大学与印度尼西亚苏门答腊北部华联理事长苏用发签署了《中国华侨大学与印度尼西亚亚洲国际友好学院合作备忘录》。贾益民表示,华侨大学将为亚洲国际友好学院办学、教师培训、课程开设等方面提供帮助。

17. 中国华文教育基金会与德国汉园国际文化教育集团签署合作协议

2017 年 6 月 19 日,中国华文教育基金会副理事长兼秘书长邱立国率团访问德国汉园杜塞尔多夫中文学校,并与该校校董王杰、校长孙晓帆及部分在校华文教师座谈。双方就合作共建中德双语国际学校进行广泛深入探讨,并签署了合作协议。

王杰董事长介绍了汉园杜塞尔多夫中文学校的成立背景和发展现状以及建设中德双语国际学校的计划。邱立国秘书长表示基金会也将一如既往为海外华文学校提供更优质的服务,期待中德双语国际学校在海内外各界有识之士的共同努力下,能够早日落地生根、蓬勃发展。会后,邱立国秘书长与王杰董事长正式签署了双方合作协议。邱立国还专程前往拟建项目工地实地考察,并对该项目的选址和规划提出具体建议。

6 月 20 日,邱立国就合作共建学校一事前往杜塞尔多夫市政府,专程拜会了市政府经济促进局项目经理康安仪、夏琦。双方就该项目进行了友好坦诚的交流协商。夏琦谈到,该项目一旦促成,对中德双方的友好发展前景极为有利,也能更进一步促进两国官员之间、青少年之间的文化交流。

18. 昆明华文学校与泰国美赛光明华侨公学签署华文教育合作协议

2017 年 6 月 19 日,昆明华文学校张明军校长与美赛光明华侨公学董事会主席徐秀如分别代表昆明华文学校、美赛光明华侨公学签署了华文教育合作协议。

中国驻清迈总领事馆总领事任义生向昆明华文学校和美赛光明华侨公学联合授予

"昆明华文学校泰北生源基地"牌匾。任义生还向清迈地区华人村华文教师联谊会和美赛光明华侨公学代表颁发了中国国务院侨务办公室和中国华文教育基金会的"一带一路"经纬奖学金。

19. 缅甸云华师范学院与云南民族大学签署合作协议

2017年6月23日,缅甸云华师范学院与云南民族大学签署合作协议。合作签约暨揭牌仪式上,云华师范学院董事长尚兴玺介绍了云华师范学院的办学情况。云南民族大学国际学院副院长章辉表示对此次合作充满了信心。云华师范学院院长李岚希望云南民族大学能派出思想觉悟高、知识结构好、基础扎实的研究生支持云华师范学院开展华文教育。

20. 印度尼西亚梭罗三一一大学文化学院与华侨大学华文学院签署合作协议

2017年7月6日,印度尼西亚梭罗三一一大学文化学院一行访问华侨大学华文学院。学院领导纪秀生、胡建刚、沈玲等相关负责人接待了访问团。

沈玲副院长介绍了华侨大学华文学院的办学历史、办学模式及对外学术交流与合作的情况。梭罗三一一大学文化学院院长介绍了该校的概况及学科专业设置情况,并表示此次来访希望进一步推动两校间开展交流与合作。双方就派遣研究生实习、开展夏冬令营、教育教学研究、华文教材研发等方面交换了意见,并签署合作协议。

21. 阿联酋阿布扎比投资局访华团赴暨南大学华文学院洽谈合作事宜

2017年7月17日,阿联酋阿布扎比投资局官员 Mohamed Musabah Mohamed Salem Almansoori 先生、Mansoor Ahmed Mohamed Mohamed Almazrouei 先生,扎伊德大学孔子学院中方院长杜伟女士到暨南大学华文学院洽谈阿联酋高中生来华留学相关事宜。这是双方继2017年4月底首次交流后的第二次洽谈。暨南大学国际学院院长王立伟,华文学院党委书记史学浩、副院长曾毅平等相关系部领导出席了此次会议。双方就招生、课程设置及留学生在华生活等问题展开会谈。会后,阿联酋阿布扎比投资局官员和10名阿联酋精英学生与华文学院留学生进行了交流,并参观了校园、穆斯林餐厅及学生宿舍。

22. 北京华文学院与缅北华文教育协会签订招生合作协议

2017年7月25日,北京华文学院党委书记刘香玲赴缅甸云华师范学院参加与缅北华文教育协会合作的招生签约仪式暨招生说明会。缅北华文教育协会会长尚兴玺先生、云南海外文化教育中心缅甸分中心唐建军主任、协会部分副会长和理事、曼德勒新世纪学校、曼德勒育才学校、眉苗年多学校领导及来自缅北其他华校的140余名老师和学生参加了签约仪式暨招生说明会。仪式上，刘香玲书记对云华师范学院的办学模式给予了高度的评价，对缅甸华文教育近年来取得的巨大变化给予了高度肯定。招生说明会后，尚兴玺会长与刘香玲书记共同签署了《北京华文学院长期语言项目招生合作协议书》。

23. 北京华文学院与西班牙巴塞罗那孔子文化学校签署深度合作协议

2017年7月25日，北京华文学院院长周虹、招生办副主任孙伟恺、培训部副主任王图保应邀访问了西班牙巴塞罗那孔子文化学校。双方围绕华文教育、学术互访等问题进行了深入探讨，并签署深度合作协议。北京华文学院肯定了巴塞罗那孔子文化学校平台式的发展策略，并聘请巴塞罗那中文教育基金会董事长麻卓民先生负责北京华文学院在西班牙的招生。

24. 温州大学与温籍华校签订共建意大利分校协议

2017年8月8日，温州大学与温籍华校意大利佛罗伦萨中文学校在温州大学签署共建温州大学意大利分校（锡耶纳大学阿雷佐校区）协议。根据协议，双方将在师资交流、教育点开设、学生培养等领域进行合作。

25. 中国国务院侨务办公室与意大利威尼托大区签署首份华文教育合作备忘录

2017年8月25日，在中国国务院侨务办公室主任裘援平和中国驻米兰总领事宋雪峰见证下，国务院侨务办公室文化司与意大利威尼托大区教育厅在威尼斯签署了华文教育合作备忘录。这是中国国务院侨办与意大利政府间签署的首份华文教育合作协议。意大利威尼托大区教育厅厅长达尼埃拉·贝尔特拉梅表示，双方此次新确立的合作模式目的在于让两国交流各自的教育制度，并在威尼托推广汉语。根据协议，双方每年将为学习汉语的威尼托学生举办一次中华文化大赛。帕多瓦中意国际学校将协调各种相关活动，威尼托教育厅则将负责推广工作，以便让威尼托大区的学校积极参加。

26. 昆明华文学校与德宏师范高等专科学校、瑞丽市第三民族中学签署联合办学协议

2017年8月25日，昆明华文学校校长张明军、副校长陈娜等一行3人到访德宏

师范高等专科学校,与该校签署了联合开办汉语言大学专科班的合作协议。8月26日,昆明华文学校与瑞丽市第三民族中学签署了合办华裔学生大学直通班的协议。昆明华文学校、德宏州侨办、瑞丽市侨办、瑞丽市第三民族中学的部分领导共同出席了签字仪式。

27. 中国华文教育基金会、人民日报海外网、北京四中网校签署战略合作协议

2017年9月20日,中国华文教育基金会、人民日报海外网、北京四中网校三方"促进华文教育事业发展战略合作协议"签约仪式在国务院侨务办公室举行。中国华文教育基金会副理事长兼秘书长邱立国、北京四中网校校长黄向伟、人民日报海外网副总编辑王丕屹等出席签约仪式并致辞。邱立国秘书长指出,发展华文教育是一项有利于中华民族振兴,有利于华侨华人社会发展,有利于国际友好和世界和平的重要事业,同时也是一项长期、宏大、艰巨的系统工程,需要社会各界的大力支持与帮助。三方开展战略合作,有利于整合资源,互利共赢。黄向伟校长介绍说,海外华文教师远程培训项目已为30个国家的1086所海外华校开设"定制课程";非定制类直播课程,也有来自62个国家的近6000位华文教师参与学习。王丕屹副总编辑表示,人民日报海外网愿与中国华文教育基金会和北京四中网校携手发挥《人民日报》客户众多和其作为新媒体平台的优势,为促进海外华文教育发展和弘扬中华优秀传统文化做出贡献。

28. 成都蒙彼利埃小学与美国圣保罗路德会学校签订结为友好学校协议

2017年9月27日,成都蒙彼利埃小学与美国加州圣保罗路德会学校缔结友好学校签约仪式举行。四川省外事侨务办公室副巡视员陈志孔出席签约仪式并致辞。陈志孔表示,美国加州与四川省正式建立友好省州关系,在美国华侨华人的帮助下,两校建立友好关系将进一步推进四川与加州两地在文化教育方面的交流。美国加州圣保罗路德会学校校长詹姆斯表示,友好学校的签订能进一步深化两地友谊,在美国圣保罗路德会学校开设中文课也将促进双方教育交流。

29. 马来西亚沙巴华人同乡会馆考察团到访北京华文学院探讨项目合作

2017年10月13日,马来西亚沙巴亚庇华人同乡会馆联合会"一带一路"考察访华团一行29人到访北京华文学院。北京华文学院院长周虹、副院长张德瑞等会见来宾。

张德瑞副院长对考察团的来访表示欢迎。他回顾了中国与马来西亚及其沙巴州的友好往来,并着重向客人介绍了学院与沙巴州的多层次交流。随后,招生办向到访客

人讲解了北京华文学院的历史、硬件、师资力量、课程项目、学生活动及奖助学金等情况。双方之后就开展长短期项目合作进行了自由交流。考察团对北京华文学院的奖学金项目和短期游学课程表现出浓厚兴趣，并询问了具体报名渠道和流程。张德瑞副院长和招生办进行了积极回应和答复。

30. 华侨大学与巴黎精英中文学校签订协议共建华教基地

2017年10月22日，中国华侨大学副校长曾路与巴黎精英中文学校校长宣琛在法国巴黎签署协议，共同建设华侨大学海外华文教育基地，携手弘扬中华文化，发展华文教育，促进中外文化交流。中国驻法国大使馆领事部主任陆青江参赞、李成元一秘，巴黎20区副区长施伟明、欧拜赫维利埃市市政府协会处处长卡洛斯等出席了签约仪式。

陆青江表示，巴黎精英中文学校自成立以来，积极开展华文教育，传播中华文化，通过丰富多彩的文化活动，为华裔子弟和当地法国人认识和熟悉中华文化做出了贡献。希望以此为新的起点，继续办好华文教育，为中法两国的文化交流与友谊做出更大的成绩。曾路表示，华侨大学一直致力于开展海外华文教育，以培养汉语技能、传授中华文化为学科特色。在海外设立华文教育基地，是华侨大学开展华文教育、就近服务侨胞的又一重大举措。随后，曾路向宣琛赠授了校标和华侨大学海外华文教育基地牌匾。

31. 暨南大学代表团访问泰国签署合作框架

2017年11月11日至15日，由暨南大学华文学院邵宜院长带领的访问团赴泰国就当地华人社会发展和华文教育现状展开深入调研，并受邀参加了"泰国留学中国大学校友会总会庆祝成立15周年联欢大会"，随行人员包括招生与社会合作部温明亮主任、华文教育系蔡丽副主任和汉语系金颖副主任。

访问团首先访问了泰国华文教师公会，受到罗宗正主席的欢迎并进行了座谈。双方围绕泰国华文教育的更多合作项目进行了探讨。在泰国留学中国大学校友会总会庆祝成立15周年联欢大会上，邵宜院长向罗铁英主席表示祝贺，对泰国留学中国大学校友会总会在泰中文化交流中所起积极作用表示敬意。随后，访问团先后拜访了斯巴顿大学、皇太后大学以及清迈大学，与校方展开座谈，探讨建立交换生项目的可行性，并达成了初步共识。其中，在拜访暨南大学华文学院合作单位——泰国皇太后大学汉学院期间，双方围绕师范专业毕业生短期留学、双学位学生交换项目、师资培训及两校合作研究等预期合作项目的可行性进行了深入务实的探讨，达成了许多共识，签署了长期深入合作的框架协议。

32. 昆明华文学校与印度尼西亚高校联合培养华文人才

2017年11月13日，昆明华文学校校长张明军率团访问印度尼西亚智民学院，商谈两校与华侨大学联合培养华文人才事宜。

张明军介绍了昆明华文学校和印度尼西亚智民学院联合推出的多种培养华文本、专科学生模式，鼓励印度尼西亚学生前往学习。张明军一行还走访了印度尼西亚全国华文教育协调机构联合秘书处，介绍了昆明华文学校汉语教学、高中课程、专科本科教育、冬夏令营、华文老师培训等特色教育，双方初步商定了2018年冬夏令营和华文教师培训的合作。印度尼西亚全国华文教育协调机构联合秘书处表示将向印度尼西亚各地学生推广这些项目，让更多印度尼西亚学生能有机会前往中国学习。

33. 马来西亚雪兰莪大学与暨南大学签署校际合作备忘录

2017年11月14日，马来西亚雪兰莪大学校长、拿督Mohammad Redzuan Othman教授一行5人访问暨南大学，就校际师生交换互访、合作科研等进行交流。暨南大学胡军校长会见代表团并代表暨南大学签署校际合作备忘录。

胡军介绍了暨南大学最新发展情况及国际交流工作进展。他表示，随着近年来国家"一带一路"战略的持续推进，学校始终重视与沿线国家高校开展教育人文交流。相信此次访问能够加深两校理解互信，促进师生交流和校际友好关系发展。Othman表示，暨南大学具有国际化的办学传统与特色，在华文教育领域拥有明显优势，两校合作能够实现优势互补，互利共赢。

座谈中，雪兰莪大学对暨南大学华文教育及生物医药领域的发展给予了积极评价，并在师生交换、双学位项目、合作科研项目等方面进行了深入交流并初步达成共识。

34. 温州华侨中学与佛罗伦萨萨瑟蒂职业高中缔结友好学校

2017年11月26日，意大利佛罗伦萨萨瑟蒂职业高中师生访问团一行17人到访温州华侨中学，两校在意大利协助发展中国家协会亚洲部主任玛丽亚、温州侨务办公室调研员许捷、意大利佛罗伦萨中文学校校长潘世立的见证下，签署了缔结为友好学校的协议。双方除在教育教学以及学术等方面开展交流外，还将互派学生代表团进行互访交流。

35. 华侨大学与泰国清迈皇家大学签署合作备忘录

2017年11月27日，华侨大学与泰国清迈皇家大学签署合作备忘录。双方将在学生交换、教师互访、学术研究等方面展开合作。

签约仪式在华侨大学厦门校区举行,华侨大学校长徐西鹏、清迈皇家大学代理校长颇恩·披莫恩代表双方签字。签约仪式前,双方就合作事宜进行座谈。徐西鹏代表学校欢迎颇恩校长一行莅校访问,并从办学历史、专业设置、国际化办学、校园文化等方面介绍了华侨大学的基本情况。他表示,双方有许多相似之处,合作前景美好,希望通过此次备忘录的签约,双方在原有合作基础上拓展至学生交换、教师互访、文化交流、科学研究等多领域的合作。

36. 南非华文教育基金会与中山市第一中学签署教育交流与合作备忘录

2017年11月27日至28日,中国华文教育基金会名师非洲巡讲团与南非华文教育机构展开交流活动。其间,南非华文教育基金会主席韩芳与中山市第一中学校长王锡文签署了教育交流与合作备忘录,以加强双方在教育领域特别是华文教育方面的交流与合作。根据备忘录,双方将加强在远程华文教育、教师培训及学生学习交流交换等方面的合作。

37. 温州大学与意大利佛罗伦萨中文学校签署合作协议

2017年12月初,温州大学与意大利佛罗伦萨中文学校正式签署合作协议,共建教师教育实践基地。双方本着资源共享、双赢互利、共同发展的原则,达成教育合作框架协议书,为温州大学教师和学生提供到意大利学习交流的机会。同时,温州大学也将选聘佛罗伦萨中文学校优秀教师到温州大学教师教育学院担任校外指导师,不定期到温州大学作讲座,双方还将共同开展教育课题研究。

38. 马来西亚砂拉越华文独立中学福建教育考察团与福建多校缔结姊妹学校

2017年12月6日至12日,由马来西亚砂拉越17所中小学校长、校董组成的马来西亚砂拉越华文独立中学福建教育考察团一行19人到访厦门、福州、南平等地。在厦门,考察团主要访问了华侨大学、集美大学以及厦门外国语中学等校。在福州,考察团访问了福建师范大学附属中学。经双方友好交流与协商,马来西亚美里培民中学、诗巫卫理中学分别与福建师范大学附属中学结为姊妹学校。在南平,访问团分赴福建省海外华文教育基地校——武夷山一中、武夷学院交流并进行座谈。其间,马来西亚砂拉越培民中学与武夷山一中签订了缔结姊妹学校友好关系协议书。

39. 泰国南部教育代表团与北京华文学院签署招生合作协议

2017年12月8日,由国光慈善中学法人代表方木基、陶华慈善中学经理杨光亮、洛坤曾里振华学校法人代表林明华、泰国南部华文民校联谊会秘书长魏光磊等人组成的泰国南部教育代表团一行 11 人赴北京华文学院交流访问。周虹院长对代表团的来访表示欢迎，并重点介绍了北京华文学院专门针对泰国市场特点开发的泰国班项目，希望到访的泰国学校代表能够帮助推广宣传，推荐有需求的泰国学生来北京华文学院学习中国语言文化。双方之后就合作开展泰国高质量中文培训项目进行了自由交流，北京华文学院与洛坤曾里振华学校签署了招生合作协议。

40. 温州体育运动学校与马来西亚森美兰精武体育会签订合作备忘录

2017 年 12 月 21 日，温州体育运动学校与马来西亚森美兰精武体育会签订合作备忘录。双方开展"一带一路"武术文化交流暨友好结对，进行为期 3 年的武术技术发展和武术文化交流合作。温州体育运动学校校长方志与马来西亚森美兰精武体育会会长张金发签署合作备忘录。签约仪式上，温州市武术联盟会长邓晓峰与马来西亚森美兰精武体育会会长张金发互发聘书，双方被聘为各自所在单位的海外武术顾问。张金发还将马来西亚书艺协会会长王雅书写的"马中'一带一路'武术文化先锋"的书法作品赠送给温州体育运动学校。

41. 印度尼西亚巴厘岛文桥三语学校与暨南大学华文学院签署合作协议书

2017 年 12 月 26 日，印度尼西亚巴厘岛文桥三语学校董事长江睿、暨南大学教育学院院长李世云与暨南大学华文学院共同签署函授本科生协议书，合作培养汉语言专业（旅游文化方向）本科人才。该项目经过三方近一年的调研、商讨，形成了"1+3+1"合作培养模式，三方就招生录取及新生报到等相关工作进行了充分的协调和沟通，预计 2018 年秋季招收第一批新生。

五 华教活动

(一) 夏令营·行在中国

1. 中国寻根之旅

(1) 广东中山举办春令营之中山营

2017年1月6日至14日,由国务院侨务办公室、广东省侨务办公室主办,中山市外事侨务局承办,中山市华侨中学协办的2017年"中国寻根之旅"春令营中山营开营。来自澳大利亚的17名祖籍中山的华裔青少年学习中国舞蹈、武术、书法、茶艺、剪纸艺术等中华传统文化课程,体验国球乒乓的魅力,赴濠头学习非遗"舞龙"并参观中山市特色产业镇区,然后前往佛山、广州等地,体验当地传统文化与风土人情。

(2) 广西南宁举办春令营之广西华侨学校营

2017年3月20日至29日,由国务院侨务办公室、中国海外交流协会、广西壮族自治区侨务办公室和广西海外交流协会主办,广西华侨学校承办的"中国寻根之旅"春令营广西华侨学校营在广西南宁举办。来自泰国的60位营员学习了汉语基础知识、中国茶文化、中华武术、民族舞蹈、制作绣球等课程,并实地参观南宁市,游览桂林山水,在感受祖(籍)国文化无穷魅力的同时领悟广西山水的秀美风光。

(3) 云南昆明举办夏令营之"七彩云南行"昆明营

2017年3月21日,由云南省侨务办公室主办、昆明华文学校承办的海外华裔青少年"中国寻根之旅"夏令营"七彩云南行"昆明营在昆明华文学校开营。来自泰国东北部的50名华裔青少年在为期10天的活动中,学习了汉语、中华才艺等课程,并赴昆明各地参观学习。

(4) 福建福州举办夏令营之福州营

2017年3月28日,由国务院侨务办公室主办,福建省侨务办公室、福州市外事侨务办公室、福州外语外贸学院承办的海外华裔青少年"中国寻根之旅"夏令营福建福州营在福建福州开营。来自泰国、印度尼西亚的 35 名华裔青少年在为期 1 个月的活动中,学习了汉语拼音、汉语会话、汉字书写、汉语阅读和中国武术等课程,并赴福建各地参观学习。

(5) 广东广州举办春令营之暨南大学营

2017 年 3 月 30 日,由国务院侨务办公室主办、暨南大学华文学院承办的海外华裔青少年"中国寻根之旅"春令营暨南大学营开营。来自泰国的 109 名华裔青少年在为期 15 天的活动中,学习了汉语课和中华民歌、舞蹈、竖笛、南拳、双截棍、初级刀、太极扇等中华文化体验课程,并赴广州、深圳多地考察学习。

(6) 泉州、厦门举办菲律宾华裔学生学中文夏令营

2017 年 4 月 1 日,由国务院侨务办公室、福建省侨务办公室、泉州市外事侨务办公室、晋江市人民政府主办,晋江市侨台外事局承办的海外华裔青少年"中国寻根之旅"菲律宾华裔学生学中文夏令营在福建泉州晋江开营。国务院侨务办公室文化司司长雷振刚和晋江籍菲律宾侨领、菲律宾菲华商联总会永远名誉理事长陈永栽先生出席了开营式。1024 名菲律宾华裔青少年在福建参加了为期 2 个月的活动,学习了汉语知识,练习口语、武术、国画、音乐、书法,体验舞龙和手工制作等,并赴福建各地参观交流。

(7) 北京举办春令营之北京游学营

2017 年 4 月 1 日,由国务院侨务办公室主办、北京华文学院承办的海外华裔青少年"中国寻根之旅"春令营菲律宾华裔青少年游学营在北京开营。来自菲律宾的 30 余名华裔青少年在为期 21 天的活动中,学习了汉语口语、汉语阅读和汉语写作及文化课程,并赴承德等地参观学习。

(8) 北京举办春令营之古都游学营

2017 年 4 月 1 日,由国务院侨务办公室主办、北京华文学院承办的海外华裔青少年"中国寻根之旅"春令营古都游学营在北京华文学院开营。来自泰国的近 80 名华裔青少年在为期 20 天的活动中,学习了汉语课和传统手工、书法、国画等体验性课程,并赴长城、故宫、天坛、颐和园等地参观学习。

(9) 天津举办春令营之天津营

2017 年 4 月 1 日,由国务院侨务办公室主办,天津市侨务办公室承办,天津市河北区侨务办公室、天津市河北区教育局协办的海外华裔青少年"中国寻根之旅"春令营天津营在天津开营。来自德国、马来西亚、英国、澳大利亚的近百名华裔青少年在为期 11 天的活动中,学习了剪纸、制作团扇、中华武术、书法等体验课程,参观了天津博物馆、意式风情区、天津滨海航母主题公园等文化景观。

（10）河南郑州举办春令营之武术营

2017年4月3日，由国务院侨务办公室和中国海外交流协会主办、河南省侨务办公室承办的海外华裔青少年"中国寻根之旅"春令营武术营在河南郑州开营。来自澳大利亚、泰国的100名华裔青少年在为期13天的活动中，参观了河南博物院、中铁盾构工厂、登封少林寺、中岳庙、嵩阳书院、洛阳龙门石窟、开封清明上河园、相国寺等名胜古迹。

（11）山东德州举办春令营之山东德州营

2017年4月6日，由国务院侨务办公室主办，山东省侨务办公室承办，德州市外事侨务办公室、平原县人民政府、平原县教育局、平原县第三中学协办的海外华裔青少年"中国寻根之旅"春令营山东德州营在平原县第三中学开营。来自泰国的华裔青少年在为期15天的活动中，学习了京剧、书法、国画、古筝等中国传统文化课程，并赴山东各地参观学习。

（12）上海举办上海华裔留学生夏令营

2017年4月7日，由国务院侨务办公室主办、上海市侨务办公室承办的上海华裔留学生"中国寻根之旅"夏令营在同济大学开营。来自复旦大学、上海交通大学、同济大学等6所高校的华裔留学生在为期3天的活动中，参观了上海光源、上海中心大厦、佘山天文台和罗氏公司等地，并与留学归国人员进行交流，了解上海科创中心建设的最新情况。

（13）福建厦门举办春令营之华侨大学营

2017年4月8日，由国务院侨务办公室主办、华侨大学承办的海外华裔青少年"中国寻根之旅"春令营华侨大学营在福建厦门开营。来自缅甸云华师范学院的26名师生在为期14天的活动中，体验了丰富多彩的人文课程及活动，包括中国国画、书法、剪纸、武术、舞龙、龙舟和二十四节令鼓等10余门课程，以及闽南文化之旅等10余项外出参观游览活动。

（14）上海举办"一带一路"主题春令营

2017年4月10日，由国务院侨务办公室和上海市侨务办公室共同举办的海外华裔青少年"中国寻根之旅""一带一路"主题春令营在上海开营。来自泰国、缅甸、德国等23个国家和地区的近500名华裔青少年在为期13天的活动中，学习了"一带一路"沿线国家和中国的地理、历史、中华武术、书法等课程和文化讲座，参观了上海中国航海博物馆，游览了上海著名景点。

（15）福建晋江举办春令营之福建晋江安海营

2017年4月10日，由安海侨联、安海商会、安海青年中心、安海镇文化创意发展协会举办的海外华裔青少年"中国寻根之旅"春令营福建晋江安海营在福建晋江开营。来自菲律宾、新加坡及中国港澳台地区的 100 多名华裔青少年在此次活动中，与安海中学学生结成对子，学习中华传统文化，并前往养正中学新校区、龙山寺等地参观交流。

（16）北京举办春令营之北京游学营

2017 年 4 月 12 日，由国务院侨务办公室主办、北京华文学院承办的海外华裔青少年"中国寻根之旅"春令营北京游学营开营。来自澳大利亚的 30 余名华裔青少年在为期 10 天的活动中，学习了汉语课和传统手工、书法、绘画、包饺子等体验性课程，并赴长城、故宫、天坛、颐和园等地参观学习。

（17）山东烟台举办春令营之山东烟台营

2017 年 4 月 13 日，由国务院侨务办公室主办、烟台市外事侨务办公室承办的海外华裔青少年"中国寻根之旅"春令营山东烟台营在鲁东大学开营。来自泰国的 30 余名华裔青少年在为期 12 天的活动中，学习了武术、国画、书法、面塑、泥老虎绘制等中国传统文化课程，还参观了济南趵突泉、大明湖，曲阜"三孔"、泰山等风景名胜和烟台山、蓬莱阁、招远黄金博物馆、张裕葡萄酒文化博物馆、欣和企业等独具地方特色的基地。

（18）广东广州举办春令营之暨南大学营 2 期

2017 年 4 月 14 日，由国务院侨务办公室、中国海外交流协会主办，暨南大学华文学院承办的海外华裔青少年"中国寻根之旅"春令营暨南大学营 2 期开营。在为期 15 天的活动中，营员们学习了中华绳结、草编、剪纸等多个传统民间艺术，以及南拳、太极扇、初级刀等传统武术项目，还前往广州、深圳进行文化考察活动。

（19）云南曲靖举办夏令营之"七彩云南行"曲靖营

2017 年 4 月 14 日，由国务院侨务办公室主办，云南省侨务办公室、曲靖市外事侨务办公室、曲靖师范学院承办的海外华裔青少年"中国寻根之旅"夏令营"七彩云南行"曲靖营开营。来自缅北的 50 名华裔青少年在此次活动中，学习了汉语课和中华文化传统课程，游览了曲靖风光，感受了云南民族传统。

（20）福建厦门举办夏令营之厦门致公营

2017 年 4 月 15 日，由国务院侨务办公室主办，福建省侨务办公室、致公党福建省委、致公党厦门市委共同承办的海外华裔青少年"中国寻根之旅"夏令营厦门致公营开营。营员们在为期 10 天的活动中，学习了国学课程、陶笛吹奏、陶艺、茶艺、剪纸、书法和国画等课程，参观了陈嘉庚纪念馆、集美鳌园、厦门大学人类学博物馆、鼓浪屿、闽南古民居等地。

（21）云南保山举办夏令营之云南保山营

2017 年 4 月 16 日，由国务院侨务办公室主办，云南省侨务办公室、保山市侨务办公室承办的海外华裔青少年"中国寻根之旅"夏令营云南保山营开营。来自缅甸腊戌的50名华裔青少年在此次活动中,学习了中国画、剪纸、普通话、书法、民族舞蹈、古筝、声乐等知识,参观了保山、腾冲的文化古迹。

(22) 山东举办春令营之山东营

2017年4月17日,由国务院侨务办公室主办,山东省侨务办公室、山东省海外交流协会、山东省华文教育基地共同承办的海外华裔青少年"中国寻根之旅"春令营山东营开营。来自泰国、新西兰、菲律宾等国的140名华裔青少年在为期20天的活动中,学习了国画、书法、陶艺、剪纸、京剧、舞蹈、结绳、围棋、太极拳等中华才艺课程,并赴济南、泰安、曲阜、淄博、潍坊等地参观学习。

(23) 安徽合肥举办春令营之安徽大学营

2017年4月19日,由国务院侨务办公室和安徽省侨务办公室主办,安徽大学、马鞍山市侨务办公室承办的海外华裔青少年"中国寻根之旅"春令营在安徽合肥开营。来自泰国清迈崇华新生华立学校的40余名营员在为期13天的活动中,走进课堂,聆听徽学专家文化讲座,学习富有地方特色的中华才艺课程,并游览了徽州文化名胜古迹和自然风光,通过与当地中学生交友互动、走入社区等多种形式,体验了当代中国人的生活。

(24) 福建南安举办夏令营之福建南安营

2017年4月19日,由国务院侨务办公室主办,福建省侨务办公室、泉州市外事侨务办公室、南安市外事侨务办公室共同承办的海外华裔青少年"中国寻根之旅"夏令营福建南安营在泉州师范附属鹏峰中学开营。来自菲律宾、缅甸的65名华裔青少年分别在为期15天和19天的活动中,学习了汉语口语、国画、书法、武术、象形文字、南安市市情讲座及闽南风俗讲座等课程,游览了泉州、厦门等地的风景名胜,并入住结对同学家庭体验生活,了解闽南的民风民俗。

(25) 福建晋江举办夏令营之池店营

2017年4月24日,由国务院侨务办公室、福建省侨务办公室、泉州市外事侨务办公室、晋江市侨台外事局主办,池店镇人民政府承办,池店镇归国华侨联合会、池店镇教育委员会、池店镇溜滨中心小学协办的海外华裔青少年"中国寻根之旅"夏令营池店营在在池店镇溜滨中心小学开营。来自菲律宾的20名华裔青少年在为期16天的活动中,与池店中心小学、新店小学等学校学生结对共建,开展了中华武术、书法等文化学习交流活动,并赴泉州、惠安、仙游、莆田、古田、永定、安溪和永春等地参观学习。

(26) 福建泉州举办夏令营之福建丰泽营

2017年5月8日,由国务院侨务办公室、中国海外交流协会主办,福建省侨办公室、黎明职业大学承办的海外华裔青少年"中国寻根之旅"夏令营福建丰泽营在黎明职业大学开营。来自菲律宾的22名华裔青少年在为期10天的活动中，学习了汉语、蟳埔舞蹈、茶艺等课程，并赴清净寺、府文庙、开元寺等地参访。

（27）广东举办夏令营之菲律宾广东侨团总会营

2017年5月13日，由国务院侨务办公室主办，广东省侨务办公室、广东省华侨职业技术学校承办的海外华裔青少年"中国寻根之旅"夏令营菲律宾广东侨团总会营开营。来自菲律宾的30名华裔青少年在为期11天的活动中，学习了普通话和粤语，体验了禅武功夫、毛笔书法、中国画等课程，并赴广州、佛山、深圳等地参观学习。

（28）云南德宏州举办夏令营之云南德宏营

2017年5月25日，由国务院侨务办公室主办，德宏傣族景颇族自治州侨务办公室承办，德宏州科学技术协会、德宏州民族中学北校区协办的海外华裔青少年"中国寻根之旅"夏令营德宏营暨第三届"中缅青少年科普交流"活动在德宏州芒市开启。来自缅甸的111名华裔青少年与德宏州民族中学111名学生结对学习汉语和中华文化，感受德宏民族文化魅力，并参与科技活动。

（29）湖北武汉举办华乐春令营

2017年5月25日，由国务院侨务办公室主办，湖北省外事侨务办公室、华中师范大学国际文化交流学院承办的海外华裔青少年"中国寻根之旅"华乐春令营在华中师范大学开营。来自马来西亚的56名华裔青少年在为期15天的学习和文化体验活动中，以"华乐"为媒介，以乐会友，传承中华文化美好传统，探寻荆楚文化。

（30）广东广州举办夏令营之暨南大学营

2017年5月29日，由国务院侨务办公室和中国海外交流协会主办、暨南大学华文学院承办的海外华裔青少年"中国寻根之旅"夏令营暨南大学营在广东广州开营。来自马来西亚的72名营员在为期13天的活动中，学习了汉语、舞蹈、剪纸、泥塑、武术和茶艺等课程，并开展了3次文化考察活动。

（31）云南昆明举办夏令营之七彩云南行昆明营2期

2017年5月31日，由云南省侨务办公室主办、昆明华文学校承办的海外华裔青少年"中国寻根之旅"夏令营七彩云南行昆明营2期在在昆明华文学校开营。来自马来西亚、老挝、泰国的50名华裔青少年在为期10天的活动中，学习了汉语、中华才艺等课程，并赴昆明各地参观学习。

（32）福建福清举办夏令营之福清营

2017年5月31日，由国务院侨务办公室、福建省侨务办公室、福州市外事侨务办公室、福清市侨务办公室主办的海外华裔青少年"中国寻根之旅"夏令营福清营在福建福清开营。来自新加坡培青学校的 30 名华裔小学生在为期 3 天的活动中，参加了福清天生园艺基地的社会实践活动，并与福清一都培青小学以及三华学校的学生同上一堂汉语课。

（33）福建龙岩举办夏令营之福建龙岩营

2017 年 6 月 10 日，由国务院侨务办公室、福建省侨务办公室、龙岩市外事侨务办公室主办，新加坡龙岩同乡联谊会、龙岩华侨职业中专学校协办的 2017 年新加坡龙岩同乡联谊会青少年夏令营福建龙岩营开营仪式在龙岩华侨职业中专学校举行。活动为期 10 天，旨在增进中新青少年文化交流和友谊。

（34）北京举办印度尼西亚华裔青少年北京游学营

2017 年 6 月 15 日，由国务院侨务办公室主办、北京华文学院承办的 2017 年海外华裔青少年"中国寻根之旅"夏令营印度尼西亚华裔青少年北京游学营在北京华文学院昌平校区举行开营仪式。北京华文学院为 40 位营员安排了相关的汉语课程以及中国武术、绘画、书法等文化课程。

（35）广东广州举办夏令营之暨南大学营

2017 年 6 月 16 日，由国务院侨务办公室和中国海外交流协会主办，暨南大学华文学院承办的 2017 年海外华裔青少年"中国寻根之旅"夏令营暨南大学营开营仪式在暨南大学华文学院学生活动中心举行。来自印度尼西亚的近百余名华裔青少年和领队参加此次夏令营。活动为期 15 天。学院为营员们安排了形式多样的学习课程和丰富的文化体验。

（36）福建南安举办夏令营之南安营

2017 年 6 月 19 日，印度尼西亚华裔青少年"中国寻根之旅"福建南安营在福建南安一中江北校区举行开营仪式。在印度尼西亚苏北华裔总会、印度尼西亚苏北华文促进会和印度尼西亚雅加达南安同乡联谊会等社团的筹备下，共有 5 个组团的 189 名华裔师生参加此次为期 20 天的夏令营。营员们学习汉语、书画、武术等中华才艺，还聆听南安市市情、侨情讲座及闽南风俗文化讲座，参观游览泉州、厦门等地的风景名胜。承办方还安排印度尼西亚师生到南安结对子同学家中一同生活学习，体验南安人民的生活日常，增进他们对家乡民风民俗的了解。

（37）福建泉州举办夏令营之黎明职业大学营

2017 年 6 月 19 日，由国务院侨务办公室主办，福建省侨务办公室、泉州市外事侨务办公室、黎明职业大学联合承办的 2017 年海外华裔青少年"中国寻根之旅"黎明职业大学夏令营开营。来自印度尼西亚的 31 名华裔师生参加了开营仪式。此次夏令营为期 14 天。营员们走进汉语、武术、剪纸、书法、国画、茶艺、陶艺等传统文化课堂，走访闽台缘博物馆、南少林寺、开元寺、晋江五店市、福建武夷山等地，享受"汉语·文化·寻根"之旅。

（38）福建福州举办菲律宾中正学院校友会华裔青年福建文化体验夏令营

2017年6月19日，由国务院侨务办公室、福建省侨务办公室主办，福建师范大学承办的"中国寻根之旅"菲律宾中正学院校友会华裔青年福建文化体验夏令营在福建师范大学举行开营式。该营为期11天，福建师范大学海外教育学院组织安排了多种活动，既以讲座形式介绍国家"一带一路"倡议、"海丝文化"和福建社会经济发展情况，又有参观访问和实地考察，希望菲律宾华裔青年朋友能够深入体验福建文化，学习和传承中华文化。57位营员以福建文化体验为主要内容，先后到福州、莆田、泉州和厦门等地考察学习。

（39）福建福清举办夏令营之福建福清营

2017年6月20日，由印度尼西亚福清社团总会组织的"中国寻根之旅"夏令营福建福清营一行35人，在福建福清融侨大酒店举行开营仪式。该营为期11天，营员们与福清市城关小学、西山文武学校师生学习交流；在天生科普教育基地学习剪纸、石膏雕塑等多项实践课程，参观家乡风景名胜，感受家乡风土人情。

（40）2017年度菲华暑期文教研习会成果展览会举行

2017年6月20日，2017年度菲华暑期文教研习会集合中国画、书法、语文及作文成果的展览会在菲律宾马尼拉举行。菲华文教中心主任吴学诚、副主任黄凤娇，菲华文经总会秘书长蔡锦郎、副秘书长蔡怀强，研习会副主任梁俊如等人受邀出席并剪彩。

为期6周的暑期文教课程包括中国画班、书法班、语文班、作文班、民族舞蹈班及珠心算班。活动现场，来宾观赏学员作品，指导老师介绍学员们的学习情形，学员们互相观摩，切磋技艺，学习成长。

（41）重庆举办夏令营之重庆营

2017年6月26日，由国务院侨务办公室主办、重庆市外事侨务办公室和重庆师范大学承办的2017年海外华裔青少年"中国寻根之旅"夏令营重庆营开营。来自澳大利亚、美国、加拿大、爱尔兰、德国5个国家的百位华裔青少年及其部分家属在重庆进行为期15天的学习中华传统文化活动。此次夏令营安排了汉语课程和民族舞蹈、中华武术、书法、茶艺等中华传统文化学习活动。

（42）北京举办欧洲华裔学生中华文化体验营

2017年6月26日，由国务院侨务办公室主办、北京华文学院承办的2017年海外华裔青少年"中国寻根之旅"夏令营欧洲华裔学生中华文化体验营开营仪式在北京华文学院回龙观校区举行。22名营员以及相关教师出席了开营仪式。

(43) 四川成都举办夏令营之四川营

2017年6月27日,"中国寻根之旅"夏令营四川营在成都开营,来自美国、加拿大、瑞典、西班牙、葡萄牙和尼泊尔6个国家的120名华裔青少年学生及领队在四川开启"中国寻根之旅"。华裔作家冰清作为美国华裔青少年领队参与了此次"中国寻根之旅"。此次夏令营为期12天,行程包括参观大熊猫繁育基地,游览武侯祠、锦里、蜀锦织绣博物馆、都江堰水利工程,还前往遂宁、乐山、自贡、眉山等地,游乐山大佛、看川剧表演、自贡灯会,并交叉学习体验中华武术、书法与传统手工制作。

(44) 广西玉林举办情系侨乡容县夏令营

2017年6月29日,由国务院侨务办公室、广西壮族自治区侨务办公室主办、玉林市外事侨务办公室和容县外事侨务办公室承办的2017年海外华裔青少年"中国寻根之旅"情系侨乡容县夏令营在广西容县高中开营。50名印度尼西亚华裔青少年在容县开启为期13天的中华文化之旅。营员们在容县学习中华文化、武术、剪纸、书法和容县风土人情,参观容州古城景区、容县博物馆、容县抗日爱国将军纪念馆,探秘天下奇楼容县真武阁,游览容县都峤山景区,考察容县兰花基地,坐船观赏容县绣江风光,走进结对子家中重温祖先足迹、体验农家生活,感受民风淳朴的侨乡人民的热情好客,并走进山水甲天下的桂林游览观光,开展文化交流活动。

(45) 浙江温州举办夏令营之"相约温州营"

2017年7月1日至8月19日,由国务院侨务办公室、温州市外事侨务办公室联合举办的海外华裔青少年"中国寻根之旅"夏令营"相约温州营"举办。此次活动共设鹿城分营、瓯海分营、文成分营、瑞安分营及中华武术特色营、中华厨艺特色营、优秀华裔青年商务营、文化经典营和瓯越工匠营9个分营。活动时间最长的32天,最短的15天,吸引了来自意大利、西班牙、法国、荷兰、希腊、阿联酋等20多个国家和地区的800多名营员报名参加。此次温州营开设了中文、音乐、体育、武术、书法、国画、手工等丰富多彩的课程,并组织了趣味运动会、中国汉字棋大赛、参观温州肯恩大学等活动,通过寓教于乐的方式增强营员的团结力、爱国心,加深了他们对中华文化的了解。

(46) 上海举办夏令营之上海营

2017年7月1日至7月14日,由国务院侨务办公室主办、上海市侨务办公室承办的"中国寻根之旅"海外华裔青少年夏令营在上海举行。来自美国、加拿大、俄罗斯、英国等8个国家的近400名海外华裔青少年相约上海。此次夏令营共设了8个营团:虹口区侨办/华东师范大学第一附属中学——中国古文明探索之旅;黄浦区侨办/黄浦区教育学院附属中山学校——China china 瓷见中华;闵行区侨办/上海市莘庄中学——国际理解,心灵契约;华东师范大学第二附属中学——少年创客;上海大学国际交流学院——文化传承；上海市金苹果学校——书香上海；周洁舞蹈学校——中华舞魂；同济大学国际文化交流学院——建筑文化体验营。

（47）广东广州举办夏令营之暨南大学营

2017年7月2日，海外华裔青少年"中国寻根之旅"夏令营暨南大学营开营仪式在暨南大学华文学院学生活动中心举行。此次夏令营从7月1日开始，至7月15日结束，为期15天。主办方安排了汉语学习课程和文化体验、考察活动。

（48）广西贺州举办夏令营之贺州营

2017年7月3日，由国务院侨务办公室、广西壮族自治区侨务办公室主办，贺州市外事侨务办公室承办的海外华裔青少年"中国寻根之旅"夏令营——世界长寿市贺州营拉开序幕。来自印度尼西亚和泰国的39名华裔青少年及领队寻根问祖，领略中华文化，加深友谊。营员们在为期10天的活动里，参观了贺州学院民族文化博物馆，游览了姑婆山国家森林公园、潇贺古道、黄姚古镇等景点，学习了中国书法、中国剪纸、中国茶艺、中国武术、传统音乐、民族舞蹈等中华文化课程。

（49）福建福州举办夏令营之福建师范大学营

2017年7月4日，由国务院侨务办公室主办，福建省侨务办公室以及福建师范大学承办的海外华裔青少年"中国寻根之旅"夏令营福建师范大学营在福建师范大学举办。福建省侨办相关领导以及来自澳大利亚和老挝的68名海外华裔青少年及领队出席了开营仪式。此次活动为期12天。主办方安排了"一带一路"知识讲座和趣味汉字、中华武术、中国书法、手工制作等课程，组织营员参加了在泉州晋江举办的2017年海外华裔青少年"中国寻根之旅"福建集结营活动。

（50）广西北海举办夏令营之合浦营

2017年7月6日，海外华裔青少年"中国寻根之旅"夏令营——碧海丝路·古郡珠韵合浦营在广西北海举办。来自老挝寮龚华文学校的营员、领队与广西北海市合浦县廉州中学的师生相聚"千年古郡·丝路源头"合浦县。营员们在参观游览百年名校、联谊互动、学习书画等活动中，激发了汉语学习热情，深切感受合浦"海丝路"的独特文化魅力。

（51）广西桂林举办夏令营文化之桂林营

2017年7月6日，海外华裔青少年"中国寻根之旅"夏令营——文化桂林营在广西桂林市少年宫开营。桂林市外事侨务办公室、桂林市少年宫和桂林侨资企业联合会相关负责人出席开营仪式。参加此次夏令营的52名营员来自美国旧金山、芝加哥和加拿大多伦多、阿联酋迪拜三国四地。营员们在15天的营期里学习了武术、书法、竹竿舞等中华传统文化，参观了明王城、桂海碑林等文化遗址，游览漓江、世外桃源、芦笛岩等风景名胜。

（52）上海举办海外华裔青少年夏令营

2017年7月6日，由国务院侨务办公室、上海市侨务办公室主办，嘉定区侨务办公室协办的"寻根中国 相约上海"上海书香金苹果营在上海市嘉定区开营，50余名来自阿联酋、西班牙等国的海外华裔青少年参加。活动旨在增进海外华裔青少年对嘉定历史和经济社会发展新成就的了解，增进其对祖籍国的认知与感情。

（53）河南濮阳举办夏令营之经纬河南濮阳营

2017年7月7日，由国务院侨务办公室、中国华文教育基金会主办，河南省人民政府外事侨务办公室、濮阳市外事侨务旅游局承办，濮阳市油田第三高级中学协办，香港经纬企业集团有限公司赞助的"2017海外华裔青少年'中国寻根之旅'夏令营——'一带一路'经纬河南濮阳营"在河南省濮阳市油田第三高级中学开营，30名来自西班牙的营员及领队参加了开营仪式，中国华文教育基金会项目部主任熊志远、西班牙中西文化艺术学校校长严红英参加开营仪式并致辞。

此次夏令营由香港经纬企业集团有限公司赞助。为期30天的活动中，主办方安排营员们学习了解中文以及书法、音乐、舞蹈、武术等中华文化课程，还安排营员们参观濮阳、郑州、安阳、洛阳、开封等地的人文和自然景观。

（54）北京举办夏令营之首都历史文化营

2017年7月10日，由国务院侨务办公室主办、北京华文学院承办的2017年海外华裔青少年"中国寻根之旅"夏令营——首都历史文化体验营开营仪式在北京华文学院昌平校区举行。北京华文学院培训部相关负责人、授课教师和来自美国芝加哥瑞华中文学校、老挝百细华侨公学的72名营员及领队出席开营仪式。

（55）浙江杭州举办夏令营之浙江营

2017年7月10日，海外华裔青少年"中国寻根之旅"夏令营——浙江学军少年宫营开营仪式在杭州学军中学紫金港校区举行。此次活动由浙江省外事侨务办公室主办，来自西班牙、葡萄牙、意大利、法国等10个国家的近90名华裔青少年参加。在为期2周的夏令营中，营员们学习了汉语教学、艺术教学、文化讲坛、国学体验、科学实验和书画表演、音乐舞蹈、中国功夫等课程，赴杭州（国际）青少年洞桥5S营地开展了拓展训练，还游览了杭州人文名胜，多方位、多角度感受祖（籍）国的淳淳乡音和浓浓乡情。

（56）美籍华裔青少年到广东佛山寻根

2017年7月10日，"寻根之友·美国旧金山麦礼谦寻根项目"华裔青少年寻根团到广东佛山开展为期3天的寻根活动。在佛山市、区、镇三级侨务工作者的帮助下，寻根团到南海龙涌村、顺德水藤村及三水周灶乡完成了寻根心愿。

（57）上海举办夏令营之上海营

2017年7月上旬，由中国国务院侨务办公室主办、上海市侨办和闵行区侨办承办的"中国寻根之旅"夏令营在上海举办。活动为期14天，来自全美中文学校协会的29名华裔学生参加。

（58）福建晋江举办夏令营之福建集结营

2017年7月11日，由国务院侨务办公室、福建省侨务办公室、泉州市外事侨务办公室、晋江市人民政府共同主办，晋江市侨台外事局承办，晋江市教育局、晋江市文化体育新闻出版局、晋江市旅游事业局、共青团晋江市委员会协办的2017年海外华裔及中国港澳台地区青少年"中国寻根之旅"夏令营福建集结营开营仪式在晋江市祖昌体育馆举行。来自美国、加拿大、西班牙、澳大利亚、泰国、马来西亚、菲律宾、印度尼西亚、老挝、中国香港、中国澳门11个国家和地区的600多名华裔青少年以及晋江本地2500多名青少年朋友参加开营仪式。

此次夏令营为期10天，海外华裔青少年在福建学习了趣味汉字、中国画、中国剪纸、中国书法、中国武术等内容丰富的中华文化，还游览、走访了福州、泉州、武夷山等地的山水名胜和文化景观，在学游之中体验了博大精深的中华文化和福建丰富的人文历史。

（59）山西举办夏令营之山西营

2017年7月11日，来自意大利、加拿大、美国、比利时、瑞士等国家和中国台湾地区的190名海外华裔青少年在山西开启"中国寻根之旅"夏令营。

营员们在太原学习了剪纸、书画、舞蹈、戏曲、武术等山西地方民俗文化及传统曲艺，并前往佛教圣地五台山、平遥古城和云冈石窟参观考察，还游览了绵山、王家大院、悬空寺等地，深度感受山西文化。

（60）云南红河州举办夏令营之云南建水营

2017年7月12日，由国务院侨务办公室、云南省侨务办公室主办，云南省红河州外事侨务办公室协办，红河州民族师范学校承办的2017年老挝华裔青少年"中国寻根之旅"夏令营——云南建水营在红河州民族师范学校开营。云南红河州外事侨务办公室副主任杨亚虎、老挝乌多姆赛省教育厅副厅长松西尼、老挝中老友谊学校校长许顺宏、老挝勐赛县教育局局长假勐弄等出席了开营仪式。来自老挝乌多姆赛省的40余名华裔青少年和5名领队由此开启了为期12天的"中国寻根之旅"。

（61）湖北武汉举办夏令营之湖北营

2017年7月17日，2017年海外华裔青少年"中国寻根之旅"夏令营——武当武术营开营仪式在湖北武汉举行。来自美国、加拿大、德国、意大利、西班牙、阿联酋、英国、波兰8个国家及中国国内共计120余名青少年相聚湖北，开启寻根之旅。

此次夏令营由中国国务院侨务办公室主办,湖北省外事侨务办公室、中国地质大学(武汉)承办。在10天时间里,华裔青少年游览了武汉、襄阳、十堰等地,领略了黄鹤楼、辛亥革命博物馆、唐城、武当山等地的文化魅力,并学习了太极拳十三式等中华传统文化。

(62) 云南举办七彩云南大理丽江夏令营

2017年7月17日,由国务院侨务办公室主办,云南省侨务办公室和云南华文学院承办的2017年"中国寻根之旅"七彩云南——大理丽江夏令营开营仪式在云南华文学院举行。云南华文学院、国际汉语教育学院相关负责人和来自老挝、柬埔寨等国家的42名营员及2名带队老师出席开营式。

在为期12天的活动中,主办方安排营员们到大理和丽江等地参观人文、自然景观,开展了中文、书法、剪纸、太极拳等中华文化相关教学活动。

(63) 江苏南京举办夏令营之江苏营

2017年7月17日,由国务院侨务办公室主办,江苏省侨务办公室、江苏省文化厅、南京市侨务办公室联合承办的"2017海外华裔和香港台湾地区青少年'中国寻根之旅'夏令营江苏营"开营仪式在江苏大剧院举行。江苏省政协副主席许津荣、省政府副秘书长方伟、省政协港澳台侨委主任委员刘方等嘉宾与来自美国、加拿大、德国、西班牙等16个国家和地区的近900名华裔师生欢聚一堂,共同开启此次"寻根之旅"。

此次活动规模创下了江苏省历年之最,在为期4天的集结活动之后,营员们还分赴南京、常州、南通、宿迁、淮安、无锡、镇江、泰州、苏州、扬州、盐城等11个地市深入探寻各地地方文化。

(64) 北京举办夏令营之"丝路探源"古都文化感知营

2017年7月17日,由国务院侨务办公室主办、北京华文学院承办的2017年海外华裔青少年"中国寻根之旅"夏令营"丝路探源"古都文化感知营在北京华文学院昌平校区开营。来自西班牙、法国、加拿大、阿联酋等国家的69名营员及领队老师、北京华文学院相关负责人出席了开营式。

(65) 北京举办夏令营之少林功夫营

2017年7月17日,由中国海外交流协会主办,北京华文学院承办的2017年海外华裔青少年"中国寻根之旅"夏令营——中国少林功夫营开营仪式在北京华文学院举行。

(66) 北京举办欧洲优秀华裔青少年游学营

2017年7月18日,由国务院侨务办公室主办,北京华文学院承办的2017年海外华裔青少年"中国寻根之旅"夏令营——欧洲优秀华裔青少年游学营开营仪式在北京华文学院昌平校区举行。

（67）广西来宾举办夏令营之广西来宾营

2017年7月18日，海外华裔青少年"中国寻根之旅"夏令营来宾营开营仪式在广西来宾市一中举行。来自美国、加拿大、泰国、印度尼西亚等国家的40名华裔青少年开启为期5天的"寻根之旅"。

（68）浙江宁波举办夏令营之宁波书法营

2017年7月18日，海外华裔青少年"中国寻根之旅"夏令营宁波书法营在浙江宁波慈湖中学举行开营仪式。来自意大利、加拿大、美国、智利、芬兰、日本等地的80余名师生和慈湖中学师生一起参加了夏令营活动。此次夏令营为期10天，活动内容融入具有宁波地域特色的浙东文化元素，同时注重活动的体验感和参与性，课程包括书法、汉字棋、绘画、剪纸、国学、太极拳、中国结制作，学做汤圆、饺子、年糕等，还组织营员参观了宁波诺丁汉大学、慈城古镇、河姆渡遗址博物馆、宁波帮博物馆等地，让营员亲身体验家乡历史文化的魅力。

（69）福建福州举办夏令营之福建致公营

2017年7月18日，由国务院侨务办公室主办，致公党福建省委、福建省侨务办公室联合承办的2017年海外华裔及台湾地区青少年"中国寻根之旅"夏令营（福建致公营）在福建福州举行开营仪式。福建省政协副主席、致公党省委主委薛卫民出席开营仪式并致辞。此次福建致公夏令营历时11天，开设了体验中华诗词、篆刻、茶艺课程，并组织营员到福州第二社会福利院开展社会公益活动，游览三坊七巷、武夷山风景区、福建土楼、鼓浪屿等名胜古迹。

（70）北京举办中华经典诵读体验营

2017年7月18日，由国务院侨务办公室主办、北京华文学院承办的2017年海外华裔青少年"中国寻根之旅"夏令营——中华经典诵读体验营开营仪式在北京华文学院昌平校区举行。此次中华经典诵读体验营是一次新的尝试，通过对精心挑选的文学作品进行诵读，加上对北京、西安两地的游览，加深华裔青少年对中华传统文化的了解。

（71）浙江丽水举办夏令营之丽水营

2017年7月19日，海外华裔青少年"中国寻根之旅"夏令营浙江丽水营开营。丽水市外事侨务办公室主任邢长勇，中共丽水市委党校党委书记、常务副校长陆亚东等嘉宾出席开营仪式。来自德国、捷克、西班牙等16个国家的80位华裔青少年参加了开营仪式。此次夏令营以生态丽水为主题，以体验动植物、微景观等生态文化为主要内容，融合书画、青瓷、太极等中国传统文化，并通过游览家乡山水，增进广大海外华裔青少年对故土的认知。

（72）江苏镇江举办夏令营之镇江营

2017年7月20日，由国务院侨务办公室主办，江苏省侨务办公室、镇江市侨务办公室承办，丹徒区侨务办公室、丹徒宜城中学协办的2017海外华裔青少年"中国寻根之旅"夏令营镇江营开营仪式在江苏省镇江市丹徒区宜城中学举行。镇江市侨务办公室主任魏弘扬、丹徒区宜城中学校长蔡玉军等相关领导与来自美国、加拿大等国家的近50名华裔师生欢聚一堂，共同开启此次"寻根之旅"。

（73）江苏淮安举办夏令营之淮安营

2017年7月20日，海外华裔青少年"中国寻根之旅"夏令营淮安营开营。此次淮安营为期8天，50余名来自美国、加拿大等国家的华裔青少年与江苏省清江中学的青少年志愿者一起学习了中华传统文化知识，了解普通中国家庭的生活状况，品味清江浦文化，共同感受中华传统文化的独特魅力。

（74）江苏常州举办夏令营之常州营

2017年7月20日，海外华裔青少年"中国寻根之旅"夏令营常州营在常州大学开营。来自美国、加拿大、荷兰、法国、英国等国家和地区的92名12～18周岁的海外华裔青少年和10名领队齐聚常州，感受龙城文化，开启"中国寻根之旅"。此次夏令营在8天的时间里，带领这些海外华裔青少年参观常州博物馆、规划馆，游览中华恐龙园、东方盐湖城、春秋淹城等，并学习舞龙、太极、陶艺、民歌、国画等中华传统文化课程，体验常州地方非遗文化、饮食文化和山水文化。

（75）江苏盐城举办夏令营之盐城营

2017年7月20日，"中国寻根之旅"夏令营盐城营开营仪式在江苏盐城举行。26名来自美国加利福尼亚州、马里兰州、弗吉尼亚州、新泽西州等地区的华裔青少年开展了为期10天的中华文化学习体验之旅。

（76）江苏泰州举办夏令营之泰州营

2017年7月20日，"中国寻根之旅"泰州夏令营启动。此次夏令营由国务院侨务办公室主办，为期8天。百名营员参观游览了泰州的各大景点，并在泰州学习中华传统书画课程，与泰州学生进行互动，欣赏京剧、花鼓及一些地方文艺演出。

（77）河南新郑举办夏令营之河南营和武术营

2017年7月21日，由国务院侨务办公室主办、河南省政府外事侨务办公室承办、河南省嵩山少林寺武术馆协办的2017年海外华裔青少年"中国寻根之旅"夏令营——河南营和武术营，在河南新郑黄帝故里景区举行开营仪式，来自美国、加拿大、爱尔兰、荷兰、意大利、西班牙、俄罗斯、蒙古国8个国家的19所中文学校和相关协会的340多名营员和领队参加。河南省政府外侨办副主任李镇、郑州市政协副主席张建国等相关负责人出席开营仪式。此次夏令营活动以感受中华文化、学习少林武术为主题，以课堂学习、参观游览、社会实践、走进学校联谊交流为主要形式。营员们参加了拜祖仪式，敬献花篮、敬香礼拜、恭读拜祖文、吟唱黄帝颂；参观河南博物院和少林寺、中岳庙、嵩阳书院、相国寺等名胜古迹。

（78）山东烟台举办夏令营之山东烟台营

2017 年 7 月 21 日，海外华裔青少年"中国寻根之旅"夏令营——山东烟台营在山东济南开营。国务院侨务办公室文化司副司长王梦黎致辞，山东省侨务办公室副主任孙传尚出席活动。来自美国、韩国、泰国、法国、意大利、西班牙、俄罗斯等国家的 120 名海外营员参加。

此次夏令营自 7 月 20 日至 8 月 2 日，历时 14 天。营员们在烟台学习了汉字与中国文化、舞蹈、武术、国画等课程以及面塑、篆刻、剪纸、彩绘团扇、粽子香包、石碑拓片、中国结等手工课程，还游览了大明湖、趵突泉、孔府、孔庙、孔林等历史文化名胜，参观了北极星钟表博物馆、招远黄金博物馆、张裕葡萄酒文化博物馆及侨资企业——欣和食品。

（79）新疆举办海外新疆籍华裔青少年夏令营

2017 年 7 月 21 日，海外新疆籍华裔青少年"中国寻根之旅"夏令营开营仪式在新疆师范大学举行。中共新疆维吾尔自治区党委常委、统战部部长肖开提·依明出席开营仪式并为营员们授旗。

来自巴基斯坦、哈萨克斯坦、加拿大、澳大利亚等 9 个国家的 64 名华裔青少年参加了此次夏令营。此次夏令营从 7 月 20 日起至 29 日结束。其间，营员们在乌鲁木齐市部分学校学习了汉语、书法、剪纸等课程，并前往新疆巴音郭楞蒙古自治州、昌吉回族自治州等地参观，了解新疆的发展变化。

（80）北京举办中华国学营

2017 年 7 月 21 日，由国务院侨务办公室主办、北京华文学院承办的 2017 海外华裔青少年"中国寻根之旅"夏令营——中华国学营开营仪式在北京华文学院主楼举行。来自葡萄牙、美国、意大利的 40 多位营员与来自葡萄牙博雅学堂、美国全美中华青年联合会、意大利摩德纳华商会的领队参加了此次夏令营。

（81）辽宁举办传媒文化体验营

2017 年 7 月 21 日至 7 月 24 日，海外华裔青少年"中国寻根之旅"夏令营——传媒文化体验营师生一行 54 人在北京华文学院带团教师的带领下，对中国边陲沿海城市辽宁丹东、大连进行了为期 4 天的参观游学活动。

（82）江苏宿迁举办夏令营之江苏宿迁营

2017 年 7 月 22 日至 7 月 27 日，由国务院侨务办公室主办，江苏省侨务办公室和宿迁市外事侨务办公室承办的 2017 年海外华裔青少年"中国寻根之旅"夏令营江苏宿迁营活动在江苏宿迁举办。50 名来自美国、加拿大、中国香港等国家和地区的 12 岁至 18 岁的华裔青少年在宿迁开展了为期 6 天的学习交流活动。

（83）宁夏中卫市举办夏令营之华盛顿营

2017 年 7 月 22 日，由国务院侨务办公室主办、宁夏回族自治区外事（侨务）办公室承办、宁夏国际交流中心协办的 2017 年海外华裔青少年"中国寻根之旅"夏令营华盛顿营在宁夏中卫市通湖草原开营。来自美国华盛顿的 20 余位华裔青少年在宁夏参加为期 9 天的中华文化体验之旅。

此次夏令营主要活动包括学习交流中文、西夏历史、民族舞蹈、武术等，并与宁夏儿童福利院的 20 余名孤儿进行互动交流。宁夏国际交流中心也为福利院的孩子们准备了多种益智玩具。营员们还前往沙坡头、黄河坛、一百零八塔、宁夏博物馆等地参观体验当地的地理风貌及风土人情，实地感受宁夏改革发展成果。

（84）福建龙岩举办夏令营之福建上杭营

2017 年 7 月 23 日，由国务院侨务办公室、福建省侨务办公室主办，龙岩市外事侨务办公室、上杭县政府承办的 2017 年海外华裔青少年"中国寻根之旅"夏令营——福建上杭营开营仪式在福建省龙岩市上杭县人民会堂举行。福建省海外华文教育发展中心副主任吴宗斌、上杭县相关部门负责人以及来自美国、加拿大的 27 名海外华裔青少年和领队出席了开营仪式。吴宗斌为夏令营颁授营旗，全体人员一同观看了《多彩客家偶苑》专场演出。

（85）广东东莞举办夏令营之东莞营

2017 年 7 月 24 日，海外华裔青少年"中国寻根之旅"东莞夏令营在广东东莞开营。来自美国、加拿大、马来西亚、越南、菲律宾等地的 135 名华裔青少年与东莞市第六高级中学的 30 名学生携手展开了为期 7 天的中华文化寻根之旅。

（86）浙江绍兴举办夏令营之浙江绍兴营

2017 年 7 月 25 日，由绍兴市外事侨务办公室与绍兴文理学院美术学院共同举办的"中国寻根之旅"夏令营浙江绍兴营在绍兴文理学院开营。此次夏令营为期 12 天，共有来自法国等 9 个国家和地区的 58 名华裔青少年参加，听老师讲绍兴故事，学唱绍兴民谣，挥墨习书法，提笔绘国画，走进绍兴名胜古迹，感受科技趣味新奇。

（87）山东济南举办夏令营之济南营

2017 年 7 月 25 日，海外华裔青少年"中国寻根之旅"夏令营在山东省济南市青少年宫开营。来自美国、西班牙、日本的 85 名华裔青少年展开了为期 13 天的"寻根之旅"。主办方组织海外华裔青少年体验了书法、武术、陶艺、木板年画等中国传统文化，游览了"天下第一泉"等泉城风景，并赴曲阜、泰安、淄博、青岛等地参观游学。

(88) 昆明、丽江举办夏令营之云南营

2017年7月25日，德国、西班牙华裔青少年一行67名师生参加的"中国寻根之旅"夏令营在云南昆明开营。此次夏令营由昆明市外事侨务办公室主办，昆明市第一中学、昆明市第一中学西山学校承办。营员们在昆明和丽江开展了为期12天的交流活动，通过课程学习和文化考察，加深对中国的了解及对中华文化的认同。

(89) 广东顺德举办夏令营之顺德营

2017年7月25日，海外华裔及港澳青少年"中国寻根之旅"夏令营顺德营在广东顺德开营。114名营员走进均安、大良、勒流、杏坛、伦教、北滘等镇街，参观冰玉堂、清晖园、逢简水乡等景点，参加团队拓展、城市定向等户外活动，学习了解书法、龙舟等中华传统文化，感受顺德"美食之都·产业之城"的魅力。

(90) 海南海口举办夏令营之海南营

2017年7月26日，海外华裔青少年"中国寻根之旅"夏令营海南营在海南海口开营。来自马来西亚、泰国、文莱、日本、爱尔兰、加拿大、中国香港和中国澳门等国家和地区的87名华裔青少年在12天时间里，寻根问祖，了解祖籍国的发展变迁，体验深厚的中华文化。

(91) 北京举办传统书画营

2017年7月26日，由国务院侨务办公室主办、北京华文学院承办的2017年海外华裔青少年"中国寻根之旅"夏令营——"泼墨中华"传统书画体验营在北京华文学院昌平校区开营。来自英国、加拿大、西班牙、奥地利的63名营员与英国中文教育促进会领队陆飏女士、邱芷茵女士，加拿大华人同乡会联合总会领队刘兆平女士、陈迅先生，五洲时代教育集团领队夏杰女士及北京华文学院相关负责人、授课教师参加。

(92) 福建厦门举办华侨大学夏令营

2017年7月29日，由国务院侨务办公室主办，福建省人民政府侨务办公室、华侨大学华文学院协办的2017年海外华裔青少年"中国寻根之旅"夏令营华侨大学营在福建厦门华侨大学华文学院开营。华文学院院长胡培安，该营总负责人陈云斌，以及来自德国的领队、学员共同参加了开营仪式。营员们在为期11天的活动里，学习了手工、国画、音乐等课程，并前往厦门鼓浪屿、漳州南靖土楼、武夷山等地参观考察。

(93) 广东广州举办岭南文化集结营

2017年7月29日至8月3日，来自美国、加拿大、德国、法国、西班牙、意大利、日本、泰国、马来西亚、印度尼西亚10个国家的近500名海外华裔青少年齐聚广州，参加中国国务院侨务办公室/中国海外交流协会主办、暨南大学华文学院承办

的"中国寻根之旅"岭南文化集结营活动。

活动期间,营员们观看了由暨南大学师生和合办营营员准备的中华武术、中华民族舞蹈、中华手工等课程巡礼表演;聆听了"一带一路与当代中国"讲座,在广州、佛山等地开展了文化考察,探寻侨校和华人华侨史,感受岭南悠久的历史文化,以及改革开放近40年来中国现代化建设的伟大成就。

(94)北京举办魅力北京夏令营

"中国寻根之旅·魅力北京"夏令营之书画营和戏曲营、武术营、舞蹈营分别于2017年7月29日、7月30日在北京开营。此次活动由国务院侨务办公室主办,北京市人民政府侨务办公室和北京语言大学、中国戏曲学院、首都体育学院、首都师范大学4所高校共同承办。活动为期12天。

来自意大利和美国的华裔青少年在北京语言大学参加了书画营。来自美国波士顿剑桥中国文化中心、爱尔兰卢肯中文学校、美国华盛顿地区北京同乡会、全美中文学校协会、加拿大华人同乡会联合总会、大华府地区中国大专院校校友会联合会的营员在中国戏曲学院参加了戏曲营,通过戏曲体验、戏曲艺术观摩、戏曲服化体验、戏曲脸谱绘制、书法体验等各项活动感受中华文化的博大精深。来自瑞典、瑞士、日本、德国、意大利的86位华裔青少年在首都体育学院参加了武术营,学习功夫扇、双节棍、防身术、太极拳、中国象棋、乒乓球、身体功能训练拓展等课程。来自加拿大、美国和荷兰的93名营员在首都师范大学参加了舞蹈营。

(95)福建永春举办澳门福建学校学生夏令营

2017年7月30日,由国务院侨务办公室、福建省人民政府侨务办公室主办,泉州市人民政府外事侨务办公室、永春县人民政府外事侨务办公室承办的2017年海外华裔及港澳台地区青少年"中国寻根之旅"夏令营——澳门福建学校学生夏令营在永春职专仙岭教学点开营。

此次夏令营为期6天,来自澳门福建学校的老师和学生共35人参营,围绕"汉语·中华文化·寻根"主题,学习永春白鹤拳和中华传统文化,开展寻根谒祖、参观游览等活动,在永春省体育职业技术学院、永春职专仙岭教学点学习永春白鹤拳、结对子,在福州正谊书院学习剪纸、手绘扇面等,参观永春市政建设,感受"乡愁故里、生态桃源、美丽永春"。随后,夏令营营团赴泉州、福州等地参观游览,感受"清新福建、海丝泉州"的人文风貌。

(96)福建龙岩举办中国香港青少年夏令营之福建龙岩营

2017年8月1日,香港地区青少年"中国寻根之旅"夏令营福建龙岩营开营仪式在龙岩华侨职业中专学校举行。福建省海外华文教育发展中心副主任吴宗斌、龙岩市海外交流协会会长江棣章等相关领导及来自香港闽西联会的34名营员和领队参加了开营仪式。吴宗斌代表福建省侨办为夏令营颁授营旗。

这是香港闽西联会第 8 次组织青少年回乡开展夏令营活动。此次活动为期 10 天，营员们学习了家乡山歌、剪纸、客家传统美食制作等，领略了清新福建的自然风光和人文风采，感受了家乡龙岩的乡音乡情。

（97）江西信州举办夏令营之信州营

2017 年 8 月 1 日，由国务院侨务办公室、江西省外事侨务办公室主办，上饶市外事侨务办公室和信州区外事侨务办公室共同承办的 2017 年海外华裔青少年"中国寻根之旅"夏令营——魅力信州营在江西信州大酒店开营。江西省外侨办巡视员吴健民出席仪式并讲话。

此次夏令营从 8 月 1 日开始至 10 日结束，来自德国、美国、加拿大等国的华裔青少年和信州区学生代表共 70 余人参加。为帮助海外华裔青少年更好地感受中华文化和上饶信州文化，主办方一方面安排了民族音乐鉴赏、国画书法、趣味汉语、历史地理等特色文化课程。另一方面还安排了互动体验活动，包括登云碧峰国家森林公园，饱览信州山水风光；唱响信州快闪，展示现代行为艺术；赏中国戏曲文化，体验上妆扮相表演；赴"千年古镇"沙溪参观体验夏布制作及特色美食饭蕨果的制作；前往"中国最美乡村"婺源，参观游览熹园、篁岭、樟村及婺源县博物馆；走进信州人家，感受其乐融融的信州家庭生活。

（98）江西南昌举办夏令营之八一南昌营

2017 年 8 月 16 日，由国务院侨务办公室、江西省外事侨务办公室主办，南昌市外事侨务办公室承办的"2017 年海外华裔青少年中国寻根之旅夏令营——八一南昌营"开营仪式在江西南昌第十九中学红谷滩校区举行。吴健民巡视员代表夏令营主办单位江西省外事侨务办公室出席并发表讲话，他引用习总书记关于根、魂、梦的重要论述，鼓励海外华裔青少年学好中国文化、牢记自己的根，并与承办方南昌市领导一起为夏令营授旗。

（99）广西南宁举办夏令营之广西营

2017 年 9 月 4 日，27 名来自印度尼西亚的华裔青少年到广西华侨学校开展华文教育交流，开启"中国寻根之旅"。在为期 10 天的时间里，营员们学习了中国民族舞蹈、毛笔书法、中华武术、汉语、中华文化常识等课程，并与中国青少年学生开展联谊交流，参观历史文化名胜。

（100）广西东兴举办夏令营之东兴营

2017 年 9 月 5 日，由国务院侨务办公室、广西壮族自治区侨务办公室主办，东兴市外事侨务办公室承办的 2017 年海外华裔青少年"中国寻根之旅"夏令营东兴营在广西壮族自治区东兴市东兴中学开营，东兴市委常委、副市长蒋志环出席活动并致辞。来自印度尼西亚西爪哇省茂物市同一学校的 30 名华裔青少年以及东兴中学的 100 多名师生参加。东兴市外侨办主任裴铁明主持开营仪式。

蒋志环向营员们介绍了东兴的特色优势，希望大家借此机会多走、多看、多交流，充分感受东兴的边境特色以及历史悠久的中华民族文化。

（101） 山西太原举办秋令营之山西营

2017 年 9 月 19 日，由山西省人民政府外事侨务办公室与山西省海外交流协会组织的"中国寻根之旅"秋令营在山西博物院开营。开营仪式上，山西省外事侨务办副巡视员张援豪、山西博物院副院长张慧国与澳大利亚同心中文学校校长陈蕾分别致辞，从不同的角度为来自澳大利亚昆士兰洲的 22 名华裔青少年介绍了山西悠久的历史文化，并鼓励孩子们利用此次活动的丰富资源尽可能感受不一样的文化、文明。

（102） 福建厦门举办秋令营之福建营

2017 年 10 月 10 日，由国务院侨务办公室主办、华侨大学华文学院承办的 2017 年缅甸福星孔子课堂"中国寻根之旅"秋令营福建营在华侨大学华文学院开营。此次活动成员共 17 名，以高中毕业生为主，开展了为期 16 天的寻根活动。其间，营员听取了有关汉语、中国文化、中国经济、地方文化、"一带一路"等多个主题的讲座，学习了汉语、汉语口语、书法、国画、中国音乐、手工、武术等课程，并前往集美嘉庚公园、厦门鼓浪屿、中山路、厦门老院子、武夷山、南靖土楼等地参访游学。

（103） 吉林长春举办秋令营之吉林营

2017 年 10 月 13 日，海外华裔青少年"中国寻根之旅"秋令营吉林营在吉林长春开营。此次活动为期 10 天，来自泰国的 20 余名华裔中学生学习了武术、秧歌、剪纸、太极功夫扇、朝鲜族舞蹈等中华文化。

（104） 福建厦门举办秋令营之福建营

2017 年 10 月 13 日，由国务院侨务办公室主办、华侨大学华文学院承办的 2017 年泰国圣母玛利亚女子学校"中国寻根之旅"秋令营福建营在华侨大学华文学院开营。33 名学员参加了此次活动。秋令营开展了为期 15 天的"寻根之旅"，开设了汉语、汉语口语、国画、中国音乐等课程。主办方还组织营员前往集美嘉庚公园、厦门鼓浪屿、武夷山、南靖土楼等地参访游学。

（105） 河南新乡举办秋令营之河南营

2017 年 10 月 15 日，由国务院侨务办公室主办、河南省政府外事侨务办公室承办的 2017 年泰国海外华裔青少年"中国寻根之旅"河南营开营仪式在河南新乡卫辉比干庙景区举办。开营仪式上举行了隆重的祭拜比干公仪式。随后，50 名泰国海外华裔青少年营员们前往回龙景区、八里沟景区、宝泉景区等开展研学旅行。

(106）山东菏泽举办秋令营之山东菏泽营

2017年10月15日，海外华裔青少年"中国寻根之旅"秋令营山东菏泽营在郓城宋江武校开营，山东省侨务办公室相关处室负责人、宋江武校校领导等嘉宾出席开营仪式。此次秋令营是菏泽市外事侨务办公室首次承办"中国寻根之旅"系列活动，共有来自泰国的50位华裔青少年参加，营期为12天。郓城宋江武校和巨野书画院开设了中国书法、国画、武术、剪纸等中华传统文化体验项目。

(107）广西南宁举办泰国华裔青少年协议营

2017年10月16日，由国务院侨务办公室主办的"2017泰国华裔青少年'中国寻根之旅'协议营"在广西南宁开营。来自泰国的90名华裔少年开启了为期15天的"寻根之旅"。他们学习了汉语基础知识、武术、民族舞蹈、彩绘、少数民族特色手工艺等课程，并乘坐高铁前往桂林，感受中国发展新貌。

(108）福建漳州举办夏令营之闽南师范大学营

2017年10月22日，由国务院侨务办公室主办，福建省侨务办公室、漳州市外事侨务办公室以及闽南师范大学联合承办的2017年海外华裔青少年"中国寻根之旅"夏令营闽南师范大学营在福建漳州华侨饭店开营。闽南师范大学校长李顺兴、福建省海外华文教育发展中心副主任吴宗斌、泰国南部华文民校联谊会秘书长魏光磊等嘉宾和来自泰国的23名华裔青少年及领队老师参加了开营仪式。

此次夏令营以"乡音故里·人文依旧"主题，为期12天。营员们学习了书法、武术、剪纸，体验木偶表演、戏曲、中国民族舞蹈、茶艺茶道、古琴、手工制作和品尝中国传统美食，参观了独具闽南特色的名胜古迹，与漳州学生进行了交流联谊等。

(109）北京举办菲律宾光启学校北京游学营

2017年11月1日，由国务院侨务办公室主办、北京华文学院承办的2017海外华裔青少年"中国寻根之旅"秋令营——菲律宾光启学校北京游学营的开营仪式在北京华文学院昌平校区举行。北京华文学院院长周虹、培训部副主任王图保，菲律宾光启学校中文部主任余莉莉女士、领队李伟诚先生，华文学院上课带团教师以及来自光启学校的100余名师生出席了开营仪式。

(110）福建厦门举办菲律宾华裔青少年冬令营之福建营

2017年11月2日，由国务院侨务办公室主办、华侨大学华文学院承办的2017年菲律宾华裔青少年"中国寻根之旅"冬令营福建营开营式在华侨大学华文学院举行。华文学院院长胡培安教授和菲律宾宿务雅典耀圣心学校、菲律宾光启学校171位师生出席此次仪式。

此次冬令营为期20天，开设有汉语、汉语口语、书法、国画、手工、武术等课程。主办方还组织营员前往集美嘉庚公园、厦门鼓浪屿、中山路、厦门老院子、集美老院子、南普陀、泉州开元寺、闽台缘博物馆、海上交通博物馆、武夷山、南靖土楼等地参访游学。

(111) 广西南宁举办冬令营之广西华侨学校营

2017年11月28日，由国务院侨务办公室、中国海外交流协会主办，广西壮族自治区外事侨务办公室和广西华侨学校共同承办的2017年泰国华裔青少年"中国寻根之旅"协议营——广西华侨学校营在广西华侨学校开营。来自泰国孔敬市的40名营员开展了为期14天的寻根活动。

(112) 福建泉州举办冬令营之福建安溪营

2017年11月29日，马来西亚华裔青少年"中国寻根之旅"冬令营福建安溪营开营仪式在福建省泉州市安溪县慈山农业学校举行。来自马来西亚的62名华裔青少年参加了此次活动。福建省侨务办公室文宣处处长张志英及泉州市外事侨务办公室、安溪县统战部相关领导，与马来西亚安溪总会会长、丹斯里林福山，马来西亚安溪总会秘书长许福来等出席开营仪式。

此次冬令营为期12天，至12月9日结束。以"为梦想FIGHTING（加油）！"为主题，以提升学员个人价值，激发内在潜能，增强团体合作意识为目的，组织营员进课堂听课，与安溪学生互动交流，参加体能训练，观看茶艺表演，参观李光地故居、清水岩、洪恩岩、安溪生态保护教育基地、知名茶企八马茶业总部等。

(113) 福建莆田举办冬令营之莆田营

2017年11月29日，马来西亚华裔青少年"中国寻根之旅"冬令营走进仙游侨中联谊活动在仙游县华侨中学举行，来自马来西亚兴安会馆总会的30名华裔青少年与仙游县华侨中学的300多名学生参加了联谊活动。马来西亚兴安会馆总会青年团总团长关国富等6位冬令营领队，莆田市外事侨务办公室、仙游县侨联有关负责人出席联谊活动。

(114) 福建泉州举办海丝文化体验营

2017年12月1日，海外华裔青少年"中国寻根之旅"冬令营——黎明职业大学海丝文化体验营在福建泉州开营。活动为期10天，42名马来西亚华裔青少年学习了以海丝文化体验为主题、融合传统文化和职业教育文化的课程，包括闽南文化讲座、制陶绘陶、茶艺以及布袋戏欣赏、武术表演等。

(115) 江西九江举办冰雪庐山营

2017年12月4日，海外华裔青少年"中国寻根之旅·冰雪庐山营"开营仪式在江西省九江市皇庭国际酒店举行。来自马来西亚、新加坡的88名海外华裔青少年聚集九江参加为期12天的冬令营活动。此次冬令营由国务院侨务办公室、中国海外交流协会主办，江西省外事侨务办公室、九江市外事侨务办公室承办。营员们学习了汉语文化、中华礼仪、中华武术、书法民乐、诗词欣赏等课程，参观了庐山等名胜古迹，赴瑞昌学习了民间艺术剪纸。

（116）福建厦门举办冬令营之马来西亚营

2017年12月5日，由福建省侨务办公室主办、集美大学陈爱礼国际学院承办的"中国寻根之旅"冬令营马来西亚营在福建厦门集美大学海外教育学院开营。此次冬令营为期12天，来自马来西亚育华国中的27名华裔青少年学习了书法、国画、武术、手工等中华文化特色课程，并外出参观考察，了解中国的人文风貌和风俗传统。

（117）福建三明举办冬令营之三明营

2017年12月5日至14日，"中国寻根之旅"冬令营在福建三明举办。活动由国务院侨务办公室、福建省侨务办公室、三明市外事侨务办公室主办，三明市侨联协办，三明侨报社、马来西亚柔佛州华校校友会联合会等承办。

活动期间，86名马来西亚华裔青少年参观了三明市科技馆，学习了国学知识、书法艺术、中华武术、中医养生等传统文化课程，还品尝了沙县小吃，游览了宁化客家祖地、将乐玉华洞、泰宁大金湖等风景名胜，并与三明市的青少年学生开展文艺联欢交友活动，架起了中马青少年交流联谊的桥梁。

（118）福建南平举办冬令营之武夷学院营

2017年12月6日，由国务院侨务办公室主办，福建省侨务办公室、南平市外事侨务办公室以及武夷学院承办的2017年海外华裔青少年"中国寻根之旅"冬令营武夷学院营在武夷学院聚贤楼开营。此次冬令营以"汉语·中华文化·寻根"为主题，为期12天。来自马来西亚的44名华裔青少年学习了朱子理学、书法、太极拳、剪纸、中国民歌学唱、茶艺茶道等课程，参观了世界自然与文化遗产地，与武夷学院学生进行交流联谊等。

（119）福建厦门举办冬令营之福建厦门营

2017年12月9日，由国务院侨务办公室主办，福建省侨务办公室、厦门市外事侨务办公室、厦门市海沧区外事侨务办公室承办，华侨大学华文学院协办的2017年马来西亚华裔青少年"中国寻根之旅"冬令营——福建厦门营在华侨大学华文学院开营。

61名营员均来自马来西亚，以初中生为主。活动为期11天，举办了包括中国文化、"一带一路"、中国音乐等多个主题讲座，开设了书法、国画、手工、舞龙、龙舟等文化课程。主办方还组织营员们前往集美嘉庚公园、厦门鼓浪屿、华侨博物馆、厦门大学、海沧区非物质文化遗产展馆、南靖土楼等地参访游学，让营员们了解魅力多彩的闽南文化，感受当今中国飞速的发展和变化。

(120) 广东江门举办冬令营之江门营

2017年12月10日,海外华裔青少年"中国寻根之旅"冬令营江门营在广东省江门市五邑大学举行开营仪式。来自马来西亚、印度尼西亚的40名华裔青少年"回家"寻根,开展了为期10天的侨乡文化之旅。此次冬令营,华裔青少年参与了17门课程的学习来了解自己的家乡,包括旨在帮助他们交流与理解家乡文化的普通话教学与四邑话教学。此外,主办方还组织华裔青少年们赴江门老街研习,了解五邑移民史,参观华侨华人博物馆、梁启超故居等。

(121) 海南琼海举办2017琼海港澳台海外青年国情考察寻根联谊活动

2017年12月10日,"2017琼海港澳台海外青年国情考察寻根联谊活动"在海南琼海拉开序幕。来自马来西亚、新加坡、印度尼西亚、美国等国家以及中国香港、中国台湾的祖籍琼海的青年代表60多人齐聚一堂,共叙乡情。此次活动由中共琼海市委统战部、琼海市外事侨务办公室主办,世界琼海同乡联谊会、香港琼海同乡会承办,琼海市侨联会、共青团琼海市委协办。在为期5天的时间里,琼海籍海外青年通过乡情考察、交流互动、探亲访友等活动,了解琼海的新型城镇化建设和美丽乡村建设成果,切身感受家乡的风土人情和乡情的温暖。

(122) 重庆举办音乐营之重庆营

2017年12月11日,海外华裔青少年"中国寻根之旅"音乐营——重庆营开营。来自南非、马来西亚、澳大利亚3个国家的120位华裔青少年参加了此次为期15天的活动。活动期间,营员们学习了汉语及中国民族舞蹈、中华武术、书法、茶艺等中国传统文化课程,参观了世界物质文化遗产大足石刻,学习体验了綦江版画,感受了独具魅力的巴渝文化。

(123) 广东广州举办冬令营之暨南大学营

2017年12月11日,由国务院侨务办公室和中国海外交流协会主办、暨南大学华文学院承办的海外华裔青少年"中国寻根之旅"冬令营(暨南大学营)在暨南大学华文学院开营。活动从12月11日开始,到12月24日结束。来自马来西亚和巴拿马的180余名华裔青少年学习了生活汉语、龙狮、书画、武术、舞蹈等多种课程,并三次外出考察。

(124) 山东举办冬令营之山东非遗特色营

2017年12月11日,由国务院侨务办公室主办,山东省侨务办公室承办,山东省文化馆、山东省非物质文化遗产保护中心协办的"中国寻根之旅"冬令营(山东非遗特色营)在山东省文化馆开营。此次冬令营为期15天,集聚了菲律宾、澳大利亚、阿根廷、新西兰、泰国、智利6个国家的130余名华裔青少年。山东省非物质文化遗产保护中心也组织了19位中国青少年参加。营员们体验了粮画、皮影、泥塑、木版年画、潍坊风筝、太极拳等传统非物质文化遗产，并赴济南、泰安、曲阜、潍坊、青岛等地参观考察。

（125）吉林长春举办冬令营之长春营

2017年12月13日，由国务院侨务办公室主办，吉林省长春市人民政府外事（侨务）办公室、长春市教育局、长春市体育局、九台市人民政府承办的海外华裔青少年"中国寻根之旅"冬令营（长春营）在吉林长春开营。

此次冬令营以"梦想祖国北方，相聚美丽长春"为主题。来自印度尼西亚、菲律宾、新加坡和马来西亚的100名海外华裔青少年在15天时间里，学习了中华文化大讲堂、乒乓球、民族舞蹈、魔方、中国地理历史、剪纸艺术、民族歌曲、传统书法等课程，并到吉林动画学院、长春一汽轿车、长春雕塑公园、长春市规划展览馆、长春农博园、东北民俗博物馆、长春伪满皇宫博物馆等地参观游览。营员们还赴东北师范大学附属中学上了《语文》与《英语》两节体验课，与当地学生零距离接触与交流，了解了中国中学生认真的学习态度以及中国教师先进的教学理论与方法。

（126）山东举办冬令营之山东营

2017年12月13日，由国务院侨务办公室主办的2017海外华裔青少年"中国寻根之旅"冬令营开营。来自马来西亚的100余名营员在济南、曲阜、烟台探寻"文化之根"，体验泉城文化、儒家文化，并学习了中国民族舞蹈、武术、书法、面塑、篆刻、彩绘团扇等。此次冬令营于12月25日在山东烟台闭营。

（127）广西桂林举办冬令营之桂林营

2017年12月13日，来自马来西亚、印度尼西亚、澳大利亚等国家的海外华裔青少年，开启以"名人文化桂林"为主题的"中国寻根之旅"冬令营活动。此次冬令营由国务院侨务办公室和广西壮族自治区侨务办公室主办，桂林市外事侨务办公室承办，紧扣"名人文化桂林"主题，通过课堂学习、参观考察、沟通交流等活动，增进海外华裔青少年对中国、广西及桂林的了解和感情。

（128）吉林长春举办吉林冰雪冬令营

2017年12月14日，海外华裔青少年"中国寻根之旅"冬令营吉林冰雪营在吉林长春开营。来自马来西亚、印度尼西亚、巴西等国家的78名华裔青少年开启为期两周的寻根问祖、冰雪体验之旅。活动期间，营员们学习了太极功夫扇、民族舞蹈、中国结编织、葫芦丝吹奏等民俗课程，并参观了伪满皇宫、长春电影厂旧址博物馆、东北民俗博物馆等景点，了解了当地的历史与文化。

（129）北京举办塞外北国感知冬令营

2017年12月15日，由国务院侨务办公室、中国海外交流协会主办，北京华文学院承办的2017年海外华裔青少年"中国寻根之旅"冬令营——塞外北国感知营一团、2017 年海外华裔青少年"中国文化之旅"冬令营开营仪式在北京华文学院昌平校区举行。北京华文学院相关负责人,马来西亚汉文化中心董事经理吴明倪女士、总经理杨毅德先生,以及来自马来西亚 140 余名营员和 6 名领队老师出席开营式。

(130)黑龙江举办冰雪冬令营

2017 年 12 月 16 日,海外华裔青少年"中国寻根之旅"冰雪营黑龙江营和菲律宾华裔青少年"中国寻根之旅"冬令营哈尔滨营在黑龙江哈尔滨开营,来自马来西亚、菲律宾、印度尼西亚和澳大利亚 4 个国家的近 200 名华裔青少年参加了开营仪式。

此次活动由国务院侨务办公室主办、黑龙江省政府侨务办公室承办,为期 15 天。营员们先后在哈尔滨和伊春两市开展活动。活动期间,营员们学习汉语基础知识、中华才艺课程,参与滑雪课程,体验东北民俗,参观黑龙江省极具特色的冰雪大世界和雪雕艺术博览会。活动于 12 月 28 日举行闭营汇报演出。

(131)广西桂林举办中华民族歌舞冬令营

2017 年 12 月 16 日,海外华裔青少年"中国寻根之旅"冬令营——中华民族歌舞广西营在广西师范大学开营,来自阿联酋、印度尼西亚的 36 名海外华裔青少年参加。

此次冬令营为期 10 天,开展了国学经典赏析、广西少数民族概况文化讲座、中国武术、民族声乐、中国剪纸和葫芦丝体验等课程学习,营员们还参观了桂林靖江王城、东西巷、逍遥楼等历史文化名胜,游览了漓江,体验了龙胜红瑶文化。

(132)山东举办语言文化营冬令营

2017 年 12 月 16 日,由国务院侨务办公室主办,山东省人民政府侨务办公室承办、济南大学协办的 2017 年海外华裔青少年"中国寻根之旅"语言文化营山东营在济南大学举行开营仪式。山东省侨务办公室副主任吴冠,济南大学副校长王保贤出席活动并致辞,来自澳大利亚、新西兰、毛里求斯、马来西亚等国家的 120 名华裔青少年参加开营式。此次活动为期 15 天,主办方安排了丰富多彩的文化体验及课程学习活动,涵盖汉语、书法、国画、面塑、民歌、剪纸、舞蹈等课程,并安排营员赴泰安、曲阜、日照、邹城、青岛等地开展文化考察活动。

(133)河北张家口举办冬令营之河北营

2017 年 12 月 17 日,由国务院侨务办公室和河北省侨务办公室主办,张家口市侨务办公室和张家口市第六中学承办的 2017 年海外华裔青少年"寻根之旅"冬令营河北营活动在河北张家口崇礼开营。来自马来西亚华校校友会联合会总会的 65 名华裔青少年参加为期 10 天的冬令营活动。营员们在长城岭滑雪场体验了滑雪运动,还学习了中国传统武术,了解了中国传统体育活动,走进中国传统节日,欣赏中国民歌民乐,参观了张家口大境门、鸡鸣驿站等人文景观。

(134)北京举办塞外北国感知冬令营

2017年12月17日,由国务院侨务办公室、中国海外交流协会主办,北京华文学院承办的2017年海外华裔青少年"中国寻根之旅"冬令营——塞外北国感知营二团开营仪式在北京华文学院回龙观校区举行。北京华文学院相关负责人、来自印度尼西亚全国华文教育协调机构联合秘书处和澳大利亚西澳华人华侨妇女联合会的领队老师,与近百名华裔青少年一同出席了开营式。

(135)湖南长沙举办武术冬令营

2017年12月18日,由中国海外交流协会主办、湖南省海外交流协办、湖南师范大学承办的2017年海外华裔青少年"中国寻根之旅"武术营(湖南师范大学营)在湖南师范大学开营。活动以学习华语、体验中华武术为主题。来自马来西亚和印度尼西亚的华裔青少年学习了武术、舞蹈、中文、书法、剪纸等语言文化课程,并与湖南师范大学附属中学学生联谊交流,参观游览长沙的历史文化名胜,与湖湘文化亲密接触。

(136)福建永春举办冬令营之福建永春营

2017年12月18日,"中国寻根之旅"冬令营福建永春营在福建永春余光中文学馆开营。来自美国、马来西亚、印尼、中国台湾的海外华裔及港澳台地区青少年共78人参加此次为期11天的冬令营活动。营员们与永春二中学生结对交流,驻校听取"阳光心灵 快乐成长"、微观摄影、中华民族历史渊源、中国传统文化、国学——诗词欣赏、"一带一路"、民间器乐——鼓乐铿锵、那些年——永春人下南洋等讲座、学习体验南音和中国书法、剪纸,参观校园艺术节摄影展,举行联欢晚会。此外,营员们还参加了采芦柑体验、回乡寻根谒祖等活动,参观横口船山岩、玻璃栈道、仙岭、美岭等永春西部风光。

(137)福建泉州举办冬令营之泉州营、洛江营

2017年12月19日,海外华裔青少年"中国寻根之旅"冬令营福建泉州营、洛江营在福建泉州南少林国际学校开营。此次活动由国务院侨务办公室、福建省侨务办公室主办,泉州市外事侨务办公室、洛江区外事侨务办公室承办,泉州南少林国际学校协办。来自澳大利亚、泰国、马来西亚、中国台湾等地的100余名华裔青少年学习了中华武术、手工制作、舞龙、篮球、羽毛球、闽南舞蹈、陶瓷文化及制作、中国书法等课程;还参加了文化之旅、山水之旅等多种游学线路,赴开元寺、五店市考察闽南文化建筑群及宗教文化、参访闽台缘博物馆,了解闽台历史;游览九日山,考察海丝文化;游览德化岱仙瀑布;参观晋江草庵摩尼教遗址、海丝申遗景点。

(138) 北京举办冬奥文化冬令营

2017年12月21日,由国务院侨务办公室主办、北京华文学院承办的2017海外华裔青少年"中国寻根之旅"冬令营——冬奥文化感知营在北京华文学院开营。来自日本横滨山手中华学校的20多位营员参加此次冬令营活动。此次冬令营名为"冬奥文化感知营",因为中国将在2022年第一次承办冬奥会,而北京、张家口同为主办城市。因此,在游览北京的名胜古迹之余,营员们还赴张家口欣赏北国冰雪风光,参观奥运场馆,并亲身体验滑雪活动。

(139) 江苏南京举办南京晓庄学院冬令营

2017年12月22日,海外华裔青少年"中国寻根之旅"冬令营——南京晓庄学院营在晓庄学院江宁校区开营。江苏省侨务办公室巡视员孙彬出席仪式并致辞。来自印度尼西亚和马来西亚的60位华裔青少年参加此次冬令营。为满足东南亚和澳大利亚、新西兰等地区华裔青少年学习中华文化的需求,2017年度,江苏省侨办举办3次冬令营活动,南京晓庄学院营是第二期冬令营,第一期在扬州举办,第三期于苏州举办。

(140) 福建厦门举办冬令营之新西兰营、印度尼西亚营

2017年12月23日,"中国寻根之旅"冬令营新西兰营、印度尼西亚营开营典礼在福建厦门集美大学海外教育学院举行。此次冬令营由福建省侨务办公室主办,集美大学海外教育学院承办,迎来了新西兰团30名师生和印度尼西亚团47名师生。活动为期14天,开设了书法、国画、武术、剪纸等中华文化课程,并安排了冬令营师生外出参观考察,了解福建的自然景观和人文风貌。

(141) 重庆举办冬令营之重庆营

2017年12月23日,由国务院侨务办公室主办、重庆市人民政府外事侨务办公室和西南大学承办的2017年海外华裔青少年"中国寻根之旅"冬令营重庆营开营。来自马来西亚、日本、美国、加拿大、英国和澳大利亚6国的100名海外华裔青少年在重庆开展以"同文、连心、传艺、寻根"为主线的"寻根之旅"。在为期15天的活动中,营员们游览了千年古镇磁器口、世界文化遗产大足石刻,观看了非物质文化遗产綦江版画制作,学习了中国绘画、书法、武术等课程,并与中国学生开展联谊交流。

2. 中国语言文化之旅

(1) 哈尔滨举行2017"冰雪文化行"经纬冬令营

2017年1月13日,"冰雪文化行"经纬冬令营在北京华文学院回龙观校区会堂开营。此次活动由中国华文教育基金会主办,北京华文学院承办,经纬置业有限公司资助，黑龙江省侨务办公室、哈尔滨市外事侨务办公室和黑龙江省中旅国际旅行社商旅分公司协办。活动为期6天，来自美国、印度尼西亚等10个国家的75名华裔青少年在哈尔滨体验冰灯、冰雕、雪雕等冰雪文化，在伊春感受"千里冰封、万里雪飘"的北国风光。海外的华裔青少年既体验到冰雪的乐趣，又感受到中国东北地区淳朴的文化。

（2）暨南大学举办"一带一路·侨心同行"冬令营

2017年2月19日，暨南大学"一带一路·侨心同行"冬令营开营，来自近10个国家和地区的34名港澳台侨学生开启中华文化之旅，在哈尔滨参观考察圣索菲亚教堂、防洪纪念塔、斯大林公园、百年老街中央大街、冰雪大世界后，还前往长白山、沈阳故宫、"九一八"纪念馆、中国北车集团等，了解具有浓厚东北特色的人文和自然景观，领略东北的风土人情。该团队是暨南大学"一带一路·侨心同行"文化之旅活动的组成部分，也是移动课堂教育的一种创新尝试与探索。

（3）上海和山东举办菲律宾华文教育研究中心第26届汉语夏令营

菲律宾华文教育研究中心第26届汉语夏令营分别在上海和山东举办。上海营由上海市侨务办公室主办，上海延安中学承办，营期为2017年4月17日至5月14日；山东营由山东省侨务办公室和青岛滨海学院主办，营期为2017年4月16日至5月13日。其间，营员们学习了汉语、书法、剪纸、舞蹈、中国武术等课程，还进行了一系列参观考察和民俗文化活动。5月15日，本届夏令营总汇报演出于菲律宾马尼拉举行，展示营员学习成果。

（4）北京举办华裔青少年"中国文化之旅"赣文化体验营和江浙文化体验营

2017年5月3日，由国务院侨务办公室主办、北京华文学院承办的2017年华裔青少年"赣文化体验春令营"和"江浙文化体验春令营"在北京开营。营员共70余人，分别来自印度尼西亚、泰国、蒙古国、俄罗斯、哈萨克斯坦、毛里求斯等多个国家。在为期1周的活动中，2个春令营的营员分别参观了江西的龙虎山、三清山、婺源、石钟山、景德镇、庐山、浔阳楼等地，以及华东的南京、扬州、乌镇、杭州、苏州、上海等地。

（5）辽宁举办"亲情中华"夏令营

2017年5月27日，2017年"亲情中华"夏令营辽宁营在辽宁大学启动，来自马来西亚的34名华裔青少年开启了为期14天的寻根之旅。辽宁省侨联主席王朝霞、副主席胡平、华商晨报社执行社长刘庆、辽宁大学副校长徐平和夏令营营员及沈阳市岐山一校互助学生等共计120余人参加了启动仪式。

（6）莆田举办"亲情中华"夏令营

2017年6月16日至24日，由中国侨联主办，福建省侨联、莆田市侨联承办，印尼雅加达兴安会馆协办的2017年"亲情中华"夏令营莆田营成功举办。70多名印尼兴安后裔在莆田、福州等地学习体验中华传统文化，感受祖辈生活过的兴化大地风土人情。

（7）浙江青田举办"青田之家"华侨新生代华文教育夏令营

2017年7月3日，"青田之家"华侨新生代华文教育夏令营在浙江青田举办。此次夏令营共有营员300余人，分三期进行，每期活动时间为15天。

"青田之家"华侨新生代华文教育夏令营采取封闭式或半封闭式教学管理，以中国文化、历史、地理、语言为主要教学内容，以石雕、剪纸、书画、太极、歌唱等为辅助教学内容。营员们游览了青田山水，参观了青田石雕博物馆，体验了家乡独特的侨乡文化和石雕文化，增进了对故土优秀文化的认知。

（8）浙江温州平阳举办华侨留守儿童公益夏令营

2017年7月3日，浙江省温州市平阳县鳌江镇阳光少年（华侨留守儿童）公益夏令营开营仪式在南门社区举行，来自全镇的80多名青少年（其中有20名华侨留守儿童）参加了此次夏令营活动。

（9）江苏南通举办"亲情中华"夏令营

2017年7月5日，由中华归国华侨联合会主办，江苏省归国华侨联合会和南通市归国华侨联合会承办，南通市长河青少年文化交流中心、文容国际文化中心和江苏工程职业技术学院协办的2017"亲情中华"江苏南通夏令营在江苏工程职业技术学院开营。来自瑞典、西班牙和意大利等国的30多名海外华裔青少年参加了开营式。

此次夏令营从7月4日至17日，为期14天。夏令营期间，营员们接触到了汉语、国学、传统文化、地方文化、民间技艺、非遗文化等各项课程。

（10）西北工业大学举办"亲情中华"陕西夏令营

2017年7月5日，由中华归国华侨联合会主办、陕西省归国华侨联合会与西北工业大学共同承办的"亲情中华"陕西夏令营在西北工业大学友谊校区开营。此次夏令营活动持续开展4批，迎来160余名华裔青少年开展课程学习及文化体验活动。活动具体时间分别为7月4日至7月17日（第一批）、7月29日至8月11日（第二批、第三批）、8月12日至8月25日（第四批）。

（11）四川成都举办"亲情中华——学汉语·看四川"夏令营

2017年7月6日，由中华全国归国华侨联合会，四川省归国华侨联合会与国家开放大学华侨学院联合承办的"亲情中华——学汉语·看四川"夏令营在四川成都开营。四川省侨联副主席赵建中、国家开放大学华侨学院执行院长刘冬梅出席开营仪式。来自捷克布拉格中华国际学校的师生和四川省侨联开展精准扶贫工作的古蔺县永乐镇的优秀贫困学生共90余人参加活动。

此次夏令营围绕"一带一路"建设和精准扶贫工作，旨在通过弘扬优秀中华和巴蜀文化，进一步加强四川与"一带一路"沿线国家捷克的民心相通和友好往来，助力精准扶贫工作深入开展。在为期10天的活动中，营员们学习了汉语、剪纸、篆刻和茶道，观看川剧表演，还参观了川菜博物馆、成都大熊猫繁育研究基地、金沙遗址、武侯祠、乐山大佛、都江堰水利工程等。

（12）北京举办领养中国儿童外国家庭夏令营

2017年7月6日，领养中国儿童外国家庭夏令营在北京开营，来自美国、加拿大、荷兰、西班牙4个国家44个领养家庭的126名营员参营。国务院侨务办公室文化司副司长王梦黎出席活动。

夏令营期间，营员们游览了慕田峪长城、故宫等地，并参加了形式多样的文化体验课程，零距离感受中国风土人情。

（13）湖北武汉举办"亲情中华"湖北夏令营

2017年7月7日，由中华全国归国华侨联合会主办，湖北省归国华侨联合会和武汉市、荆州市、宜昌市归国华侨联合会共同承办的2017"亲情中华"夏令营湖北营开营仪式在武汉汉口滨江公园抗洪纪念碑广场举行。湖北省侨联副主席、武汉市侨联主席代飚宣布开营并为夏令营活动授旗。来自美国、加拿大、法国、德国等国家和地区的45名海外师生参加此次夏令营。

（14）安徽歙县举办"亲情中华·美好安徽"夏令营

2017年7月9日，由中华全国归国华侨联合会主办、安徽省归国华侨联合会承办的"亲情中华·美好安徽"夏令营安徽歙县营开营。来自新西兰、澳大利亚、西班牙、意大利、柬埔寨的40名华裔青少年参加。

在为期两周的夏令营活动中，营员们学习了中国传统礼仪、中文知识，并参与了汉语交流、黄梅戏、竖笛演奏、抖空竹、中国书画、陶泥制作以及传统风味小吃制作体验等活动，还与歙县育鸿学校学生结对，到学生家中做客，体验了地道的皖南生活。

（15）湖南长沙举办"亲情中华"夏令营

2017年7月9日，"亲情中华"海外华裔青少年湖南夏令营在湖南长沙开营。来自美国、加拿大、意大利、英国、法国、阿根廷、泰国等14个国家和地区的96名华裔青少年回到祖籍国寻根问祖，体验湖湘文化。

活动期间，营员们研习了中国的绘画、剪纸、书法，参加了二胡、中华礼仪、湖湘文化、《三字经》、《朱子家训》等文化讲堂，体验了手工制陶、武术等项目，还参观了中国农耕文化博物馆、南岳忠烈祠。

（16）北京举办"亲情中华"华裔青少年国学、冬奥体验之旅夏令营

2017年7月9日，由中华全国归国华侨联合会和北京市归国华侨联合会主办，丰台区归国华侨联合会承办，丰台区教育委员会、怡海教育集团、北京玩具协会及张家口市归国华侨联合会协办的"亲情中华"走进北京丰台——华裔青少年国学、冬奥体验之旅夏令营在北京举行。来自美国纽约、西雅图、俄亥俄州的32名华裔青少年在北京、张家口市开展了为期14天的学习活动，包括参加中国国家博物馆，与丰台区大成中学和北京教科院丰台实验小学学生开展文化体育交流，参观颐和园、中国科技馆、鸟巢、水立方，游览长城、故宫、天安门等地，并赴张家口崇礼参观冬奥场地、冰雪博物馆，了解冬奥文化。

（17）福建福清南少林寺举办第二届禅武夏令营

2017年7月10日，福建福清南少林寺举办第二届禅武夏令营，80多位海内外营员齐聚位于福清东张镇的福清南少林寺，参加为期7天的禅武之旅夏令营。

此次夏令营以南少林寺禅武文化为主线，开设了传统武术、佛教常识、佛典故事、传统文化等课程，并教授传统礼仪，让营员们体验寺院生活。

（18）北京举办"亲情中华·金水桥之恋"夏令营

2017年7月10日，"亲情中华"夏令营北京营开营式暨"亲情中华·金水桥之恋"——"首开杯"第六届华裔青少年书画大赛获奖作品展开幕式在中国华侨历史博物馆举行。

此次夏令营由中华全国归国华侨联合会和北京海外联谊会主办，北京市归国华侨联合会、共青团北京市委、北京首开集团联合承办，东城区、西城区归国华侨联合会、中国华侨历史博物馆、北京中华文化学院协办，来自美国、荷兰、加拿大、澳大利亚等国家的54名营员参加。

（19）安徽合肥举办文化传承与创新发展国际青年夏令营

2017年7月10日至19日，北京、山西、浙江、安徽4地共同举办"未来领袖·青春使者"——探寻文化传承与创新发展国际青年夏令营活动。来自埃及、老挝等31个国家和地区的82名中外青年代表，前往平遥古城、乌镇、歙县古城，探索"如何保护传统""如何传承文化"；参观以山西清华科技园、G20杭州峰会会场、科大讯飞股份有限公司为代表的创新地，认识和学习如何"构建创新、活力、联动、包容的世界经济"。

（20）"科创青年行"华裔大学生微电影参访团在上海开展活动

2017年7月13日，由中国华文教育基金会、上海市海外交流协会、上海市青年联合会、上海市海峡两岸交流促进会、上海戏剧学院、长宁海外联谊会共同主办的2017"科创青年行"优秀华裔大学生微电影参访团开幕式在上海戏剧学院举行。上海市人民政府侨务办公室副主任姚卓匀、上海市海峡两岸交流促进协会会长李雷鸣等嘉宾与来自美国、英国、澳大利亚、新西兰、瑞典等8国的近80位优秀华裔大学生参加。

此次活动以"科创青年行"为主题，上海市侨务办公室贯彻落实当前创新驱动发展战略、提升海内外交流层次的一项重要举措。活动于7月12日开始，至7月26日结束。这些华裔青年聆听系列讲座，考察大型孵化基地，参观上海纺织博物馆、广东华侨博物馆、广州大佛寺等场馆，同时通过制作微电影增强参与感与分享精神，深刻感受"大众创新，万众创业"，增进华裔青年对"创新驱动发展"战略的了解，提高华裔青年之间友好交流的内容与层次。

（21）北京清华大学举办"2017国际学生北京夏令营"

2017年7月15日，由北京市教育委员会、北京市人民政府外事办公室主办，北京市国际教育交流中心承办的"2017国际学生北京夏令营"在清华大学新清华学堂开营，来自美国、加拿大、俄罗斯、法国、德国、希腊、芬兰、塞浦路斯、哈萨克斯坦、马来西亚、孟加拉国、伊朗、哥斯达黎加等32个国家的近600名国际师生以及200余名中国师生参加。

此次夏令营旨在让营员们了解古老的北京、现代的北京、科技的北京，开设了以"纵览古今，体验中国"为主题的30余种体验式互动课程，包括中国书法、京剧、3D打印、VR科技等项目。

（22）河北保定举办"2017亲情中华夏令营"

2017年7月16日，"2017亲情中华夏令营"河北营在河北保定开营。来自巴西、英国、德国的华裔青少年在14天时间里，聆听河北大学教师精心编排的汉语课，学习剪纸、书画、茶艺、香薰，体验抖空竹、乒乓球等体育项目，并到清朝直隶省最高军政长官衙署、涿鹿黄帝城遗址、张北草原、冬奥场地崇礼、八达岭长城等地参观游览，近距离领略河北风土人情，感悟燕赵文化的博大精深。

（23）广西举办"亲情中华"南宁夏令营

2017年7月18日，"亲情中华"南宁夏令营在广西华侨学校开营，来自加拿大的40名华裔青少年在广西南宁开展了为期14天的寻根之旅。

此次夏令营，主办方安排营员们学习了中文体验课、传统器乐葫芦丝、传统小吃糖画制作、马勺画制作等，参观考察了南宁—东盟经济技术开发区，游赏了青秀山、世界文化遗产花山崖壁画群、德天跨国瀑布等地。

（24）山西运城举办"亲情中华"夏令营

2017年7月22日，由中华归国华侨联合会主办，山西省归国华侨联合会、运城市归国华侨联合会承办，小学生拼音报社协办的"亲情中华——山西运城"夏令营在山西运城举办。来自英国、日本和科威特的海外华裔青少年在为期 14 天的夏令营中学习《弟子规》《黄河流域中华文明》等课程，并参观中国华侨国际文化交流基地关帝庙、鹳雀楼等古迹，体验绛州澄泥砚制作工艺、稷山高台花鼓、绛州古乐等非物质文化遗产，深入了解河东传统文化。

（25）云南举办"昆明丽江夏令营"

2017 年 7 月 23 日，由国务院侨务办公室、云南省侨务办公室主办，昆明市外事侨务办公室、昆明市艺术学校联合承办的"昆明丽江夏令营"在云南昆明启动。来自加拿大的 60 余名华裔青少年于 7 月 22 日至 8 月 2 日在昆明、丽江开展了为期 12 天的学习交流。主办方安排了民族文化技艺学习和交流、中国民族民间舞蹈与美术手工等艺术技能学习、参观考察昆明与丽江名胜古迹等活动。

（26）浙江温州泰顺举办"关爱台属侨眷 爱我美丽家乡"夏令营

2017 年 7 月 24 日，"关爱台属侨眷、爱我美丽家乡"夏令营在浙江温州泰顺竹里文礼书院开营。21 位港澳台同胞和海外侨胞的亲属和子女，在为期 5 天的夏令营中学习国学经典，感受家乡风土人情。

（27）山东枣庄举办"亲情中华"夏令营

2017 年 7 月 25 日，由中华归国华侨联合会主办、山东省枣庄市归国华侨联合会承办、枣庄市立新小学协办的"亲情中华"夏令营在山东枣庄举行。这是枣庄市侨联首次承办"亲情中华"夏令营，共有来自荷兰、意大利的 21 名师生参加。他们和枣庄 12 名学生一起开展了为期 13 天的交流活动，实地走访了孔府、孔庙、孔林、墨子纪念馆、鲁班纪念馆、汉画像石馆，走近孔子、墨子和鲁班，学习儒家先贤文化和精益求精工匠精神；参观了台儿庄大战纪念馆、李宗仁史料馆、铁道游击队纪念园，感悟中国抗战历史和枣庄红色文化；学习体验了书法、国画、茶道、剪纸、泥塑、太极拳等传统文化技艺。

（28）广西举办"亲情中华"夏令营

2017 年 8 月 3 日，"亲情中华"夏令营（广西百色营）在广西华侨学校开营。此次活动由中华全国归国华侨联合会主办，广西归国华侨联合会承办，百色市归国华侨联合会和广西华侨学校协办，为期 2 周。近 40 名来自加拿大、美国的华裔少年走进红色圣地百色，参观百色起义纪念馆、百色起义英雄纪念碑、百色起义原址粤东会馆等地，感受革命文化；并学习汉语基础知识、武术、民族舞蹈、书法、手工等课程。

（29）福建宁德举办第十一届海峡两岸金门籍青少年国学夏令营

2017 年 8 月 8 日，以"走进新宁德 两岸一家亲"为主题的第十一届海峡两岸金门籍青少年国学夏令营在福建省宁德市屏南县开营。此次活动由台湾省金门同胞联谊会、共青团宁德市委、宁德市海外联谊会、屏南县政府、共青团福州大学委员会联合主办。活动为期 5 天，共有 135 名学生参加。营员们到双溪、棠口、长桥、甘棠、屏城等地，参观古村落、古廊桥和文创基地，实地体验武术等传统文化。

（30）广东举办"中华才艺舞（龙）狮培训班"

2017 年 8 月 8 日，由国务院侨务办公室主办，广东省人民政府侨务办公室以及中华文化传承基地·禅武中心承办的第 58 期"文化中国·海外文化社团中华才艺舞（龙）狮培训班"在广东省华侨职业技术学校开班，国务院侨务办公室宣传司副司长刘为杰等出席开班典礼。

此次舞狮班共有 27 名分别来自英国、西班牙、匈牙利、南非、加拿大、巴拿马、墨西哥、巴西、澳大利亚、韩国、印度尼西亚、文莱、中国 13 个国家的 18 个华人文化社团的学员。学员们学习了禅武功夫狮艺等级技术内容、狮艺竞赛组织与竞赛规则，聆听了《中国舞龙舞狮文化》、中国香道、中国茶道等专题讲座，还前往广州、佛山等地进行文化考察交流。

（31）安徽举办"亲情中华·美好安徽"夏令营

2017 年 8 月 8 日，由中华归国华侨联合会主办，安徽省归国华侨联合会、合肥市归国华侨联合会承办，巢湖、池州、六安、宣城四市归国华侨联合会以及四个营地单位协办的"亲情中华·美好安徽"夏令营开营仪式在合肥市学苑大厦举行。来自日本、加拿大、美国、泰国、意大利、西班牙、肯尼亚等国家的 150 名华裔中学生在为期近两周的夏令营中，学习中国传统礼仪、中文知识，参与汉语交流、手工制作、中国舞蹈、中华武术、黄梅戏、剪纸、中国书画以及传统美食的制作体验等活动，并参观、游览安徽多地人文、自然景观。

（32）广东佛山举办 2017 佛港青少年"功夫"夏令营

2017 年 8 月 16 日，由广东省佛山市港澳事务局主办，香港武术联会协办，佛山市禅城区武术协会承办的"携手港澳·乐享佛山"——2017 佛港青少年"功夫"夏令营在广东佛山鸿胜馆开营。

此次夏令营为期 4 天，来自中国香港的 35 名武术青少年爱好者，系统学习了佛山本土武术拳术，参观了祖庙、南风古灶，并学习了狮头扎作、陶瓷制作等佛山非物质文化遗产技艺。

（33）上海举办"亲情中华"台湾青年学生夏令营

2017 年 8 月 16 日，"亲情中华"台湾青年学生（上海）夏令营在上海开营。活动为期一周，70 余名台湾地区师生参加。夏令营以"品读上大园"参访上海大学宝山校区活动为起点，先后为营员们设立了上海淞沪抗战纪念公园、中共一大会址纪念馆、上海中国科举博物馆、上海中医药博物馆、上海中心大厦等景点的文化体验活动，并组织营员们赴吴淞口国际邮轮港、上海长江河口科技馆、上海孙中山故居纪念馆、上海大学机电工程与自动化学院"无人艇"项目等参观学习，还特别安排与上海大学附属中学共同开展了"亲情中华——'同根·同思'"两岸高中生交流活动，彰显了"同为中国人，两岸同根，两岸同思"的主题。

（34）云南文山州举办"亲情中华·神奇文山"夏令营

2017年8月中旬，由中华全国归国华侨联合会主办，云南归国华侨联合会、文山州归国华侨联合会承办，文山州卫生学校协办的"亲情中华·神奇文山"夏令营在文山州卫生学校开营。35名来自缅甸掸北木姐华侨学校的华裔青少年在11天的活动中充分感受中华情愫和桑梓情怀。

（35）云南德宏举办"亲情中华·孔雀之乡"夏令营

2017年9月18日，由中华归国华侨联合会主办，云南省归国华侨联合会、德宏州归国华侨联合会承办的"亲情中华·孔雀之乡——德宏夏令营"在云南省德宏州举行。来自缅北地区洋人街、密支那地区的40位华裔青少年通过聆听中华文化知识讲座、走进景颇村寨参观民居、与景颇学生开展结对子活动、参观气象科普展、学习民族舞蹈、参观参观南洋机工纪念碑和滇西抗战纪念馆等活动，增进了对祖籍国的了解和文化认同。

（36）广西南宁举办"一带一路·壮乡情"冬令营

2017年10月27日，由广西壮族自治区侨务办公室、广西海外交流协会主办，广西大学中加国际学院、国际教育学院承办的2017年"一带一路·壮乡情"海外华裔青少年广西冬令营在广西大学开营。来自世界22个国家和地区的华裔青少年与来自广西大学、广西医科大学、广西华侨学院、广西财经学院等7所高校的学生共260多人在为期10天的活动中，以集中授课和参观走访的形式，到南宁、柳州、河池和宜州等地近距离体验中华文化特别是壮乡文化的特色。

（37）黑龙江大庆市举办"2017中国文化行——'一带一路'大庆营"

2017年11月10日，由中国华文教育基金会主办，黑龙江省外事侨务办公室、大庆市外事侨务办公室承办，大庆市艺林花儿艺术培训学校资助的"2017中国文化行——'一带一路'大庆营"开营仪式在黑龙江省大庆市艺林花儿昌升总校区举行。

此次活动共有来自泰国、印度尼西亚、马来西亚、老挝、哈萨克斯坦、塔吉克斯坦、乌克兰、蒙古国、西班牙、列支敦士登、毛里求斯11个国家的27名营员参加，为期12天。营员们学习了中文朗诵、民族舞蹈、音乐等课程，还赴铁人纪念馆等学习当地文化。

（38）广东广州举办"2017中国文化行——'一带一路'完美禅武文化营"

2017年11月27日，由中国华文教育基金会主办、中华文化传承基地·禅武中心承办、完美（中国）有限公司赞助的"2017中国文化行——'一带一路'完美禅武文化营"在广东广州禅武中心开营。来自马来西亚、新西兰的 60 名华裔青少年在为期 12 天的完美禅武文化营中,学习和体验了传统礼仪、禅武功夫、南粤狮艺、二十四节令鼓、茶艺、古琴等课程。

(39)江苏扬州举办"2017 中国文化行——'一带一路'完美江苏冬令营"

2017 年 12 月 8 日,由中国华文教育基金会主办、江苏省人民政府侨务办公室、扬州市人民政府侨务办公室承办、完美(中国)有限公司资助的"2017 中国文化行——'一带一路'完美江苏冬令营"在江苏扬州开营。全国政协港澳台侨委员会副主任、中国华文教育基金会理事长赵阳,江苏省侨办副主任杜伟、完美(中国)有限公司董事长古润金出席并致辞。来自马来西亚的 105 名华裔青少年开展了为期 12 天的中华传统文化学习与交流活动。

(40)广东广州举办"广东情·中国梦"冬令营

2017 年 12 月 12 日,由广东省归国华侨联合会、广东省侨界仁爱基金会联合举办的"广东情·中国梦"冬令营在广东广州开营。来自马来西亚等地的 30 余名华裔青少年在为期 7 天的活动中,学习了禅武、葫芦丝和健美操,并到深圳、佛山等地参观,体验和感受了广东的风土人情和侨乡文化。

(二)夏令营·走在海外

1. 泰国普吉举办"中华文化大乐园"泰国普吉营

2017 年 3 月 19 日,由中国海外交流协会、中国华侨大学和泰国华文教师公会联合承办、泰国东盟普吉泰华学校协办的"中华文化大乐园"泰国普吉营在泰国东盟普吉泰华学校开营。此次大乐园活动为期 2 周,营员以 8~18 岁为主,开设了汉语口语、中国传统书画、中国传统音乐、民族舞蹈、传统手工等多门课程。为弘扬中国民间传统文化,还首次将民族传统体育舞狮引入大乐园教学。

2. 泰国曼谷举办"中华文化大乐园"泰国曼谷营

2017 年 3 月 20 日,由中国海外交流协会主办,中国华侨大学、泰国华文教师公会承办,泰国孔堤公学协办的"中华文化大乐园"泰国曼谷营在泰国孔堤公学开营。来自中国华侨大学的 8 名教师教授了汉语、传统手工、中华武术、中国书画、中华传统音乐、中华传统舞蹈等课程。

3. 泰国曼谷举办"中国文化海外行""一带一路"经纬泰国营

2017年4月3日，由中国华文教育基金会主办，湖南师范大学承办，泰国泰华文化教育基金会、泰国时代中学协办，经纬置地有限公司资助的"中国文化海外行""一带一路"经纬泰国营在泰国曼谷时代中学开营。其间，营员们学习了武术、舞蹈、书法、中国画、剪纸、汉语等课程。活动于4月21日闭营并汇报演出。

4. 英国曼彻斯特举办"中华文化大乐园"曼彻斯特亲子春令营

2017年4月7日，由国务院侨务办公室主办、吉林省侨务办公室与英国中文教育促进会联合承办的"中华文化大乐园"曼彻斯特亲子春令营在曼彻斯特苏曼国际教育中心开营。其间，来自英国各地的300余名营员学习了双截棍、功夫扇、葫芦丝吹奏、民族舞蹈等多种中华传统才艺。活动于4月18日闭营并汇报演出。

5. 新西兰举办"中国文化海外行"经纬新西兰营

2017年4月17日，由中国华文教育基金会主办、湖南省海外交流协会承办、新西兰爱德华文传承与教育中心（爱德慈善）协办、经纬置地有限公司资助的"中国文化海外行"经纬新西兰营在基督城开营。来自中国的6名授课教师和当地华文教师一起，为新西兰华裔学生送去了中国国画、民乐葫芦丝、手工艺、民间舞蹈、杂技抖空竹和魔术等中华文化课程。

6. 菲律宾马尼拉举办"中华文化大乐园"菲律宾马尼拉营

2017年4月17日，由中国海外交流协会主办，中国华侨大学、菲律宾陈延奎基金会、菲律宾华教中心共同承办，菲律宾侨中学院协办的"中华文化大乐园"菲律宾马尼拉营在侨中学院礼堂开营。营期为2周，来自中国华侨大学的教师团开设了中国传统武术、汉语言文化、中国传统书画、中国传统音乐、民族舞蹈和传统手工等多门课程。活动于4月30日闭营并汇报演出。

7. 菲律宾宿务举办"中华文化大乐园"菲律宾宿务营

2017年4月18日，由中国海外交流协会主办，中国华侨大学、菲律宾华教中心共同承办，菲律宾宿务亚典耀圣心学校协办的"中华文化大乐园"菲律宾宿务营开营。其间，营员们学习了口语、古诗、三句半等汉语课程，还体验了民乐、舞蹈、武术、手工、书画、美食等中华传统文化课程。活动于4月27日闭营并汇报演出。

8. 泰国清迈举办首届泰北华人村华裔青少年夏令营

2017年5月18日,由中国海外交流协会主办,云南省海外交流协会承办,云南海外文化教育中心、泰北华人村华文教师联谊会、云泰文苑协办的首届泰北华人村华裔青少年夏令营在清迈教联高级中学开营。来自大谷地教联高级中学、昌良育英中学及猛纳暹华学校的46名学生在为期10天的夏令营活动中,学习了中国传统武术、绘画、书法、民族舞蹈及声乐文化知识,还同云南师范大学的老师游览了清迈素贴山、双龙寺、大象营、老虎营、普屏花园、班塔瓦木雕小镇等景点。

9. 印度尼西亚泗水举办"中华文化大乐园"印度尼西亚泗水营

2017年6月1日,由中国海外交流协会主办,北京华文学院、印度尼西亚泗水新中三语学校联合承办的"中华文化大乐园"印度尼西亚泗水营开营。来自中国的13位老师与泗水数百名华裔青少年欢聚一堂。中华文化体验交流活动为期12天。小营员们被分成8个主题体验班,分别学习中国历史、文化常识、中国功夫、书法、国画、葫芦丝、中国歌曲、朗诵等课程。

10. 印度尼西亚举办"中华文化大乐园"印度尼西亚山口洋夏令营

2017年6月15日,由中国海外交流协会主办,福建省海外交流协会、印度尼西亚山口洋教师联谊会承办,SMKN 2 Singkawang学校、印度尼西亚西加华文教育协调机构、赤道基金会协办的"中华文化大乐园"印度尼西亚山口洋夏令营在印度尼西亚山口洋SMKN 2 Singkawang学校开营。此次活动为期14天。开设了中国历史地理、中国画、中国书法、中华武术、民族舞蹈、民族音乐、中国剪纸等7门课程,由来自福建9所学校的10位优秀教师授课。

11. 阿联酋迪拜举办"中华文化大乐园"迪拜营

2017年7月1日,由中国国务院侨务办公室主办、中国广西壮族自治区侨务办公室承办、迪拜阿联酋中华文化语言教育交流中心协办的"2017中华大乐园——迪拜营"举行开营仪式。中国驻迪拜总领事馆王振山副总领事、阿联酋中华文化语言教育交流中心董事长李东霞等参加开营仪式并致辞。

100多名来自阿联酋华人华侨家庭的青少年以及对中华文化感兴趣的外国友人,与12名分别来自广西师范学院、广西医科大学的优秀老师一同参加了为期10天的大乐园活动。

12. 老挝举办"中华文化大乐园"老挝营

2017年7月3日,由中国国务院侨务办公室主办,中国广东省侨务办公室、老挝万象寮都公学承办的"2017中华文化大乐园——老挝营"在老挝寮都公学礼堂开营。万象中华理事会名誉理事长林泽民、理事长李燕金、寮都公学董事长林俊雄等当地侨领出席开营仪式。

此次活动从7月3日持续至13日,营员达200多名,开设了中国武术、民族舞蹈、声乐、葫芦丝、中国画、书法、手工艺、中国历史等中国传统文化和才艺课程。

13. 意大利罗马举办"中华文化大乐园"意大利罗马营

2017年7月4日,由中国国务院侨务办公室主办、中国江西省外事侨务办公室承办,中国江西理工大学及罗马中华语言学校共同协办的"2017中华文化大乐园——意大利罗马营"开营。中国出访团团长、江西省外事侨务办公室汪敏副巡视员,中国驻意大利大使馆张亚丽领事,罗马中华语言学校中方校长蒋忠华女士和意大利方校长Elisabetta Giustini女士分别致辞。

由江西省侨办选派的12名授课教师来自江西理工大学。他们在10余天时间里向来自罗马的450多位华裔青少年教授了戏曲、武术、葫芦丝、民族舞蹈、民族健美操、经典诵读、剪纸、泥塑、脸谱、书法、国画、民族声乐等多种具有中华民族特色的专项课程。

14. 美国华盛顿举办"中华文化大乐园"美国华盛顿营

2017年7月5日,由中国国务院侨务办公室主办,中国河南省政府外事侨务办公室、华盛顿美中实验学校承办的"2017中华文化大乐园——美国华盛顿营"在华盛顿美中实验学校开营。中国驻美国大使馆公使兼参赞唐立,美中实验学校的华裔学生、新闻媒体及中国河南省教师团等参加了开营仪式。此次大乐园历时10天,于7月14日下午闭营。近300名华裔青少年学习了少林武术、书法、绘画、中国民族舞蹈、歌曲、手工制作、葫芦丝、汉字等汉语与中华文化。

15. 智利举办"中华文化大乐园"智利营

2017年7月8日,由中国国务院侨务办公室和中国海外交流协会主办、中国湖北省外事侨务办公室、智利北京海外联合会和智利北京中文学校Colegio Pedro de Valdivia共同承办的"2017中华文化大乐园"智利营开营仪式在圣地亚哥举行,中国驻智利大使政务参赞李无旡、2019智利APEC组委会执行主任Mario等人士参加开营仪式。此次大乐园活动由湖北教师代表团授课。近百名华裔青少年在 14 位老师的悉心教导下，学习了中国民族舞蹈、歌曲、武术、手工艺等中华才艺。

16. 加拿大蒙特利尔举办"中华文化大乐园"加拿大蒙特利尔营

2017 年 7 月 10 日，由中国国务院侨务办公室主办，中国驻蒙特利尔总领事馆支持，中国江西省侨务办公室和加拿大蒙特利尔孔子学校联合承办的"2017 中华文化大乐园"加拿大蒙特利尔营在加拿大蒙特利尔孔子学校开营。

江西省多所学校选派的 12 名优秀教师为 200 多名华裔子弟开设了国画、书法、剪纸、茶艺、葫芦丝、武术、舞龙、太极扇、扎染、中国戏曲、民族舞蹈、民族歌曲等课程。

17. 巴西圣保罗举办"中华才艺巴西培训营"

2017 年 7 月 10 日，由中国海外交流协会主办、巴西圣保罗华助中心和中华才艺名师巡讲团承办的"2017 中华才艺巴西培训营"开营仪式在巴西圣保罗慈佑学校举行。中国驻圣保罗总领事馆官员、中华才艺名师巡讲团成员以及当地华人侨领、家长、营员学生等 100 多人出席。

在为期 8 天的营期内，老师们向 83 名 7~17 岁的圣保罗华人华侨子女教授中国文化、中华武术、民族舞蹈、民族歌曲和民族器乐等课程。

18. 泰国普吉举办"一带一路"主题汉语营

2017 年 7 月 12 日至 13 日，由泰国基础教育委员会主办、普吉中学孔子课堂和普吉女中联合承办的泰西南第 14 教育区"一带一路"主题汉语营活动在泰国普吉举行，有来自泰国西南地区 13 所学校的近 90 名师生参加。

此次活动中，主办方为营员们开办了文化知识讲座，师生共同参与了包括寻找"一带一路"旅游路线、绘制青花瓷盘、设计中国传统服饰、体验中国茶艺、制作冰皮月饼等在内的文化体验活动。学生还自发开展了文化表演活动。

19. 厄瓜多尔基多举办"中华文化大乐园"厄瓜多尔基多营

2017 年 7 月 14 日，由中国国务院侨务办公室主办，中国重庆市侨务办公室、厄瓜多尔思源中国语学校共同承办的"2017 中华文化大乐园——厄瓜多尔基多营"在厄瓜多尔思源中国语学校开营，170 余名当地青少年参营。中国驻厄瓜多尔全权特命大使王玉林，厄瓜多尔外交部、教育部、文化部官员以及在厄中资企业和华侨华人代表、当地学生及家长、重庆教师团共约 200 人等参加了此次开营仪式。

来自重庆的 12 名优秀教师在 9 天时间里开设了中华传统武术、民族舞蹈、民歌、书法、国画、版画、泥塑、手工艺术、葫芦丝、快乐汉语、中国历史知识等课程，让营员们全面体验并在短期内学到简单的中华传统文化技艺。这是在厄瓜多尔举办的第三次中华文化大乐园，参营人数超过前两届。针对营员年龄跨度大、外国小朋友多、语言障碍大等特点，按年龄结构和兴趣分为 11 个班。

20. 日本横滨举办"中华文化大乐园"日本横滨夏令营

2017 年 7 月 23 日，由中国国务院侨务办公室主办、中国湖南省人民政府外事侨务办公室和日本横滨山手中华学校承办的"2017 中华文化大乐园——日本横滨夏令营"在日本横滨山手中华学校开营。中国驻日使馆总领事王军、湖南省外侨办调研员郭宇枫和横滨山手中华学校校长张岩松为此次夏令营授营旗。

在 12 天的活动中，来自湖南省木偶皮影艺术保护传承中心、湖南师范大学等单位的 12 位优秀艺能教师带领横滨华裔学生学习、体验了木偶皮影、太极武术、中国书画、民族歌舞、戏曲和剪纸等课程。

21. 日本东京举办"中华文化大乐园"日本东京营

2017 年 7 月 24 日，"中华文化大乐园"日本东京营在日本东京神田女学园开营。中国驻日本大使馆参赞高振杰、中国河北省外事侨务办公室副调研员徐炳旭、日本华文教育协会会长颜安等出席了开营仪式。

河北省外侨办从河北省 8 所学校和武强年画博物馆选拔出 12 位优秀教师，在 10 天的营期里，为 263 名 6~13 岁的在日华人儿童，带去中国武术、中国画、歌曲、舞蹈、手工、书法、年画制作、汉语、戏曲和腰鼓等课程。

22. 美国匹兹堡举办"中华文化大乐园"美国匹兹堡营

2017 年 8 月，由中国国务院侨务办公室主办、中国江苏省侨务办公室和美国匹兹堡中华文化中心承办的 2017"中华文化大乐园"美国匹兹堡营开营仪式在美国匹兹堡温彻斯特瑟斯顿学校举行。中国驻纽约总领馆副总领事邱健出席并致辞。

活动期间，来自江苏省的 12 名优秀中小学教师为当地约 200 名华裔青少年传授了武术、功夫扇、葫芦丝、民族舞、现代舞、书法、国画、剪纸、中国结、泥塑、朗诵、合唱 12 门中华文化相关课程。

23. 缅甸曼德勒举办"中华文化大乐园"缅甸曼德勒营

2017 年 8 月 11 日，由中国海外交流协会主办、中国云南省海外交流协会承办、缅北华文教育协会和云华师范学院协办的 2017 年"中华文化大乐园——缅甸曼德勒营"在缅甸云华师范学院开营。中国驻曼德勒总领事馆王宗颖总领事、"中华文化大乐园"曼德勒营团长陈增国先生以及授课教师等嘉宾出席开营仪式。

来自云南省艺术职业学院等高校的 12 名老师在 12 天的营期里为腊戍、大其力、贵概、木姐、曼德勒等地的 400 余名缅甸华裔青少年开设了中华武术、民族音乐、民族舞蹈、中国书法、绘画等课程。

24. 中华文化海外传播实践团（中国华侨大学团）走进印度尼西亚高校

2017 年 8 月 19 日至 24 日，中国华侨大学中华文化海外传播实践团 6 名印度尼西亚留学生队员走进印度尼西亚加查马达大学（GadjahMada University）和印度尼西亚国立三一一大学（SebelasMaret University），与两所高校的 120 名中文系学生进行了为期 1 周的中华文化交流活动。实践团讲述了留学中国故事，带领当地学生体验中国文化，双方进行汉语学习经验交流。

25. 印度尼西亚举办"中国文化海外行'一带一路'经纬印度尼西亚营"

2017 年 8 月 21 日，由中国华文教育基金会主办，中国华侨大学承办，印度尼西亚巴厘岛文桥三语学校、巴厘岛印华三语学校联合协办，经纬置地有限公司资助的 2017 年"中国文化海外行'一带一路'经纬印度尼西亚营"在印度尼西亚巴厘岛文桥三语学校开营。营会期间，来自华侨大学的 11 位教师为 290 余名营员开设了中国音乐、葫芦丝、民族舞蹈、武术、舞龙、舞狮、中国画等课程。

26. 捷克布拉格举办"中华文化大乐园"捷克布拉格营

2017 年 9 月 18 日至 27 日，由中国国务院侨务办公室主办、宁夏回族自治区人民政府外事（侨务）办公室承办、捷克布拉格中华国际学校协办的"中华文化大乐园——捷克布拉格营"在捷克布拉格举办。来自宁夏的 12 位优秀教师向海外华裔青少年教授了中国民乐、民族舞蹈、腰鼓、中国绘画、书法、皮影、中国武术以及中国古典诗词等方面知识与才艺。

27. 蒙古国乌兰巴托举办"中华文化大乐园"蒙古乌兰巴托营

2017 年 9 月 19 日，由中国国务院侨务办公室主办，中国四川省外事侨务办公室、蒙古旅蒙华侨蒙中友谊学校共同承办的 2017"中华文化大乐园——蒙古乌兰巴托营"在蒙古国乌兰巴托开营。来自中国四川的 12 位老师带领近 500 名华裔青少年领略了汉语、中华武术、中国书法、中国画、手工、音乐以及中国舞蹈的魅力。

28. 德国法兰克福举办"中华文化大乐园"德国法兰克福营

2017年10月9日,由国务院侨务办公室主办,山东省人民政府侨务办公室、山东省烟台市外事侨务办公室和德国大唐华文学校承办的"中华文化大乐园——德国法兰克福营"开营仪式在法兰克福哈瑙 Karl-Rehbein-Schule 中学举行。中国驻法兰克福总领事馆副总领事卢奇志、Karl-Rehbein-Schule 中学校长朔尔曼、大唐华文学校校长周同等嘉宾出席活动并致辞。来自中国山东烟台的12位老师在11天营期里为当地100多名华裔青少年传授京剧、武术、功夫扇、葫芦丝、胶州秧歌、书法、国画、脸谱绘画、剪纸、朗诵、民歌等多门中华文化课程。

2017年10月10日,"中华文化大乐园——法兰克福营"还在法兰克福华茵中文学校举行了开营仪式。到访华茵中文学校的是来自中国山西省人民政府外事侨务办公室的师晓华带领的10位教师组成的授课团。

29. 英国伦敦举办"中华文化海外行——经纬英国营"

2017年10月21日,由中国华文教育基金会主办,中国山东省侨务办公室、山东省烟台市侨务办公室及英国中文教育促进会承办,经纬置地有限公司资助的"中华文化海外行——经纬英国营"在英国伦敦普通话简体字学校开营。营会为150多个华裔儿童开设了中国书画、中华武术、民乐葫芦丝、民族舞蹈、中国剪纸和京剧6门课程。

(三)竞赛活动

1. 第十届泰国东部华文学术大赛举行

2017年1月7日,第十届泰国东部华文学术大赛在泰国巴真府公立嘉民学校落下帷幕。泰国东部14所华文学校的学生参加比赛。比赛分三个阶段,即小学一至三年级为第一阶段,小学四至六年级为第二阶段,初中一至三年级为第三阶段。按类型分为A、B两组,即含有初中部分的学校为A组。未设有初中部分的学校为B组。每组都设有唱歌比赛、朗诵比赛、抄书比赛、演讲比赛、汉语综合能力比赛。此次比赛以"传承、创新、共进"为宗旨,各参赛学校都取得了不错的成绩,各参赛选手成绩的差距在缩小,真正实现了"共进"的目标。

2. 美国《侨报》主办第五届少年儿童中文大赛总决赛

2017年1月21日,由美国《侨报》主办的第五届少年儿童中文大赛总决赛在纽约举行。郑子聪、郭耀匀、王业分别获得儿童组、少儿组和少年组的冠军。本届少年儿童中文大赛历时6个月,共收到5000余件参赛作品。

3. 马来西亚启动"乡音乡语讲演竞赛"

2017年2月,马来西亚启动"乡音乡语讲演竞赛"。此次比赛旨在让华裔青少年进一步了解、传承祖辈们的家乡话。参赛者需以各自籍贯的乡音方言为媒介语,配上各种表演内容,录制成一段最长1分钟的视频,投稿至《星洲日报大柔佛》,并提供个人基本资料即可。视频的内容可以是演讲、讲故事、说曲、唱山歌、相声、脱口秀,甚至可以是一段温馨的闲话家常。

4. 第十七届华人少年作文比赛颁奖典礼在北京举行

2017年2月25日,第十七届华人少年作文比赛颁奖典礼暨第十八届启动活动在北京国家教育行政学院举行。教育部原副部长柳斌、教育部关工委常务副主任孙成华、中国教育学会常务副会长刘堂江、教育部语言文字应用研究所副所长吕同舟等领导和嘉宾出席了会议。本届华人少年作文比赛共有42个国家的300多所华校参赛,大陆地区有1000多个单位、2万多所学校参赛,港澳台地区有79所学校参赛,共计有1000余万名学生参赛,其中8400多名学生获得奖励。

5. 马来西亚霹雳州举办第29届中学华语辩论比赛

2017年3月19日,马来西亚霹雳州举办第29届中学华语辩论比赛,25所学校派出辩论队参赛,8支队伍进入复赛,并于3月25日展开8强对决。大会主席郑庭忠表示,全霹雳中学华语辩论比赛连续举办了29届,得到了广大华社的重视以及霹雳州内学校师生的支持与参与,是州内最大且最具代表性的辩论活动。

6. 美国西北地区华文学校联谊会举办"作文、书法、识字"比赛

2017年3月24日,在美国西北地区华文学校联谊会与西雅图华文学校的积极筹备下,"作文、书法、识字"比赛在西雅图Interlake高中举办。共有来自西北地区9所中文学校超过100位同学报名参加。

颁奖典礼上,西雅图华文学校校长杨嘉文致辞感谢台湾地区侨务主管部门对于活动的支持和赞助,并对现场所有志愿者家长的协助表示感谢。美西北地区华文学校联

谊会会长李雅慧致辞，希望借由比赛的举办增进学生对学习中文的兴趣，让中华文化种子在海外茁壮成长。"台湾驻西雅图办事处"姚金祥，台湾地区侨务主管部门周步岳、林昭宏，美国华文学校联谊会副会长郑世芸为得奖者颁奖并给予鼓励。

7. 第六届"全球华文青年文学奖"在中国香港颁奖

2017年4月7日，由香港中文大学文学院主办的第六届"全球华文青年文学奖"在中国香港举行颁奖典礼。大赛设散文、短篇小说和文学翻译3个奖项，每个奖项设冠、亚、季军各1名，一等优秀奖3名，二等优秀奖10名及鼓励奖10名。本届文学奖共收到1000多份参赛作品，海峡两岸暨港澳地区的学生踊跃参与，还有来自新加坡、马来西亚、美国和英国等地的学生的来稿。该奖项由香港中文大学文学院于2000年创办，旨在鼓励全球青年以华文创作，令中华文学得以薪火相传。

8. 全日本华侨华人联合会举办第三届"大使杯"中文朗诵比赛

2017年5月5日，由全日本华侨华人联合会等主办的"大使杯"中文朗诵比赛在日本东京举行。来自日本各地的近百名华侨华人子女参赛，比赛分为幼儿组、少儿组和自创组，在2个赛场同时进行。由来自神户等地传统侨校的校长和东京知名大学的教授、学者担任评委。该赛事已成为在日华侨华人社会的品牌活动，从创设之初便得到中国驻日本大使馆的鼎力支持，中国驻日本大使夫人汪婉参赞连续3届到现场助阵该项活动。

9. "2017华语辩论世界杯"在北京举办

2017年5月7日，"2017华语辩论世界杯"决赛在北京饭店金色大厅举行，新加坡国立大学代表队获得冠军。此次华语辩论世界杯由共青团国际关系学院委员会主办，由北京西席文化咨询有限责任公司承办，指导单位为共青团北京市委员会、北京市学生联合会以及北京电视台新闻中心，共有来自中国、新加坡、马来西亚、加拿大、澳大利亚的32支代表队参加。

10. 第11届慈济杯中文演讲比赛在美国新泽西举办

2017年5月23日，第11届慈济杯中文演讲比赛在美国新泽西举办。此次比赛共有14所学校参赛，邀请到彭广扬、江岚、周兴立、程蕙、童振邦5位文艺界人士与教授担任评审。

62位参赛学生分为普通组和中文为第二语言组依序进行，其中也有多位学习中文多年的非华裔学生参加普通组与华裔子弟一起比赛。慈济基金会执行长陈济弘表示，希望通过比赛帮助学生提升正面思考的能力。最终24位参赛学生获奖。

11. 新加坡第五届讲华语运动亲子才艺比赛举行总决赛

2017年6月3日，新加坡第五届讲华语运动亲子才艺比赛总决赛在新加坡华族文化中心举行。比赛中，孩子与家长组成小组演绎以"童年趣事"为主题的5分钟华语短剧，共349个家庭参加。此次比赛让父母和孩子都有活学活用华语的机会，同时也在亲子互动中让家庭更美满，让孩子们在日常生活中多听和多讲华语，提升孩子对华文的兴趣。

12. 第十五届全英普通话朗诵比赛举行

2017年6月9日至15日，英国中文教育促进会第十五届全英普通话朗诵比赛在爱丁堡、曼城和伦敦3个赛区举行。比赛规定参赛选手按语言背景分为B组（非华裔外语组）、C组（华裔粤语或其他方言组）、M组（父母中的一方或养父母并非华人）、P组（华裔普通话组）共4大组；按参赛人数分个人项目和集体项目。2017年的报名情况显示，普通话组的选手几乎占了报名总人数的40%。同时，来自完全没有中文背景的外语组和来自华裔粤语组的学生朗诵水平提高得非常明显。

13. 缅北果文文教会举办"校际华语歌唱大赛"

2017年7月8日至9日，由缅北果文文教会与仰光东方语言与商业中心（孔子课堂）联合举办的2017年度"校际华语歌唱大赛"，共有4区（包括仰光区）25所学校的118名（其中小学49名、初中48名、高中21名）学生参加比赛。这是缅南和缅北首次联合举办歌唱大赛。

14. 浙江温州举办"发现温州之美"温籍华裔青少年微信摄影大赛

2017年7月17日，由浙江省温州市外事侨务办公室、温州广电传媒集团新闻广播联合主办的2017"发现温州之美"温籍华裔青少年"寻根之旅"微信摄影大赛评选结果揭晓。经赛事组委会专家综合评定，来自海外华裔青少年"中国寻根之旅"夏令营相约温州营的430多幅作品中，《家乡美》《望海楼》《夜游南塘》等10幅作品获得一等奖；《我们在家乡欢聚》《美不胜收》等15幅作品获得二等奖；《汉字的灵魂》等20幅作品获三等奖。

15. 第九届"鲁迅青少年文学奖"海外征文颁奖典礼在上海成功举办

2017年7月中旬，由上海市海外交流协会与上海鲁迅文化发展中心、上海教育报刊总社、东方教育时报等机构共同举办的第九届"鲁迅青少年文学奖"海外征文活动获奖名单揭晓,并在上海举行颁奖典礼。此次活动以"悦读"为主题,抒写海外华裔学子对读书的感悟,征文对象是12~18周岁,有中文写作能力的海外华裔青少年。活动自2017年4月7日启动后,共收到来自澳大利亚、美国、加拿大、德国、荷兰、西班牙、意大利、奥地利、新加坡、菲律宾10个国家26家海外华文教育机构的500多篇作品,共评选出86篇获奖作文,其中特等奖1名、一等奖5名、二等奖10名、三等奖20名、优秀奖50名。澳大利亚新金山中文学校、全美中文学校协会(CSAUS)获得"优秀组织奖"。

同期在上海华侨学院网页上进行的"鲁迅青少年文学奖"海外征文网络评选中,澳大利亚墨尔本新金山中文学校汤瑾怡获得"最高人气奖"。

在单项奖网络评选中:美国马里兰中华圣经教会中文学校许路亚获得"短小精悍"奖;澳大利亚墨尔本新金山中文学校汤瑾怡获得"妙趣横生"奖;德国法兰克福华达中文学校钱静仪获得"寓意深刻"和"行云流水"奖;新加坡益通华文教育中心谢靖康获得"旁征博引"奖。

澳大利亚墨尔本新金山中文学校、新加坡益通华文教育中心、新加坡东林中学、德国法兰克福华达中文学校、美国匹兹堡中文学校、美国马里兰中华圣经教会中文学校、加拿大蒙特利尔佳华学校、西班牙马拉加中文学校、美国明华中文学校获得网络评选优秀组织奖。

16. 泰国举办泰华青少年华语演讲比赛

2017年8月5日、8月6日,一年一度的泰华青少年华语演讲比赛在泰国中华会馆分别举行了初赛和决赛。初赛选手230人,分为小学甲组、小学乙组、初中甲组、初中乙组、高中甲组、高中乙组和大学组7个组别。每个组别都对选手演讲的内容、发音、仪态、音调各方面进行评分。

17. "文化中国·水立方杯"海外华人中文歌曲大赛总决赛在北京举办

2017年8月8日,"文化中国·水立方杯"海外华人中文歌曲大赛颁奖晚会在国家游泳中心"水立方"举行。国务院侨务办公室主任裘援平、副主任谭天星,北京市委常委齐静等出席晚会。晚会共分"中国心""中华情""中国梦"三个篇章。100余名选手与中国国内知名演员共同献艺,表演了歌曲、京剧、国乐等精彩的节目,与来自世界各地的500多名参加"中国寻根之旅"夏令营的华裔青少年大联欢。

本届大赛由国务院侨务办公室、北京市人民政府、中华全国青年联合会共同主办,北京市政府侨办等部门承办,以"相聚水立方,唱响中华情,共圆冬奥梦"为主题。本届大赛共有 28 个国家 43 个海外赛区的 1 万余名选手报名参赛，最终，74 名青少组优胜选手和 42 名成人组优胜选手到北京参加总决赛，通过初赛、复赛、复活赛、半决赛、决赛形式，最终决出金、银、铜奖。颁奖晚会上，出席领导分别为张优嫣（印尼赛区）、刘美琳（泰国赛区）、陈学扬（马来西亚赛区）等获奖者颁奖，并颁发了最佳组织奖和优秀组织奖。

2017 年，"水立方杯"海外华裔青少年中文歌曲大赛正式更名为"文化中国·水立方杯"海外华人中文歌曲大赛，被纳入"文化中国"体系，是一项大型公益性侨务文化交流活动。为吸引更广泛的海外华侨华人关注和参赛，2017 年大赛首次打破年龄限制，在往届青少年组的基础上增加了成人组，海外赛区数量和参赛人数均创历史新高。

在海外选拔赛期间，来自 11 个国家的 15 家华星艺术团参与承办或协办海外赛事，海外各赛区将大赛品牌与当地文化活动有机结合，使活动内涵更加丰富多元。本届大赛海外举行选拔赛 150 余场，现场观众累计近 3 万人，网络投票点击量突破 1000 万次，受众超过 1 亿人。本届大赛还通过传统媒体与微博微信、网络直播等新媒体手段向全球全面推广，在中国侨网、侨宝 App 开设了"文化中国·水立方杯"专题，设立了网络人气投票和线上互动评论活动，进一步扩大其全球影响力。

18. 澳大利亚维多利亚州中学华语辩论赛在墨尔本举行

2017 年 9 月 9 日，由澳大利亚华语辩论协会主办，维多利亚州中文教师协会协办，中国驻墨尔本总领事馆教育组、墨尔本大学孔子学院支持的第二届澳大利亚"信为杯"维多利亚州中学华语辩论赛总决赛在墨尔本大学举行。艾文霍文法学校获得冠军。

此次比赛历时 49 天，共有来自维多利亚州 22 所中学的 24 个辩论队、192 名辩手参加。辩题涉及文化、科技和社会等多方面，如"当代父母与子女谁压力更大？""网络公益众筹有利于还是不利于慈善发展？""华人新移民更应重视融入西方文化还是发扬华人文化？"等。

19. 新加坡唐人街举办庆中秋灯笼彩绘比赛

2017 年 9 月 18 日，新加坡唐人街举办庆中秋灯笼彩绘比赛。主办方把参赛资格开放给各种族参赛者，进行文化交流，吸引了 400 多名包括非华族在内的学生参加。此次活动除了让学生独立完成参赛作品，还增设与年长者一同彩绘灯笼的非比赛组别，邀请新加坡唐人街乐龄中心的年长者与现场小朋友进行随机搭配，共同完成灯笼彩绘。

20. 菲华文经总会举办学生中文歌唱比赛庆祝"辛亥革命纪念日"

2017年9月26日,为庆祝即将到来的"辛亥革命纪念日",菲华文经总会举办中文歌唱比赛。菲华文经总会常务委员王家鹏主持比赛,菲华文教服务中心主任尤正才受邀出席。评委由李永万、柯美智、郭爱欣3位菲华著名音乐家担任。

比赛吸引了来自7所侨校的近90位学生参加,年纪最小的组别来自小学三年级。选手演唱著名中文歌曲,如《船歌》《松花江》《一剪梅》等。

此次比赛是台湾地区侨务主管部门为鼓励海外的青年朋友学习华语、学习汉字而举办的。此外,菲华文经总会每年也举办学生作文、书法、板报比赛活动,以传承发扬中华文化。

21. 缅甸云华师范学院举行"精彩云华"朗诵比赛

2017年10月7日,缅甸云华师范学院师范部第三届"精彩云华"朗诵比赛开幕。参加此次大赛的评委老师有云华师范学院杨周常务副院长,中学校长尚朝能老师等。来自师范部一年级的16位学生参赛。选手们分别围绕"发扬爱心""珍惜时间""将心比心"等主题进行了朗诵。比赛共决出一等奖1名、二等奖2名、三等奖3名,并由学院领导为获奖者颁奖。

2017年10月14日,缅甸云华师范学院附小在学校礼堂举办了第四届"精彩云华"朗诵比赛。比赛分低年级组和中高年级组,共18个班,以班级为单位进行评比。此次比赛还邀请到了李岚院长、杨周常务副院长观看指导。

2017年11月23日,缅甸云华师范学院附中举行"第四届精彩云华朗诵比赛"。学院院长李岚女士、常务副院长杨周老师、附中校长尚朝能老师等学院领导及附中全体师生参加了此次比赛。

22. 印度尼西亚泗水国立大学举办中国文化大乐园

2017年10月15日,印度尼西亚泗水国立大学举办第二届中国文化大乐园活动。来自印度尼西亚东爪哇省各地28所学校的170余名学生参加了演讲、诗朗诵、舞蹈、中华文化知识、书法、唱歌、海报等一系列比赛。中国驻泗水总领事馆副总领事彭怿牧,东爪哇省华文教育统筹机构主席李光迈等嘉宾以及全省各地学生、家长参加了活动。

23. 澳大利亚悉尼举办"庆祝香港回归二十周年中文写作与书法大赛"

2017年10月19日,由澳大利亚新南威尔士州中文教育理事会和中国香港特别行政区驻悉尼经济贸易办事处联合举办的庆祝香港回归二十周年中文写作与书法大赛颁奖典礼在澳大利亚悉尼举行。比赛项目涵盖写作、硬笔书法和毛笔书法，参赛者年龄均在9~18岁。此次比赛共有超过250人报名，其中有50多位同学获奖。

新南威尔士州中文教育理事会于2007年首次举办中文作文比赛，至今已举办了9届。2017年大赛首次增加了书法比赛的项目，报名的总人数创新高。

24. 第五届中华文化知识大赛（预赛）在海外各赛区举办

2017年，由中国国务院侨务办公室主办、华侨大学承办的"第五届海外华裔青少年中华文化大赛"预赛在海外各赛区举办。该届大赛的才艺比赛和知识竞赛分别进行，大赛优胜者参加2018年1月2日在福建厦门举办的总决赛。

该届大赛预赛和以往各届比赛相同，以中国文化、地理、历史常识为主要考试内容，但也不乏反映当代中国发展变化的题目。

2017年7月13日，法国赛区的比赛在法国欧洲时报文化中心举行。来自大巴黎地区5所中文学校近80名12~18岁的华裔青少年参加。此次比赛由法国华文教育协会和欧洲时报中文学校承办。

2017年8月27日，由泰国泰北华文民校联谊会承办的泰国赛区比赛在泰北华文民校联谊会的4所会员学校考点举行。这是泰北地区第一次承办该国际级别的中文类赛事，共吸引了该地区将近400名考生参加比赛。

2017年10月8日，缅甸赛区比赛在缅北曼德勒、东枝、腊戌等地区的华校举行。参赛学生大多数为华裔青少年，也有少数当地缅族和其他民族青少年参加，甚至包括小和尚、比丘尼等，年龄从9岁至16岁不等，共有4489名学生参赛。

2017年10月22日，意大利中部赛区选拔赛于普拉托华人华侨联谊会中文学校举办，共有近400名学生参加。

25. 美国华盛顿地区举行"江苏杯"中文演讲比赛

2017年10月29日，美国华盛顿地区"江苏杯"中文演讲比赛在乔治·华盛顿大学艾略特国际关系学院举行。比赛分备稿演讲、即兴回答和即兴演讲3个环节。来自乔治·华盛顿大学、乔治城大学、弗吉尼亚大学等华盛顿地区多所知名高校的16名学生入围决赛。来自乔治城大学的李在馥和李少轩获得金奖，同时获得赴中国南京大学攻读硕士学位的全额奖学金。

"江苏杯"中文演讲比赛创立于2011年，是由江苏省委对外宣传办公室指导支持、江苏国际文化交流中心创意，与南京大学合作举办的中国语言文化传播项目，已在日本、美国、英国、澳大利亚举办过几十场决赛，近200名获奖学生受邀访问江苏或在南京大学短期留学，是该地区大学生学习汉语、了解中国的重要平台。

26. 美国北加州中文学校联合会举办说成语故事竞赛

2017年11月15日，美国北加州中文学校联合会举办说成语故事竞赛。"台湾驻旧金山办事处"马钟麟、"金山湾区华侨文教中心"吴郁华，台湾地区侨务主管部门林美莲、林贵香、陈松、沈慧等嘉宾到场为参赛者加油打气。

40位参赛学生依年龄分成4组，他们个个表现优异，从"班门弄斧""守株待兔"到"坐井观天""凿壁引光""老当益壮""东施效颦"，每一个成语学生都能实际应用，生动说出典故。最终，慧智中文学校王中晴、费利蒙中文学校潘宇昀和日新中文学校董慧勤、刘语婷分别获得各组第一名。与会嘉宾为获奖者颁发奖状并合影留念。

27. 菲华文经总会举办"第二届华文作文比赛"

2017年11月24日，菲华文经总会在菲律宾马尼拉举办"第二届华文作文比赛"，吸引了菲律宾7大侨校的近200位学生参加。

参赛人员依据学历程度分为甲、乙、丙组，甲组的题目是"传扬中华文化"，乙组是"我爱我家"，丙组是"我最感激的一个人"。各组作文题目均由大会主席在比赛前当场宣布。评审由菲华文艺界知名作家担任，依主题内容、结构组织、遣辞造句及用字评分，各组优胜者的作品将刊登在当地各大华文报刊上。

此次活动不仅提高了学生的华文写作能力，也鼓励各侨校重视作文教学，培养菲华文艺人才。

28. 泰国南部举办中小学生汉语文化技能大赛

2017年11月25日，由中国驻泰国宋卡总领事馆和泰国合艾国光中学孔子课堂共同主办的第七届"汉语桥·国光杯"泰国南部中小学生汉语文化技能大赛颁奖仪式在合艾国光中学孔子课堂举行。比赛设演讲、小品、舞蹈、唱歌、文化知识、书写、听写、绘画、中华传统体育9个项目和4个层级。经过泰南各地各校内的选拔和培训，宋卡、攀牙、洛坤、也拉、沙墩、董里、素叻他尼、北大年、普吉、甲米、春蓬11府（省）64所学校（或机构）的2100余名汉语优秀生代表参赛，其中220人获得一等奖。

颁奖仪式上，国光中学孔子课堂成立9周年暨首档中泰双语节目《你好中国》开播一周年庆祝仪式同时举行。中国西南大学、昆明华文学校等为大赛提供了各类留学奖学金名额。

28.《重温经典·筑梦祖国》朗诵会暨首届全球华语朗诵大赛、第四届"曹灿杯"青少年朗诵大赛在中国北京启动

2017年12月18日,由中国华文教育基金会大力支持,中国关心下一代工作委员会事业发展中心、中国诗歌学会朗诵演唱专业委员会、北京市教育学会以及北京市东城区文化委员会联合主办的《重温经典·筑梦祖国》大型朗诵会在北京人民大会堂举行。第十届全国人大常委会副委员长、中国关心下一代工作委员会主任顾秀莲,中国华文教育基金会副理事长兼秘书长邱立国,国华文教育基金会理事、完美(中国)有限公司董事长古润金,泰国华文教师公会主席罗宗正,英国中文教育促进会会长伍善雄,阿根廷华文教育基金会会长、侨联中文学校校长刘芳勇,南非华文教育基金会主席、中文学校校长韩芳,瑞士日内瓦华文教育基金会会长褚峻等嘉宾出席启动仪式。来自全球各华文教育机构和华文学校的500多名世界华文教育大会代表也出席了朗诵会。

朗诵会分"回眸·经典""传承·铭记""展望·颂歌"3个篇章。"回眸·经典"从《诗经》《楚辞》到唐诗宋词再到婉转悠扬的元曲,回溯诗歌的发展脉络,演绎经典诗篇;"传承·铭记"提醒人们不忘乡愁、不忘初心,不改赤子真性;"展望·颂歌"表达对祖国的热爱,传递"少年强则中国强"的心声。曹灿、陈铎、殷之光、宋春丽、臧金生等众多朗诵艺术家、"曹灿杯"青少年朗诵大赛的历届获奖选手、各行各业的朗诵爱好者奉献了一场声音的饕餮盛宴。

此前,中国华文教育基金会与北京曹灿文化传播有限公司签署了战略合作协议,未来5年内将基于"曹灿杯"这一品牌在海外开展"全球华语朗诵大赛",让朗诵艺术走出国门,让世界各地的中华儿女凝聚在一起,共同传承中华民族的优秀传统文化,让世界听到中国的声音。大赛在全球拥有64个赛区、124个分赛区,超过60万选手参赛。网络声音平台喜马拉雅FM还为大赛打造了网络报名系统,参赛选手用手机就能一键提交音频、视频作品,打破了时间、空间的局限,让参赛体验更加便捷、自由、舒畅。

30. 第十届"精英杯"亚洲中学华语辩论公开赛在马来西亚举行

2017年12月14日至22日,第十届"精英杯"亚洲中学华语辩论公开赛在马来西亚吉隆坡举行。此次比赛由马来西亚精英大学华文学会主办,吸引到了来自马来西亚、新加坡、文莱、澳大利亚、中国大陆、中国澳门、中国香港及中国台湾等国家和地区的64支中学辩论队参加。本届比赛以"精英汇聚,辩动亚洲"为主题,设置了人生价值、名著经典、实事新闻、情景模拟、政策出台等多元的辩论主题,旨在提高

中学生学习华语的兴趣，促进亚洲中学辩论专业之间的交流，强化亚洲中学生对时事与哲理的判断与推论，为亚洲中学生提供一个公平的学术交流平台。

31. "发现东方之美：华裔青少年'中国寻根之旅'新媒体大赛"结果揭晓

2017年12月20日，在北京举行的第四届世界华文教育大会闭幕会上，由中国国际广播电台与国务院侨务办公室共同举办的"发现东方之美：华裔青少年'中国寻根之旅'新媒体大赛"结果揭晓。此次大赛以"发现中医药之美"为主题，于2017年7月启动，共征集到来自世界各个国家和地区的2700件作品，最终评选出特等奖1名、一等奖3名、二等奖5名、三等奖10名，最佳美文奖、最佳创意奖、最佳人气奖、最佳摄影奖各1名。

大赛受到浙江温州侨务办公室、北京华文学院等相关单位的重视。温州侨办利用"中国寻根之旅——相约温州营"的机会，举办"发现温州之美"比赛。北京华文学院于2017年7月31日组织来自葡萄牙、意大利、美国等国家的40名华裔青少年到北京大福堂国医馆参加线下体验活动，通过参观、听讲座、现场体验、DIY制作和互动问答等形式，了解中国宫廷医学文化，充分体现2017年度主题"发现中医药之美"。

（四）文体活动

1. "文化中国·四海同春"艺术团赴世界各地慰问华侨

2017年春节期间，中国国务院侨务办公室和中国海外交流协会派出7支"文化中国·四海同春"艺术团，分赴欧洲、亚洲、北美洲、大洋洲的15个国家和中国香港、中国澳门共38个城市进行慰问演出。

作为中国文化"走出去"的一张名片，"文化中国·四海同春"活动于2009年春节期间首次举行，此后每年春节期间在全球各地华人聚居的主要城市举行慰问演出，是国务院侨办和中国海外交流协会为丰富海外侨胞春节文化生活，满足海外侨胞精神需求，增进世界人民对中华文化的了解和认知，以侨为桥，沟通世界与中国，而精心打造的春节系列文化品牌活动，被誉为全球华人的"海外春晚"。至今已累计向120个国次和港澳地区派出62个"四海同春"艺术团组，在五大洲265城演出373场，广场和剧场观众超过520万人次。

2017年"文化中国·四海同春"活动不仅延续了往年一贯的"高标准、严要求",还对内容及形式进行创新,展示了歌舞、声乐、器乐、戏曲、武术、杂技、魔术、舞龙、舞狮等一系列独具中国特色的精彩表演,赢得了海外侨界和当地民众的热烈欢迎和广泛赞誉。

表3-2 "文化中国·四海同春"演出行程

艺术团	演出时间	演出地点	场次	演出团体
欧洲1团	2月2日~2月18日	布达佩斯、巴黎、佛罗伦萨、米兰、罗马	6	中央军委政治工作部歌舞团
欧洲2团	1月29日~2月12日	伦敦、伯明翰、鹿特丹、巴塞罗那、马德里	6	河南少林武僧团、河南演艺集团
亚洲团	2月1日~2月18日	仰光、棉兰、雅加达、登巴萨、首尔、安山、釜山、济州	8	东方歌舞团
日本、马来西亚团	1月6日~1月18日	名古屋、大阪、吉隆坡、诗巫	4	四川省大木偶剧院
北美团	2月3日~2月24日	堪萨斯、芝加哥、洛杉矶、旧金山、温哥华、埃德蒙顿、卡尔加里、蒙特利尔	8	中央民族歌舞团
大洋洲团	2月4日~2月21日	奥克兰、基督城、悉尼、阿德莱德、黄金海岸、布里斯班	6	中国歌剧舞剧院
港澳团	2月9日~2月14日	中国香港、中国澳门	4	东方歌舞团

2. "亲情中华·欢聚纽约"大型文艺演出在纽约举行

2017年1月9日晚,由中华归国华侨联合会、中国驻纽约总领事馆共同主办,纽约中国和平统一促进会承办的"亲情中华·欢聚纽约"大型文艺演出在美国纽约曼哈顿市政厅剧院隆重上演。中国侨联主席林军和中国驻纽约总领事章启月专门为演出题写新春寄语。章启月总领事、中国常驻联合国副代表吴海涛大使、联合国副秘书长吴红波和美东侨领、侨胞、当地人士等共1500人共同观看了演出。

3. 世界各地华社、中文学校举办庆祝中国传统农历新年活动

2017年1月15日,泰国各界华文教育工作者在泰国潮州会馆大礼堂举行新年联欢会。联欢会在激昂奋进的大合唱《歌唱祖国》和《走向复兴》的歌声中拉开序幕。老师们纷纷展示了自己的才艺。中国驻泰国大使宁赋魁携夫人向泰国泰华文化教育基金会主席陈汉士先生赠送国画"金鸡报晓"并送去祝福与敬意。

2017年1月25日,泰国崇华新生华立学校举行春节联欢活动。崇华新生华立基金会主席关复兴带领全校师生祭拜"天地君亲师",并祝福全校师生幸福快乐。学生们身着唐装在校园里表演丰富多彩的节目,带来了"年"的吉祥。

2017年1月26日,泰国达府美速智民学校的全体师生和校董举行春节联欢会。联欢会开展了中国狮舞、中国武术、中文歌曲、中国结、剪纸比赛、猜灯谜、看图认字等活动。

2017年1月28日,英国伦敦依岭中文学校举行春节联欢会。全体师生家长以及依岭市政府代表欢聚一堂,共庆新春。联欢会开展了写春联、剪纸等中国文化体验的活动。

2017年2月5日,意大利温瑞学堂举行庆新春系列活动。活动首先对本学期的学习优秀奖以及温瑞学堂第三届汉字书写大赛各奖项的获得者进行颁奖,继而进行文艺演出,有傣族舞、芭蕾舞等舞蹈,也有中文歌和意大利语歌,还有钢琴、笛子、小提琴、吉他等乐器演奏。

2017年2月6日,泰国南邦育华学校举行中国文化展示活动。师生们身着唐装,大红灯笼、中国剪纸、中国结、倒挂的"福"字、红底黑字的对联等格外引人注目。育华学校师生们还通过现场献艺来展示中国文化的魅力,包括中国菜、中国茶艺、中国书画、中国戏曲、小品、猜灯谜等。

2017年2月7日,美国新泽西维若纳高中中文班学生举办"庆祝农历新年园游会",邀请初中与小学中文班的师生同庆。游园会上游戏活动丰富,学生与家长们热情参与。游园会上还开展了太极功夫教学,设置了舞龙体验等摊位,让学生体验中华文化。新泽西州北部美华联谊会百灵鸟艺术团表演了舞龙、抖空竹等节目,并讲解了春节相关习俗。维若纳市前教育局委员史帕德感谢校方及百灵鸟艺术团把中华文化带到维若纳,也希望维若纳学习中文的风气日益蓬勃,让社区的文化交流更加多元兴盛。

2017年2月7日,加拿大多伦多安河的铭华中文学校举行春节游园会活动,邀请舞狮团进行舞狮和中国功夫表演。台湾地区驻大多伦多地区侨务主管部门金声白出席园游会。此外,校方也特别为即将退休的约克郡公立教育局国际语言课程总校长陈何爱仪(Dr. Ivy Chan)举办欢送仪式,陈何爱仪在发言中强调中文学校和结合不同语言的加拿大国际语言课程的重要性。

2017年2月7日,由中国驻葡萄牙大使馆和葡萄牙当地政府主办、旅葡各侨团承办的葡萄牙"欢乐春节"庆祝活动在Igreja dos Anjos至马丁莫尼斯广场举行。葡萄牙淑敏语言文化中心师生参加了此次活动,并表演了《中国范儿》《美丽中国走起来》《金鸡闹春》等节目。

2017年2月8日,德国法兰克福德华中文学校为学生举办春节特别活动。各班级老师们为中高级汉语水平的学生精心筹划了丰富的课程,如用毛笔练习写春联、介绍春节习俗、自制年俗手册等。年纪较小的初级汉语学生在老师的协助下折纸、学习写新年快乐的中文、认识十二生肖。

2017年2月9日，意大利普拉托华人华侨联谊会中文学校举办2017春节联欢会。师生们载歌载舞，以优美的舞姿、甜美的歌声，为大家献上了多姿多彩的文艺节目。

2017年2月14日，德国斯图加特中文学校举办"金鸡报喜"春节庙会活动，"台湾驻慕尼黑办事处"许聪明也到场送上祝福。有别于以往在体育馆举办的大型表演活动，校方2017年第一次在校内设计语文闯关活动，另外设有中华传统民俗技艺、竹竿舞等特色项目的学习。当天德国桐花客家会也到场设摊，宣传客家文化。闯关活动结束后，学生们表演了精彩的节目，展现了中华传统文化特色。许聪明也为曾在校任职近15年的郑美惠老师颁发荣誉奖章。

2017年2月19日，英国中文教育促进会在伦敦举办春节联欢会和助学金颁发暨年刊发布仪式。中国驻英国大使馆总领事费明星、50余位侨界代表及全英56所华文学校的147位校长和老师出席了联欢会。英国浙江联谊会会长黄萍女士连同老会长文祖述，代表侨领们向英国中文教育促进会递交了2017年度募集的14417.99英镑赞助支票。英国中文教育促进会向全英53所华文学校颁发助学金支票，总资助金额为24000英镑。

2017年2月19日，美国马里兰州哥伦比亚特区中文学校举行新年欢庆活动，部分美国政治人物要包括马里兰州州参、众议员代表，哈维郡郡长和"台湾驻美国代表处"吴文龄出席参加。活动当晚表演了中文歌曲演唱、武术表演、抖空竹等节目，学生们充分展示了过去一年的文化学习成果。

2017年2月21日，加拿大埃德蒙顿市中文学校举行春节游园会活动。学生们表演了诗词朗诵、童谣演唱等节目，每个年级的老师也精心设计了不同的游戏让学生们在玩乐的同时将中文学以致用。

2017年3月2日，美国萨克拉门托中文学举行春节联欢活动。学校7个班级不同年龄段的学生分别表演了庆贺新年的歌曲、舞蹈等节目。萨克拉门托中文校长郭忠诚为一年来辛勤耕耘的老师送上祝福，希望学校的学生们能继续学好中文，了解中国传统文化。

2017年3月5日，泰国清迈地区华文学校联合会举行春节联欢暨会务座谈活动。会长王世玺祝福与会人员新年快乐，并感谢50多年来台湾地区侨务主管部门、民间慈善团体、台商对于华文学校的帮助。座谈会上，华文学校联合会总干事陈吉善报告会务，内容包括台湾地区侨务主管部门海外教师奖励暨教材申请方法、泰华九属会馆的奖励金、泰国云南会馆的春节慰问金等。当天来自清迈地区33个村庄的董事长、校长、老师齐聚一堂，讨论了将于9月28日举办的孔子诞辰纪念暨教师节相关安排。会议后则颁发了教师补助金及赠送了台商捐助的衣物。

2017年3月11日，荷兰海牙台北中文学校举行贺新春活动。校长钟启元致辞感谢老师及家长对学校支持，也特别感谢台湾侨务主管部门提供的免费教科书。台湾侨务主管部门施博祥也带来新春祝福。学生们通过下象棋、剪纸、抖空竹等各式各样的游戏学中文，钟启元校长也发送红包给同学们。

4. 阿根廷中观侨联中文学校举行建校44周年校庆

2018年1月18日，阿根廷中观侨联中文学校举行建校44周年校庆暨毕业典礼及教学成果展。"台湾驻阿根廷代表处"丁健民，台湾地区侨务主管部门罗胜雄、葛道争，以及印慈法师出席了此次校庆活动。

丁健民致辞祝贺毕业生顺利结业，鼓励在校生努力学习。校长林丽玉感谢侨界前辈、校友及家长们一直以来的参与及支持。随后，林丽玉校长和印慈法师一同颁发毕业证书以及各项奖状，并鼓励学生在下个学习阶段能够更上一层楼。

在学生代表发言和文娱节目表演后，现场参与校庆人员同切蛋糕，祝福侨联中文学校生日快乐。

5. 澳大利亚华夏文化学校举办年度教学交流联谊活动

2017年1月29日，澳大利亚华夏文化学校举办年度教学交流联谊活动。活动由华信地产集团赞助，在位于悉尼市中心Townhall的华信地产集团总部举行。此次活动集教师培训、教学示范、年度总结、春节联欢为一体，来自悉尼地区的华夏文化学校老师、支持和关注"华夏教学理念"的教育界人士共50多人参加。

6. 泰国光华学校举办"粤风潮韵·丝路情深"演出

2017年2月21日，泰国光华学校庆祝建校90周年暨"粤风潮韵·丝路情深"文艺演出在学校礼堂举行。中国驻泰国大使馆文化参赞陈疆、罗勇府副府尹谋的、光华学校名誉主席张步青、光华学校副主席赵坚等出席了活动。罗勇府侨胞、光华学校师生共10000多人观看了演出。

7. 2017"中华曲艺海外行"南美文化交流活动成功举办

2017年2月，由中国曲艺家协会主席、著名相声表演艺术家姜昆率领的中国曲艺家代表团赴南美巡演，在巴西圣保罗、智利圣地亚哥、秘鲁利马举行了3场慰侨演出。中华曲艺海外行是中国曲艺家协会于2015年启动的重点海外文化交流项目，旨在通过在海外举办曲艺专场展演、艺术沙龙、曲艺座谈等活动，向海外观众推介中国最接地气的传统艺术，以促进海外民众对中国传统文化的了解与知识，增强海外华人华侨的民族自信与文化自信。

8. 德国慕尼黑中文学校举办30周年校庆活动

2017年3月27日，德国慕尼黑中文学校举办30周年校庆活动。"台湾驻德国代表"谢志伟、"台湾驻慕尼黑办事处"许聪明、台湾地区侨务主管部门张玉枝以及慕尼黑中文学校历届理事长等出席活动。中文学校老师及同学们表演了钢琴独奏、歌曲演唱等节目，并放映了中文学校30年来的回顾影片。

慕尼黑中文学校租借德国学校校舍，固定于每周六上课。课程包括儿童语言班、青少年语言班、成人语言班。文化课程则有中国画、书法、功夫、民族舞蹈、瑜伽、太极与空竹入门。校方一直坚持传扬中华文化，30年的岁月积累出丰硕成果。

9. "中华文化大乐园"优秀才艺学生交流团赴老挝万象巡演

2017年4月20日，由国务院侨务办公室、中国海外交流协会主办，中国华侨大学承办的"中华文化大乐园"优秀才艺学生交流团在老挝首都万象寮都公学演出。交流团带来了14个节目，分为"家庭篇、家教篇、家风篇"3个篇章。寮都公学、莎娜鹏学校学生及其他老挝华裔青少年等近千人观看了演出。

10. "中华文化大乐园"优秀才艺学生交流团赴缅甸仰光巡演

2017年4月30日，由国务院侨务办公室、中国海外交流协会主办，中国华侨大学、仰光卓越语言教育中心承办的"中华文化大乐园"优秀才艺学生交流团在缅甸仰光举办专场演出。交流团为在场的缅甸籍观众和华侨华人观众带来了十余个节目，包括歌曲、民族舞蹈、豫剧、武术、川剧、杂技以及魔术等具有浓郁中国特色的表演。

11. 阿根廷华助中心举办华人子女书法课堂活动

2017年5月6日，阿根廷华助中心组织阿根廷华人书法家协会会员来到华人侨联中文学校举办书法课堂活动。书法协会会员向该校华人子女传授中国书法艺术，讲解汉字历史渊源。

12. "中华文化大乐园"优秀才艺学生交流团赴日本巡演

2017年5月6日至16日，由国务院侨务办公室推选的"中华文化大乐园"优秀才艺学生交流团在日本福冈、横滨、长崎、东京、札幌、神户等地展开交流巡演，旨在展现中华传统文化之美，增进青少年才艺教育的交流。

5月6日，交流团走访了福冈习悦中文学校，这是此次访日的首场交流活动。交流团表演了中国传统的民族舞蹈、民歌和武术等节目，习悦中文学校学生也同台表演了相声、"三句半"等节目。

5月10日，交流团走访著名百年侨校横滨山手中华学校，现场表演中华才艺，山手中华学校的学生也同台表演了舞狮和中国舞蹈。

5月8日，交流团在长崎布利克大会堂举行此次访日巡演的首场演出。中国驻长崎总领事刘亚明出席并致辞。演出节目包括民乐、戏曲、民族歌舞、武术和杂技等。

5月11日，交流团在东京公演。日本前首相鸠山由纪夫出席并致辞。

5月13日，交流团首次亮相北海道，在札幌交流演出。

5月16日，交流团在著名华埠神户公演，再献一场精彩演出。

13. "2017年中国文化周"走进新西兰校园

2017年5月8日，由新西兰中国文化中心、黑龙江省文化厅举办的"2017年中国文化周"活动走进新西兰校园。黑龙江省京剧院演员带来了京剧表演，新西兰学生表演了中国歌舞和中式旗袍走秀。新西兰中国文化中心还与塞缪尔·马斯丹女校签订了在该校进一步开展中国文化教学活动的协议。文化周期间，新西兰中国文化中心组织了一系列活动，包括电影展映、京剧讲座、茶艺表演等，为新西兰民众带来精彩的文化体验。

14. 厄瓜多尔思源中国语学校举办"情浓端午·粽香思源"活动

2017年5月19日，由厄瓜多尔华人华侨联合会主办，思源中国语学校承办的"情浓端午·粽香思源"活动举办。该活动主要以"端午节"节庆文化为主题，通过开展文艺演出、诗歌朗诵、品粽子等环节，让学生们了解中国端午节的习俗，感受中国传统佳节的魅力。

15. 韩国首尔华侨中学欢庆69周年校庆

2017年5月19日，韩国首尔华侨中学举行建校69周年庆祝大会。"台湾驻韩国代表处"易志成、论山女商校长朴华渊、汉城华侨协会长谭绍荣等出席。学生们也精心准备了多项演出为学校庆生。

于植盛校长鼓励学生打好中、韩、英文根基，将来必会有美好前程；易志成建议学生未来可到台湾地区升学。首尔华侨中学理事长薛荣兴感谢此次由台湾地区侨务主管部门派遣的文化教师罗兆渝特地为校庆前来指导舞龙舞狮及文化舞蹈。首尔华侨协会也给学生颁发了优秀奖学金。在全校师生齐唱校歌之后，于植盛校长带领来宾观赏师生们以校庆为主题所创作的作文、书法及摄影作品,并在学校餐厅设宴。

首尔华侨中学不但是韩国地区规模最大的华侨学校,在全球各地侨校中也以完整保留传统侨校制度文化的特色备受海内外的肯定与重视。

16. 海外多所华校举办"庆六一"活动

2017年6月1日,中国驻威廉斯塔德总领事张维欣到库拉索华文学校,与师生们共庆"六一"国际儿童节。校长黄冠雄对中国总领馆和中国各级侨务部门给予海外华文学校的关心和支持表示感谢,并表示库拉索华侨会所将积极开展华文教育,为传播中华优秀文化继续作出努力。

2017年6月1日,西班牙博思语言学校举办以"团结互助、勤学互助"为主题的游园活动,让学生欢度六一儿童节,更体验到勤奋、合作与探索的重要性。

2017年6月4日,普拉托华人华侨联谊会中文学校举行"欢庆六一"文艺汇演。

17. 巴拉圭埃斯特城中山侨校举行校庆活动

2017年6月12日,巴拉圭埃斯特城中山侨校举行建校29周年校庆及运动会活动。台湾地区代表吴丰兴、陈昆甫出席活动。

陈昆甫和吴丰兴全程参与活动,并且和侨领们共同为竞赛优胜的队伍颁发奖章,活动现场气氛热烈。最后优胜者和来宾合影留念。

18. 华夏文化学校成立十五周年汇演成功举办

2017年6月25日,华夏文化学校在悉尼举办文艺汇演,庆祝华夏文化学校成立十五周年。超过360位学生及30多位中文教师参加了当天的演出,近1000位关注华文教育和华夏文化学校的观众到场。

19. 2017"中华曲艺海外行"欧洲文化交流活动成功举办

2017年6月,应意大利—中国贸易发展促进会邀请,中国曲艺家协会副主席、上海市曲艺家协会主席王汝刚率团一行赴意大利访问交流,在意大利罗马、那不勒斯举行专场演出。中国驻意大利使馆李帆主任及部分使馆官员、意大利国会议员 Marco Di Stefano 及数十名意大利政经文化界要员、意中贸促会主席朱玉华及主席团、理事会全体成员等数百人共同观看了演出。此行中国曲艺家协会代表团还拜会中国驻爱尔兰大使馆并进行了"2017中华曲艺海外行爱尔兰专场演出",曲协代表团在都柏林理工大学礼堂献上了四川清音、双簧、歌曲、幽默哑剧、小品、秦腔、滑稽独脚戏等精彩演出。

20. 南非中国文化和国际教育交流中心中文学校开展读书活动

2017 年 6 月至 10 月,南非中国文化和国际教育交流中心中文学校举办了"读一本好书"主题活动。该活动参加人数多、持续时间长,获得家长和社会各界一致好评。同时,为了进一步提高同学们的阅读水平,学校还组织同学们积极参加国务院侨务办公室举办的第十八届海外青少年"我最喜欢的一篇文章"征文活动,同学们结合自己的阅读感受,提交文章共计 30 余篇,其中 19 篇送交中国国务院侨务办公室进行评比。

21. 德国莱茵台北中文学校举办建校 20 周年成果展

2017 年 7 月 7 日,德国莱茵台北中文学校举办建校 20 周年成果展,"台湾驻德国办事处"代表谢志伟及德国侨界代表等嘉宾出席活动。

学生们表演了诗朗诵和话剧,校方还特别录制了学校 20 周年宣传片,回顾创校历程,感谢家长和老师们一直以来的付出,展示了侨胞子弟坚持学习的决心。现场还展出学生们的毛笔字和手工作品,家长们也准备了丰盛的佳肴供嘉宾享用。

22. 美国加利福尼亚州举办"中国文化日"活动

2017 年 7 月 9 日,美国中国风艺术协会(SINOUS)与美国加利福尼亚州圣安娜市的鲍尔斯博物馆推出"中国文化日"活动,以传播中华文化,促进族裔间的文化交流。

23. "亲情中华·筑梦丝路"艺术团赴中东欧巡演

2017 年,由中华全国归国华侨联合会组织的"亲情中华·筑梦丝路"艺术团赴中东欧巡演。7 月 14 日,艺术团在捷克首都布拉格国家剧院斯美塔那音乐厅演出;7 月 20 日,在斯洛文尼亚首都卢布尔雅那演出;7 月 24 日,在意大利北部城市波尔查诺举行了此行的最后一场演出。

"亲情中华"艺术团海外巡演是中国侨联为弘扬中华文化、慰问海外侨胞、增进中外友好交往而开展的一项著名品牌活动。自 2008 年开始,中国侨联迄今已先后组织了 210 个"亲情中华"艺术团,赴世界 73 个国家和地区的 200 余座城市进行了 950 多场演出。

24. 中国艺术作品舞剧《红高粱》等走出国门传播中华文化

2017 年 7 月 21 日,由西班牙温州总商会主办、哆来咪艺术学校协办、欧华传媒承办的徽剧《惊魂记》表演活动在西班牙马德里举行。西班牙温州总商会给予了活动大力支持。

2017年9月8日,山东省青岛市歌舞剧院大型舞剧《红高粱》作为第四届跨越太平洋中国艺术节暨山东文化周的开幕演出在美国圣荷西表演艺术中心上演。中国驻旧金山总领事罗林泉夫妇、文化参赞肖夏勇夫妇等嘉宾受邀观看演出。

在圣荷西演出完之后,《红高粱》还分别于9月10日、9月12日在美国加利福尼亚州州府沙加缅度、拉斯维加斯演出。

2017年9月13日,中国河北原创木偶肢体剧《小兵张嘎幻想曲》在俄罗斯萨马拉市"金萝卜"全俄儿童及青年艺术节上演出,受到当地观众的热烈欢迎。9月14日,应莫斯科Class Center艺术学校之邀,《小兵张嘎幻想曲》在莫斯科上演。

25. "感知中国——中国西部文化英国行"活动在苏格兰举行

2017年7月22日,由中国国务院新闻办公室、中国驻英国大使馆主办的"感知中国——中国西部文化英国行"活动在苏格兰首府爱丁堡举行。苏格兰民众观看了中国西部歌舞表演、乐器演奏、唐卡绘画艺术等。中国驻爱丁堡总领事潘新春在活动招待会上致辞。

26. 浙江小百花越剧团在澳大利亚、新西兰举行慰侨演出

2017年7月26日,由中国中华全国归国华侨联合会主办、澳星国际传媒集团承办的"亲情中华·越洋之约"浙江小百花越剧团大洋洲慰侨演出在澳大利亚悉尼举行。中国侨联文化交流部部长刘奇任艺术团团长。演出由中国非物质文化遗产越剧传承人、小百花越剧团团长茅威涛领衔,表演的越剧折子戏包括《梁祝·十八相送》《窦娥冤·斩娥》《白蛇传·断桥》等。2017年7月29日,艺术团在澳大利亚首都堪培拉的澳大利亚国立大学音乐厅演出。

2017年8月6日,艺术团在新西兰首都惠灵顿维多利亚大学演出厅演出。活动由新西兰中国文化中心、惠灵顿中国和平统一促进会共同承办,吸引了近400名华侨华人和当地观众到场观看。

27. 阿根廷新兴中文学校举办27周年校庆暨园游会

2017年8月9日,阿根廷新兴中文学校举办主题为"给梦想一双翅膀"的27周年校庆活动。

台湾地区教育主管部门周建宏在活动上致辞,向"台湾驻阿根廷代表处"以及各侨团、新兴中文学校各届校长、主任以及老师们的长期贡献表示感谢,同时鼓励学

生学好中文。新兴中文学校校长刘兴国向所有主任、老师的辛劳以及台湾侨务主管部门在教科书及各项经费上的支持表示了衷心的感谢。

28. 第四届"中国·哈尔滨露营文化节"暨"中俄文化交流大集"在黑龙江哈尔滨开幕

2017年9月3日晚,第四届"中国·哈尔滨露营文化节"暨"中俄文化交流大集"在中国黑龙江哈尔滨广电大院开幕。此次活动历时8天,由专业艺术家表演和两国民众系列文化联谊交流活动构成,包括"中俄民间艺术家大联欢""炫动活力专场""少年儿童文艺演出专场"等多项演出。

29. 湖南省对外文化慰问演出在芬兰举行

2017年9月9日至18日,湖南省归国华侨联合会携湖南省演艺集团组织侨心艺术团,赴芬兰、奥地利、荷兰开展"亲情中华·纯粹中国·魅力湖南"对外文化慰问演出,为海外侨胞带去二胡、笛子、古筝、琵琶等中国传统乐器表演和花鼓戏《刘海砍樵》《浏阳河》等湖湘韵曲目。湖南省侨联副主席孙民生任文化交流团团长。

自2008年以来,湖南省侨联组团赴全球20多个国家和地区举办了51场"亲情中华·魅力湖南"慰问演出,累计观众达20多万人次。

30. "亲情中华"艺术团赴北美洲巡演

2017年9月10日晚,由中华全国归国华侨联合会主办的"亲情中华"艺术团演出在加拿大温哥华举行。中国驻温哥华总领事馆代总领事孔玮玮,中国侨联文化交流部副部长、艺术团团长邢砚庄,加拿大温哥华中华会馆理事长姚崇英等嘉宾出席并致辞。近千名旅加侨胞和当地民众观赏了此次演出。

本场演出是此次"亲情中华"艺术团北美巡演的首秀,随后还赴加拿大维多利亚和美国洛杉矶、尔湾、圣路易斯、华盛顿进行了5场慰问演出。

31. 京剧《霸王别姬》《杨门女将》分别在美国、希腊上演

2017年9月14日至24日,由京剧表演艺术家尚长荣、史依弘主演的传统京剧《霸王别姬》,在美国纽约大都会博物馆连续演出12场。9月19日,剧组还携《霸王别姬》走进著名学府普林斯顿大学,由著名电影导演胡雪桦担任主持和翻译,与当地的文化精英、大学学子展开交流与互动。

2017年9月17日,由中国国家京剧院领衔演出的《杨门女将》在雅典音乐厅演

出。中国驻希腊大使邹肖力、雅典音乐厅主席塞奥卡拉基斯、希腊文化部长特别顾问库韦拉等嘉宾与现场1500余名希腊观众共同观看了演出。此次演出为2017"中希文化交流与文化产业合作年"框架内重点项目，旨在以国粹为媒，促进两国民众之间的相互了解和友谊。演出当天，中国驻希腊使馆还在雅典音乐厅配套举办了中国戏曲服饰展，展出中国地方戏近10个剧种的戏曲服饰20余套，吸引了大批观众驻足观看、拍照留念，引起热烈反响。

32. "荆楚文化丝路行"赴老挝、泰国巡演

2017年9月16日，由中国湖北省文化厅组派，湖北鸿雁艺术团、武当功夫团组成的湖北艺术团赴老挝、泰国开展"荆楚文化丝路行"巡演活动，表演了苗族歌舞《龙船调》《哩嘞响》，现代歌舞《中国味道》《月亮代表我的心》，武术《武当神韵》，融合了魔术表演与芭蕾舞的魔术《梦幻芭蕾》，杂技《晃管》《对手顶》等荆楚文化特色、现代感强、观赏性高的节目。

此次"荆楚文化丝路行"赴老挝、泰国巡演活动是湖北自2012年以来，继在马耳他、俄罗斯、埃及、韩国之后，第五次在海外开展的省部对口合作项目。

33. 巴西圣保罗六城市与华人社团共同举办"中国日"活动

2017年9月16日至17日，巴西圣保罗东部六城市政府与巴西中国和平统一促进总会、利美拉中巴文化交流协会、巴西（圣保罗）华星艺术团，在圣若昂达阿维斯塔市共同举办"中国日"活动。中国驻圣保罗总领事陈佩洁、圣若昂达阿维斯塔市市长博尔热斯·德卡瓦略，圣保罗部分侨领、中资企业代表、中国媒体记者以及当地华侨华人等应邀参加相关活动。

9月16日晚，华星艺术团在圣若昂达阿维斯塔市剧院为当地巴西民众和华侨华人举办了专场文艺演出，表演了富有中国特色的舞狮、武术表演，藏族舞蹈、新疆舞以及京剧演唱、男女声独唱、旗袍秀等节目，促进了中巴文化交流。

参加"中国日"活动的中国客人应邀参观考察了圣若昂达阿维斯塔市小型商务飞机制造厂、农庄和骏马市场。中资企业和中国媒体还组队与当地业余足球队进行友谊比赛。

34. "中华文化大乐园——优秀才艺学生交流团"文艺晚会在新西兰演出

2017年9月17日，由中国国务院侨务办公室主办，暨南大学新西兰实验学校、新西兰华文教育联合会承办的"中华文化大乐园——优秀才艺学生交流团"文艺晚会在新西兰天空城剧场举行。中国驻奥克兰总领事馆侨务领事唐新、新西兰国家党国

会议员杨健等嘉宾,以及来自奥克兰大学、梅西大学、奥克兰各华文学校和各专业社团的老师和代表,奥克兰当地民众共 700 多人到场观看。

35. 海外多地举办庆祝中秋活动

2017 年 9 月 18 日,为庆祝祖国(中国)68 岁华诞、弘扬中华传统文化,西班牙华侨华人妇女联合会、马德里华星艺术团共同组织了"迎中秋、颂国庆、秀旗袍、亮华星"活动。西班牙北京同乡会、西班牙青田同乡会等多家侨团的 50 位女性代表受邀参与。

2017 年 9 月 22 日,"天涯共此时"中秋晚会暨"2017 中国故事"国庆图片展在尼日利亚中国文化中心举办。中国驻尼日利亚大使周平剑、中国驻尼使馆文化参赞兼文化中心主任李旭大及当地华人华侨等百余人参加了晚会。

2017 年 9 月 24 日,英国剑桥华人社区举行庆祝中秋活动。活动包括舞龙、太极拳表演、品尝中华美食等。剑桥郡主席曼迪·史密斯,剑桥市长乔治·皮帕斯等当地政要应邀参加活动。

2017 年 9 月 26 日,由尼泊尔中国文化中心与中国南京小红花艺术团联合举办的"天涯共此时"迎中秋活动在尼泊尔首都加德满都举行,尼泊尔文化旅游与民航部部长迪夫等 200 余人出席了活动。

2017 年 9 月 29 日,由新加坡中国文化中心与中国重庆市文化委员会主办的"天涯共此时·中秋音乐会"上演。音乐会以"月圆"为主题,重庆市歌剧院的艺术家们把中国传统民乐与现代西洋音乐结合,并融入戏剧表演元素。中国驻新加坡大使馆文化参赞阙小华、新加坡旅游发展局东南亚司执行署长许文威以及新加坡社会各界 200 余人观看了当天的演出。

2017 年 10 月 4 日,由巴西圣保罗亚洲文化中心主办的"伊瓜苏瀑布之夜"中秋晚会在达斯卡塔拉塔斯酒店举行。中国驻巴西大使李金章等领导以及当地和巴拉圭边境的华人华侨、巴西友人、各国游客等 200 多人一同赏明月美景,品中国月饼,观看由华人华侨和当地巴西友人表演的精彩文艺节目,共同欢度中国传统中秋佳节。

2017 年 10 月 4 日,由全印华侨华人协会主办的首届中秋联欢会在印度新德里圣·科伦巴学校礼堂举行。当地华侨华人积极参与,热烈响应。

36. 第三届"华星艺术节"悉尼中秋演出季启动

2017 年 9 月 22 日晚,"中华文化大乐园——优秀才艺学生中澳交流专场晚会"在悉尼国际会展中心举行,拉开中澳"小艺术家"中秋演出季序幕。来自中国各地的青少年艺术新秀和澳大利亚本地的小童星,为悉尼的观众朋友呈现出一场视听文化盛宴。

2017年9月24日晚，由澳大利亚悉尼华星艺术团主办、澳大利亚南海文化传媒集团协办，并得到Homart Group赞助的《塞外明月照天山》歌舞晚会在悉尼国际会展中心的情人港湾大剧院上演。演出富有中国西部独特风采和人文历史情怀，以中国西部的西藏和新疆歌舞表演为主，中间穿插内蒙古、云南、贵州、四川等地区少数民族的民歌和舞蹈。

"华星艺术节"由悉尼华星艺术团主办，是由43个悉尼本地华人社区艺术团体共同搭建的展示中华民族文化和艺术的平台。

37. 美国纽约举行首届美国孔子国际文化节

2017年9月24日至25日，旨在弘扬和推广中华文化的首届美国孔子国际文化节系列活动在美国纽约举办。此次系列活动由美东山东同乡会、美东山东总商会、美国孔子教育基金会、中国孔子基金会和美国华人企业家联合会联合举办分为书画摄影展、文艺演出和文化讲座三部分。

9月24日晚，《孔乡鲁韵》大型文艺晚会在皇后学院寇登艺术中心上演。中国孔子基金会副理事长牛廷涛、中国驻纽约总领事馆副总领事邱舰、纽约市华裔议员顾雅明等嘉宾出席并致辞。演出以孔子祭奠仪式开始，随后献上了包括《论语》《孔子问天》《赋闲》《孔子诵》《幽兰操》等节目，并以节目《天下大同，中国梦》结束。演出前，主办方还举办了书画摄影展。

9月25日，以"如何更好传播儒家文化"为主题的孔子文化讲座吸引了近百名侨胞参与。

38. "中国文化节·魅力成都"活动在马来西亚槟城州举行

2017年9月24日，由中国四川省成都市人民政府外事侨务办公室、马来西亚槟城州政府和中国驻槟城总领事馆联合主办的"中国文化节·魅力成都"活动在马来西亚槟城州康华丽斯堡举行。槟城州近千名观众参与。此次活动包括成都旅游文化图片展、民俗文化展演和美食展示三部分。

39. "文化中国"国庆慰侨文艺晚会在海外多国举办

2017年9月25日，由中国国务院侨务办公室、中国驻菲律宾大使馆、菲华各界联合会携手主办"文化中国"国庆慰侨文艺晚会在CCP菲律宾文化中心上演，庆祝中华人民共和国成立68周年。国务院侨办政法司编刊处处长腾剑锋任访演团团长。与往年以传统中华文化节目为主不同，此次"文化中国"表演老中青演员结合，时尚与传统节目兼备。开场与收官节目，都由菲律宾华星艺术团艺术家们奉上。为了让菲华下一代了解中华文化，主办方特别安排了600多名华校学生观看演出。

国务院侨务办公室主办的"文化中国"中秋·国庆慰侨演出在阿联酋迪拜、南非约翰内斯堡、希腊雅典三地举行，中华名谣、民乐、戏曲、武术、魔术、杂技等多种具有中国特色的表演形式创新融合，为广大的华人华侨进行了4场具有中国传统文化特色的演出活动，与海外侨胞一起共同庆祝中华人民共和国成立68周年和中华民族传统佳节中秋节。慰侨团于9月27日在迪拜举行首场演出。中国驻迪拜总领事李凌冰和阿联酋各华商协会、中资机构、留学生代表和当地阿联酋友人等600余人齐聚一堂观看了演出。9月30日和10月1日，"文化中国"中秋·国庆慰侨艺术团在南非约翰内斯堡恺撒皇宫会议中心为华人华侨献上两场精彩演出，旅南华侨华人及媒体代表等超过7000人观看了演出，中国驻南非大使林松添出席并讲话。10月4日，慰侨演出以希腊雅典作为收尾，中国驻希腊大使邹肖力出席并观看了此次演出。

2017年9月30日，由中国国务院侨务办公室、中国驻纽约总领事馆主办，由亚美联谊会、亚洲文化中心等多家本地侨社团体承办的"文化中国"慰侨演出在美国波士顿莱克星顿镇的纪念演出厅举行。中国驻纽约总领事馆总领事章启月、副总领事邱舰等应邀出席观看。

40. 2017斯里兰卡·中国"广西文化周"活动开幕

2017年9月25日，由中国国家文化部、广西壮族自治区政府和中国驻斯里兰卡大使馆主办，广西文化厅、斯里兰卡中国文化中心承办的"美丽中国·美丽广西——2017斯里兰卡·中国'广西文化周'"系列交流活动在斯里兰卡首都科伦坡拉开序幕。斯里兰卡内政、西北省文化和发展部部长纳温纳，中国驻斯里兰卡大使易先良以及中斯各界人士约150人出席开幕式。

系列交流活动包括五彩八桂——广西少数民族服饰文化展、广西非物质文化遗产项目展演、中斯画家联展、开幕式文艺演出以及在科伦坡莲花大剧院举行的专场文艺演出。

41. "文化中国·全球华人音乐会"在北京国家大剧院举办

2017年9月27日晚，由中国国务院侨务办公室打造的国家级文化品牌"文化中国"系列活动之一的2017"文化中国·全球华人音乐会"在北京国家大剧院上演，为现场近2000名观众献上一场融会中西的艺术盛宴。

全球华人音乐会是国务院侨务办公室、中国海外交流协会为庆祝中华人民共和国成立68周年，凝聚全球华人力量同圆共享中国梦而举办的。演出阵容近200人，多为国际知名华裔音乐艺术家以及交响乐权威人士。音乐会由意大利华人、国家大剧院歌剧总监及首席指挥吕嘉担任艺术总监及指挥,以交响乐演奏中外名曲为主要形式,配合声乐、民乐演奏,由全球华人乐团担纲演出。

42. "中国艺术走进印尼校园"活动在巴厘岛校园举行

2017年9月29日,"中国艺术走进印尼校园"活动在巴厘旅游学院举行。中国驻登巴萨总领事胡银全、巴厘旅游学院校长德瓦、印尼旅游部代表以及近千名师生共同观看了演出。

43. 上海举办"侨与中国梦——2017年'侨之夜'文艺晚会"

2017年9月29日,由中国上海市归国华侨联合会和上海市人民政府侨务办公室共同主办的"侨与中国梦——2017年'侨之夜'文艺晚会"在上海商城剧院举行,近千名观众到场观看。

44. 巴西圣保罗侨界举行文艺晚会庆祝中国国庆

2017年10月1日,巴西华人协会联合各侨团在圣保罗安年比剧院举行大型国庆文艺晚会,庆祝中华人民共和国成立68周年。中国驻圣保罗总领事陈佩洁、领侨室主任孙鹏远等嘉宾以及华人华侨、各界友人等共2000多人出席并观看了演出。

45. 中国"天耀中华"艺术团在印度尼西亚演出

2017年10月2日,中国"天耀中华"艺术团在印度尼西亚演出,中国驻印度尼西亚大使馆文化处秘书王智显、阿拉扎大学校长卢比斯等嘉宾以及来自印度尼西亚雅加达6所大学和14所中学的师生代表一同观看了演出。

46. "北京周"活动在加拿大首都渥太华举行

2017年10月4日,以"友城祝福——北京与渥太华"为主题的"北京周"活动在加拿大首都渥太华开幕。150多名艺术家连同各领域专业人士参加此次持续至10月8日的"北京周"活动。加拿大民众欣赏了北京艺术家的精彩艺术表演,观摩了非遗技艺技能展示,品尝了京味皇家小吃,进一步了解了北京特色旅游项目及2019北京世界园艺博览会、2022北京冬奥会的情况。

47. 美国、巴西、加拿大等地举办庆祝教师节活动

2017年10月5日,美中中文学校协会在"芝加哥侨教中心"举行敬师餐会,以

丰盛的美食为美中地区 10 多所中文学校的老师们庆祝教师节。"台湾驻芝加哥办事处"何震寰为明尼苏达州双城中文学校的施素兰老师颁发任教 20 年资深优良教师奖。此外，慈济中文学校杨曼华获得任教 10 年的"资深优良教师奖"；特殊贡献奖由主办各式比赛、活动及教师研习的西北郊中文学校姜晓林、孝义中文学校胡玲玲以及易学中文学校石鸿珍等老师获得。固德中文学校何华夏等 25 位老师获得"优良教师奖"。

2017 年 10 月 6 日，一年一度的庆祝教师节活动在"圣保罗侨教中心"举行，"台湾驻圣保罗办事处"王启文、徐泽玗，圣保罗文化中心主任詹前校，"台湾地区侨务咨询委员"张宏昌、关冰如，"台湾地区侨务委员"涂竣晴，南美作家协会谢耀德会长应邀参加。活动分别颁发服务满 10 年、20 年、30 年的优秀教师奖给 9 位教师。巴西中文教学协会会长林志孟向台湾地区侨务主管部门每年举办海外华文教师研习活动表示感谢。随后举行了由詹前校主持的侨教事业座谈，老师们纷纷针对侨教工作提出意见，詹前校也表示将整合大家的意见以供参考。

2017 年 10 月 6 日，加拿大加西中文侨校举办"2017 年中文侨校敬师餐会"，"台湾驻温哥华办事处"教育组秘书唐天华、不列颠哥伦比亚省议员康安礼及温哥华地区中文学校校长等嘉宾出席。温哥华中文侨校敬师餐会是中文教师一年一度的欢聚时刻，会上还举办了教师颁奖仪式。"台湾地区驻温哥华办事处"处长李志强、"台湾地区驻温哥华办事处侨务组"秘书黄俪萱分别颁赠奖章给任教 20 年以上、10 年以上的资深中文老师，感谢他们在海外培育英才。

2017 年 10 月 8 日，阿根廷侨校教师联谊会举办庆祝教师节活动，"台湾地区驻阿根廷代表"黄联升、台湾地区侨务主管部门丁健民、阿根廷台湾侨民联合会理事长杨振寿共同出席此次活动。阿根廷侨校教师联谊会会长刘兴国致辞，向全体在岗位上默默奉献的教师们表示感谢。黄联升颁发活动补助经费 1000 美元，还赠送了布袋戏偶，并代表台湾地区侨务工作主管部门负责人吴新兴赠给各侨校挂轴。丁健民为任教届满 25 年、20 年及 10 年的 4 位资深教师颁赠荣誉章、奖状、贺函及奖金。侨校教师联谊会理事长杨振寿为各侨校颁发"永侨"奖助学金。

2017 年 10 月 11 日，"台湾驻法兰克福办事处"举办庆祝教师节餐会，德国树人中文学校、德华中文学校教师应邀参加。席间，教师们纷纷表达了对教学及对台湾地区侨务主管部门推广侨教的想法与建议，包括利用注音符号和汉语拼音两种不同的方式在海外进行中文教学的优势与不足、繁体字对于传承文化的重要意义，以及教材、教具的重要性与需求性。"台湾驻法兰克福办事处"处长陈执中与"台湾驻法兰克福办事处侨务组"阮湘婷出席餐会表达对中文教师的感谢，台湾地区侨务主管部门委员林国臣到场向中文教师们致意。

2017年10月16日，美国华盛顿16所中文学校200多位老师共聚一堂庆祝教师节。"台湾驻美国代表处"李光章、"台湾教育主管部门"迟耀宗、"华盛顿侨教中心"陈世池出席庆祝活动。会上，李光章向在海外推广华语文教学、传扬中华文化的中文教师表示感谢，并代表台湾地区侨务主管部门向华盛顿资深优良及退休教师颁发奖状及奖金。餐会还进行了抽奖活动，并向每位教师赠送纪念礼品。

48. 广东梅花戏剧团赴澳大利亚、新西兰交流演出

2017年10月6日至15日，广东梅花戏剧团分别赴澳大利亚、新西兰进行文化交流演出。此次活动由中国广东省文联副主席、广东梅花戏剧团团长李仙花带队，包括9名梅花奖得主。活动期间，戏剧团分别前往澳大利亚悉尼和墨尔本、新西兰基督城和奥克兰进行了4场文化交流演出，为澳大利亚及新西兰观众表演了粤剧、潮剧和广东汉剧三大剧种经典剧目。此外，戏剧团还与当地华人团体进行了联谊活动。

49. 美国华盛顿举办第13届祭孔大典

2017年10月11日，美国华盛顿第13届祭孔大典在朗诵《礼运大同篇》声中揭开序幕。此次祭孔大典吸引200多位中文学校师生，侨界及主流人士参加，"台湾驻美国代表处"李光章，美国马里兰州州长代表王佩莲、州参议员李凤迁等嘉宾到场观礼。

典礼由台湾地区中央研究院院士黄秉干担任正献官，中文学校联谊会总干事杨贤俊担任纠仪官，分献官及陪祭官则由美京中华会馆主席李灿民及台湾地区"侨务工作委员"、"台湾驻美国代表处"官员及各中文学校校长担任。现场依序进行启扉、迎神、献香等古礼。中文学校学生则身穿汉服长袍，献六佾舞、迎神。

50. "河北文化非洲行"活动在马拉维举行

2017年10月14日至15日，为庆祝中国与马拉维建交10周年，"河北文化非洲行"活动在马拉维首都利隆圭和经济中心布兰太尔举行。中国驻马拉维大使王世廷、马拉维文化部长查扎马出席活动并致辞，马拉维外交部长法比亚诺等嘉宾及华侨华人代表等2500余人观看演出。

51. 海南省海口市艺术团赴马来西亚新山交流演出

2017年10月14日至18日，应马来西亚新山海南会馆邀请，在中国海南省海口市外事侨务办公室的精心策划和海口市文体局的大力支持下，海口市艺术团赴马来西亚新山进行为期5天的文艺演出交流，庆祝新山海南会馆成立136周年，并为当地的

华文学校宽柔中学建分校筹款义演。

52. "莱茵华韵"京剧交响音乐会在德国法兰克福举行

2017年10月15日，由中国文学艺术界联合会和德国法兰克福外国人参事会联合主办的庆祝中德建交45周年"莱茵华韵"京剧交响音乐会在法兰克福老歌剧院举行。中国著名京剧表演艺术家于魁智和李胜素、琵琶演奏家吴玉霞、二胡演奏家邓建栋、青年歌手霍尊等，与德国吉森大学交响乐团、德国华人联合合唱团、德华京剧苑、德国东方艺术学校等，为现场近1800名观众献上一台中西合璧的演出。

53. "2017中国节"在日本东京举办

2017年10月21日至22日，由中国驻日本大使馆主办的大型交流活动"2017中国节"在日本东京代代木公园举办。21日的开幕式上播放了"2017中国节"实行委员长、驻日本大使程永华的视频致辞。中国驻日本使馆临时代办刘少宾和"2017中国节"实行委员会最高顾问、日本前首相福田康夫、日本外务省政务官堀井严、日中友好协会会长丹羽宇一郎、在日中国企业协会会长王家驯、全日本华侨华人联合会会长刘洪友等中日两国各界代表及众多普通民众出席并观看了开幕式。

"2017中国节"由中国驻日本大使馆和"2017中国节"实行委员会共同主办。活动现场设有中国美食、中国物产、中国风光、中国企业等100多个展位，主舞台不间断进行中国特色文艺演出。

"2017中国节"获得各方高度关注。人民网、新华社、NHK、《朝日新闻》《每日新闻》等中日主流媒体对活动进行了采访报道，日本主流网络视频平台niconico进行了现场直播。共有约8万人到现场参加活动，约3.5万在线观看了视频直播。

54. "中澳建交45周年"音乐会在澳大利亚悉尼歌剧院举行

2017年10月23日，中国国家交响乐团在澳大利亚悉尼歌剧院举行专场音乐会，庆祝中澳建交45周年。音乐会以中西经典乐曲组成两大乐章。中国乐章包括小提琴协奏曲《梁山伯与祝英台》及关峡创作的幻想交响曲《霸王别姬》等。在西方乐章中，音乐家们演奏了柴可夫斯基《F小调第四交响曲》等，逾百名音乐家联袂演出。中国驻悉尼总领事顾小杰、澳大利亚前总理鲍勃·霍克与2600多名观众一同欣赏了当晚的音乐会。

55. 荷兰举办"感知中国——西部风情"少数民族服饰歌舞展

2017年10月23日，由中国驻荷兰大使馆和恩斯赫德市政府联合主办、欧洲中国留学生创业基金会承办的"感知中国——西部风情"少数民族服饰歌舞展示演出在恩斯赫德音乐中心剧场举行。当地民众及华侨界代表近千人观看了荷兰华星艺术团及当地艺术家表演的藏族、维吾尔族、蒙古族等中国西部少数民族服装秀、舞蹈、器乐演奏、歌曲，以及中西合璧的演艺节目。中国驻荷兰大使馆公使衔参赞陈日彪、恩斯赫德市市长欧诺·范维尔德豪恩等嘉宾应邀出席。

56. 法国巴黎中国文化中心举办"第十届巴黎中国曲艺节"

2017年10月24日至29日，巴黎中国文化中心在法国举办第十届巴黎中国曲艺节。此次活动共4场演出，在马赛、南锡和巴黎3个城市展开。活动汇集了来自中国北京、内蒙古、河北、天津、山东、浙江和上海等省市的数十个曲艺节目，包括河北沧州木板大鼓、河南坠子、山东琴书、二人台、苏州弹词、京韵大鼓、温州鼓词等。

巴黎中国曲艺节是由巴黎中国文化中心与中国曲艺家协会于2008年起联手打造的对外文化交流品牌。第十届巴黎中国曲艺节上，中国曲艺节目首次走出巴黎，到埃克斯—普罗旺斯以及南锡进行巡回演出，配合图片展，让更多法国人了解和理解中国的曲艺。

57. "中华文化大篷车"系列巡演在缅甸仰光举行

2017年10月24日至28日，由中国驻缅甸大使馆主办、仰光卓越语言教育中心承办、仰光云南会馆协办的首届"中华文化大篷车"系列巡演在仰光成功举办。来自中国北京、云南等地的中国艺术家和缅甸武术协会、龙狮协会、华韵舞蹈团等本地团体，先后走进仰光英国学校、缅甸国际学校、仰光国际学校和仰光云南会馆，为千余名在校师生、学生家长及广大华人华侨献上4场艺术演出和文化展示。

58. 天津芭蕾舞团《天鹅湖》在法国留尼汪演出

2017年10月30日至31日，中国天津芭蕾舞团在法国留尼汪花田剧院演出，上演经典芭蕾舞剧《天鹅湖》。留尼汪省政府秘书长巴拉特等当地政要、侨领与近900名观众观看了演出。

59. 2017"中华曲艺海外行"专场在卢森堡举行

2017年10月31日，由中国曲艺家协会主席、著名相声表演艺术家姜昆带队的"中华曲艺海外行"专场演出在卢森堡音乐学院剧场举行。中国驻卢森堡大使黄长庆以及来自卢森堡、德国、比利时、荷兰等国的近400名中外嘉宾观看了演出。卢森堡是此次代表团欧洲之行的第二站。

60. "中华文化大乐园——优秀才艺学生交流团"在美国演出

2017年11月14日、18日，由中国国务院侨务办公室主办的"中华文化大乐园——优秀才艺学生交流团"文艺演出分别在美国费城宾州大学Irvine大礼堂和休斯敦糖城斯坦福德演出中心上演，表演了歌曲、民乐、武术、杂技、民族舞蹈等节目。此次参演交流团由20名中国优秀中小学生组成，平均年龄只有13岁，最小的年仅8岁。

61. "中华文化大乐园——优秀才艺学生交流团"赴新西兰演出

2017年12月4日，由中国国务院侨务办公室主办的2017"中华文化大乐园——优秀才艺学生交流团"汇报演出在新西兰惠灵顿歌剧院举行，吸引了1300余名观众观看。来自中央民族大学、中国音乐学院、首都体育学院的20多位青年学生，为惠灵顿当地市民献上了一台集舞蹈、武术、杂技、器乐、声乐、戏曲于一体的大型文艺表演。国务院侨务办公室党组织书记许又声等嘉宾出席了此次活动。

62. 阿根廷华兴中文学校举办建校31周年校庆园游会

2017年12月22日，阿根廷华兴中文学校举办建校31周年校庆园游会。活动现场布置了各年级展示学习成果的板报，设置了各种各样的台湾传统美食摊位。华兴中文学校校长到场，并向长期以来协助学校开办的台湾侨务主管部门表示感谢。

（五）公益活动

1. 马来西亚华文小学发展获社会各界支持

2017年1月23日，马来西亚实兆远区举行"新春红包助清寒子弟"活动，成功筹获4万余令吉，用来颁赠给马来西亚实兆远区7所华文小学的405名学生。这项活动目的是资助各华文小学的贫困家庭学生，鼓励他们努力求学。

2017年2月6日，中国驻马来西亚大使黄惠康应邀出席在森美兰州汝来华人新村举办的新春团拜活动，并代表中国大使馆向汝来国民小学、巴音新村小学、文丁中华小学、文丁启智小学、汝来光星小学5所当地华文小学捐赠10万令吉助学金，以支持马来西亚华文教育。

2017年2月21日，马来西亚丁酉年新山北区"警民心与共"新春团拜慈善晚宴举行，为贫苦家庭以及新山北区6所华文小学进行了捐款。受惠的华文小学分别是辅士华文小学、泰丰华文小学、道文华文小学、国光一校、坚柏华文小学以及丹柏华文小学，每所学校获得1万令吉捐款。较早前已有20户贫苦家庭（华巫印裔家庭以及警察家庭各有5户）各获3000令吉捐款。

2017年2月26日，马来西亚玻璃市加央斗母宫向玻璃市10所华文小学的清寒学生发放助学金，每所华文小学15人，共150人，每人获得100令吉。

2017年2月27日，马来西亚甲州议员拉蒂芭到打坡能宁新村华文小学给学生派发开学援助金，逾100名各族学生受惠。拉蒂芭叮嘱家长勿滥用100令吉的开学援助金："这是政府发给学生用作课业用途的，学生应加以善用，减轻父母的压力。"

2. 温州市外事侨务办公室向意大利华校赠送中文教材和课外读物

2017年2月14日，温州市外事侨务办公室向意大利佛罗伦萨中文学校赠送数千册人教版中文教材和中文课外读物。

佛罗伦萨中文学校计划全面深化课程改革，并启动中小学课程修订工作。从2017年下半年起，该校学生全部使用人教版中文新教材。为此，温州市外事侨务办公室向该校提供了数千册人教版中文教材。同时，温州市外事侨务办公室还向该校赠送了500册中文课外读物，帮助佛罗伦萨中文学校岗比市圣托里诺校区建设蒲公英图书室，给华裔学生提供精神食粮，培养孩子们的阅读习惯，拓宽孩子们的视野。

3. 泰国华文教师公会向北榄公立培华学校捐款

2017年9月20日，泰国华文教师公会罗宗正主席一行参访北榄公立培华学校。为支持北榄公立培华学校华文教育事业，罗宗正主席个人向北榄公立培华学校捐赠善款10万泰铢，教师公会捐赠善款10万泰铢，共计20万泰铢。

4. 上海向拉脱维亚国家图书馆赠送电子图书

2017年10月8日，中国上海市向拉脱维亚国家图书馆赠送电子图书仪式在拉脱维亚首都里加举行，"上海之窗"电子图书平台随即落户拉脱维亚国家图书馆。

在赠书仪式上，上海市人大常委会主任殷一璀还向拉脱维亚国家图书馆赠送了一套以中国创世神话故事为题材的连环画《开天辟地》以及23幅中国年画。这套连环画共30册，为中英文双语版。

5. 旅美华侨纪华龙先生出资助力华文教育

2017年11月22日，旅美华侨纪华龙在北京与中国华文教育基金会签订协议，承诺连续3年向基金会捐赠企业营业额的1%。这是中国华侨捐赠史上首次以企业营业额百分比的形式进行捐赠。

捐赠仪式上，双方达成共识：2018年至2020年，由纪华龙任董事局主席的中邮云商（深圳）股份有限公司将连续3年向中国华文教育基金会捐赠企业营业额的1%，赠与财产限用于弘扬中华文化、发展华文教育事业、促进中外文化交流三项用途。全国政协港澳台侨委员会副主任、中国华文教育基金会理事长赵阳代表基金会接受捐赠。

6. 深圳市耀华实验学校捐资助力全球华人青少年数学大赛和耀华少年数学班

2017年11月24日，中国华文教育基金会与深圳市耀华实验学校在人民大会堂重庆厅签署8090万元的五年项目合作协议，共同开展全球华人青少年数学大赛和设立全球华人耀华少年数学班。深圳市耀华实验学校董事长田贵联与全国政协港澳台侨委员会副主任、中国华文教育基金会理事长赵阳签署了合作协议，并向中国华文教育基金会秘书长邱立国递交了捐赠牌。签字仪式上，赵阳理事长还向田贵联董事长颁发了捐赠证书。

7. 中国华文教育基金会获得完美公司捐款1000万元支持

2017年12月8日，以"让爱³以立方倍成长"为主题的"2017年完美公益影像节"活动在江苏扬州"京杭之心"国际会议中心举行。相关领导和嘉宾以及社会各界人士完美伙伴代表约900人共同参与了此次大型公益类影像集体展映活动，用影像推动公益、传承文化、分享感动。

2017年，完美公司向中国妇女发展基金会、中国华文教育基金会、中国禁毒基金会、中国青少年发展基金会、中山市慈善总会各捐款1000万元，共计5000万元，用于支持五大基金会公益项目的开展。

（六）表彰活动

1. 菲律宾举办"第二十四届菲华杰出学生奖"颁奖礼

2017年2月21日，"第二十四届菲华杰出学生奖"颁奖礼在菲律宾马尼拉举行。12位获得本届菲华杰出学生奖的同学——上台领奖。菲华杰出学生奖已经得到越来越多华校的认可，成为菲律宾华校学生的最高荣誉。

2. 海外华裔青少年"'一带一路'经纬奖学金"颁发仪式在云南昆明、广西南宁举行

2017年5月25日,由中国国务院侨务办公室文化司、中国华文教育基金会主办,昆明华文学校承办,经纬置地有限公司提供资助的"2016-2017学年海外华裔青少年初高中学历教育'一带一路'经纬奖学金"颁发仪式在昆明华文学校举行。共资助195名来自缅甸、泰国、老挝的海外华裔初高中学生,总金额为70万元。

2017年6月2日,由国务院侨务办公室文化司、中国华文教育基金会主办,广西侨务办公室、广西华侨学校承办,经纬置地有限公司资助的"2016-2017学年海外华裔青少年初高中学历教育'一带一路'经纬奖学金"颁发仪式在广西华侨学校举行。自2009年起,中国华文教育基金会在广西华侨学校设立"海外华裔高中学历教育奖学金"项目,迄今资助金额已超过500万元人民币,受益的海外华裔青少年达1107人次。

3. "文化中国·四海同春"品牌等获2017"中华之光——传播中华文化年度人物"奖

2017年12月15日,由国务院新闻办公室、国务院侨务办公室、中国人民对外友好协会、孔子学院总部/国家汉办、中国文联和中央电视台共同主办的第六届《中华之光——传播中华文化年度人物》颁奖典礼在中央电视台举行。国务院侨务办公室主任裘援平,中共中央宣传部副部长、国务院新闻办公室副主任崔玉英,中国文联副主席左中一、中央电视台副台长魏地春、袁正明等各主办单位领导出席了颁奖典礼,并为获得2017第六届《中华之光》"传播中华文化年度人物"奖的10位个人、1个集体以及2个特别贡献奖获得者颁奖。

获奖个人包括:用文物沟通中日文化交流的使者——陈建中;中医针灸20余载,造福万千巴西百姓的宋南华;在南非为传播中华文化奔走的女英豪——陈玉玲;以舞蹈为纽带的中美文化交流平台搭建者——黄嘉敏;首位获得"俄罗斯功勋艺术家"称号的华人——左贞观;国传统手工技艺的守望者——黄永松;堂·吉诃德故乡的译诗人——陈国坚;让华人发出自己声音的东南亚"报业大王"——张晓卿;用中国音乐与世界对话的著名作曲家——赵季平;推动中秘建交的耄耋老人——何莲香。

获奖集体是:推动中华文化"走出去、融进去"的国家品牌——"文化中国·四海同春"。

特别贡献奖是:在比利时传播中华文化、创刊"今日中国"杂志的姐妹——丽娜与安娜;领导建立全球第一个孔子学院的美国人——丹·牟德。

六 华文教育师资培养

（一）中国外派华文教育师资培训

1. 广西桂林市外事侨务办公室召开外派教师座谈会

2017年1月25日，广西壮族自治区桂林市外事侨务办公室召开外派教师座谈会。广西桂林市在柬埔寨联华学校、培华学校、端华学校，老挝琅勃拉邦新华学校、百细华侨学校，印度尼西亚万隆基督教荣星学校等华文学校援教的21名外派教师参加。

会议通报并奖励了桂林市被广西壮族自治区侨务办公室评为2015～2016年度"广西优秀外派教师"的教师，对一年来全市华文教育工作进行简要回顾，对2017年度工作提出了要求。

2. 陕西西安市外事侨务办公室召开赴海外支教教师座谈会

2017年3月10日，陕西省西安市外事侨务办公室组织召开了海外支教教师座谈交流会，3名教师赴美国洛杉矶参加为期12天的中华文化大乐园活动，2名教师赴泰国华校开展为期1年的海外执教。此次前往海外支教的教师将给当地的华侨子女传授书画、武术、声乐等中华传统文化知识，弘扬中华文化。

3. 云南师范大学举办2017年国务院侨务办公室外派教师储备人员培训班

2017年3月17日至20日，由国务院侨务办公室文化司主办，云南省人民政府侨务办公室、云南华文学院协办的"国务院侨办2017年外派教师储备人员云南培训班"在云南师范大学举办。来自云南省10个州市93所院校的外派教师储备人员及州市侨办工作人员共110人参加培训。

国务院侨办文化司文教中心副处长王匡廷结合外派教师管理中出现的一些案例，强调了纪律要求、责任意识和工作定位。云南省侨办、云南省人民政府外事办公室、云南师范大学等单位的专家学者就跨文化交际、外事纪律教育及涉外礼仪礼节介绍、海外华文教学特点和教学方法及海外国情、侨情和华文教育概况等方面对学员进行培训。

此次培训课程有助于外派教师加深对海外侨情和华文教育工作的认识，为完成好外派任务打下良好的基础。

4. 湖北省举办 2017 年国务院侨务办公室外派教师行前培训班

2017 年 4 月 17 日至 21 日，由国务院侨务办公室文化司主办、湖北省外事侨务办公室承办的 2017 年湖北省外派教师行前培训班在湖北省武汉市举办。即将外派菲律宾、印度尼西亚的教师及相关地市外侨办（局）负责外派工作的同志近 60 人参加了为期 5 天的培训。

此次培训班安排了《东南亚国家华侨华人概况》《外事纪律和涉外礼仪》《跨文化心理适应》《华文课堂教学技法》等讲座及往年优秀外派教师分享与交流，并安排了"汉语教学观摩"环节。

5. 四川师范大学举办 2017 年四川省外派教师培训班

2017 年 4 月 11 日至 15 日，由国务院侨务办公室文化司、四川省外事侨务办公室主办，四川师范大学国际教育学院承办的"2017 年四川省外派教师培训班"开班。来自四川省 13 个市州的 89 名外派教师开展了为期 5 天的培训学习。

培训内容包括外事纪律、涉外礼仪礼节、海外国情、侨情和华文教育情况、跨国文化交际内容、海外华文教学的特点和教学方法等七个方面。这是四川省首次针对外派教师开展的大规模培训，也是四川省首次建立外派教师人才库。此次培训旨在帮助外派教师尽快了解和适应海外华文学校教学和生活环境，提高外派教师组织协调能力和课堂教学能力，以推动海外华文教育的专业化、正规化。

6. 河南大学举办 2017 年国务院侨务办公室外派教师行前培训班

2017 年 4 月 25 日，由国务院侨务办公室和河南省外事侨务办公室举办的"2017 年国务院侨办外派教师行前培训班"在河南大学举行。河南省外侨办副主任王自文，河南大学副校长孙君健，国务院侨办文化司华教中心副处长王匡廷等出席开幕式。

孙君健简要介绍河南大学基本情况，提出河南大学将利用好华文教育基地的有利条件做好培训工作。王自文对培训学员提出"承担华文教育任务""做好文化使者""不辱使命"等具体要求。王匡廷结合学员在海外工作的经验，强调要提高责任意识和安全意识。

行前培训分别从派驻国国情、侨情和华文教育、跨文化交际与比较视野、海外华文教学的特点和教学方法、河南华文教育外派教师情况及相关注意事项解析、心理辅导和突发事件处理等方面进行。

7. 湖南省举办2017年国务院侨务办公室外派教师行前培训班

2017年5月8日，由国务院侨务办公室文化司主办，湖南省外事侨务办公室、湖南省海外交流协会承办的"2017年国务院侨办外派教师（湖南、江西）行前培训班"开班。来自两省的72名一线教师在长沙接受了为期5天的培训。

培训期间，外派教师就海外侨情、华文教学、心理健康、涉外礼仪和纪律等方面展开学习，以尽快融入海外华校教学和生活环境。结业后，教师们将分批赴泰国、菲律宾、印度尼西亚等国任教。

8. 华侨大学举办2017年国务院侨务办公室外派教师行前培训班

2017年5月25日至30日，由国务院侨务办公室主办，福建省侨务办公室、华侨大学共同承办的"2017年国侨办（福建）外派教师培训班"在华侨大学厦门校区开班。福建省侨办文宣处调研员秦大富、华侨大学华文教育处有关负责人，以及来自福州、泉州、漳州、三明等地的外派教师出席了开班式。

培训班开设了《海外华文教学的特点和幼儿汉语教学方法》《国侨办外派教师管理条例》《外事纪律及涉外礼仪培训》《外派教师突发事件处理及心理辅导》等课程，内容紧贴海外国情和侨情、海外华文教育工作的实际及外派教师的工作需要。

9. 贵州省侨务办公室召开2015～2017年度外派教师座谈会

2017年6月27日，贵州省侨务办公室召开2015～2017年度贵州省外派教师座谈会。贵州省侨务办公室副主任刘宝昌，贵州省教育厅、市州侨办、教育局等相关负责人，以及外派教师代表共70余人参加了座谈会。

刘宝昌代表贵州省侨办对外派教师所付出的努力表示感谢，希望他们回国后继续为贵州省开展海外华文教育做贡献，希望教育部门、省侨办职能部门和各市州侨办对贵州外派教师工作提高支持力度，加强统筹协调。与会外派教师感谢各级部门提供了海外任教的平台，并结合工作实际对外派教师工作提出意见和建议。

座谈会旨在了解贵州外派教师在海外从事华文教育的情况，掌握海外华校和华文教育发展现状，总结经验，为逐步推进贵州省外派教师工作、拓展与东南亚国家的合作提供参考和思路。

10. 浙江嘉兴市外事侨务办公室举行外派教师座谈会

2017年6月27日，嘉兴市外事侨务办公室举行外派教师座谈会。浙江省外事侨务办公室文宣处处长王云奇、副调研员童鸿鸣，嘉兴市外侨办主任朱永明，嘉兴市教育局及派遣单位代表和3名优秀教师出席座谈会。

座谈会上，王云奇、童鸿鸣代表浙江省外侨办对即将赴外援教的老师开展了行前培训。朱永明指出开展海外华文教育的战略意义。嘉兴市教育局及派遣单位代表表示会做好相关保障工作。两名已经回国的外派老师分享了援外经验。新一批外派老师表示将珍惜援外机会，密切配合当地中文学校，力争出色完成外派支教任务。

此次嘉兴市3名优秀教师将赴意大利和厄瓜多尔华文学校进行为期1年的援教。这也是嘉兴自2013年以来的第四批外派。

11. 广东省侨务办公室召开赴老挝"中华文化大乐园"教师座谈会

2017年6月30日，广东省侨务办公室党组副书记、巡视员林琳在广东省侨办与即将赴老挝寮都公学开展中华文化大乐园的12名教师座谈交流，广东省侨办文教处负责人及有关同志参加了座谈。

7月1日至14日，广东省侨办组织广州地区9所大中学校的12名教师赴老挝开展中华文化大乐园活动，在老挝寮都公学开展面向当地华裔青少年学生的舞蹈、书画、武术、民乐、历史等夏令营培训活动。

12. 广西举办2017年国务院侨务办公室外派教师行前培训班

2017年7月25日，由国务院侨务办公室主办，广西省外事侨务办公室承办的2017年国侨办（广西）外派教师行前培训班在广西开班。70多名来自广西各地的教师参加为期5天的集中培训。

开班仪式上，广西侨办副主任陈洁指出，外派教师责任重大，希望外派教师加强使命感和责任感，树立良好的对外形象，遵守当地的法律和风俗习惯，多了解当地的侨情，成为中国与其任教国友好交往的民间使者。

接受培训的教师将前往柬埔寨、老挝、印度尼西亚等东盟国家的华文学校教学。

（二）海外来华师资培训

1. 专项教学能力培训

（1）"广西海外华文教师与社团骨干才艺进修班"在广西南宁举办

2017年7月17日，"广西海外华文教师与社团骨干才艺进修班"在南宁开班，来自泰国、老挝、越南等东盟国家的30多名学员在广西接受为期15天的系统培训。

广西侨务办公室副主任陈洁在开班仪式上介绍，随着"一带一路"建设的推进，学习中华文化日益受到国际社会的重视，华文教师数量的增加、素质能力的提升日益迫切。老挝学员团团长赵春云认为此次培训为学员们提供了亲近中华文化的机会，有助于学员教学水平的提高。泰国广西总会副主席莫锦策指出，随着"中泰高铁"项目建设的推进，泰国华人社会正掀起参与"一带一路"建设的热潮。

为提高学员们的才艺专业水平，感受独特的壮族文化及民族风情，主办方专门开设了武术、中华礼仪文明、舞蹈、绘画、书法等课程，组织赴广西民族博物馆等地参访。此次培训班首次把培训对象拓展到社团侨领，借助侨团力量培养了更多有素质的华文老师，促进了中华文化的传播。

（2）海外中国文化中心汉语教师研修班在北京开班

2017年8月28日，由文化部对外文化联络局和首都师范大学主办、中外文化交流中心承办的海外中国文化中心汉语教师研修班在北京开班。来自法国、德国、新西兰、毛里求斯、埃及、韩国、泰国等20个国家中国文化中心的24名汉语教师参加了此次培训班。

此次培训项目采用课程学习与互动交流相结合的方式，设置了公开课观摩和课堂讨论环节。研修期间，这些汉语教师还集体走访了国家博物馆、故宫博物院、荣宝斋、798艺术区等文化艺术机构，了解北京蓬勃兴起的文创产业，并在老舍茶馆感受老北京民俗，到梨园剧场欣赏京剧。

（3）华侨大学举办首期"海外华文教师（民俗体育）研习班"

2017年11月29日，由中国华文教育基金会主办、华侨大学承办、完美（中国）有限公司资助的首期"海外华文教师（民俗体育）研习班"在华侨大学厦门校区开班。来自马来西亚各独立中学的19位华文教师参加了为期两周的研习活动。华侨大学副校长彭霈、马来西亚董教总华文独立中工委会学生事务委员会委员苏耀原出席开班仪式。

民俗体育是中华传统体育文化的重要组成部分，受到海内外华侨华人的广泛欢迎和喜爱。此次研习班是华侨大学应马来西亚董教总和华校教师的需求举办的。培训期间，学员们接受了武术、舞龙、舞狮、龙舟等一系列中华民俗体育项目的训练，参观和体验了中华传统文化，也进一步推动了中马文化交流。

（4）四川师范大学举办"2017年海外华文教师四川武术培训班"

2017年12月12日，由中国华文教育基金会主办，四川省外事侨务办公室、四川师范大学共同承办的"2017海外华文教师四川武术培训班"开班仪式于四川成都举行。来自美国、澳大利亚、意大利、加拿大4个国家的20位华文教师参加培训。

此次培训选择青城太极的"站功六式"和"金刀出鞘"拳法这两套适合初学者

的武术供学员学习,旨在打破世界各国对"中国功夫"的刻板印象,让外国友人进一步普及与推广中国武术的文化内涵。

2. 教材教法专题培训

(1)昆明华文学校举办"2017年汉语教学(初级)教材教法培训班"

2017年5月8日,由云南省侨务办公室、云南省海外交流协会主办,昆明华文学校承办的"2017年汉语教学(初级)教材教法培训班"在昆明华文学校举行开班典礼。云南省侨务办公室文教处处长高厘原、昆明华文学校副校长陈娜等参加开班仪式。来自缅甸、越南、印度尼西亚和泰国的40名学员参加了为期30天的培训。

(2)云南省举办2017年"华文教育·教师研习班"教材教法培训班

2017年9月12日,由国务院侨务办公室主办,国务院侨务办公室文化司、云南省侨务办公室承办,昆明华文学校协办的2017年"华文教育·教师研习班"教材教法培训班在云南省工商管理培训学校举行开班仪式。昆明华文学校校长张明军、副校长陈娜及部分教师出席开班仪式。

此次培训班有来自缅甸、老挝的学员共计100名,21天的培训旨在为即将走上教师岗位的学员奠定坚实的专业基础。

(3)昆明华文学校举办2017年"华文教育·教师研习班"教材教法培训班

2017年11月7日,由国务院侨务办公室主办、云南省侨务办公室和昆明华文学校承办的"华文教育·教师研习"教材教法培训班(第二期)在昆明举行开班仪式。共有140名来自缅甸的学员参加培训。

此次培训主要针对海外教师进行语文和数学教学教法的综合培训,开设了小学语文汉语拼音教学、小学语文阅读教学、教育心理学、小学数学与代数等多门课程。

(4)云南师范大学举办2017年缅甸"华文教育·教师研习"教材教法培训班

2017年11月9日,由国务院侨务办公室主办,云南省侨务办公室、云南华文学院承办的2017年缅甸"华文教育·教师研习"教材教法培训班开班典礼在云南师范大学举行。来自缅甸39所华校的100名缅甸华文教师参加培训。

在为期21天的培训中,17位资深的云南省中小学语文教学专家教授围绕《语文教材设计分析》《语文专业听课评课指导》《语文知识传授与智能开发》等23门课程,分专题进行课堂教学,并组织到昆明的3所中小学进行教学观摩。

3. "华文教师证书"专项培训

(1)西南大学举办"华文教育·华文教师证书"培训班

2017年3月24日,由国务院侨务办公室主办、重庆市外事侨务办公室联合西南大学共同承办的2017年全国首期"华文教育·华文教师证书"培训班在西南大学开班。来自泰国49所大中小学及幼儿园的80位华文教师在重庆市参加为期18天的培训。本期培训班旨在提升泰国华文教师的综合素质和教学能力，推进泰国华文教育的"正规化、标准化、专业化"建设，促进华文教育事业的发展。

国务院侨务办公室文化司巡视员汤翠英在开班典礼上介绍，国务院侨办正在围绕着推动华文教育"转型升级"这一目标，建设有利于华文教育发展的"两大机制"，同时实施海外华文教育"六大支持体系"。

这是重庆市第一次举办华文教师证书班。培训期间，西南大学的骨干教师为学员们讲授汉语基础知识、教学理论与方法，以及中华文化专题课程。此外，学员们还到世界文化遗产重庆大足石刻和武隆天生三桥等地考察，实地感受山城历史和文化。

（2）安徽师范大学举办"华文教育·华文教师证书"培训班

2017年4月11日，由国务院侨务办公室文化司主办、安徽师范大学承办的"华文教育·华文教师证书"研习班在安徽师范大学举行开班典礼。来自泰国、美国、巴西、匈牙利、南非、赞比亚、葡萄牙、印度尼西亚8个国家的近40名学员参加为期18天的培训。

培训班以"华文教师标准"和"华文教师测评大纲"为指导，要求学员系统学习汉语基础知识、汉语教学知识、中国文化知识等课程，并于课程结束后参加《华文教师证书》考试。此外，承办方还组织学员开展教学交流观摩与皖南文化考察。

（3）暨南大学举办"华文教育·华文教师证书"培训班

2017年6月11日，由国务院侨务办公室、中国海外交流协会主办，暨南大学华文学院承办的"华文教育·华文教师证书"培训班举行开班典礼。来自全球17个国家和地区的60余名华文教师参加培训。经过系统学习，培训班于6月26日举行结业典礼，参加培训的华文教师获颁结业证书。

（4）青岛大学举办"华文教育·华文教师证书"培训班

2017年7月6日，由国务院侨务办公室主办的"华文教育·华文教师证书"培训班在青岛大学国际学术交流中心举行结业典礼。来自美国、加拿大、德国、英国、比利时、印度尼西亚、越南等19个国家的107名海外华文教师获得证书并顺利结业，青岛市政府侨办党组书记陈春雷参加了结业仪式。

结业仪式上，海外华文教师代表回顾了18天来在青岛学习、生活、考察等内容，并表示要把在青岛所学、所见、所闻、所得带回居住国，向更多的人分享，今后在各自的岗位上为华文教育事业做出新贡献。

此次培训班开设华文教学法基础、教学实践技巧指导、汉语难音教学法等课程。华文教师课程学习完毕后还需要参加证书考试，考试内容包括卷面考试和教学实践能力考查两部分。考生将根据成绩获得由中国国务院侨务办公室颁发的"高、中、初"三个等级的证书。

（5）华中师范大学举办"华文教育·华文教师证书"培训班

2017年7月8日，由国务院侨务办公室主办、华中师范大学承办的"华文教育·华文教师证书"培训班举行结业典礼。来自俄罗斯、新加坡、泰国、乌兹别克斯坦、越南、印度尼西亚、韩国、美国8国共90名海外华文教师参加了为期18天的培训。华中师范大学国际文化交流学院院长佐斌、副院长万莹出席结业典礼，并为学员颁发结业证书和优秀学员证书。

（6）暨南大学举办"华文教育·华文教师证书"培训班

2017年7月9日，由国务院侨务办公室、中国海外交流协会主办，暨南大学华文学院承办的"华文教育·华文教师证书"培训班开班。此次培训共有来自英国、美国、新加坡、泰国、越南、俄罗斯、缅甸、老挝、西班牙、印度尼西亚等22个国家的94名海外华文教师参加。

学员在18天内系统学习《华文教学测评》《华文教材分析、评价与使用》《华文教育技术》《中华文化知识》《华文知识与能力》《华文语法教学》等12门课程，其间还包括4场专题讲座和3次文化考察，并在课程结束后参加《华文教师证书》考试。

（7）南京晓庄学院举办"华文教育·华文教师证书"培训班

2017年7月11日，由国务院侨务办公室文化司主办、南京晓庄学院承办的"华文教育·华文教师证书"培训班举行开班典礼。来自美国、俄罗斯、加拿大、法国、德国、巴西、印度尼西亚等17个国家的近40名华文教师出席了开班仪式。

南京晓庄学院海外教育学院院长王静萍致欢迎辞，介绍了学校的办学特色与华文教育优势，并希望学员充分利用培训契机，提升自我，更好地服务于华文教育事业。随后，各国教师代表就自身情况以及此次学习的目标、难点进行了交流与讨论。

此次培训班为期18天，参加培训的教师系统学习了汉语基础知识、汉语教学法、中国文化知识等课程，并参加了《华文教师证书》考试。此外，学员还参观考察了中山陵、总统府、南京市民俗博物馆、中国科举博物馆等地，加深了对中国民俗及文化的认知和了解。

（8）云南西双版纳举办"华文教育·华文教师证书"缅甸、老挝班

2017年7月27日，由云南省海外交流协会主办的2017年缅甸、老挝"华文教育·华文教师证书"培训班在云南省西双版纳州勐腊县举行开班仪式。来自缅甸、老挝的华文教师参加了为期15天的培训活动。

开班仪式由勐腊县政府外侨办主任马成春主持，西双版纳州政府外事侨务办副主任马成玲、勐腊县副县长吴卫华、老挝乌多姆赛省勐赛县教育体育局副局长通提·苏潘西、缅甸掸邦东部第四特区文体局局长龙双、勐腊县教育局副局长腾志谨等领导及全体参训教师参加培训班开班动员仪式。

培训从汉语基础知识、中华文化研修、华文教学法等方面开展专业的教学讲解，培训课程结束后还安排了文化交流考察活动。

（9）云南德宏州举办缅甸北部地区华校"华文教育·华文教师证书"培训班

2017年7月30日，由云南省侨务办公室主办、云南省德宏州侨务办公室承办、德宏州盈江县侨务办公室协办的2017年缅甸北部地区华校"华文教师证书"培训班在云南省德宏州盈江县举行开班仪式。

此次华校华文教师证书培训班以"请进来"的方式举办，来自缅甸北部地区的50名华文教师参加了培训。

（10）北京华文学院举办"华文教育·华文教师证书"老挝班

2017年7月31日至8月14日，由国务院侨务办公室主办，国务院侨办文化司和北京华文学院承办的2017年"华文教育·华文教师证书"老挝班在北京华文学院昌平校区举办。北京华文学院副院长曹正国，老挝华文教育联合会秘书长、老挝万象寮都公学行政副校长陶菊，老挝新华学校校长林绍能等嘉宾，以及相关带团教师和104名来自老挝的学员出席开班式。

陶菊代表学员对活动主办方和承办方表示衷心的感谢。她认为，当前华文教师的短板日益凸显，教师本土化的需求日益强烈，而证书班正是搭建平台、培训师资、训练技能、完成考核的系统工程。她呼吁全体学员珍惜机会、认真学习，为老挝的华文教育事业共同努力。

此次老挝华文教师证书班开设有汉语基础知识、汉语要素教学法、汉语技能教学法、中国文化知识和华文教学实践等课程，学习结束时参加了华文教师资格认证测试。培训期间，承办方还组织学员对北京的名胜古迹进行文化考察。

（11）暨南大学举办"华文教育·华文教师证书"培训班

2017年8月2日，由国务院侨务办公室、中国海外交流协会主办，暨南大学华文学院承办的"华文教育·华文教师证书"培训班举行开班典礼。来自美国、英国、德国、韩国、柬埔寨、西班牙、马来西亚等20多个国家和地区的90余名海外华文教师参加。经过系统学习，培训班于8月17日举行结业典礼，暨南大学华文学院为学员颁发此次培训的结业证书并赠送纪念印章。

（12）新疆师范大学举办"华文教育·华文教师证书"培训班

2017年8月2日，由中国国务院侨务办公室主办的"华文教育·华文教师证书"培训班在新疆师范大学举行开班仪式。来自荷兰、美国、法国、德国、西班牙、马来西亚等 19 个国家的 60 余名海外华文教师参加了为期 18 天的培训。

新疆师范大学作为华文教育基地，第一次承接华文教师培训项目。为了做好此次培训，课程安排围绕提升海外华文教师的基本功和教学能力开展，开设汉语基本知识和能力、汉语知识和教学、中华文化知识和技能等课程。同时，突出地域特色，让华文教师们对新疆最具特色的景观进行考察体验，让他们更多地了解新疆的多元文化。

（13）云南保山举办缅甸腊戌"华文教育·华文教师证书"培训班

2017 年 8 月 3 日，由中国海外交流协会暨云南省海外交流协会主办，云南省保山市政府侨办承办的"2017 年缅甸腊戌华文教师证书培训保山班"开班典礼在云南省保山市举行。来自缅甸腊戌地区 22 所华校的 100 名华文老师参加培训。

本期培训班重点讲授"汉语基础知识""汉语教学理论与方法""中华文化"三个专题，开设《华文教学法》《汉语基础知识研读》《中华文化研修》《现代教育技术》《教学技能》等课程。

（14）昭通学院举办缅甸"华文教育·华文教师证书"培训班

2017 年 8 月 3 日至 16 日，由中国海外交流协会暨云南省海外交流协会主办、昭通市外事侨务办公室和昭通学院共同承办的 2017 年缅甸华文教师昭通培训班在昭通学院举行。来自缅甸 20 所学校的 50 名华文教师参加培训。

培训班旨在提升华文教师教学水平和中国语言文化综合素养，促进海外华文教育师资队伍建设。培训重点讲授了《汉语基础知识》《中华文化专题》和《汉语教学理论与方法》等课程。培训结束后，学员们参加了"华文教师证书"考试。培训之余，学员们还参观了昭通市博物馆、龙氏家祠，深入了解昭通历史文化。

（15）陕西师范大学举办"华文教育·华文教师证书"培训班

2017 年 8 月 5 日，由国务院侨务办公室主办、陕西师范大学承办的"华文教育·华文教师证书"举行结业典礼。来自 21 个国家的 64 名海外华文教师参加了为期 18 天的培训。

培训过程中，华文教师通过学习华文基础课程，参加华文知识讲座以及文化考察等活动，更加深入地了解中国的周、秦、汉、唐等朝代的历史文化、书法文化以及丝路文化。培训结束后，学员们参加了《华文知识与能力》《文化教学及中华文化》两门科目的考试，并顺利拿到结业证书。

（16）玉溪师范学院举办缅甸"华文教育·华文教师证书"培训班

2017 年 8 月 12 日，"2017 缅甸华文教师证书培训（玉溪班）"开班典礼在云南玉溪师范学院举行。来自缅北南坎华侨学校、缅甸南坎光明学校、缅甸南坎明德佛经学校、缅甸蛮稳几华文佛经学校的 80 名华文教师参加了为期 16 天的培训。

教学培训涵盖汉语基础知识、汉语教学理论与方法、中华文化及文化考察等方面,保证了《华文教师证书》培训考试工作的专业化、正规化。

(17) 温州大学举办"华文教育·华文教师证书"培训班

2017年8月23日,由国务院侨务办公室、浙江省外事侨务办公室、温州市外事侨务办公室主办,温州大学承办的为期18天的"华文教育·华文教师证书"培训班举办结业典礼。来自8个国家的20名海外华文学校教师获得结业证书。

此次培训内容包括中文词汇知识及教学、汉语知识及教学、语法知识及教学、华文教育基础、华文课堂教学、儿童心理认知发展等,培训同时也开展了文化考察活动。

(18) 广西师范大学举办"华文教育·华文教师证书"培训班

2017年8月26日,2017"华文教育·华文教师证书"培训班结业典礼在广西师范大学举行。广西师范大学国际教育学院副院长郭元兵、桂林市外事侨务办公室副主任余治水和全体培训班学员等40多人出席。

此次培训班历时18天,采用"培训·考试·认证"三位一体的培训模式,通过开展汉语基础知识、汉语教学理论与方法、中华文化知识三方面内容的培训,帮助海外华文教师提升教学能力。

(19) 昆明学院举办缅甸"华文教育·华文教师证书"培训班

2017年10月10日,由国务院侨务办公室、云南省侨务办公室共同主办,昆明市外事侨务办公室、昆明学院承办的2017年缅甸华文教师证书培训班在昆明学院开班。此次培训班有来自缅北地区各华校的40位华文老师参加为期16天的培训学习。

(20) 暨南大学举办"华文教育·华文教师证书"培训班

2017年10月11日,由国务院侨务办公室、中国海外交流协会主办,暨南大学华文学院承办的2017"华文教育·华文教师证书"培训班举行开班典礼。此次培训共有来自英国、美国、奥地利、德国、意大利、加拿大、澳大利亚、俄罗斯、马来西亚、印度尼西亚、泰国、南非、迪拜、阿联酋、墨西哥、智利、厄瓜多尔以及中国香港18个国家和地区的34名海外华文教师参加。

学员们在18天内系统学习《汉语知识与能力》《中华文化知识》《汉语语法知识》等课程,聆听2场专题讲座,并前往广州、深圳、佛山进行文化考察。通过培训,学员们不仅能够系统提升华文教育专业知识水平、了解《华文教师证书》的定位与发展历程,也能亲自走进中国历史文化、了解当代发展面貌。

(21) 暨南大学举办"华文教育·华文教师证书"培训班

2017年11月9日,由国务院侨务办公室、中国海外交流协会主办、暨南大学华文学院承办的2017"华文教育·华文教师证书"培训班举行开班典礼。此次培训班26位学员来自全球14个国家和地区。为期18天的培训包括系统专业的汉语知识教学、科学的汉语教学能力培养、魅力无穷的文化考察等活动。

（22）华侨大学举办"华文教育·华文教师证书"培训班

2017年12月2日，由国务院侨务办公室、中国海外交流协会主办，国务院侨办文化司、华侨大学承办的"华文教育·华文教师证书"培训班在华侨大学厦门校区开班。来自新加坡、马来西亚、缅甸、泰国、印尼、菲律宾、澳大利亚、意大利、西班牙、法国、瑞士、匈牙利、罗马尼亚、芬兰、美国、加拿大、南非、阿根廷18个国家的42位海外华文教师参加培训。

华侨大学华文学院副院长胡建刚致欢迎辞，并从五个方面介绍了新时代下华文教育工作的新发展和新动向的表现，以此勉励学员们认真学习、提高教学水平，教学相长，成为华文教育的"优秀种子"。

此次证书班培训为期18天，开设有汉语基础知识、汉语要素教学法、汉语技能教学法、中国文化知识和华文教学实践等课程，学习结束时参加华文教师资格认证测试。此外，学员们还对厦门及周边地区进行了文化考察。

（23）暨南大学举办"华文教育·华文教师证书"培训班

2017年12月2日，由国务院侨务办公室、中国海外交流协会主办，暨南大学华文学院承办的2017"华文教育·华文教师证书"培训班在暨南大学开班。此次培训共有来自英国、德国、意大利、加拿大、澳大利亚、荷兰、俄罗斯、卢森堡、芬兰、西班牙、新加坡、文莱、匈牙利、马来西亚、肯尼亚、印度尼西亚、菲律宾、巴西、泰国、迪拜等20多个国家和地区的60余名海外华文教师参加。

学员们在18天内系统学习了《汉语知识与能力》《中华文化知识》《汉语语法知识》等课程，聆听了2场专题讲座，并前往广州、深圳、佛山进行文化考察。

（24）九江学院举办"华文教育·华文教师证书"培训班

2017年12月4日，由国务院侨务办公室主办、九江学院承办的2017"华文教育·华文教师证书"培训班在江西九江学院开班。九江学院的授课教师代表及来自马来西亚、澳大利亚、新加坡、英国的华文教师参加了开班仪式。

培训班为期18天，学员系统学习汉语基础知识、汉语教学知识、中国文化知识等课程，并参加《华文教师证书》考试，考试合格的学员获颁中国相关部门认可的华文教师证书。

（25）青岛大学举办"华文教育·华文教师证书"培训班

2017年12月10日，由国务院侨务办公室、中国海外交流协会主办，青岛大学与青岛市人民政府侨务办公室、青岛华文科技专修学院承办的"华文教育·华文教师证书"培训班在青岛大学开班。来自美国、南非、文莱、日本、澳大利亚、印度尼西亚、马来西亚7个国家的80名华文教师参加培训。

在为期18天的培训中，学员们系统学习了华文语法教学、中国文化知识、汉语拼音及难音矫正等课程。课程学习结束后，学员们还参加了《华文教师证书》考试。

（26）东北师范大学举办"华文教育·华文教师证书"培训班

2017年12月18日，由国务院侨务办公室主办、吉林省人民政府侨务办公室协办、东北师范大学承办的2017年"华文教育·华文教师证书"培训班在东北师范大学举行开班仪式。由东北师范大学华文教育基地、国际汉学院相关负责人，授课教师代表以及来自马来西亚、印度尼西亚、菲律宾、澳大利亚、美国、德国、智利、巴西、西班牙、法国、俄罗斯、加拿大12个国家的110位华文教育工作者参加了开班仪式。

本期研习班为期3周，培训内容主要为华文基础知识、中华文化知识、华文课堂教学、青少年心理认知发展、华文教材分析、华文教学测评等。此外，学员们还到长春市规划馆、净月潭、一汽大众等地参观考察，深入了解东北历史和文化，感悟长春的汽车城美誉及冰雪文化的魅力。

4. 中小学华校校长、校董培训

（1）"华文教育·校长研习"缅老泰班在云南昆明举办

2017年4月12日至24日，由国务院侨务办公室主办、云南省侨务办公室和云南华文学院共同承办的"华文教育·校长研习"缅老泰班在云南华文学院举行。来自缅甸、老挝、泰国的51位华校校长、副校长及教务主任参加了此次培训。

在为期2周的教学研习中，开展了校长管理艺术、课堂教学模式创新、学校行政管理、云南民族文化及教学观摩等课程。同时，学员们还参观考察了云南石林、九乡、古滇王国、官渡古镇等地。

（2）广西华侨学校举办"华文教育·校长研习"班

2017年5月26日，由国务院侨务办公室主办，国务院侨务办公室文化司、广西壮族自治区侨务办公室和广西华侨学校共同承办的"华文教育·校长研习班"在广西华侨学校举行开班仪式，来自泰国、老挝、印度尼西亚、越南等国家的50名华校负责人齐聚南宁，共同研习教学管理经验。

国务院侨办文化司司长雷振刚表示，华文学校负责人的办学理念和水平左右着学校的前进方向，对华文教育发展至关重要，希望各位校长通过此次研习班，提升管理技能和办学理念，带领各自学校全面转型升级。泰国洛坤市政府副市长彭寻·升蓬表示将把培训获得的先进理念和管理方式带回泰国，帮助当地民众更好地学习中文。

为期12天的培训中，学员们系统学习了中华文化知识、治校方略、教学管理等课程。

（3）"华文教育·杰出人士、华校校董华夏行"参访团赴新疆、宁夏考察

2017年7月1日至12日，由国务院侨务办公室、中国海外交流协会主办的"华文教育·杰出人士、华校校董华夏行"活动在新疆、宁夏举行，来自美国、德国、澳大利亚、巴西和马来西亚等31个国家的海外华校杰出人士和校董共计245人参加。

在新疆乌鲁木齐期间，各国华教代表考察了天山天池，参观了新疆博物馆，游览了吐鲁番的"火焰山"、葡萄沟和坎儿井。新疆师范大学还为代表们精心安排了4场有关新疆文化、历史和教育等领域的讲座以及一场大型室内实景新疆民族歌舞秀。在宁夏，华教校董们参观了宁夏博物馆、西夏王陵、西部影视城、沙湖和宁夏森森兰月谷酒庄等地，并前往石嘴山市光明中学、实验幼儿园、第十五小学参观和交流，观摩学生们精彩的文艺表演、活泼的特色课程和精湛的书法作品。

各国华教代表目睹了亚心之都乌鲁木齐政治、经济、文化日新月异的高速发展，见证了中国政府民族团结政策取得的巨大成就。

（4）"华文教育·校长研习"印度尼西亚班在北京华文学院举办

2017年7月6日，由中国海外交流协会主办、北京华文学院承办的"华文教育·校长研习"印度尼西亚班在北京华文学院举行结业式。来自印度尼西亚的12位华文学校校长参加了此次培训。

培训根据校长们的需求量身打造行程，学员们通过聆听讲座、参加传统文化体验课程、参观北京市重点中学和标志性名胜古迹等活动，提高华校管理水平，切实感受中华传统文化的博大精深和中国文化、经济的发展。

（5）海南省举办外派教师海外聘方学校校长研习班

2017年9月6日，由国务院侨务办公室主办，海南省外事侨务办公室承办的外派教师海外聘方学校校长研习班暨全国侨务干部华文教育专题培训班在海南海口举行开班仪式。来自印度尼西亚、泰国、菲律宾、缅甸、柬埔寨、老挝、美国、墨西哥、厄瓜多尔、捷克10个国家的华文学校校长、校董、教师等共94人参加研习班。

研习班旨在进一步加深各方对侨务工作以及华文教育的认识，交流推广外派教师工作经验，规范外派教师工作，解决外派教师工作中的新问题，共同为外派教师创造良好的教学、生活环境，使其更好地推动华文教育事业发展，向华裔青年传播优秀中华文化。

（6）"华文教育·示范学校和华教机构负责人华夏行"在山西太原举办

2017年10月13日，由国务院侨务办公室文化司主办，山西省人民政府外事侨务办公室、山西省海外交流协会承办的"华文教育·示范学校和华教机构负责人华夏行"在山西太原启动。国务院侨办文化司巡视员汤翠英、山西省外事侨务办公室主任武绍忠出席启动仪式并讲话。来自28个国家和地区的128家海外华文教育示范学校、华教机构负责人近200人参加。

活动期间,华教代表们与山西的大中学校互动交流,同时参观了包括世界文化遗产平遥古城及黄河壶口瀑布等在内的山西经典文化景区。同时,河津第一中学与马来西亚沙巴亚庇中学签署校际合作备忘录;河津第二中学与柬埔寨金边市端华学校签署校际合作备忘录;山西大学与马来西亚沙巴崇正中学达成友好交流意向;山西师范大学与意大利中意儿童教育协会签署合作意向书。

(7)"华文教育·示范学校和华教机构负责人华夏行"在河南郑州举办

2017年10月20日,由国务院侨务办公室文化司主办,河南省外事侨务办公室、河南省郑东新区教育文化体育局承办的"华文教育·示范学校和华教机构负责人华夏行"活动在郑东新区实验学校举办。来自世界五大洲21个国家的181位海外华文教育界精英,以及河南省外侨办的各位领导、郑东新区各中小学校长参加文化交流活动。

代表团分赴郑东新区实验学校、郑东新区外国语学校、郑州市第九十六中学、郑东新区昆丽河小学、郑东新区众意路小学5个分会场参观郑东新区创客教育展示,并对郑东新区中小学校深厚的历史文化底蕴和良好的特色教育、特色课程氛围表示赞叹。

郑东新区中小学校多次承办海外华裔青少年"中国寻根之旅"等外事活动。郑东新区希望来自世界各地的嘉宾能够更加深入地了解中原文化和中国特色,成为中华文化的热情传播者和中外文化交流的促进者,让丰富多彩的中华文化发扬光大。

(8)云南师范大学举办商务部东盟国家中小学校长交流研修班

2017年11月7日,由中国商务部主办、云南省商务厅牵头、云南师范大学承办的商务部对外援助培训项目"2017年东盟国家中小学校长交流研修班"在云南师范大学开班。来自泰国的13名中小学校长参加研修班。

此次研修班时间为11月7日至27日,为期21天,云南师范大学为学员们安排了专题讲座、访问交流、中国文化体验课等活动。

(9)"华文教育·校长研习"印度尼西亚班在暨南大学举办

2017年12月20日,由中国海外交流协会主办、暨南大学华文学院承办的"华文教育·校长研习"印度尼西亚班在暨南大学举行开班典礼。暨南大学华文学院副院长莫海斌、东爪哇华文教育统筹机构主席苏先源、培训班全体学员以及工作人员出席典礼。

莫海斌表示,现在印尼华文学校培养的学子不限于华裔,还包括印尼友族人士,华文学校开始跨地域、跨国界发展,同时规模、质量都在不断扩大、提高,因此华文教育应谋划当前,着眼未来,要做高层次的培养。苏先源代表项目海外组团单位致辞，他表示，暨南大学华文学院在印尼曾举办多次华文教育培训，提高了印尼当地老师的教学技能。

培训为期 11 天，主要开设了一系列学前教育课堂、新媒体应用及中华民俗文化课程，同时开展了印尼华文教育工作坊交流会、华文教育相关讲座、印尼华校校长及教师论坛活动，并组织学员访问幼儿园、参观深圳锦绣中华民俗文化村。

5. 学历型师资培养

（1）印度尼西亚华文教师对外汉语专业硕士研究生学历班在湖南师范大学开班

2017 年 6 月 15 日，印度尼西亚华文教师对外汉语专业硕士研究生学历班在湖南师范大学开班，并举行课程面授。来自印尼雅加达、万隆、山口洋、巴淡、锡江等地的 40 余名印尼籍一线在职华文教师在湖南培训，为期 20 天。

此次参加培训的华文教师以"80 后"居多，年纪最小的 24 岁。第三代华裔、2017 年 31 岁的李振福已是印尼新光明印华学校的校长。

这是湖南师范大学首个研究生层次境外办学项目，也是中国海外交流协会启动的全国首批 4 个面向海外华文教师研究生学历教育项目之一，旨在推动海外华文教育转型升级，促进海外华文教育标准化、正规化、专业化。

（2）昆明华文学校举行 2017 年汉语言专业毕业典礼

2017 年 7 月 6 日，昆明华文学校 2017 届毕业典礼在华侨宾馆泰国厅举行。云南省侨务办公室文化教育处副处长杨波，昆明华文学校校长张明军和副校长金海、陈娜及各行政部门人员以及全体老师出席。

张明军为毕业生们送上祝福和嘱托，期望各毕业生铭记与中国人民、与昆明华文学校的友谊，希望大家成为促进中华文化海外传播和中外人文交流的纽带和桥梁。毕业生代表郑氏庄发言，传达对学校的感激和为华文教育事业奋斗的决心。

张明军为 2015 级汉语言专业毕业生颁发毕业证书及"九年义务教育教材改编版小学阶段教学能力评定书"。杨波副处长为预科班的越南留学生班同学颁发结业证书。金海副校长为参加 HSK 考试的同学颁发"HSK 等级证书"，为师范班同学颁发"国家普通话水平测试等级证书"。

（3）菲律宾华教中心华语师资"造血计划"到中国深造

2017 年 8 月 28 日，菲律宾华教中心华语师资"造血计划"新老生 60 人分批赴北京华文学院、暨南大学和华侨大学深造。

菲律宾华教中心于 2004 年启动华语教学师资队伍"造血计划"，迄今已输送到中国的有来自大马尼拉、吕宋、米沙鄢、棉兰老 34 所华校的 207 名学生。学成归国服务华校的已有 147 人，教龄最长者为 11 年。学成归国后，许多"造血计划"毕业教师已成为华校的骨干华语教师,有的已经担任副校长或中文主任。

(4) 华侨大学开展泰国华文教育本科学历班第三阶段教学

2017年10月3日,由中国华文教育基金会主办,华侨大学和泰国华文教师公会承办的第二届泰国华文教育本科学历班第三阶段教学在曼谷泰国海南会馆举行开班仪式。泰国华文教师公会主席罗宗正博士、副主席兼总干事郭晓辉、秘书叶富宁出席开班仪式。

第二届泰国华文教育本科学历班共招收学员45人,均为曼谷及其周边地区各校一线华文教师。第三阶段开设高级口语、高级写作、高级汉语等课程。

(5) 暨南大学举办日本海外华语及华文教学专业硕士研究生研习班

2017年12月25日,由中国海外交流协会主办、暨南大学华文学院承办的2017年日本海外华语及华文教学专业硕士研究生"请进来"研习班在暨南大学举行开班典礼。此次研习班是暨南大学华文学院海外华语及华文教学专业首届日本兼读制硕士研究生第一次到中国进行集中面授课程学习。

此次研习班的授课形式为短期集中型,专题课程和文化考察交叉进行,学员们不仅系统学习了"中国现代化理论与实践研究"及"华文教育研究"等专业课程,还走出课堂亲身了解现代中国的发展面貌。

6. 华文教育师资远程培训

(1) "华文教师完美远程培训"在全球直播平台直播教学法课程

2017年1月9日,由中国华文教育基金会主办、北京四中网校承办、完美(中国)有限公司资助的"华文教师完美远程培训"全球直播教学法课程在中国华文教育基金会"华文教师完美远程培训"全球直播平台进行。来自德国、英国、日本、瑞典、马来西亚等50个国家和地区的1171位华文教师参与直播课。

北京华文学院王文龙首先简要介绍了教学法的分类及其在华文教学中的重要地位。接下来既从语法、语音、词汇、语块等角度选取实际的教学案例进行分析,也根据教学内容、教学目标、教学对象来介绍适合的教学法。同时还开展了包括"'把'字句的教学""声调教学""词汇搭配教学"等具体教学案例的演示。

直播课后,王文龙在微信直播群内与海外华文教师们积极互动。荷兰荷中商务文教协会的熊国秀老师和美国匹兹堡中文学校的陈虹老师、申吉老师表示,课程的针对性很强,解决了很多自己长期存在的教学困惑。

(2) "华文教师完美远程培训"在法国、德国、美国开课

2017年1月至2月,上海市政府侨务办公室在法国、德国、美国3个国家共5个地区分批开展了4场上海华文远程师资培训,来自法国巴黎精英学校、德国斯图加特中文学校、美国全美中文学校协会下属的明尼苏达明华中文学校和新泽西樱桃山中文学校,以及美国匹兹堡中文学校等海外华校的120多位华文教师通过远程网络参加了培训。

4场远程培训中,来自上海华文教育基地的专家、教师分别就"备课和教案设计""教师与学生、家长沟通技巧""课堂教学技巧""成功教育"等主题开设讲座,与海外华文教师分享了华文教学技巧及新的思路和理念,获得了海外受训老师的一致好评。当地华文教师表示,希望能够借助网络平台与中国著名学者、一线教师有更多交流,共同促进华文教学水平的提高。

(3) 刘珣教授全球直播教学法课程

2017年3月11日,北京语言大学教授刘珣在"华文教师完美远程培训"全球直播平台主讲课程《汉语的特点和汉语教学的总原则》。来自五大洲32个国家和地区的华文教师参加了课程学习。

直播课程中,刘珣教授首先点明课程的主旨,即"希望能从宏观上为教汉语的老师们提供如何选择具体教学方法的思路"。接着,简要说明了"学习者的特点"和"目的语的特点"是决定教学法的两个主要因素,并着重剖析了汉语的特点。进而,提出了汉语教学的总原则——结构、功能、文化相结合,并对此作出了细致的讲解。最后,刘珣教授与大家分享了多种能够体现汉语教学总原则的新教材,为华文教师在教学法与教材的选择问题上提供了宝贵的建议。此外,刘珣教授还为直播平台上的华文教师们解答问题,老师们纷纷表示从课程中收获了有益的理论指导,对自己今后的教学活动具有很大的指导性与启迪性。

(4)"华文教师完美远程培训"在美国西雅图开课

2017年3月20日,美国西北中文学校"华文教师完美远程培训"开课仪式在北京与西雅图两地同时举行。中国华文教育基金会联络宣传部副主任张彦,北京四中网校项目主管翟影、授课教师李岩,美国西北中文学校董事会董事长魏成,副校长冷静,中文部主任张爱琳、孙梅茹以及参与培训的全体教师出席开课仪式。

张彦指出,为了保证海外华文教师获得最先进的教育教学方法,远程培训项目的主持者在充分调研各国华文教学的困难和问题的基础上,特别聘请中国经验丰富的一线优秀教师制作一系列高清课程,逐步形成了海外华文教育独具特色的课程体系。2017年,远程培训项目将在既有培训模式上继续提升课程质量,创新服务形式,切实满足海外华文教师的实际需求,为华文教育事业的发展做出应有的贡献。魏成介绍了西北中文学校的建校历史及现状,他希望本校在加入远程培训后,教师们的教学水平能得到提高、学校华文教育的正规化与专业化程度进一步提升、中华文化在海外的传播力进一步加强。

开课仪式后，李岩为美国华文教师们带来一节《课堂管理与教学组织》互动课，主要内容包括教师的课堂角色与汉语课堂教学组织两部分。

（5）"华文教师完美远程培训"在西班牙马德里开课

2017年3月22日，由中国华文教育基金会主办、北京四中网校承办、西班牙文化旅游协会协办的"华文教师完美远程培训"开课仪式在维卡尔瓦若文化中心举行。中国驻西班牙大使馆领事部主任张焰、著名侨领陈渔光、乌兰教育集团校长乌兰等嘉宾出席了此次活动。

开课仪式由乌兰校长主持。陈渔光讲述了创办西班牙第一所中文学校的经历。中国华文教育基金会主任李晓梅、北京四中网校项目主管翟影、主讲教师章文通过网络视频与西班牙方面进行了交流。

仪式结束后，乌兰教育集团的老师们、热心于家庭教育的家长代表们和西班牙文化旅游协会代表们聆听了北京语言大学章文老师主讲的《旅游文化》课程。

（6）"华文教师完美远程培训"在斯洛伐克开课

2017年4月8日，由中国华文教育基金会主办、北京四中网校承办、斯洛伐克敦敏书院和斯洛伐克华人妇女联合会协办、完美（中国）有限公司资助的"华文教师完美远程培训"在斯洛伐克首都布拉迪斯拉发启动。

中国驻斯洛伐克大使馆领事部主任郑昕、敦敏书院院长刘洋、斯洛伐克华人妇女联合会副会长刘东与斯洛伐克从事中文教育的年轻教师、学生代表和家长参加了当天活动。

该项目旨在提供免费的平台，让海外华文教师学习中国华文教育专家的教学经验和教学理念，涉及汉语知识、语言技能、教学理论、教学技能及中华文化等方面的精品培训课程，通过远程教学与交流提高和促进海外华文教育的水平和发展。

（7）"华文教师完美远程培训"在全球直播平台开课

2017年5月6日，"华文教师完美远程培训"全球直播课程在中国华文教育基金会全球直播平台进行，北京语言大学崔永华教授主讲《汉字教学的原理和方法》，来自法国、英国、荷兰、瑞士、新加坡、马来西亚等33个国家的华文教师参加了此次课程。

直播课上，崔永华通过分析儿童识字的过程和方法，结合汉字认知研究的成果，探究汉字学习的基本原理，阐述汉字教学的九个步骤，从理论和实例两方面讲述了汉字教学的基本方法。课后，英国普茨茅斯中文学校徐冬清、墨西哥尤卡坦华侨中文学校王秋秀、英国牛津女子中学何秀华纷纷表示自己通过课程学习，获益匪浅。

（8）"华文教师完美远程培训"在英国伦敦开课

2017年7月1日，"华文教师完美远程培训"英国德福中文学校开课仪式在中国北京与英国伦敦两地同时举行。北京四中网校副校长刘开朝、项目主管翟影、授课教师王冬妮，英国德福中文学校校长袁军、副校长白鲜平、远程培训项目负责人李永玲老师及参与培训的全体教师参加了开课仪式。

开课仪式结束后，王冬妮老师为英国德福中文学校的老师上了一堂《课堂组织与管理》互动课。

（9）"华文教师完美远程培训"在荷兰安多芬开课

2017年7月12日，"华文教师完美远程培训"荷兰安多芬中文学校开课仪式在中国北京与荷兰安多芬两地同时举行。中国华文教育基金会与北京四中项目负责人参加了开课仪式，授课教师李岩、荷兰安多芬中文学校校长田明文、理事会张秦梅和任利琴及参与培训的全体教师出席开课仪式。

开课仪式结束后，来自国家开放大学的李岩老师为荷兰安多芬中文学校的华文教师上了一堂《快乐有效的汉语语法教学》互动课。

（10）"华文教师完美远程培训"在加拿大多伦多开课

2017年7月17日，"华文教师完美远程培训"加拿大多伦多启迪教育开课仪式在中国北京与加拿大多伦多两地同时举行。中国华文教育基金会与北京四中项目负责人参加了开课仪式，授课教师王黛薇、加拿大启迪教育校长常迪及参与培训的全体教师出席开课仪式。

中国华文教育基金会联络宣传部副主任张彦对加拿大启迪教育加入"华文教师完美远程培训"表示热烈欢迎。她指出，该项目旨在通过这一便捷、高效的网络平台，让广大海外华文教师学到最先进的教育教学方法，在教学理论修养及专业化水平等方面得到进一步提升。

（11）"华文教师完美远程培训"在西班牙巴塞罗那开课

2017年8月4日，"华文教师完美远程培训"西班牙中加友好学校开课仪式在中国北京与西班牙巴塞罗那两地同步举行。中国华文教育基金会与北京四中项目负责人参加了开课仪式，授课教师李顿、西班牙中加友好学校校长陈淑芬及参与培训的全体教师出席开课仪式。

开课仪式后，李顿为西班牙中加友好学校的老师们上了一堂题为《关注学生个性，提高课堂效率》的互动课。听讲老师纷纷表示在教学实践方面有了全新认识，受益匪浅。

（12）"华文教师完美远程培训"在澳大利亚珀斯开课

2017年8月26日，澳大利亚珀斯中华乐思中文学校、中华黎明中文学校、中华摩利中文学校的"华文教师完美远程培训"开课仪式在北京与澳大利亚珀斯两地同步举行。中国华文教育基金会与北京四中项目负责人、来自北京芳草地国际学校的授课教师刘新平等在北京出席开课仪式；澳大利亚中华会馆会长丁少平、中华中文学校管委会主席苏翠妹、中华乐思中文学校校长马烜历博士、中华黎明中文学校校长李华博士、中华摩利中文学校校长陈水玉、西澳中文教师协会主席兼澳大利亚中文教师联会秘书长张洁绮及当地数十名华文教师在珀斯出席开课仪式。开课仪式结束后，刘新平为珀斯中文学校的老师们带来《字理识字妙趣横生》互动课。

（13）"华文教师完美远程培训"在美国匹兹堡开课

2017年8月26日，"华文教师完美远程培训"开课仪式在美国匹兹堡中文学校和北京四中网校同时举行。中国华文教育基金会与北京四中项目负责人、授课教师李姜、美国匹兹堡中文学校董事长谢尊、副董事长李中海、校长陈虹、副校长张嘉辉及数十名华文教师出席开课仪式。开课仪式后，李姜老师远程视频讲授了《汉语知识与教学——以汉字为例》的精彩示范课，令听课者耳目一新，颇受启发。

（14）"华文教师完美远程培训"在美国宾夕法尼亚开课

2017年8月27日，"华文教师完美远程培训"开课仪式在美国宾夕法尼亚州光华中文学校和北京四中网校同时举行。美国大费城华人文化中心主任兼光华中文学校校长游恒、光华中文学校副校长张向红、王友林以及全体教师和中国华文教育基金会与北京四中项目负责人，以及来自北京第二十五中学的授课教师王冬妮等出席开课仪式。开课仪式后，王冬妮老师主讲了《课堂组织与管理》的互动课程，深受光华中文学校教师的喜爱和好评。

（15）"华文教师完美远程培训"在巴拿马开课

2017年9月6日，"华文教师完美远程培训"巴拿马外语培训学校开课仪式在中国北京与巴拿马两地同步举行。中国华文教育基金会与北京四中项目负责人、授课教师李頔、巴拿马外语培训学校校长陈现及参与培训的全体教师出席开课。

开课仪式后，李頔为巴拿马外语培训学校的老师们带来《〈中文〉教材分析及课堂活动设置》互动课，阐述如何通过汉语综合课教学提升汉语综合运用能力。此次巴拿马外语培训学校是2017年6月13日中国与巴拿马正式建交后加入培训的第一所华校。此举不仅可以提高学校中文教师的专业教学水平，为更多学生提供优质的课程服务，更是推动拉美地区华文教育事业发展的重要一步。

（16）希腊雅典中文学校加入"华文教师完美远程培训"

2017年9月10日，"华文教师完美远程培训"雅典中文学校开课仪式在北京与希腊雅典同步举行。中国华文教育基金会与北京四中项目负责人，北京语言大学授课教师章文，希腊雅典中文学校校长李芳、副校长郭青青与倪峰及数十名华文教师分别在北京和雅典两地出席开课仪式。

开课仪式结束后，北京语言大学章文老师带来《第二语言教学》的互动课。雅典中文学校是希腊第一所参加中国华文教育基金会远程师资培训的华文学校。

（17）匈牙利金桥汉语学校加入"华文教师完美远程培训"

2017年9月26日，"华文教师完美远程培训"匈牙利金桥汉语学校开课仪式在北京与匈牙利布达佩斯两地同步举行。

中国华文教育基金会与北京四中项目负责人、中国青少年心理化教育中心的心理教育专家赵淑敏，匈牙利金桥汉语学校校长乔文、匈中乒乓球俱乐部创始人魏晋秋、欧中汉学会会长李波、天津津疆画院秘书长王蔓榕以及参与培训的全体华文教师出席开课仪式。开课仪式结束后，赵淑敏为华文教师们带来《心理学在儿童教育教学实践中的应用》互动课。

匈牙利金桥汉语学校是匈牙利第一所参加基金会远程师资培训的华文学校。金桥汉语学校加入"华文教师完美远程培训"将帮助解决该校师资严重匮乏的大问题，并帮助学校教学朝着标准化、正规划、专业化的方向发展。

（18）"华文教师完美远程培训"在比利时布鲁塞尔开课

2017年10月14日，"华文教师完美远程培训"比利时欧华汉语语言学校开课仪式在中国北京与比利时布鲁塞尔两地同步举行。

中国华文教育基金会与北京四中项目负责人、北京黄城根小学的授课教师郭珍、比利时欧华汉语语言学校校长王肖梅、陈岩，以及参加培训的该校全体教师分别出席两地的开课仪式。

开课仪式后，郭珍为比利时欧华汉语语言学校的老师们执教《掌握汉字有办法》的互动课。比利时欧华汉语语言学校是比利时第一所参加中国华文教育基金会远程师资培训的华文学校。

（19）"华文教师完美远程培训"在马达加斯加塔那那利佛开课

2017年10月28日，"华文教师完美远程培训"马达加斯加孔子小学开课仪式在北京与马达加斯加塔那那利佛两地同步举行。

中国华文教育基金会与北京四中项目负责人、北京育翔小学授课教师查云鹤、马达加斯加孔子小学校长王素梅以及参与培训的全体教师分别出席两地的开课仪式。

开课仪式后，查云鹤老师为马达加斯加孔子小学的老师们带来《朗诵指导》互动课。马达加斯加孔子小学是首所加入"华文教师完美远程培训"的马达加斯加华校。

（20）"华文教师完美远程培训"在西班牙塞维利亚开课

2017年11月1日，"华文教师完美远程培训"西班牙华校优尔教育、鸿轩学校开课仪式在中国北京与西班牙塞维利亚两地同步举行。北京四中项目负责人，授课教师李岩，西班牙优尔教育校长金姜军、副校长叶杨玲，鸿轩学校校长朱沙欧、副校长张星月以及上述两所学校参与培训的全体教师出席开课仪式。

开课仪式后,李岩为两所西班牙华校的教师们带来《快乐高效的汉字词汇学习》互动课,课程主要围绕如何有效进行汉字词汇教学展开。

(21) 意大利中意学校加入"华文教师完美远程培训"

2017年11月5日,"华文教师完美远程培训"意大利中意学校开课仪式在北京与意大利两地同步举行。北京四中项目负责人、授课教师李柠和意大利中意学校校长傅文武、郑影雪,意大利坎帕尼亚华商会会长、中文联合会顾问项东达以及参与培训的全体教师出席开课仪式。开课仪式后,李柠为中意学校的老师们带来《新教师如何快速掌控华文课堂》互动课。

(22) 西班牙博思语言学校加入"华文教师完美远程培训"班

2017年11月8日,"华文教师完美远程培训"西班牙博思语言学校开课仪式在北京与西班牙两地同步举行。北京四中项目负责人和授课教师李岩以及西班牙博思语言学校校长潘丽丽、特邀嘉宾刘观娥、参与培训的全体教师出席开课仪式。开课仪式后,李岩为参与培训的教师们带来《趣味汉字教学》互动课。

(23) 奥地利维也纳中文教育中心加入"华文教师完美远程培训"

2017年11月19日,"华文教师完美远程培训"奥地利维也纳中文教育中心开课仪式在北京与维也纳两地同步举行。

中国华文教育基金会与北京四中项目负责人、授课教师李岩以及维也纳中文教育中心校长宋翰、教务主任张晓梅、参加培训的34位华文教师出席开课仪式。开课仪式结束后,李岩为维也纳中文教育中心的老师们带来《课堂管理技巧——以汉字教学为例》的互动课。

维也纳中文教育中心成为首个接受中国华文教育基金会远程培训的奥地利华校。

7. 综合性教师培训

(1) 华侨大学举办2017年缅甸华文教师汉语言文化培训班

2017年4月30日,由中国驻缅甸曼德勒总领事馆主办、华侨大学华文学院承办的2017年缅甸华文教师汉语言文化培训班在华侨大学华文学院举行结业仪式。华文学院院长胡培安等嘉宾与来自缅甸的10位华文教师参加了此次结业仪式。胡培安为参加培训的各位老师分别颁发结业证书。

为期7天的培训期间,来自缅甸的10位华文教师学习了中国历史文化、现代汉语语法、教学法和课程设计、华文教育等系列课程讲座,前往厦门市湖里实验小学、华侨大学泉州校区及厦门校区等地进行教学观摩和文化考察。缅甸华文教师一行不仅能从实用的讲座、观摩中学习文教育相关的理论知识,还能通过与泉州、厦门两地的近距离接触领略独具特色的闽南文化的魅力,感受当今中国日新月异的发展和变化。

(2)"海外华文教师吉林培训班"在东北师范大学开班

2017年5月31日,由国务院侨务办公室文化司、中国华文教育基金会主办,吉林省侨务办公室、东北师范大学承办,雅居乐集团资助,为期10天的"2017海外华文教师吉林培训班"在东北师范大学开班。来自瑞典、泰国、德国、美国、阿联酋、越南、马来西亚、新加坡、韩国9个国家的19位华文教师参加培训。

培训班除穿插文化考察交流、参观东北师范大学附属小学和课堂观摩、手工剪纸体验等环节外,重点组织东北师范大学的专家学者为受训者讲授《保护天性,尊重个性,培训社会性》《教育教学新理念》《智慧型教师与教师的专业发展》《学校管理者的角色和任务》《率性教学理念下的阅读教学实践探索》和《东北民俗文化》等华文教学实用课程。

(3)"海外华文教师浙江培训班"在浙江大学开班

2017年8月11日,由国务院侨务办公室文化司、中国华文教育基金会主办,浙江省外事侨务办公室、浙江大学传媒与国际文化学院、浙江大学国际教育学院承办,雅居乐集团资助的"海外华文教师浙江培训班"在浙江大学开班。来自澳大利亚、奥地利、德国、法国、英国、加拿大、新加坡、马来西亚8个国家的20名华文教师出席开班仪式并开启为期10天的培训活动。

近年来,国务院侨办和中国华文教育基金会根据海外华校实情,除研发推出华文教辅材料外,持续加大海外华文师资培训力度,不断丰富培训内容,加强中华文化艺术课程,提升海外华文教师的文化素养和教学技能,并通过华文教师们的言传身教来提高海外学生对中国文化的兴趣和认同。

(4)暨南大学举办2017年两岸华文教学研习班

2017年8月25日,由华文教育发展中心(北京)、世界华语文教育学会主办,暨南大学华文学院承办的2017年两岸华文教学研习班在暨南大学开班。研习班共有来自中国台湾的23位老师参加。世界华语文教育学会理事长董鹏程、暨南大学华文学院党委书记史学浩等出席开班典礼。

史学浩对学员们表示热烈欢迎,对暨南大学的办学历史和华文学院办学的基本情况作了详细介绍。董鹏程希望研习班师生能够围绕海峡两岸华语的语音差异、词汇差异等问题进行探讨,更希望研习班能够成为一个常规的项目。

教师代表周静表示很荣幸能有机会和台湾地区的同行一起交流,希望此次探讨能推动今后教学标准的一致性。台湾南华大学华语中心主任周亮君代表研习班学员发言,希望海峡两岸的教师可以多交流,开创海外华文教育的新天地。

培训开设了《通用教材介绍与分析》《两岸词汇差异与教学》《计算机辅助汉语

教学》等 11 门课程，学员们参加了多场对外汉语教学工作坊。课程学习和教学交流的多样形式促进了海峡两岸华文教育的合作与交流。

（5）贵州举办 2017"华文教育·优秀教师、资深教师华夏行"

2017 年 9 月 18 日，由国务院侨务办公室主办、贵州省外事侨务办公室承办、黔西南州外事侨务办公室协办的"华文教育·优秀教师、资深教师华夏行"活动在贵州兴义举行。来自意大利、缅甸、新加坡、印度尼西亚等国家的 160 余名一线华文教师参加了"华夏行"活动。

活动期间，教师们先后赴广西、贵州交流和考察，实地参观贵州省兴义市和贵阳市等地中小学校，就"华文教育""课堂教学技巧""学生兴趣培养"等主题交流、座谈和观摩，还游览了桂林和贵阳历史悠久的人文景点和秀美的自然风光。

（6）广东举办第三期海外华教高层研修班

2017 年 9 月 19 日至 25 日，由广东省人民政府侨务办公室主办、广东第二师范学院承办的第三期海外华教高层研修班在广东广州举行。来自老挝、缅甸、日本、委内瑞拉、印尼、马来西亚、柬埔寨 7 个国家的华教高层参加了培训。广东省侨办党组副书记、巡视员林琳出席了开班仪式和结业典礼，并与学员进行了座谈交流。

为期 7 天的研修课程，邀请到知名专家教授为学员讲授学校管理、教育理念、国学课堂教学等课程，还安排学员到广州市东方红幼儿园、执信中学、佛山九小、南海外国语学校等特色名校寻访、课堂观摩，组织学员参观了广东华侨博物馆、南越王墓、陈家祠等岭南著名景点。

（7）湖北举办"2017 海外红烛故乡行——湖北荆楚文化之旅"

2017 年 10 月 10 日，由中国华文教育基金会主办、湖北省外事侨务办公室承办、雅居乐地产控股有限公司资助的"2017 海外红烛故乡行——湖北荆楚文化之旅"在湖北武汉举行。中国华文教育基金会项目二部主任李晓梅、湖北省外事侨务办公室副主任冯细国，来自马来西亚、日本、泰国、西班牙等国家的 15 名华校校董及资深华文教师出席启动仪式。

为期 10 天的荆楚文化之旅，海外嘉宾聆听了中医名师讲座，走进华中师范大学、三峡大学等高校进行座谈交流，教师们还分别赴宜昌、当阳、荆州等地考察历史名胜、风土人情，领略荆楚文化的独特魅力。

（8）宁夏举办"2017 海外红烛故乡行——银川文化之旅"

2017 年 10 月 10 日，由中国华文教育基金会主办、宁夏回族自治区外事侨务办公室承办、雅居乐地产控股有限公司资助的"2017 海外红烛故乡行——宁夏文化之旅"启动仪式在宁夏银川举行。来自德国、澳大利亚、泰国、马来西亚、新加坡 5 个国家的 15 名海外华校校董和资深华文教师在宁夏开展了为期 10 天的交流考察活动。

此次"2017海外红烛故乡行——宁夏文化之旅"通过讲座、考察、参观、座谈等形式,增进海外华文教师对宁夏的了解,感受宁夏的教育理念和教育特色。

(9) 济南大学举办"海外华文教师山东培训班"

2017年10月14日至23日,由国务院侨办文化司和中国华文教育基金会联合主办,山东省人民政府侨务办公室承办,雅居乐地产控股有限公司资助的"2017海外华文教师山东培训班"在济南大学举办。来自泰国的19位华文教师参加了为期10天的汉语言文化培训。

培训班以"汉语教学培训"与"传统文化体验"两个主题模块为基本方向,开设了中国文化讲座、汉语语音与语音教学法、汉字与汉字教学法、汉语教学工作坊、汉语词汇与词汇教学法、汉语语法与语法教学法等汉语知识系列培训课程,同时,设置了具有中华文化特色的拓片、燕青拳、陶艺、古琴等文化体验活动。培训期间,学员们还游览了北京、曲阜和济南等地的历史人文景点和秀美的自然风光,深刻感受当今中国日新月异的发展与变化。

(10) 华侨大学举办缅甸华文教师汉语言文化培训班

2017年10月21日,缅甸华文教师汉语言文化培训班开营仪式在华侨大学华文学院举行。华文学院院长胡培安、缅甸曼德勒福庆学校副校长吕子态及来自缅北各学校的12名华文教师出席开营式。

胡培安在开营式上致欢迎辞,对缅甸华文教师所做的杰出工作表示了崇高的敬意,并对"一带一路"背景下缅甸华文教育事业的发展提出构想。缅甸曼德勒福庆学校副校长吕子态希望教师们利用此次宝贵的机会努力学习,回国后继续开展华文教育,弘扬中华文化,为中缅两国的友好关系做出贡献。

(11) 菲律宾宿务亚典耀圣心学校骨干教师研习班在华侨大学举办

2017年10月30日,由国务院侨务办公室主办、华侨大学承办的菲律宾宿务亚典耀圣心学校骨干教师研习班在华侨大学开班,共有26名教师参加研习。

研习班为期8天,包括中国高等教育概况、中华传统舞龙、海丝文化历史等课程。研习班教师通过此次研习课程了解了华侨大学办学情况以及中华传统文化、中国现代化经济发展概况。研习班也为更多菲律宾学子升学华侨大学搭建畅通的资讯渠道,增进两校的师生交流。

(12) "华文教师北京培训班"在首都师范大学举办

2017年11月6日,由中国华文教育基金会、北京市人民政府侨务办公室主办、首都师范大学承办、雅居乐地产控股有限公司赞助的"华文教师北京培训班"开班仪式在首都师范大学举行。来自印尼、加拿大、英国、马来西亚等11个国家的28名在海外一线教学的华文教师参加了开班仪式。北京市人民政府侨务办公室副主任史立臣、首都师范大学党委副书记徐志宏出席仪式并致辞。

史立臣在致辞中表示，当前海外华文教育工作面临的问题，无论是观念的更新、专业知识的储备还是教学的实际操作，都对广大华文教师提出了严峻的挑战。他希望学员们珍惜培训机会，学有所获。

（13）江苏南京举办"2017海外红烛故乡行——江苏文化之旅"

2017年11月7日，由中国华文教育基金会主办、江苏省侨务办公室承办的"2017海外红烛故乡行——江苏文化之旅"启动仪式在江苏南京凤凰母语教育科学研究所举办。来自6个国家的15名在海外从教20年以上的资深华文教师参加活动。江苏省侨办副主任杜伟出席仪式并致辞。

为期10天的活动中，教师团先后在南京、无锡、苏州、扬州等地活动。在中山陵、夫子庙、拙政园、山塘街、瘦西湖等景点，大家体验了江苏深厚的历史人文；在江阴华西村，目睹了中国农村40年的深刻巨变；在南京凤凰母语教育科学研究所，与语文教育专家面对面探讨华文教育规律；在南京市浦口区行知教育基地，感知了知行合一、开放包容先进教育理念；在苏州评弹学校，欣赏了充满地域特色的精彩演出。

（14）"华文教育·教师研习"马来西亚班在暨南大学开班

2017年12月12日，由中国海外交流协会主办、暨南大学华文学院承办的2017"华文教育·教师研习"马来西亚班开班仪式在暨南大学华文学院举行。马来西亚武吉丁宜华校董事会董事长陈亚斯，暨南大学华文学院院长邵宜、副院长莫海斌，培训班全体学员以及工作人员出席典礼。

学员们在为期15天的培训期间系统学习了《华文朗诵欣赏》《华文修辞》《中华民俗文化》等课程以及参与多场专题讲座，并前往广州、深圳进行文化考察。

8. 幼儿教师培养

（1）广东举办第14期海外华文幼师培训班

2017年9月19日，由中国海外交流协会和广东省海外交流协会主办、广州市幼儿师范学校承办的第14期海外华文幼师培训班在广州市幼儿师范学校举行开班仪式。广东省侨务办公室党组副书记林琳、广州市教育局副巡视员何倩佳出席并致辞。广州市侨务办公室副主任莫景洪、广州市幼儿师范学校校长丘毅清，以及来自印度尼西亚、马来西亚、老挝、柬埔寨等国家的55位学员参加开学班仪式。

海外华文幼师培训班自2004年开办至今，每期学制一年，已成功举办了13期，为印度尼西亚、马来西亚、泰国、文莱、柬埔寨、缅甸、老挝、泰国、菲律宾等东南亚国家培训了800多名华文幼儿老师和汉语人才，部分学员已成长为所在国家当地幼儿园的骨干教师或园长，也为中华文化在东南亚国家的传播和增进两国人民的友谊做出了贡献。

（2）云南举办海外华校幼教艺术类师资培训班

2017年10月11日，由云南省侨务办公室主办、昆明华文学校承办的"海外华校幼教艺术类师资培训班"在昆明华文学校举行开班仪式。昆明华文学校副校长陈娜等相关负责人出席了开班仪式。

此次培训班有来自缅甸、越南、泰国的40名学员参加，开设有舞蹈、声乐、奥尔夫音乐、书法、武术、剪纸等课程，此外还安排了外出考察活动，让学员们在轻松愉快的培训中学有所获。

（3）云南举办海外幼儿师资培训班

2017年11月6日，由中国华文教育基金会主办、云南省侨务办公室承办、昆明华文学校协办的"海外幼儿师资培训班"在云南省昆明市华侨宾馆泰国厅举行结业仪式。昆明华文学校校长张明军、副校长金海等领导出席了结业仪式。

此次培训设置了青花瓷、脸谱绘画、书法、乐理知识、中国传统舞蹈等课程，学员们学习了知识技能与文化常识，并结识了很多朋友。

（三）境外华文教育师资培养

1. 国务院侨办、中国华文教育基金会名师巡讲系列活动

（1）"华文教育名师大洋洲巡讲团"赴汤加讲学

2017年5月11日至12日，由中国华文教育基金会主办，江西省外事侨务办公室、江西九江学院、汤加广东同乡会承办的"华文教育名师大洋洲巡讲团"在汤加展开巡讲。中国驻汤加王国大使馆一秘郝劼，汤加广东同乡会会长赵德、副会长钟李院等30多人参加活动。

中国驻汤加大使馆参赞陈铁会见了巡讲团一行。九江学院的王贤森和张钰淇两位教师分别做了《传统文化节日与海外华人社会》《陶瓷工艺与鉴赏》讲座。

在汤加广东同乡会赵德会长和钟李院副会长的陪同下，巡讲团参观了华文学校的校址，并对华文学校的筹建提出了意见和祝愿。

（2）"华文教育名师大洋洲巡讲团"走进斐济

2017年5月13日，由中国华文教育基金会主办，江西省外事侨务办公室、九江学院承办，雅居乐集团资助的"华文教育名师大洋洲巡讲团"赴斐济首都苏瓦开展

教学交流活动。

巡讲团一行拜访了中国驻斐济大使馆，就如何进一步促进斐济华文教育发展进行探讨。巡讲团作《华文教学中的文化教育》《陶瓷工艺与鉴赏》《陶瓷工艺与文化》等讲座，听课的华文教师们受益匪浅。逸仙学校校董、斐济华人教育协会会长袁志光带领诸位校董和学校管理人员还与巡讲团开展座谈交流。

（3）"华文教育名师大洋洲巡讲团"走进瓦努阿图

2017年5月15日，由中国华文教育基金会主办，江西省外事侨务办公室、九江学院承办、雅居乐控股有限公司资助的"华文教育名师大洋洲巡讲团"赴瓦努阿图共和国，作中国文化专题讲座，并对当地华文教育情况进行了调研。

在中国驻瓦努阿图大使馆秘书武恒旭的陪同下，巡讲团一行到南太平洋大学瓦努阿图校区孔子课堂开展座谈和文化专题讲座，中瓦友好协会代表、维拉港中华公会代表以及孔子课堂教师等参加了活动。

中国驻瓦努阿图大使刘全会见了巡讲团一行，并就如何推动瓦国华文教育、创办华文学校等事项同巡讲团进行了深入探讨。

（4）"华文教育名师亚洲巡讲团"赴柬埔寨开展教学交流活动

2017年7月24日，由中国华文教育基金会主办，广东省中山市外事侨务局、中山市石岐中心小学、柬华理事总会承办的"华文教育名师亚洲巡讲团"在柬埔寨首都金边举行，开展华文师资培训和讲学交流活动。

巡讲团由中国华文教育基金会联络宣传部副主任张彦担任团长，中山市外事侨务局科长江丽清和石岐中心小学校长刘道康担任领队，石岐中心小学的全国优秀教师、省特级教师及学校教学骨干教师组成巡讲主力。刘道康作题为《"互联网＋"时代学校的变革与发展探索》的讲座；教师们做了《善沟通 促学习》《我是这样备课的》《一节好课的评价标准》《小学心理团体辅导》《口语交际课"红红火火过大年"》等讲座。

培训结束后，乌廊市柬华理事会赖德财会长、启华学校黄明忠校长为巡讲团授课老师颁发了感谢状。巡讲团团长和领队为参加培训学习的乌廊启华学校教师及师范班学员颁发培训证书。

（5）"华文教育名师亚洲巡讲团"赴泰国曼谷开展教学交流活动

2017年7月29日，由中国华文教育基金会主办，广东省中山市外事侨务局、中山市石岐中心小学、泰国华文教师公会承办，完美（中国）有限公司资助，曼谷孔堤公学协办的"华文教育名师亚洲巡讲团"在孔堤公学开讲。共计170多名华校校长、教师参加培训。

培训内容涉及语文课堂教学、脸谱、团队心理辅导、"互联网＋"时代学校教育变革与发展探索等。

（6）"华文教育名师亚洲巡讲团"赴文莱开展教学交流活动

2017年7月31日，"华文教育名师亚洲巡讲团"赴文莱中华中学开展教学交流活动。中山市外事侨务局科长江丽清、中山市石岐中心小学校长刘道康和该校省特级教师及教学骨干教师们参加了此次活动。

巡讲团黄爱珍老师以一年级学生为对象给文莱中华中学华文教师上了一节绘本阅读《我爱妈妈》的教学示范课，并以"我是如何备好一节课"为题进行了讲座。董超老师结合自己古诗教学经验，向在场的听课老师展示了一节古诗《寻隐者不遇》的教学示范课。刘道康校长作了题为《"互联网"+时代 学校的变革与发展探索》的讲座。李雪丽老师作了专题为"国学经典促学生课堂良好习惯的养成"的讲座。唐鸿雁老师以《合作的力量》为例讲述《如何设计和指导开展团康心理辅导课》。黄治勇老师执教了名为《纸碟怪脸》的美术课。

（7）"华文教育名师亚洲巡讲团"赴菲律宾开展教学交流活动

2017年8月15日至23日，由福建省海外交流协会主办的"华文教育名师亚洲巡讲团"赴菲律宾开展为期9天的巡讲活动。泉州师范学院组建的讲学团作了"初、中级华语读写教学设计""第二语言课堂教学案例分析"及"说来听听：幼儿园华语语言课中听说活动的设计"等主题讲座，并参与了4堂华语公开课的研讨。

（8）"华文教育名师欧亚巡讲团"走进阿联酋

2017年8月17日至19日，由中国华文教育基金会主办，广东省中山市外事侨务局、中山市实验小学承办，完美（中国）有限公司资助的"2017华文教育名师欧亚巡讲团"抵达阿联酋，在迪拜语言学校开展名师巡讲，并在阿布扎比教学点进行了交流活动。

巡讲团由中国华文教育基金会项目二部主任李晓梅任团长，中山市外事侨务局副局长谭文辉、中山市实验小学校长徐铭侃任副团长，成员包括来自中山市实验小学的四名骨干教师。巡讲团一行还在阿布扎比教学点负责人罗国旭的带领下，与阿布扎比卫生部官员哈山先生一家进行了交流。哈山先生长期对中华文化感兴趣，为中华文化在阿联酋的推广做了大量促进工作。巡讲团名师与到访地华文教师的交流，共同探寻了华文教育的真义，感受了中华传统文化的美好，增进了彼此间的友好情谊。

（9）"华文教育名师欧亚巡讲团"赴希腊开展培训工作

2017年8月21日，由中国华文教育基金会主办，广东中山实验小学、雅典中文学校承办的"中国华文教育基金会名师欧亚巡讲团"在希腊雅典中文学校举办中文课程教学培训。来自雅典中文学校和塞萨洛尼基华文学校的多名中文老师参加了培训。中国驻希腊使馆政务参赞高文棋在使馆会见了到访的中国华文教育基金会名师巡讲团一行。

（10）"华文教育名师欧亚巡讲团"赴塞浦路斯进行师资培训

2017年8月23日至24日，由中国华文教育基金会主办，广东省中山市外事侨务局、中山市实验小学、塞浦路斯中文学校承办的"华文教育名师欧亚巡讲团"在塞浦路斯中文学校开展师资培训。中国驻塞浦路斯大使馆临时代办、政务参赞兼首席馆员曾云，政治处主任李言刚和塞浦路斯中文学校校长韩梅梅及20多名华文教师参加了此次培训。

此次巡讲的专题讲座由中山市实验小学张小玲、赖秀青、黄艳冰、梁妮莎4位老师担任主讲老师。她们用语言、教学案例、才艺表演分别对古诗词、作文写作、识字教学和了解中国国粹京剧进行了演绎。

（11）"华文教育名师巡讲团"赴巴西圣保罗开展培训工作

2017年11月12日，由中国华文教育基金会主办，广东中山华侨中学、巴西华人协会、圣保罗华助中心承办、圣保罗亚文中心协办的"中国华文教育基金会名师巴西巡讲团"在巴西圣保罗亚文中心举办中文教师培训专题讲座。来自巴西圣保罗、库里蒂巴和福塔莱萨等地的10多所华文学校的150多名中文老师参加了培训活动。

此次培训中，来自广东中山华侨中学的4名优秀教师为巴西华文老师主讲《如何让华文课堂"活"起来》《如何扩大学生的词汇量》《趣味学华文》《从古诗中感受中国的传统文化习俗》等课程，面对面传授优秀的汉语教学法。

培训结束后，中国华文教育基金会秘书长邱立国、巴西华人协会常务副会长叶周永为参加此次培训的圣本笃学校、华侨天主堂学校、德馨双语学校、幼华学园、天天学园、慈佑学校、育才学园、启智学园的老师们颁发培训证书。

（12）"华文教育名师巡讲团"乐学营活动在马来西亚沙巴州举办

2017年11月20日至30日，应驻哥打基纳巴卢总领事馆邀请，受中国海外交流协会委派，由浙江省人民政府外事侨务办公室组织的"华文教育名师巡讲团"乐学营活动在马来西亚沙巴州举办。来自沙巴州山打根以及附近地区20多所学校334名华裔及当地青少年参加了乐学营活动。

（13）"华文教育名师非洲巡讲团"赴南非开展培训工作

2017年11月27日至28日，中国华文教育基金会名师非洲巡讲团一行赴南非开展培训工作。

巡讲团由中国华文教育基金会副理事长兼秘书长邱立国担任团长，成员包括中国华文教育基金会项目二部主任李晓梅，中山市第一中学教师、特级教师王锡文和该校多位老师。讲学团就"趣味识字课""水墨画鱼趣课"和"古诗诵读我最行"等主题进行了讲学和课堂演示，令在场的汉语老师和家长深受启发。

2. "华文教师证书"境外培训

（1）爱尔兰举办"华文教师证书"培训班

2017年5月11日，由中国国务院侨务办公室主办、爱尔兰南居会中文学校承办的爱尔兰"华文教师证书"培训举行开幕晚宴。中国驻爱尔兰使馆一等秘书蒋敬兵，都柏林大学孔子学院院长王黎明，华协会、南居华人会、华联会、爱尔兰中医学院等机构组织的负责人，以及多位爱尔兰华文教师，与国务院侨办华文教育发展中心主任谢国桥、来自华中师范大学的华文教师培训团一行出席晚宴。

谢国桥接受了《新岛周报》记者采访并介绍了"华文教师证书"培训项目。"华文教师证书"培训项目的课程设置主要分为三大板块：汉语知识与能力、中华文化以及教学法。标准化、专业化、程序化是"华文教师证书"培训项目的三大特点。同时，该项目将培训、考核与认证合为一体，旨在通过这样的培训模式全面提升华文教师的专业化水平。

（2）马来西亚砂拉越州举办"华文教师证书"培训班

2017年5月至6月，由中国国务院侨务办公室、中国海外交流协会主办"华文教师证书"培训班在马来西亚砂拉越州的诗巫、古晋等城市举办。马来西亚留华同学会砂拉越总会、古晋中中校董会等华教社团积极承担了培训的有关组织和接待工作，共有100多名华文教师参加了培训活动。

培训由陕西师范大学讲学团承担，对当地华文教师进行汉语知识与能力、中华文化和汉语教学法等方面的专项培训，提升其汉语及中华文化素养和教学水平，培训后还进行相应的考核、认证，为通过考核的教师颁发"华文教师证书"。

砂拉越州议员、诗巫市议会主席张泰卿等当地政要出席了开班典礼、结业仪式等培训活动。活动得到各大媒体的广泛报道，在当地引起热烈反响。

（3）美国旧金山南侨学校举办"华文教师证书"培训班

2017年5月26日至28日，由中国海外交流协会主办、全美中文学校协会和美国旧金山南侨学校承办的海外"华文教师证书"培训班在旧金山南侨学校举行。30多位来自旧金山湾区华文学校的教师参加了培训。

来自华东师范大学的教授叶军和华霄颖主讲《汉语知识与能力》和《汉语教学及中华文化》两门课程，南侨学校校长谭鄻组织并主持此次培训考试，美洲中华中学校校长蔡炳乐带队参加培训。

此次培训是南侨学校第二次承办海外华文教师培训工作。

（4）英国伯明翰举办"华文教师证书"培训班

2017年5月28日至29日，由中国国务院侨务办公室主办的英国"华文教师证书"培训班在伯明翰市中心 Ibis 酒店举行。来自福建师范大学的讲学团为伯明翰区的华文教师们讲授"中华文化知识""汉语基础知识""华文教学知识与能力"等专题。英国中文教育促进会会长伍善雄参与培训工作。

培训班为方便英国华文教师，以"送教上门"的形式派专家到英国授课，旨在提高海外华文教师的教学质量和中国语言文化综合素养，全面提高海外华文教育教学水平，推动海外华文教育"标准化、正规化和专业化"进程。

（5）西班牙马德里举办"华文教师证书"培训班

2017 年 6 月 26 日，中国国务院侨务办公室主办的西班牙"华文教师证书"培训班在西班牙马德里中国文化中心举行开班仪式。华文教育培训团成员、西班牙各中文学校领导、参与培训的中文教师百余人出席。

此次培训由来自四川大学的曹顺庆教授、雷汉卿教授、刘荣教授担任主讲，为期 3 天。结束培训后，于 6 月 28 日组织所有报名考试的教师参加海外"华文教师证书"笔试考核。

（6）印度尼西亚巴淡举办"华文教师证书"培训班

2017 年 7 月 13 日，由中国海外交流协会与印尼全国华文教育协调机构联合秘书处主办，海南侨办组派培训团队的"华文教师证书"培训在印度尼西亚巴淡班结业。

来自印尼巴淡、丹戎槟榔、汕尾、石叻班让等地的 63 名当地华文教师参加培训。培训分为"汉语知识与能力""汉语教学法"和"中国文化"3 门课程，由 3 位讲师分别讲授。讲师们结合学员知识水平认真备课，适时调整教学方法，并在每次讲课结束后交流信息，协调教学进程。

（7）加拿大多伦多、蒙特利尔两地举办"华文教师证书"培训班

2017 年 8 月 4 日至 16 日，由中国国务院侨务办公室文化司组织的暨南大学华文学院"华文教师证书"项目组讲学团赴加拿大多伦多、蒙特利尔两地开展华文教师证书培训与考试工作。来自多伦多、蒙特利尔、哈利法克斯等城市 10 余所中文学校的 70 多位中文教师参加了培训和考试。

这是"华文教师证书"考试首次在加拿大开考。此次讲学根据《华文教师证书》考试与考查方案和《华文教师测评大纲》规定的科目和测评范围，设置汉语知识与能力、汉语教学法、中国文化专题 3 门课程，培训结束后对学员进行了"汉语知识与能力""汉语教学及中华文化"两个科目的测试，并就"汉语教学实践"考查科目的操作实施办法进行了宣讲。

讲学团一行在讲学之余还开展了调研活动，与加拿大华文教育学会、多伦多华人教授协会、魁北克中文学校协会理事以及参加培训的各校代表举行了多场座谈，了解加拿大中文教育及中文教师发展状况，听取各校校长和理事对海外华文教师培训和培

养的建议。

（8）日本横滨、神户举办"华文教师证书"培训班

2017年8月5日，由中国国务院侨务办公室主办，北京华文学院与横滨山手中华学校、神户中华同文学校联合承办的日本首届"华文教师证书"培训活动结业。

此次培训活动为期10天，分别在横滨山手中华学校、神户中华同文学校两地进行，按照华文教师测评大纲的规定和要求，共开设《汉语基础知识》《汉语教学理论与方法》和《中华文化专题》3门课程，由北京华文学院科研管理与发展规划处廖崇阳副处长带领王芳和于小雨两位老师担任主讲。

培训结束后，讲学团对近200名学员进行了《汉语知识与能力》《汉语教学与中华文化》两门课程的书面考试，以及汉语教学实践考评，向合格者分别授予高级、中级、初级"华文教师证书"。

（9）泰国东北部举办"华文教师证书"培训班

2017年10月11日，由河南省海外交流协会和泰国东北部华文民校联谊会承办的华文教师证书培训班在泰国孔敬公立华侨学校举行开班仪式，中国驻孔敬领事馆李名刚总领事、泰国东北部华文民校联谊会洪泽荣主席和孔敬公立华侨学校校董会李钟波主席、河南省组建的讲学团和40多名当地华文教师参加了开班仪式。

此次华文教师证书培训共15天，讲学团3位老师就《汉语基础知识》《汉语教学理论及方法》和《中华文化专题》进行授课和考试。

（10）泰国崇华新生华立学校举办"华文教师证书"培训

2017年10月11日，由安徽省侨务办公室主办的泰国崇华新生华立学校首届"华文教育·华文教师证书"培训会举办开班仪式。中国驻泰国清迈总领事馆代表领事许倩、郭宇路以及崇华新生华立学校基金会主席陈潮真、学校经理兼基金会秘书长陈厚兴、中文学校校长张静参加开班仪式。

由安徽大学3位教授组成的讲学团为泰国崇华新生华立学校的62名学员开展了为期9天的培训。培训主要开设《汉语基础知识》《汉语教学理论及方法》和《中华文化专题》课程，培训结束时，学员们还参加了华文教师资格认证考试。

（11）泰国清迈举办"华文教师证书"培训班

2017年10月14日至28日，由云南省海外交流协会主办、泰北清迈地区华人村华文教师联谊会承办、云泰文苑协办的"华文教师证书"培训班在泰北清迈地区举办，来自联谊会所属13所学校的81名本土华文教师参加培训。

云南省海外交流协会文教部何静彪科长带领云南师范大学黄启庆博士及昆明华文学校何琦、赵子怡老师组成讲学团。培训内容为《汉语基础知识》《汉语教学理论及方法》和《中华文化专题》。培训结束，全体学员参加了华文教师资格认证考试。云南省海外交流协会根据考试成绩及教学实践成绩，向合格者授予"华文教师证书"。

（12）法国巴黎举办首届"华文教师证书"培训班

2017年11月20日，由中国海外交流协会主办，广西师范大学、法国华文教育协会承办的"法国巴黎首届华文教师证书培训班"在欧洲时报文化中心开讲。来自巴黎地区17个协会（学校）的52位华文教育老师报名参加培训。

中国国务院侨务办公室秘行司干部郝勇率领的、由广西师范大学选派的讲学团在2天的全天候培训时间内，讲授"华文教师证书"两个考试科目所对应的《汉语基础知识》《汉语教学理论及方法》和《中华文化专题》等培训课程。

3. 海外华校、华教组织华文师资培训

（1）缅北华文教育协会赴曼邦地区华校开展教师培训

2017年4月9日至17日，由缅甸曼邦教育局主办、勐约华光中学承办、缅北华文教育协会协办的曼邦地区第二期教师培训班在缅北勐约华光中学举行。曼邦地区10所华校共63名教师参加培训。

为会员学校开展教师培训是缅北华文教育协会的一项重要工作。为开展好此次培训，缅北华文教育协会从中国国务院侨务办公室外派老师中选派了胡正聪等3位教学管理经验丰富的老师和2位优秀的本土老师组成培训团。缅北华文教育协会会长尚兴玺多次与培训团成员沟通交流，让其深入了解曼邦地区的华文教育水平，使此次培训更具针对性、实效性。培训团成员精心准备、认真授课，从教师道德素质培养、数学思维、汉语拼音等方面进行了系统授课。通过培训，全体学员深受启发，收获不少。

目前，缅北华文教育协会正努力推动427所会员学校在教材、教师、教法等方面改革，促进缅甸华文教育向"标准化、正规化、专业化"转型升级。

（2）2017年度菲律宾华文学校联合会暑期师资讲习会举行

2017年4月27日，2017年度菲华暑期文教研习会开幕式在菲律宾马尼拉华人区自由大厦中正堂举行，由菲华文经总会常务委员庄杰森担任大会主席，"台湾驻菲律宾代表处"朱曦出席。此次活动由菲律宾华文学校联合会在台湾地区侨务主管部门协助下联合举办，旨在提升菲律宾地区华文教师教学知识及技能。

2017年被遴派到菲律宾的讲师有清华大学附设实验小学教师张忆如、新竹市亲子馆讲师黄心恬、幼儿园园长叶亚苹、铭传大学兼任讲师刘宁珠及台中教育大学语文教育研究所博士生陈玉明。叶亚苹和黄心恬教导的是幼教组，以绘本分析、创意素材结合音乐游戏唱游为主要教学内容；张忆如教导小学中小年级组的学员绘本教学、唐诗唱游及功夫文字拳；刘宁珠和小学中高年级组的学员们进行文本分析和心智图发表。

(3) 缅北华文教育协会在南怕嘎开展华文教师培训

2017年5月24日，缅北华文教育协会尚兴玺会长等5人赴南怕嘎，为缅北华文教育协会南怕嘎联络中心13所华校54名教师开展培训。

培训教师针对缅甸华校教师的实际情况开展了三个模块的培训：外派教师许媛培训的"汉语拼音、课文教学和写作技巧"，外派教师李芳明培训的"数学逻辑与方法"，外派教师胡正聪培训的"教学技能提升"。

培训期间，缅北华文教育协会尚兴玺会长、杨新业副会长与南怕嘎联络中心13所学校的领导就缅甸华文教育发展的各方面问题开展了讨论交流会，并走访了南怕嘎龙兴中学、户勐新华学校、勐育文峰学校，与学校领导一起开展教育交流研讨会。

(4) 美国加东地区举办华文教师研习会巡回教学活动

2017年7月26日，美国加东地区举办华文教师研习会巡回教学活动，共70位中文教师参加了为期3天的研习会。台湾地区侨务主管部门戴松昌应邀出席并主持教师座谈，"纽约侨教中心"主任黄正杰、副主任王盈蓉与会。

如何将紧张刺激的桌游以及在线教材加以改编带入中文学习是此次研习会的重点。会上，70位中文教师在黄仁杰、陈慧澐两位老师的带领下领略数字与桌游的教学乐趣。

(5) 柬埔寨磅湛省培华学校举办华文教师培训班

2017年7月31日，由云南省侨务办公室主办、红河学院承办、云南省红河州侨务办公室协办的2017年柬埔寨华文教师培训班在柬埔寨磅湛省培华学校举行开班仪式。柬华理事总会常务副会长兼文教师资基金处长郑棉发勋爵、副会长蔡伟华、秘书钟耀辉、磅湛省柬华理事会名誉会长许豪安等出席仪式。

开班仪式结束后，培训团老师们就自我介绍、教学中的问题、希望培训怎么做等问题对参加培训的老师开展问卷调查，并通过调查结果，调整课程与授课内容，让培训更加有效。

(6) "北加州中文学校联合会教师营"在美国圣荷西举办

2017年8月5日，"北加州中文学校联合会教师营"开幕式在美国圣荷西举行，共有约30位老师参加。北加州中文学校联合会会长钟玛莉主持开幕式。

为了顺应近年来非华裔背景学生学习中文人数越来越多的趋势，此次课程特别以双语与文化导入教学为主线作编排，以缩短中文学校与主流学校之间教学的差距。台湾地区侨务主管部门特别选派经验丰富的陈雅芳、杨琇惠担任巡回讲师。

(7) 泰北华文民校联谊会第五届汉语教师培训会在南邦公立育华学校召开

2017年8月12日至13日，泰北华文民校联谊会第五届汉语教师培训会在南邦公立育华学校召开。来自泰北华文民校联谊会15所会员学校包括各会员学校校董会主席在内的将近 200 名学员参加培训会。

培训会开幕式上，南邦公立育华学校总经理王晓新介绍大会主席团成员、参会嘉宾，育华学校教育慈善基金会董事韩文元登台致欢迎辞。泰北华文民校联谊会主席陈汉展为大会致开幕辞，介绍大会所负使命以及需要研究的重要问题。泰国教育部民教委特别政策学校处处长黄淑环指出泰北华文教育在全泰国范围处于领先水平，还肯定了泰北华文民校联谊会对推动该区域汉语教学整体水平的提升所做出的重大贡献。泰北华文民校联谊会主席陈汉展、特聘专家辛一江教授和本土老师代表林永祥、外派教师代表柳敏分别向与会人员作了三个方面的大会主题报告：泰国的华文教育与华教文化、泰北华文民校联谊会的建设与使命、本土教师与外派教师的教学与成长，他们分别从国家、泰北以及学校课堂三个层面深入探讨了目前泰国华教的核心问题。

此次培训会针对性极强，突出强调了"校董要懂办学""校长要懂管理""老师要懂教学"三个方面的目标，并结合主题报告专门开设校董培训班、校长培训班以及教师培训班。与会者分别从学校决策者、教育教学管理者以及课堂教学组织者三个视角进行讨论与交流。此外，为了提升泰北地区整体上汉语教学的质量，达到科学化、规范化、标准化的管理目标，联谊会还专门颁发了《泰北华文民校办学体系》《汉语课程标准》和《考试大纲》等一系列文件。

（8）第十七届英国中文教师节暨优秀中文教师颁奖礼在英国伦敦举办

2017 年 10 月 22 日，英国中文教育促进会在伦敦皇家地理学会剧场举办第十七届英国华文教师节暨优秀教师颁奖典礼。中国驻英国大使馆总领事费明星、领事俞晴，中国华文教育基金会项目主管辛超、山东烟台市外事侨务办公室副主任迟若维等嘉宾参加了典礼，来自英国 60 所中文学校近 300 名教师学生出席了大会。

英国中文教育促进会会长伍善雄在致辞中感谢中国大使馆对华文教育工作的高度重视和肯定，感谢各个侨团对中文教育促进会各项工作的慷慨赞助和大力支持，感谢全体华文教师为传承中华文化付出的艰辛努力。

为了表彰先进，发挥华文教师的从教积极性，英国中文教育促进会以"热心华文教育，富有奉献精神；在华文教学中有积极性和创造性；在华文学校连续工作的现任华文教师"为评选标准，选出了 56 名教师作为"2017 年度优秀华文教师"。

七 华教资源建设

1. 马来西亚重新编写小学一年级华文课本

2017年，马来西亚小学课程标准纲要（KSSR）做出修正，所有小学一年级的课本重新编写印刷新版本，小学一年级新生开始采用新课本上课。其中，华文课本增加"识字""深广课文"和汉语拼音等，课本也增加了二维码扫描。

2. 新加坡李斌父子联手开发手机应用软件"Angry Chinese"

2017年2月，新加坡安德逊初级学院二年级学生李锦韬，用一年时间和父亲李斌一起开发了名为"Angry Chinese"的华文教学手机应用软件，收录了6000个句子，让考生一边玩游戏一边造句。软件推出一个月已有百人下载，用户遍布美国、加拿大、英国、波兰、南非等全球各地。

游戏以"愤怒的小鸟"（Angry Bird）为灵感，要求用户根据华文词汇在一个句子中的正确排序，使用炮弹将它们依次"射"下来。为了适合不同年龄的学生使用，Angry Chinese也分成三个难度级别，分别是初级（小一至小三）、中级（小四至小六）和高级（中学O水准）。

全球兴起学华文热潮，李斌父子计划推出Angry Chinese 2，以外国学子为目标，教导他们日常对话和生活用语。李斌也透露，父子俩还想乘胜追击，推出新版本的Angry Chinese，改为教导外国人如何学习华文。

3. "尼山书系"丛书举行大洋洲首发仪式

2017年4月30日，由山东出版集团主办、山东友谊出版社和澳大利亚新南威尔士州中文教师协会联合承办的"尼山书系·天天读中文"大洋洲首发式暨"尼山书系·中国故事"启动仪式在悉尼举行。

尼山书系活动是中外出版文化交流国际性平台，为推动中国出版"走出去"，对外讲好中国故事、传播好中国声音做出重要贡献。《天天读中文》和《中国故事》为"尼山书系"的两套丛书。这两套丛书在大洋洲的出版发行，将有助于大洋洲的读者理解中华文化精髓，体味中华文化独特魅力。

《天天读中文》丛书是普及系列的第一套丛书，由澳大利亚优秀中文教师编纂而成，采用海外汉语教学最先进的理念和方法，是一套兼具实用性和趣味性的对外汉语教材。《中国故事》丛书则是"尼山书系"的第二套丛书，主要介绍中国文化的英文故事绘本，也是由澳大利亚作者用英语创作完成。每一卷讲述一个中国故事，以国际视角演绎中国故事，内容涵盖中国神话传说、民间故事、传统习俗等丰富内容。

4. 印度尼西亚首套本土中文教材《印尼小学华文》出版发行

2017年5月27日，由印度尼西亚雅加达联通书局出版的印尼首套本土中文教材《印尼小学华文》在印度尼西亚雅加达正式发行。

《印尼小学华文》由雅加达联通书局创办人杨兆骥担任教材总监制，教材全套共9册，《课本》《教师手册》《练习册》各3册。

中国驻印度尼西亚大使馆领事参赞祝笛出席了新书发布会，代表大使馆祝贺该教材的问世，向参与教材编写的老师们表示感谢，并希望今后编写出适用于更高年级的华文教材。

5.《论语与邯郸成语精选》双语教材在英国伦敦首发

2017年5月14日，由英国中文教育促进会编辑出版的《论语与邯郸成语精选》教材首发仪式暨新闻发布会在英国伦敦举行。中国驻英国大使馆侨务参赞卢海田、领事吕春菊，来自15个侨团的20位侨领以及来自商界和学界的嘉宾及华文媒体代表等出席发布会。

英国中文教育促进会精心编制并印刷了简单易学、图文并茂、双语注释的《论语与邯郸成语精选》学习教材，免费赠送给全英国的中文学校。《论语与邯郸成语精选》经过多位学术界专家及校长们反复讨论，最后由蔡春博士选编译注和定稿。

6. 中国华为公司向乌兹别克斯坦塔什干中学捐赠智慧教室

2017年6月21日，中国华为公司向乌兹别克斯坦塔什干第59中学捐赠智慧教室并举行落成仪式。中国驻乌兹别克斯坦大使孙立杰、乌兹别克斯坦教育部副部长肯扎耶夫、华为公司塔什干子公司总经理王鹏以及59中师生等出席。

在此次捐赠的智慧教室中，华为部署了全新的互动教学系统，通过无线接入、电子白板、辅助TV等形式，在教师与学生间形成了良好的互动，开创了全新的教学模式。智慧教室的建设，有望帮助该校师生在学习中文、了解中国文化历史方面取得更大成绩。

塔什干第59中学自1957年起开设汉语课，是中亚地区最早开设汉语课的中学，为乌兹别克斯坦及中亚其他国家培养了大批汉语人才。该中学1400多名在校生中有75%的人第一外语为汉语。

7. 商务印书馆官方出版《新华字典》App正式上线

2017年6月11日，来自出版方商务印书馆官方版本的《新华字典》App正式登陆苹果应用市场。这款软件是目前市场唯一正版的《新华字典》App，由商务印书馆出版，中国社会科学院语言研究所修订。

《新华字典》App依据的字库是通行的第11版《新华字典》，提供了单字、词语、汉语拼音、部首、笔画数、四角号码等一框式检索渠道。软件还支持手写、摄像头取字和语音输入等功能。

这款软件的一个重要功能是可以听取中国中央电视台《新闻联播》原播音员李瑞英对每一个汉字提供的原声播读。软件每天只能免费试听两次，有需求的读者可以购买所需的语音服务。

8. 阿根廷华人制作汉语网络课程上线

2017年12月上旬，由旅阿华人教授刘舒夫妇编写教材、拍摄录制的《汉语学习》网络教学课程在阿根廷国会大学网络教学平台正式上线播出。

《汉语学习》网络教学课程将中国的传统文化、历史文化、旅游风光、人文地理、风俗习惯都融入学习内容。通过一年多的时间，栏目已编辑制作完成了四部分，每部分七个课程，总时长1000余分钟的视频教学课程，还为学生准备了大量的练习视频链接和自测考试题，并开设了论坛为学生提供经验分享、解疑答惑的通道。

刘舒夫妇根据自身丰富的经验编写出版了《学汉语》（HiHola Nihao Ⅰ，Ⅱ），儿童汉语及汉西双语对照的阅读材料《中国成语故事》《古时贤文今译》《衣食住行500句》，文化方面还翻译了《西游记》等，这些书籍在阿根廷主要书店及网络均有出售，深受读者喜爱。

第四部分

台湾地区华文教育活动

一 华教会议

1. 台湾"侨教替代役"座谈会在菲律宾举行

2017年1月15日,"侨教替代役"座谈会在菲律宾帕赛市召开。来自马尼拉都会区与临近帕赛市的台湾地区侨教替代役人员参加了此次座谈会。台湾地区侨务主管部门田秋董主持此次座谈会,"台湾驻菲律宾代表"林松焕、菲华文教服务中心主任吴学诚、台湾地区侨务主管部门黄世模与菲律宾台商总会总会长林在良列席。

田秋董感谢侨教替代役人员在菲律宾为当地侨教贡献力量。座谈会的提问环节中,田秋董针对侨教替代役人员和台湾地区侨务主管部门负责人提出的问题进行了解答。

2. 韩国北中南各地侨校联合举办研讨会

2017年1月7日,韩国华侨教师联谊会及"台湾驻韩国代表处"邀请首尔、仁川、大邱、釜山等地侨校以及首尔、永登浦、议政府华侨小学校长及董事长参加在韩国首尔举行的研讨会。韩国首尔华侨协会列席参加。

此次研讨会中心议题为"韩国华侨教育未来走向如何永续发展",就目前韩国侨校经营困难进行广泛且深入的交流。研讨会重点讨论了侨校营运面临问题及解决方案、合并侨校可行性及课题、侨教发展的持续性及提升教师待遇等问题。列席的韩国各地侨校校长分别发言,各方代表就研讨会主题深入交换了意见。

此次研讨会历时2个小时,最后各方提议成立"韩华董事会联合会",以便就韩国侨教问题进行长久的沟通交流,以利于在韩侨校持续发展。

3. "台湾驻洛杉矶办事处"教育组举行春季工作重点说明会

2017年2月6日,"台湾驻洛杉矶办事处"教育组举行2017年春季工作重点说明会,向美国南加州侨界宣布开展2项关于侨胞子弟和台湾留学生的工作业务。"台湾驻洛杉矶办事处"负责人夏季昌以及殷勤文教公益基金会创办人殷清隆与殷林敏宽夫妇共同宣布，2017年奖励美国南加州地区台湾留学生的奖学金增加到6个名额，每人可得到1万美元的学费补助。

夏季昌赠送"作育英才，广惠学子"匾额给殷清隆夫妇。"台湾驻洛杉矶办事处"教育组长梁璃玲宣布从2017年3月开始将陆续开办海外华语文能力测试以及儿童华语文能力测试共17个场次的考试。测试依程度分为入门、基础、进阶、高阶、流利与精通6级。

4. 美国多地举办华文教学研讨会

2017年8月1日，由台湾地区侨务主管部门主办的海外华文教师研习会在美国"华盛顿侨教中心"开展为期两天半的研习活动，共有15所学校将近80名教师参加。研习课程包括趣味教学游戏、聪明备课术、数字科技的应用、在线材料改编等。由台湾地区侨务主管部门遴选的台湾师范大学华语中心陈慧濎和逢甲大学华语文中心黄仁杰担任讲师，特别针对海外华语文教师，帮他们设计如何将肢体游戏、桌游课程融入课堂，有效提高学生的学习兴趣。

2017年8月23日，由美国休斯敦中文学校联谊会和台湾侨务主管部门共同举办的"休斯敦地区华文教师研习会"在"休斯敦侨教中心"举行。此次研习会吸引了80位来自休斯敦、奥斯汀和达拉斯的华文老师，培训课程有华语文数字教学发展趋势、侨校教学、课堂活动设计、教具制作、《学华语向前走》快速备课法、华语e点零、多媒体运用及行动式云端华语教学实务灯内容。

二 华教交流与合作

1. "西雅图侨教中心"陈敏永访问美国波特兰地区传统侨团

2017年1月1月,"西雅图侨教中心"陈敏永前往美国波特兰地区传统侨团参观访问,在俄勒冈中华会馆与当地侨团负责人进行会谈。他肯定了俄勒冈中华会馆长久以来对侨社的贡献,表示在未来也会听取各侨团建言及需求,为侨胞提供更好的服务。

会谈后,陈敏永一行参观了当地中华会馆的历史博物馆,并前往砵仑遡源堂、合胜堂协胜公会、秉公保良堂和李氏公所等传统侨团参观访问。他对当地侨团对华人社会和华文教育付出的努力表示感谢,表示希望未来能继续增进双方互动,促进各侨团的交流与团结。

2. 新任"台湾驻韩国代表处"负责人访问韩国首尔侨团、侨校

2017年1月11日,新任"台湾驻韩国代表处"负责人廖静芝前往韩国首尔拜访首尔地区2个华侨社团和3所华侨学校。廖静芝先后到访首尔华侨中学、首尔华侨小学,受到各华校校长的热情接待。廖静芝与各学校董事分别座谈,并对寒假留校备考学生给予鼓励。

廖静芝一行还拜访了永登浦侨区的永登浦华侨协会以及永登浦华侨小学,了解侨情;并到首尔华侨协会参观,与首尔华侨协会会长谭绍荣等就韩国华侨的发展问题交换了意见。

3. 台湾地区侨务主管部门官员访问泰国华兴中学

2017年2月4日,台湾地区侨务主管部门官员林来好一行抵达泰国清迈华兴中学,参加"清迈地区华文学校奖助学金颁奖典礼"。华兴中学校长杨邦汉介绍了华兴中学的概况,林来好也致辞鼓励学生继续努力、敦品励学,并承诺保持对泰北地区侨

教的关怀与协助。

典礼上，林来好等人为华兴中学、恩惠中学的获奖学生颁发奖助学金，并赞助活动餐费 2 万泰铢，捐赠学生儿童节礼金 4 万泰铢。清迈地区华文学校联合会会长王世玺赠送荣誉证书给林来好，表彰她多年来资助泰北地区华文教育。其他参与典礼的嘉宾也进行了捐赠。

4. 台湾地区春节文化访问团泰国公演慰问侨胞乡亲

2017 年 2 月 23 日，台湾地区侨务主管部门 2017 年春节文化访问团亚洲巡回公演在泰国曼谷的台湾会馆举行。担任团长的前台湾地区侨务主管部门张富美介绍了此次出访的艺人并祝福侨胞新年快乐。

公演现场表演了歌曲演唱、魔术表演、乐团演奏等节目，现场观众反响热烈。演出结束后，来宾们上台献花合影并前往暹罗代天宫主持元宵点灯，之后回到泰国台湾会馆，与上百位侨胞一起迎接新春的到来。

5. "台湾驻韩国代表处" 廖静芝等访问韩国议政府侨校

2017 年 3 月 14 日，"台湾驻韩国代表处" 廖静芝、梁兆林前往韩国首尔议政府华侨小学参观访问，受到该校董事长金育安、校长孙德山、议政府协会会长曲永生以及小学董事孙德川等人的欢迎。双方针对侨校面临的困难交流了意见。廖静芝、梁兆林在了解了侨校的现状后，表达了台湾地区侨务主管部门的关切以及对韩国侨教发展的支持。交流会后，廖静芝一行由孙德山校长陪同参观校舍与设施，并了解同学们的上课情形。

6. 台南市大学联盟到访马来西亚华校董事联合会总会

2017 年 3 月 21 日，台湾台南大学联盟人才交流访问团共 27 位成员到马来西亚雪兰莪州访问马来西亚华校董事联合会总会，受到主席刘利民热烈欢迎。双方在会议室内进行了简短交流。"台湾驻马来西亚代表" 章计平表示将继续鼓励台湾地区教师前往马来西亚华文独中执教以协助解决师资不足的问题，并表示将增加台湾地区奖学金名额吸引更多学生到台湾地区深造。

马来西亚华校董事联合会总会和台南大学联盟人才交流访问团签署了 "交流合作备忘录"，内容包括推广及宣传大学联盟的招生，协调与组织独中师生赴台湾地区学习与交流，以及互赠刊物及出版品等协议。

7. 印度尼西亚地区初、高中华文学校校长访问台湾

2017 年 4 月 21 日，在台湾地区侨务主管部门和印度尼西亚留台联合总会的邀请

下，印度尼西亚的华文学校初、高中校长及当地教育代表共28位成员到访台湾地区，了解台湾地区中高等教育环境。

印度尼西亚留台联合总会副会长黄贤安担任此次访问团团长，他积极促成印度尼西亚与台湾地区之间的校际交流合作。台湾地区侨务主管部门田秋堇则表示，台湾治安良好，族群融合很成功，在对待侨生及侨教的规划上拥有丰富经验；同时台湾地区重视教育，以产学合作的模式，积极培养双向人才，通过奖学金等政策，吸引东南亚优秀学生到台湾地区。

访问团利用7天时间参观台湾地区的大学、侨生技职专班及海外青年技术训练班，认识台湾地区的人文及教育环境，协助更多印度尼西亚华裔子弟到台湾地区升学。

8. 缅甸华文中学参访团访问台湾地区

2017年4月24日，为了增进缅甸区华文学校老师对台湾地区中高等教育环境现况和侨生政策的了解，台湾地区侨务主管部门特别邀请缅甸的华文中学校长、老师和升学辅导人员到台湾地区参观访问。

参访团与台湾地区侨务主管部门官员吴新兴进行了沟通会谈。在长达1周的行程中，台湾地区侨务主管部门特别安排参访团前往文化大学、东南科技大学、三信家商和树德家商等大学与技职院校参观访问。

此次共有39位老师代表到台湾地区了解升学渠道。台湾地区侨务主管部门也希望通过侨生政策，让缅甸华人子弟与台湾地区的交流日益密切。

9. 美国"纽约救国团之友会"于纽约启动多项赴台湾考察活动

2017年4月25日，由美国"纽约救国团之友会"举办的"看见台湾，爱上台湾""台湾救国团暑期夏令营"等多项赴台湾考察活动在"纽约侨教中心"正式启动报名。

"台北华裔儿童夏令营"接受年龄在6~11岁的华裔儿童报名；"看见台湾，爱上台湾"活动，旨在通过组织华裔儿童在台北参观游览并参加"文化参访活动"，让他们置身中文的环境，体验同龄人的日常生活；"华裔青少年台湾中文夏令营"，课程重点为加强中文听、说、读、写的能力，接受年龄在12~20岁对华语有兴趣的海外青少年报名；"海外华裔青少年志工服务营"，特别为海外华裔高中和大学学生设计，内容包括中文训练课程、志愿教学服务和台湾环岛游，目的在于让海外华裔青年深度体验台湾地区的生活，加深对台湾地区的印象。

10. 菲律宾台湾工商总会与台湾佛光大学签署合作备忘录

2017年5月24日，台湾佛光大学和菲律宾台湾工商总会在菲律宾马尼拉签署建教合作备忘录。"台湾驻菲律宾代表处"朱曦、菲华文教服务中心主任吴学诚及佛光大学国际合作与交流组组长陈拓余等人出席。

签约现场，菲律宾台湾工商总会会长林家丞与佛光大学校长杨朝祥分别在备忘录上签名，"台湾驻菲律宾代表处"林松焕与菲律宾台湾工商总会理事主席陈志郎担任仪式见证人。

根据建教合作备忘录，双方将促成实习、参访就业、实务讲座等相关合作，期盼借此为台商企业找寻更多优秀人才，也帮助学生们更好地进行职场发展，健全人才交流平台。

11. 台湾地区侨务负责人与阿根廷侨教人员座谈

2017年6月27日，台湾地区侨务主管负责人之一吴新兴到访阿根廷布宜诺斯艾利斯华兴中文学校，与该地区的6所侨校校长开展座谈。

座谈中，华兴中文学校校长建议台湾地区侨务主管部门提高机票补助金额，便于阿根廷华文教师到台湾地区参加教师研习或培训课程。吴新兴对各校校长的提问给予关切与回应。

座谈中，吴新兴与阿根廷侨校教师联谊会会长刘兴国互赠礼物，并与6校校长合照留念。座谈会后，吴新兴还参观了学校校舍，关心学生的上课情况。

12. 美国洛杉矶台湾书院举办台湾现代文学经典展

自2017年2月23日起，美国洛杉矶台湾书院特别推出为期2个月的"阅读台湾：台湾现代文学经典"展览会，向美国社会介绍台湾地区文学史上的成就。"台湾驻洛杉矶办事处"台湾书院主任张书豹在展览会上介绍台湾地区现代文学的各个作家和作品，并宣布台湾书院正式启动以英文发表的台湾文学书展和台湾文学电影展。

此次书展只提供购书信息不贩卖书籍，旨在希望网络时代的读者能从纸本印刷的书籍阅读中了解台湾地区的文化特色。

13. 美国"金山湾区侨教中心"举行春季教育展

2017年4月17日，为了提供给家长及学生第一手的升学信息，《世界日报》特别在美国圣何塞"金山湾区侨教中心"举办2017年春季教育展。此次展会的协办单位包括北加州中文学校联合会以及中美珠心算学会，共进行五场教育讲座。讲座包括由秦乐章及程欢主讲的"如何有效的建立自信心并找到学习的原动力"，斯坦福大学徐玲博士主讲的"孩子领导能力的激发"。为了引导孩子进行有效率的学习，中美珠心算学会与《世界日报》共同举办"闪示珠心算比赛"，鼓励孩子从小训练瞬间记数，珠象内化，开发左右脑共同活动。

现场还有算盘文物展、文化亲子区、文化美食区等摊位，多元又有趣的活动让各年龄层的同学都能投入其中。主办方希望通过此次教育展促进侨民交流，分享丰富实用的教育信息。

14. 美国"亚特兰大侨教中心"举行文化导览活动

2017年6月23日，为了促进主流社会对台湾地区的了解，"亚特兰大侨教中心"举办了文化导览活动。活动当天迎来主流教育机构、夏令营超过50位学生、老师及家长。"亚特兰大侨教中心"傅瑾玲出席了此次活动。

文化导览召集人陈家琪首先教导大家基本的中文问候并介绍了台湾的背景、位置与历史以及"侨教中心"的功能。文化志工老师刘承璋以自己精心制作的十二生肖皮影戏偶为道具向学生们介绍十二生肖的由来。两位老师介绍了端午节的相关习俗，并现场指导学生舞龙、舞狮的基本动作，让学生、家长尝试用中华传统乐器敲锣打鼓。活动以师生问答的方式互动。活动主办方还准备了十二生肖造型的灯笼以及小饰品赠与学生，增进了美国学生对中华文化的认识。

15. 台湾地区侨务主管部门在澳大利亚开展文化教学

2017年7月1日，台湾地区文化教师廖硕恩到澳大利亚开展空竹教学，吸引了大批家长带着学生参与，参与者年龄层由小学生到70岁的长者都有。

活动首先播放台湾空竹历史、介绍空竹竞赛规则，让大家对空竹有初步的认识，随后进行实地操作——基础运作课程。虽然在初学动作的时候都手忙脚乱，但在廖硕恩细心指导下大人、小孩都学得非常开心，初具基础的学生也开始练习进阶花式技巧。此次活动的主办，是希望参与空竹课程的朋友，未来都成为"种子"老师，一同推广民俗运动，同时拉近海外华人华侨社会和主流社会的距离。

16. 台湾地区"财团法人资讯工业策进会"向韩国永登浦华侨小学开展远程教学

2017年6月17日，台湾地区"财团法人资讯工业策进会"数字教育研究副工程师陈永轩到访韩国，教导韩国侨区的永登浦华侨小学五、六年级学生与台湾地区

"资策会"摄影棚联机,以远程教学形式学习绘制程序。侨生听取台湾地区老师指导,体验了逻辑思维的训练。

"资策会"的程序教学此前已在台湾地区15个县市推行,广受好评,有9000多名学生参与了这项运算思维程序的逻辑训练。此次和韩国的侨校合作,旨在尝试通过远程互动教学的模式,将台湾地区先进的学习内容和学习产业推向海外。

此次"资策会"也带去了台湾地区华语文教材,并拜访了韩国几所大学及国际学校。这些学校都希望与台湾地区合作开展远程教学,促进彼此的交流。

三　华教活动

（一）冬、夏令营

1. 2017年"青少年中华文化夏令营"在美国圣伯纳举行

2017年8月2日，美国南加州中文学校联合会在美国圣伯纳汀诺国家森林公园内的大熊湖举办2017年青少年中华文化夏令营。学员们在没有手机、没有电视的大自然里一起唱歌、吃饭、生活，跟着专业老师学习抖空竹、书法等传统文化技艺。更重要的是，夏令营全程用中文沟通，旨在营造一个以中文思考和对话的环境，不仅能让学生的独立自主能力得到训练，也能发挥团队合作精神，让学生在生活和游戏中体验并实践中华文化之美。

难得的团体生活让参加"青少年中华文化夏令营"的孩子们感受到前所未有的全新体验。"洛杉矶侨教中心"主任翁桂堂、副主任傅以蒨也特别上山探访夏令营的师生团队。

2. 美国发一崇德文教基金会西雅图分会举办"经典文化夏令营"活动

2017年8月7日，美国发一崇德文教基金会西雅图分会及读经中文学校在美国"西雅图侨教中心"举办"经典文化夏令营"活动。

活动一开始由林怡君老师说明了营规，然后通过唱歌和游戏让学生们互相了解。现场除了由读经中文学校的戴琳老师教大家烹饪和花艺之外，还邀请到西雅图文化种子老师苏玉枝、王秀珍、曾千琦3位老师分别指导中国画、高山族舞蹈和居地文化。

在结业典礼上，读经中文学校校长林育静对家长们多年来的支持表达感谢，同时也给学校的老师们颁发了礼品，感谢他们的用心教导。"西雅图侨教中心"主任陈敏永对主办单位多年来用心举办夏令营表示了肯定。

3. "2017年外华裔青少年夏令营"成果展在美国华盛顿举行

2018年8月16日，由华盛顿中文学校联谊会主办的"2017年华裔青少年夏令营"活动在美国"华盛顿侨教中心"大礼堂举行。

此次夏令营共吸引了170多位学员报名参加,台湾地区侨务主管部门特别选派陈希玲、刘佳雯两位文化老师前往教学。学员们在营长王丽萍、40多位义工家长及辅导员的带领下,学习各项民俗技艺、体验团体生活、训练合作精神。

学生依次表演空竹、跳绳、陀螺等技艺及民俗舞蹈。会场内还摆设了学员们精心制作的手工作品。通过此次夏令营,学生们成为传播中华文化和台湾民俗技艺的青年文化大使,在日后的学习交流过程中进一步将学习成果与主流学校老师、同学分享。

(二)教学及竞赛活动

1. 美国"金山湾区侨教中心"举办中华文化与文学讲座

2017年4月15日,由美国圣何塞台湾同乡联谊会主办,国际杰人会硅谷分会、加利福尼亚州台湾大学校友会协办的"中华文化与文学"讲座在"金山湾区侨教中心"举行。"台湾驻旧金山办事处"马钟麟、海外华文女作家协会第十届会长吴玲瑶等100多人出席了讲座。

讲座历时3个小时,梁文翔以"中国道统宗堪舆学"解说"鸡年如何逢凶化吉";女作家张纯瑛以"从中国经典文学看人生"为主题,讲述自己对《红楼梦》和《金瓶梅》的研究。

2. 德国、美国、加拿大等地陆续举办"汉字文化节"系列活动

2017年2月20日,德国汉堡中华会馆与德国桐花客家会联合举办了2017汉字文化暨桐花元宵活动。德国桐花客家会汉堡分会负责人陈玉玫,"台湾驻汉堡办事处"朱建松偕夫人林慧玲到场参加。陈玉玫会长宣传了德国桐花客家会作为旅居德国的台湾地区客家人社团在发扬客家文化和语言方面的作用。活动现场开展了纸灯笼制作、客家歌曲演唱、猜灯谜游戏等活动。

2017年3月25日,由美国新泽西中文学校协会主办、爱迪生中文学校协办的"汉字文化节卡拉OK比赛"在美国新泽西举办,共有7所学校的31位同学报名参赛。"纽约侨教中心"黄正杰、王盈蓉,台湾地区侨务主管部门戴松昌出席了此次活动。主办单位希望通过卡拉OK比赛,让同学感受中文的优美并加强中文词汇的运用,进而让汉字文化节的影响更加深远。

2017年4月7日,美东南区中文学校联合会在"亚特兰大侨教中心"举办汉字

文化节"汉字毛笔书法比赛"。亚特兰大中文学校、中华文化学校、台美学校以及慈济人文学校的66位学生报名参加。主办单位希望通过多元的方式，加强侨生对汉字之美的认识，在比赛过程或是练习当中加深对中华文化的喜爱。

自2017年4月14日起，美国南加州中文学校联合会推出2017年汉字文化节系列活动。此次活动以游园会方式进行，南加州中华文化协会、喜瑞都中文学校、佛光西来学校、孔孟中文学校、富乐顿中华文化协会等设立了12个摊位，设计了吸管吹画、篆刻技艺讲解、着色作画、制作古典童玩、抖空竹教学等游戏，让学生在游戏中了解汉字文化。

2017年4月27日，新泽西中文学校协会在美国新泽西州华伦市梅山中文学校举办了汉字文化节演讲比赛。"纽约侨教中心"王盈蓉、台湾地区侨务主管部门戴松昌出席此次比赛。王盈蓉表示，日渐增加的参赛人数证明了当地学生家长对汉字文化节的重视和支持。比赛邀请了中美文化协会会长吴丽卿，《汉新月刊》总编辑李美伦、特约记者廖美惠，前爱迪生中文学校校长万镇忠，前美东中文学校协会理事常治平5位专家担任评审。

2017年4月30日，由"台湾驻印度尼西亚代表处"主办、台湾地区侨务主管部门指导的汉字文化节校际硬笔字比赛在印度尼西亚雅加达台湾学校举办，吸引了来自各个学校不同年级的学生报名参加，感受汉字文化的博大精深。

2017年5月26日，德国法兰克福德华中文学校举行汉字文化节暨庆祝母亲节活动。校长陈静玫在活动上致辞，学校各班级学生表演了精彩节目，学生们在教师设计的游戏中复习了这一年来学习到的中文知识。

2017年5月28日，加拿大温哥华加西侨校举办汉字文化节比赛。此次比赛分成中文朗读、硬笔写字和画报比赛。比赛结束后在兰加拉大学举行颁奖典礼。"台湾驻温哥华办事处"李志强、黄俪萱出席并为学生们颁奖。李志强也以《论语》"八佾篇"的"君子之争"典故，鼓励大家学习古代君子精神。

2017年6月13日，南非比勒陀利亚斐京华侨公学举办庆端午汉字文化节活动。此次汉字文化节以舞和武为主题，让学生借此由创作与表演，同时结合端午节，举行画龙舟绘画比赛。"台湾地区驻南非代表处"石澄茂与斐京华侨公学校长何兆昌分别颁发奖状给绘画比赛优秀的同学。

2017年7月13日，加拿大温哥华联合中文学校举办"汉字文化节"。"台湾地区驻温哥华办事处教育组"官员、新科省议员康安礼、陈苇蓁等嘉宾受邀出席。此次活动师生、家长400多人齐聚一堂体验VR学华文。VR内容采用台湾地区侨务主管部门最新出版的《学华语，向前走》语文教材，由联合中文学校赖飞钟校长汇编并上台讲解。现场设12个VR体验区，由老师示范说明，学生们在闯关游戏中感受到了截然不同的华文学习方式。活动的另一个重点是演书竞赛,把戏剧元素融入阅读中,让学生从肢体声音、表情,再到剧本编写、角色扮演,边演边学进而活用中文。联合中文学校已连续6年举办汉字文化节,多年来不断努力把华文教育和科技结为一体。

2017年7月20日,德国台湾中文学校举办"汉字文化节","台湾驻德国代表"谢志伟、台湾地区侨务秘书张玉枝也到场参加。活动中,有的学生当起写字课的小老师,一笔一画教自己的父母用毛笔写汉字;幼幼班的孩子也在老师的带动下大声唱出活泼的中文歌;台湾合唱团演唱了两首台湾经典老歌。除了表演活动之外,教室外还设立了具有文化特色的摊位,孩子们通过玩闯关游戏认识各国文化,享用各国美食。

2017年11月4日,美东南区中文学校联合会暨亚特兰大侨教中心联合举办"汉字文化节系列活动之中文朗读比赛"。活动旨在增进学生们学习中文的兴趣,推广在美国的中文教育,促进中外民众欣赏中文音韵和文字之美。比赛依照学生程度分成3组,依序朗读诗词与散文。现场两位评审分别以发音、抑扬顿挫、语感及动作、衣着、仪态等逐项评分。除了侨胞第二代之外,也有不少其他族裔的学生参与。

2017年11月20日,美中地区汉字文化节中文朗读比赛在"芝加哥侨教中心"举办,"台湾驻芝加哥办事处"何震寰亲临现场并致辞。参赛者都是来自各个学校的精英,共分为5组,分别朗读5篇文章,口齿清晰、语调抑扬顿挫,还加上手势,台风稳健。"芝加哥侨教中心"副主任赖贞利、"台湾驻芝加哥办事处"董庆丰、陈琼珠分别为优胜者颁奖。

3. 澳大利亚昆士兰举办"汉字文化节语文竞赛"

2017年9月4日,由澳大利亚昆士兰华语文教师联谊会主办,"布里斯班侨教中心"统筹指导的"昆士兰汉字文化节语文竞赛"举行颁奖典礼暨成果展示。

此次汉字文化节语文竞赛项目包括朗读、文字创意彩绘以及硬笔字书写,经多位专业老师评审后,共选出178位得奖者。"布里斯班侨教中心"主任董幼文、昆士兰台侨团体联合会徐瑞云秘书长、澳大利亚多所主流学校校长以及幼儿园园长、各校老师出席颁奖典礼。董幼文向评审老师以及辛劳筹办2017年汉字文化节系列活动的昆士兰华语文教师联谊会林伊莹、陈彦伶等老师颁发荣誉证书,向积极参与支持此次比赛的各校校长与老师颁发证书。

汉字文化节活动在布里斯班已经举办9年,大大提升了海外人士学习华语文的兴趣。

4. 美国西北地区华文学校联谊会举行学艺竞赛

2017年5月18日,美国西北地区汉字文化节第二阶段学艺竞赛在美国西雅图海莱恩社区学院举行。在承办单位南普峡中文学校的积极筹备以及台湾地区侨务主管部门的赞助下，此次竞赛吸引了大西雅图地区中文学校的家长以及师生约120人参加。"西雅图侨教中心"陈敏永出席此次。

此次竞赛项目包括演讲、讲故事、诗词朗诵以及多媒体报告等内容，比赛后安排了特色黄梅戏的表演，深受师生们喜爱。

陈敏永、张良枝及全美中文学校联合总会副会长郑世芸等为获奖学生颁发奖状奖牌。

5. 美国西北地区华文学校联谊会举办成语比赛

2017年6月7日，海外汉字文化节系列活动成语比赛在美国西雅图举办。比赛由中华学院以及发一崇德文教基金会承办，分成初小、初级两个级别个人组及团体组，共有20多位学生参赛。美国西北地区华文学校联谊会会长李雅慧示范和说明了比赛规则。

比赛后对参赛作品进行评审并举行颁奖典礼。"台湾驻西雅图办事处"姚金祥、"西雅图侨教中心"陈敏永和美国西北区华文学校联谊会会长李雅慧分别颁发奖杯给各级得奖学生，并共同合影留念。

6. 菲华文经总会"亲子成语绘画比赛"在菲律宾马尼拉举行

2017年8月9日，由菲华文经总会主办的菲律宾汉字文化节系列活动"亲子成语绘画比赛"在菲律宾马尼拉举办。此次活动吸引了马尼拉中正学院、崇德学校、圣公会中学以及计顺市菲华中学、晨光中学5所侨校的100多位学生参加。菲华文经总会文化工作委员会主任蔡美扬担任大会主席并致辞。活动旨在弘扬中华文化、培养学生以艺术形式发挥创意、展现对成语的了解与运用。

比赛依参赛者的学历分成甲、乙、丙、丁4个组别，家长可以参与指导，构思绘画内容，超过限定时间家长必须离开会场让参赛者自行发挥。菲华著名画家黄曼慧、蔡秀云、杨胜利担任评审，从每个组别作品中评出前三名及1名佳作奖。菲华文经总会秘书长蔡锦郎以及教师联谊会会长陈锦芬颁发奖金给获奖者。

7. 巴西中文教学协会举办说故事比赛

2017年9月12日，由台湾地区侨务主管部门赞助、巴西中文教学协会承办的"巴西汉字文化节说故事比赛"在巴西圣保罗举行。台湾地区侨务主管部门斯碧瑶、张宏昌和圣保罗文化中心詹前校到场参与并担任评审老师。

比赛吸引了70多位学生参加，分为华裔组与非华裔组。孩子们吐字清晰，台风稳健，更有学生配合故事内容制作道具，增添故事效果。家长们也积极参与给孩子加油打气。

8. "清迈华校第一届华语文艺文竞赛"在泰国清迈查巴干县举办

2017年9月22日,由台湾地区侨务主管部门及"台湾驻泰国经济文化办事处"辅导、泰国华侨协会赞助、清迈华校联合会主办的"清迈华校第一届华语文艺文竞赛"在泰国清迈查巴干县一新中学举办。"台湾驻泰国代表"童振源,台湾地区侨务主管部门卢景海、林子扬,泰国华侨协会主席余声清、秘书长廖长复,等受邀出席。

此次艺文竞赛共有19所学校的341位同学参与作文、演讲、毛笔书法、硬笔书法等15项比赛,经过激烈角逐,最后共评选出76位获奖者。

童振源对泰北华人村举办华语文艺文竞赛、传承中华文化的行为表示敬佩与嘉许。清迈地区华校联合会会长王世玺也表示希望能通过此次竞赛让清迈华人子弟有互相观摩、交流、切磋的平台与机会。

9. 美国华盛顿举办"中文计算机识字打字比赛"

2017年11月9日,美国"华盛顿侨教中心"数字学习中心举办中文计算机识字打字比赛,共有7所本地中文学校组队参加团体赛,另外还有学生个人赛。

比赛第一阶段考验打字速度与正确性,第二阶段为识字打字竞赛。比赛题目均出自台湾地区侨务主管部门管辖的"全球华文网"的语文及文化内容。华盛顿华文网络师资协会会长汤秋玲指出,中文打字在海外中文学校日渐普及,学习者年龄也越来越小,应用云端教学或是网络教学很多,学会计算机打字对学生们来说是一项必须掌握的技能。

最终,"台湾驻美国代表处"中文学校荣获第一名,慈济中文学校、黎明中文学校分别获得第二名、第三名,"华盛顿侨教中心"陈世池颁发个人赛及团体赛奖状、奖金。

10. 美国华盛顿中文学校联谊会举办书法比赛

2017年12月20日,美国华盛顿中文学校联谊会在"华盛顿侨教中心"举办书法比赛,吸引了来自黎明、华盛顿、中华圣经教会、盖城、慈济、光华、北维实验华文学校以及华盛顿台语学校的37位学生报名参加,王纯杰、饶世永、林宏图3位老师担任评委。比赛依照小学到高中各年龄段和新移民共分6组进行,历时1个小时,由3位评审老师选出各组优胜者,颁发奖状、奖品及奖学金。

（三）招生办学

1. "台湾美国裔清寒奖学金"暨返台实习生计划记者会在美国洛杉矶召开

2017年2月28日，"台湾美国裔奖学金基金会""2017年清寒奖学金及返台暑期实习生计划"记者会在美国"洛杉矶侨教中心"举办。"台湾驻洛杉矶办事处"夏季昌，"洛杉矶侨教中心"主任翁桂堂，"台湾美国裔奖学金基金会"创办人余崇孝、秘书长周正烜，台湾地区侨务主管部门陈黄群雁出席。夏季昌致辞时表示，"台湾美国裔奖学金基金会"2017年将从38位已获得"清寒奖学金"资助的学生中选出优秀学生进行赞助并参加台湾地区教育主管部门和台湾成功大学推出的"暑假南台湾卧虎计划"。

"台湾美国裔奖学金基金会"由台美成功企业家及社区领袖共同支持成立，宗旨是协助在美国的台美青年接受高等教育。余崇孝也呼吁在场人员关心与支持下一代的教育，期盼更多台商和慈善人士加入捐款行列。

2. 马来西亚雪隆举办留台"3+4建教侨生专班"倡导说明会

2017年3月14日，马来西亚第13场"3+4建教侨生专班"招生倡导说明会在雪兰莪州巴生的雪隆留台同学会举办。为了方便各个留台同学会的运作，台湾侨务主管部门从2016年开始便进行联合招生活动，为东南亚各国的华裔学生进行招生倡导说明会。2017年"3+4建教侨生专班"在马来西亚的倡导活动包括东马、西马共有17场说明会。

"3+4建教侨生专班"，是让在海外16岁以上的华裔子弟，能够在台湾地区的高级中等学校就读3年技职相关课程，并能到科技大学继续深造4年。倡导会负责人、台湾侨务主管部门张怡熏表示，在相关政策的指导下，希望每一年可以在东南亚招收到1500位侨生前往台湾地区就读相关课程。

3. "技职教育侨生专班海外联合招生"说明倡导会在印度尼西亚雅加达举办

2017年4月4日，台湾地区"技职教育侨生专班海外联合招生"说明倡导会在印度尼西亚雅加达举行。"台湾驻印度尼西亚代表处"丘志凯、台湾教育中心经理李淑惠、台湾地区侨务主管部门吕素珍与台湾12所技职学校代表出席。

吕素珍介绍了侨生资格技职专班学校的科系与课程内容，强调台湾地区侨务主管部门推动"海外青年技术训练班"，并从2014年开始扩大办理"3＋4技职教育侨生专班"，鼓励到台湾地区学习一技之长并取得学位，学成后更可回侨居国开创事业。技职学校代表也分别介绍报名方式、入学资格、费用以及奖学金等优惠措施，希望吸引学生到台湾地区升学与就业。此次共有12所技职学校参加倡导说明会，招生科系包括信息、餐饮管理、汽车、电子商务以及美容科等。

台湾地区侨务主管部门为了推展海外侨教，精进侨生技职能，设有多项奖学金，希望鼓励更多印度尼西亚侨生到台湾地区就学，创造双赢局面。

4. 韩国侨区举行2017年度"大专联考海外招生"

2017年4月25日，2017年度"大专联考海外招生"韩国地区考试在韩国各侨区举行。来自暨南国际大学的江大树、台湾师范大学的张淑珍和首尔华侨中学的周业茂、釜山华侨中学的姚永花等教师代表"海外联合招生委员会"分别在首尔、仁川监考。

韩国地区侨生到台湾地区升读大专院校学科测验已经举办多年，每年4月"海外联合招生委员会"都会派遣监考官到韩国首尔、仁川、釜山3所学校监考，"台湾驻韩国代表处"相关负责人进行协助。"台湾驻韩国代表处"张俊均也特别前往首尔、仁川考区，感谢各所侨校的大力协助。

5. 台湾地区侨务主管部门举办侨生奖助学金颁奖典礼

2017年5月7日，台湾地区侨务主管部门举办2017年侨生奖助学金颁奖典礼。来自17个国家及地区、就读台湾89所大专学校的415位侨生获96项奖助学金，共计新台币443万元，台湾地区侨务主管部门负责人田秋堇主持颁奖仪式。

捐赠侨生奖助学金的侨领包括台湾地区侨务主管部门连元章、卢起箴，世华工商妇女企管协会，永久名誉总会长柯杜瑞琴及各侨团代表，全都与会见证。田秋堇对侨领及侨胞不吝捐赠表达感谢。

6. 加拿大温哥华举行儿童华语文能力测试

2017年5月30日，儿童华语文能力测试在加拿大温哥华的列治文国语学校举行。"台湾驻温哥华办事处"李志强、唐天华，在列治文国语学校校长邓华一的陪同下巡视考场。

儿童华语文能力测试是由台湾地区教育主管部门协助华语文测试协会所开发的一套华语文能力检定，受到当地学校教育机构的认证，可以抵不列颠哥伦比亚省中学第二外语学分，又可做未来求职与升学的加分利器，受到许多海外华裔及非华裔学生的欢迎。举行华语文测试最主要的目的是帮助母语非华语的学习者了解自己语言学习的状况。

7. 阿根廷地区"华语文能力测试"在新兴文教中文学校举办

2017年8月17日，阿根廷地区"华语文能力测试"在新兴文教中文学校举办。台湾地区侨务主管部门丁健民到考场为考生加油打气，对侨生的华语文学习成果表示关心。

此次测试安排上午进行入门基础级和进阶高阶级的测试，下午进行流利精通级测试，考生们认真作答，希望能在测试中获得好成绩。

华语文翻译专科学校校长黄怡华表示，2017年应考率比较高，除了第二、三代华裔青年报考之外，还有拉本达大学语文部门的几位学生参加，此外更有2位阿根廷籍的大学生从善路易斯省前来应考，显示出"华语文能力测试"的积极的发展前景。

8. 巴西圣保罗圣儒华文学校举办华语文能力测试

2017年11月11日，巴西圣保罗圣儒华文学校举办华语文能力测试，共有49位考生参加测试。

7~12岁的学习者的测试依照程度分为萌芽级、成长级和茁壮级，12岁以上的学生则分为入门、基础、进阶、高级和流利级别。"台湾驻圣保罗办事处"王启文、圣保罗文化中心詹前校也特别到场表示对此次测试的关注，希望侨界未来在推动华文教育的方面有更多作为。

（四）节日活动

1. 台湾地区各大专院校举行侨生春节祭祖暨师生联欢活动

2017年1月19日，中国农历春节将至，台湾台北各大专院校在寒假前举办侨生春节祭祖与联欢活动。台湾地区侨务主管部门吕元荣、田秋堇分别出席台湾师范大学和淡江大学的联欢活动，和侨生欢聚。

吕元荣在活动中致辞，强调了春节作为华人社会重要文化资产的意义，并宣传了2017年4月即将开启的台商及侨生就业媒体合作平台，并感谢校方的协助配合。田秋堇鼓励侨生们努力求学，为社会做贡献。台湾师范大学和淡江大学的侨生也身穿传统服饰登台，为师生献上一场精彩的演出。

四　华教师资培养

1. 2017年度泰国华文教师研习班举办

2017年4月25日，2017年度泰国华文教师研习班结业式暨座谈会在台湾地区侨务主管部门举行。来自泰国各地区教师结束了为期1周的进修。

台湾地区侨务主管部门官员吕元荣和在座的华文教师会谈，说明台湾地区侨务主管部门对推广华文教育长期的重视与决心。台湾地区侨务主管部门安排工作人员详细介绍了华文网应用及目前侨生升学相关政策通道；华文教师们希望利用网络平台，善用台湾地区侨务主管部门所提供的各项资源协助教学，让学生们能充分学习。台湾地区侨务主管部门也希望通过每年的研习进修，协助海外侨校教师在专业基础上充实并发挥专业教学能力，让侨胞子弟受惠。

2. 2017年度菲华暑期文教研习珠心算、才艺等课程班开班

2017年5月23日，由中华文化复兴运动总会菲律宾分会与台湾地区侨务主管部门所合办的2017年度菲华暑期文教研习会珠心算班课程在菲律宾马尼拉开班。此次课程一共6个星期，台湾地区侨务主管部门选派的老师是毕业于东吴大学法律学系，曾任日本东京国际珠心算裁判及星马心算暨数学公开邀请赛教练的苏雅君。

6月3日，2017年度菲华暑期文教研习会民族舞蹈班在菲律宾马尼拉开班。此次研习会为期6周，开设民族舞蹈班、珠心算班、中国画班、语文班、作文班以及书法班。选派的教师为台湾艺术大学舞蹈系毕业，曾经在2011年与2016年在菲律宾担任文化志工教师的朱翠杏。依照学员的年龄以及有无舞蹈经验等条件，分别将学生们编排为幼童舞韵班、儿童班、少年班以及青年舞团班等班别。

6月7日，2017年度菲华暑期文教研习书法班在菲律宾马尼拉开班。书法班一直是菲律宾华侨界的热门课程，2017年由台湾地区侨务主管部门选派的书法老师杨相耀担任指导。

6月12日，菲华暑期文教研习会语文班在菲律宾马尼拉开班。2017年台湾地区侨务主管部门选派了台北教育大学教育学硕士、现任"财团法人国语日报"语文中心写作组教师的郭香兰赴菲律宾教学。语文班为期6周，开设了唐诗朗诵、唱歌学华语、纸偶说故事、绕口令以及制造节日卡片等课程，颇受学生们欢迎。

6月17日，菲华暑期文教研习会国画班在菲律宾马尼拉开班。台湾地区侨务主管部门选派曾经担任小学教师29年、2015年开始到菲律宾担任文化志工教师的刘振兴到菲律宾执教。国画班是菲华暑期文教研习会的重要课程之一，报名情况踊跃。此次国画班学员年纪最小的7岁，最年长的70岁，不分男女老幼的学员，手持毛笔忙着看图绘画和涂色，完成一幅作品后，都会把画作拿给老师检查，老师也会细心指导学生如何改进。

3. "海外华文教师研习成果分享会"在台北举办

2017年11月7日，"海外华文教师研习成果分享会"在台北举办，各组老师在会上以投影、照片及影片的方式与与会嘉宾分享教学的成果，展示了静态的教学、动态的实做，当地学员的意见与学习心得。

2017年华语文教师研习会自2017年2月开始在泰国、菲律宾等地陆续展开，共有28位致力于华语文教学的台湾地区优秀老师受台湾地区侨务主管部门的委托分成11组前往全球36个城市培训海外华语文教师。台湾地区侨务主管部门表示，未来将会继续坚持选派优秀教师赴海外培训当地老师，为华语文教学与中华文化的传承贡献自己的力量。

4. "2017年海外民俗文化种子教师培训班"在台湾地区举办

2017年8月，来自美国、加拿大、澳大利亚、新西兰的44位学员到台湾地区参加台湾侨务主管部门主办的"2017年海外民俗文化种子教师培训班"。

与以往不同的是，2017年培训班并未派教师前往各国举办训练营，而是邀请未来种子教师到台湾地区接受为期2周的训练课程。所有的学员依据兴趣、专长分为民俗体育、民俗艺术以及民族舞蹈三组，进行100小时的课程训练。

结业典礼以及成果发表会选在承办此次训练课程的台湾戏曲学院大礼堂举办。台湾地区侨务主管部门张良民、台湾戏曲学院副校长孙剑秋以及参加学员的亲友团都到现场加油打气。张良民表示，2017年活动举办方式虽然有所改变，但目标不曾改变。他也期待学员们能够分享心得体会，为未来举办更多相关活动做参考。

5. 美国华盛顿举办"民俗文化种子教师在地研习会"

2017年11月18日，由美国"华盛顿侨教中心"主办的"民俗文化种子教师在地研习会"在美国华盛顿举行。此次会议共有 40 多位华语文教师参加,由王怡闵、蔡家琪及江淑鸳 3 位老师教授大家做酒酿、剪纸及旗阵旗舞。此次研习会目的是让到台湾地区参加海外民俗文化种子教师培训班的中文教师运用所学,向美国中文学校及主流社区推广中华传统文化及台湾民俗艺术。会上,学员们认真学习,希望将所学的知识传授给学生,推动华语文教学事业发展。

6. 文化教师教学成果分享座谈会在台北举行

2017 年 12 月 27 日,"文化教师教学成果分享座谈会"在台北举行。老师们依据教学地区分组选派代表上台,简短汇报教学成果与心得。

2017 年,台湾地区侨务主管部门选派 30 多位经验丰富的文化教师前往东南亚及北美洲地区进行巡回文化教学,指导当地学生民俗舞蹈、体育以及艺术,以提高海外侨胞子弟学习华语文的兴趣。

第五部分

2017年海外示范华校华文教育活动撷要

国务院侨务办公室2009年起启动"华文教育示范学校"建设工作，通过在海外遴选一批办学规模较大、办学水平较高、较具影响力的华文学校予以重点支持。工作启动至今已有近10年的时间，海外示范华校受到党和国家的高度重视，在"互联网+"的大格局下，海外华校之间加强交流合作，向着标准化、正规化、专业化方向持续健康发展。本部分着重介绍国务院侨务办公室所授予的"华文教育示范学校"在2017年开展的华文教育活动。学校名称按洲别、中文名称的拼音音序排列。

（一）亚洲

※迪拜阿联酋你好语言学校

2月15日，中国驻迪拜总领事馆总领事李凌冰在总领事馆会见校长叶奇，共话汉语教育发展。

2月17日，学校联合中国华文教育基金会共同主办阿联酋"第二届诗歌朗诵大赛"。

3月9日，学校应邀参与Gems Metropole School举办的"国际日活动"，师生分工合作完成中国展位部分布置。

8月18日，中国华文教育基金会携广东省中山市实验小学名师巡讲团到校参观指导。

9月1日，中国国务院侨办主任裘援平、中国驻迪拜总领事馆总领事李凌冰率团到校视察。

12月7日，举办阿联酋"第三届诗歌朗诵大赛"主持人试镜活动，校长叶奇出席，中国国务院侨办公派教师张战峰等担任评委。

※菲律宾侨中学院

2月7日，接待中国国务院侨务办公室主任裘援平一行到访。裘援平了解了学校的办学情况和取得的成绩，并慰问中国国务院侨办公派教师。

4月6日，学院老师赴中国福建省厦门市华侨大学华文学院调研华文教育专业菲律宾班学生在校学习生活情况。

9月28日，举办"孔子日"活动。

11月18日，学校理事会代表团到中国福建师范大学参加"中国东南亚互通共享国际论坛"。

※菲律宾怡朗新华学院

1月27日，学校全体师生和怡朗市其他3所华校的师生一起参加由中国商会班乃分会等单位主办的春节游行活动。

2月9日，学校艺术汇演活动开幕。

2月11日，举行元宵节音乐汇演。

3月12日，开展汉语讲故事暨朗诵比赛。

3月18日至19日，举行毕业典礼暨优秀生颁奖礼。

※菲律宾中正学院

2月7日，接待中国国务院侨务办公室主任裘援平一行参观到访。裘援平了解了学校的办学情况和取得的成绩，并慰问中国国务院侨办公派教师。

2月13日，中国北京师范大学文学院博士生导师郭英德教授与学校中文教师分享文学知识。

3月9日，学院康馨分、李佩莹老师荣获"宿务无名氏（引叔）"施维鹏2016~2017年度模范华语教师奖。

4月20日，学院与中国福州大学签署教育交流与合作协定。

5月19日，学院董事长陈永栽接待中国福建师范大学党委书记林和平率领的访问团。

6月17日至27日，"中国寻根之旅"菲律宾中正学院校友会华裔青年福建文化体验夏令营在中国福建师范大学开展。

9月11日，学院校长潘露丽与菲华各界联合会副主席戴国兴、华教中心常务副主席黄端铭、菲华历史博物馆主任庄玄良联合主持《超越时空 600 年图片展》（纪念苏禄王访华六百周年，见证菲中友谊的千古流传）剪彩仪式。

※老挝沙湾拿吉省崇德学校

5 月 26 日，承办第十届"汉语桥"世界中学生中文比赛老挝赛区决赛。

7 月 2 日至 7 日，与中国成都农业科技职业学院围绕"推进成都职业教育国际化"主题，举办老挝华文师生文化教育交流周。

10 月 18 日，组织中国国务院侨办公派教师观看学习中国共产党第十九次全国代表大会开幕式。

12 月 18 日，校长受邀参加"第四届世界华文教育大会"，学习借鉴教育经验，助力华文教育实现更好发展。

※蒙古旅蒙华侨蒙中友谊学校

4 月 1 日，举办第十六届"汉语桥"世界大学生中文比赛蒙古大区比赛。此次活动以"梦想点亮未来"为题，旨在激励学生执着梦想，用汉语之光点亮未来之路。

7 月 11 日，学校 30 名师生到中国河北省张家口市阳原县英华国际学校参加汉语口语强化培训。

11 月 26 日，学校内举行内蒙古归国华侨联合会捐赠仪式。内蒙古侨联主席史晴代表内蒙古侨联向旅蒙华侨蒙中友谊学校捐赠学习用品。

※缅北腊戌黑猛龙中学

2 月 5 日，缅北果文文教会杨善麟副会长、张湘武副会长、杨振茂秘书和赖志贤财政等陪同中国驻缅甸曼德勒总领事馆刁明副总领事、雷洋领事和华助中心李继昌主任等一行到校参访指导。

3 月 8 日，组织学生参加"第 17 届世界华人少年作文比赛"，共有 22 名同学获奖，其中一等奖 3 名，二等奖 6 名，三等奖 13 名。

3 月 12 日，驻缅甸台北经济文化办事处侨务秘书杨碧华到学校高中部参访。

3 月 15 日，台湾中华救助总会"2017 年缅甸华校种子教师培力研习营"教师团队到学校参观访问。

4 月 28 日，举办毛笔书法比赛。

4 月 30 日，学校教师杨恩文、段玲丽、陆月明、黄正敏以及缅甸部分地区的华校教师参加了在中国云南省曲靖市举办的缅甸华文教师证书培训班。

5 月 4 日，学校负责人参与中国云南省人民政府侨务办公室召开的沿边华文教育工作座谈会，探讨如何进一步做好海外华文教育工作。

5月21日，组织学生参加缅北果文文教会举办的"2017年校际演讲、书法比赛"。

5月30日，缅北果文文教会柳润苍会长、曼邦地区华文教育局央朝天局长、腊戌圣光中学李明昌副校长等陪同台湾地区侨务主管机构吕素珍、第36期海外青年技术培训班（秋季班）招生倡导团、台湾地区驻缅甸办事机构杨碧华秘书等人到校参访。

6月28日，缅北果文文教会柳润苍会长和腊戌圣光中学李明昌副校长陪同台湾地区朝阳科技大学校长郑道明、海外联合招生机构副总干事李信、暨南国际大学教授陈建良、南华大学和云林科技大学代表等一行到校参访。

8月8日，中国驻缅甸大使馆文化处参赞田善亭和秘书易嘉到校参访。

8月9日，协办由中国驻缅甸大使馆文化处主办，缅北果文文教会、仰光汉语教师协会承办的本土汉语教师专业技能培训班。

9月8日，副校长叶星参加由中国国务院侨务办公室举办的外派教师聘方学校校长研习班。

9月13日，副校长叶星到中国昆明市参观访问明通小学和云南民族大学国际学院。

9月28日，举行纪念孔子诞辰2568周年暨庆祝教师节活动。

9月30日，学校董事长番绍光、副董事长杨善麟、副校长叶星到中国云南省侨办文化处交流考察。

9月30日，与中国昆明市明通小学正式结为友好学校。董事长番绍光赴明通小学参访并签订合作协议。

10月8日，组织学生参加"第六届中华文化大赛"海外赛区比赛。

10月15日，学校副董事长杨善麟、校长杨荣根赴仰光观摩缅南汉字英雄大擂台赛，并参观访问了中国驻缅甸大使馆文化处。

10月22日，学校教师杨国瑶参加中国华侨大学举办的"缅甸华文教师汉语言文化培训班"。

11月26日，学校代表参访中国云南民族大学雨花校区并参加座谈会。

12月2日，中国驻缅甸曼德勒总领事馆王宗颖总领事一行到校参访指导。

12月3日，举办"第三届班际汉字听写大赛"。

12月8日，静宜大学代表团到校参访。

※缅北腊戌果文中学

3月12日，缅北果文文教会会长柳润苍和圣光中学副校长李明昌陪同台湾地区驻缅甸经济文化机构杨碧华、暨南国际大学副教务长杨洲松、曼德勒孔教学校校长等嘉宾到访参观。

4月8日，举行以"梦想点亮未来"为主题的班际演讲比赛。

4月20日，中国国家汉办缅甸志愿者管理教师杨念到校参访，并慰问志愿者老师。

5月30日，缅北果文文教会会长柳润苍、圣光学校的副校长李明昌、曼邦地区行政公署教育局局长央朝天陪同台湾地区侨务主管机构吕素珍等人到校参访。

5月30日，学校董事长兼校长钟建强、腊戌地区校友会会长马以忠、常务副董事长魏开智、监事长李绍清、秘书长央正礼和其他20余位董事等和全体师生参加了端午节活动。

8月1日，学校20名老师受邀到中国云南省保山市开展为期14天的文化考察。

9月，学校董事长钟建强先生及缅北果文文教会代表团参加了中国国务院侨务办公室在海南海口举办的"2017年外聘教师聘方学校校长研习班"暨"2017年侨务干部华文教育专题培训班"。

10月4日，学校董事会和全体教师举办了"庆中秋烧烤联谊会"。

11月29日，台湾地区侨务主管机构田秋堇到校参访。

12月10日，台湾地区静宜大学产业学院筹备办公室主任洪裕胜一行到校参访。

12月18日至20日，学校董事长钟建强应邀参加"第四届世界华文教育大会"。

※缅甸掸邦腊戌双龙学校

2月5日，缅北果文文教会副会长杨善麟先生、秘书长杨振茂先生、财政赖志贤先生陪同中国驻缅甸曼德勒刁明副总领事、雷洋领事及曼德勒华助中心李继昌主任一行到校参访。

3月8日，圣光中学副校长李明昌与查菊莉老师陪同台湾师范大学侨生先修部招生组赵紫绮干事、洪莹伦老师到校参访。

3月12日，缅北果文文教会会长柳润苍先生、圣光中学副校长李明昌先生陪同台湾地区驻缅甸经济文化机构杨碧华、暨南国际大学副教务处长杨洲松教授等老师到校参访。

3月17日，台湾中华救助总会"2017缅甸华校种子教师培力研习营"教师团队到校参访。

4月22日，举办双龙书画展。

8月8日，缅北果文文教会副会长杨善麟先生、黑猛龙中学副董事长杨昌海先生陪同中国驻缅甸大使馆文化参赞田善亭、秘书易嘉一行到校参访。

9月13日，举办明光文书法－双龙学校45周年庆书法展。

9月29日，欢庆2017年度教师节暨孔圣诞辰。

12月6日，部分教师参加了中国国务院侨务办公室在缅甸腊戌主办的华文教师资格认证培训。校长张湘武为通过培训的教师颁发"华文教师证书"。

※缅甸东枝果文中学

3月2日，中国驻缅甸曼德勒总领事王宗颖到校走访，并称赞侨胞们在传承中华传统文化方面所做的努力，感谢侨胞们为华文教育所做的贡献，并希望广大侨胞积极参与"一带一路"建设。

7月3日，组织学生参加以"学会中国话，朋友遍天下"为主题的第十届"汉语桥"世界中学生中文比赛缅甸曼德勒赛区的预赛。

8月31日，中国云南省海外交流协会教育中心主任胡恒富博士到校慰问全体教师。

10月4日，东枝果文中学校长赵秀兰率队参加中国驻曼德勒总领事馆国庆招待会。

10月5日，举办中秋晚会。

10月19日，组织学生参加2017年"第六届海外华裔青少年中华文化大赛"。

11月26日，曼德勒福庆学校校长李祖清博士一行到校参观。

11月27日，组织教师赴曼德勒参加外派教师座谈会。

※缅甸曼德勒云华师范学院

4月8日至22日，组织26位师生赴中国福建省厦门市参加"中国寻根之旅"华侨大学营活动。

5月23日，学院师范部举办第二届中华才艺汇演晚会。

6月2日，学院参与承办的"名师堂"汉语教师培训举行启动仪式。

6月13日，中国云南工商学院与缅甸云华师范学院正式签署合作协议，在就业、毕业生实习、招生等项目上进行深度合作。

6月23日，举行与中国云南民族大学的合作签约仪式。

7月21日，由中国海外交流协会主办、云南省海外交流协会承办、学院和缅北华文教育协会协办的2017年缅甸"华文教师证书"培训班在学院礼堂举行开班典礼。

7月25日，中国北京华文学院党委书记刘香玲一行到访，并与缅北华文教育协会举行招生合作签约仪式暨招生说明会。

8月11日，由中国海外交流协会主办、云南省海外交流协会承办、学院和缅北华文教育协会协办的2017年"中华文化大乐园"曼德勒营在学院礼堂举行开营仪式。

9月14日，中国吉林省侨务办公室主任、吉林省人民对外友好协会会长、吉林省海外交流协会会长王志伟率吉林省友好交流代表团到访。

10月4日，举办中秋联欢晚会。

10月7日，举办第三届"精彩云华"朗诵比赛。大赛旨在贯彻落实"能用普通话正确、流利、有感情地朗读课文"的精神，同时督促学院语文老师重视朗读教学。

10月16日，举办"庆祝孔子圣诞暨第三十七届颁奖典礼"，缅怀至圣先师，展现莘莘学子风采。

10月29日，中国驻缅甸大使洪亮与中国驻曼德勒总领事馆王宗颖总领事一行到校考察指导。

11月8日，学院组织代表赴中国驻曼德勒总领事馆接受图书捐赠。

11月17日，中国昆明华文学校副校长陈娜一行到校参观交流，双方就两校合作办学事宜进行了商讨。

11月18日，学院师范部举行第三届中华才艺展示。

※缅甸仰光卓越语言教育中心

3月22日，由中国云南国际民间组织合作促进会发起并筹款、中心承办的"一寺庙一电视"公益项目捐赠仪式在仰光"敏达谬欧儿童发展中心"举行。

9月18日，举行第二期"一寺庙一电视"捐赠仪式，副校长李墨瑶出席仪式并致辞。

10月14日，由中国国家汉办/孔子学院总部与中国驻缅甸大使馆共同主办、中心承办的首届"汉字英雄大擂台"在仰光举行。

※日本横滨山手中华学校

5月10日，学校师生迎接到访的中国优秀才艺学生交流团。

6月22日，学校初三年级60名师生参观中国驻日本大使馆，并与青年读书会的青年外交官展开交流。

7月23日至8月4日，举办"2017年中华文化大乐园"横滨夏令营，160多名参加夏令营的华侨华人孩子们在夏令营中学习手工艺、国画、武术等中华传统文化课程。

7月28日，举办日本首届"华文教师证书"培训班。

11月1日，中国广东省侨办党组副书记、巡视员林琳到访学校，校长张岩松与来宾就华文教育工作进行了座谈交流。

※泰国北榄公立培华学校

2月11日，举办元宵节晚会。

6月30日，举办以"唱中文歌"为主题的歌手大赛。

8月26日至27日，泰国北榄府及周边地区汉教志愿者岗中培训在学校举行。

9月20日，泰国华文教师公会一行参访学校。

11月26日，学校选送的中华舞蹈《锄禾》在第六届"明满杯"中华才艺大赛中获得第一名。

※泰国东盟普吉泰华学校

2月，学校举办"THAIHUA OPEN HOUSE 2016"活动，中国华侨大学参与泰华学校升学教育展及相关推介活动。两校首次联合开展招生宣传及录取工作。

3月13日，学校董事长邢福扬访问中国华侨大学。华侨大学校长贾益民、副校长曾路会见了代表团一行。

3月19日，"2017年中华文化大乐园——泰国普吉营"在校开营。

3月24日，组织师生共29人到中国华侨大学参观交流。

9月22日，学校校董、校长访问团一行前往北京海淀区教师进修学校附属实验学校参观访问。

※泰国佛丕府光中公学

6月24日至25日，学校与泰国农业大学孔子学院联合举办了泰国中西部第三届"汉语桥"中文比赛预赛及"书香致远"汉语教材图书展。

6月30日，泰国西部华文民校联谊会副主席、学校理事顾问周锡荣出席中国华侨公益基金会、SDC蓝丝带基金会举办的捐赠图书活动、座谈会及捐赠仪式。

11月6日至12日，接待中国广西华侨学校校长陈进超、华文教育办公室主任卢燕霞、留学生高中部主任覃志坚一行到校参访。访问团与校领导、教师代表进行座谈。

11月13日至15日，由中华全国归国华侨联合会和广西归国华侨联合会共同举办的"亲情中华——泰国华校行"文艺团到校开展慰问演出。

※泰国曼谷培知公学

4月，组织学生前往中国山东省参加"中国寻根之旅"春令营。

6月24日至25日，与曼松德昭帕亚皇家师范大学孔子学院共同举办"第三届暨2017年度曼谷及周边地区汉语教师培训"活动。

7月14日，承办第十届"汉语桥"世界中学生中文比赛泰国教育部民教委曼谷及中部赛区选拔比赛。

8月15日至18日，学校新一届校董会、校友会领导拜访泰国华文民校协会梁冰主席、曼谷华教促进会何韵主席、泰国华文教师公会罗宗正主席，针对如何开展华文教育进行了深入细致的探讨。

9月19日，中国北京市教育委员会张宪国处长带领北京市教育交流团到校参观访问。

10月10日至21日，学校教师带领21名学生前往中国山东省菏泽市等地参加"中国寻根之旅"秋令营。

11月10日，中国北京市新源里第四小学师生一行到校参观交流，与本校学生一同观摩泰国教师课堂教学，并参加"享用泰国美食、同做节日水灯"等活动。

12月18日至20日，与曼松德昭帕亚皇家师范大学孔子学院联合举办了"第三届'习路'汉语实战训练封闭营"活动。

※泰国曼谷时代中学

1月15日，校长宋冬平第七次主持由陈汉士主席主办的"泰国华校中国籍汉语教师春节联欢会"。

4月3日至20日，由中国华文教育基金会主办，湖南师范大学承办，泰国泰华文化教育基金会、泰国时代中学协办，经纬置地有限公司资助的"2017中国文化海外行——'一带一路'经纬泰国营"开营仪式在学校举办。

7月22日，在北碧府呈万育侨学校举办北碧府汉语教师"课堂教学与文化活动"研讨会。校长宋冬平做题为"中文教学管理和中华文化活动"的讲座。

※泰国清迈大谷地教联高级中学

6月4日，中国云南新华书店集团负责人到校参访，就华文教育、学校与云南省新华书店集团有限公司携手发展等事宜交换意见。

6月25日，中国华文教育基金会"邓慕莲助教专项基金会"团队在基金会项目二部主任李晓梅的带领下到校访问。

11月7日，中国云南省海外交流协会副主任刘云娥一行5人在清迈云泰文苑殷涌主任的陪同下，到清迈大谷地教联高级中学、清莱回鹏中学等华校慰问外派教师及大学生志愿者。

11月21日,中国海外交流协会文化司副司长梁智卫一行4人,在清迈云泰文苑殷涌主任的陪同下,到校慰问外派教师及大学生志愿者。

※泰国素可泰府公立光中学校

3月7日,中国驻泰国清迈总领事任义生访问学校,受到素可泰商会主席、光中学校校董会主席、素可泰府华人华侨代表以及学校师生的热情接待。

8月12日至13日,组织教师参加泰北华文民校联谊会、第五届汉语教师培训会。

8月19日,组织学生参加在泰国农业大学孔子学院下设考点的2017年首次YCT考试。

12月4日,举办第二次汉语水平考试(HSK)。

※文莱中华中学

4月,学校初中组七、八年级华文学生全部实行华文口头考试(即2分钟的华语演讲)。

5月6日,举办"文莱中华中学95周年校庆之2017好声音歌唱大赛"。

5月25日,组织学生参加2017年全文莱华校毛笔书法、小学硬笔书法比赛,其中32名小学生获得硬笔书法赛的各种奖项。另有9名中、小学生获得毛笔书法比赛奖。

5月30日,组织小学生举办了"立蛋"、填色"赛龙舟"及剪纸"划龙舟"等端午庆祝活动。

7月14日,中国国家汉办/孔子学院总部汉考国际副总经理张园到校参访。张园针对汉语考试之考试推广、考务管理、信息交流、平台搭建等方面听取HSK考点的建议,并与校长和老师互动交流。

7月20日,中国广西民族大学东盟学院教师潘艳勤一行到校参访并进行调研,旨在进一步了解文莱华教及华社发展史,以探索文莱华人华社的迁移、发展等史迹。

7月26日至8月3日,学校1位董事、2位教师及10名汉语水平考试(HSK)优秀生受邀组团参加在中国贵州省贵阳市贵州民族大学举行的2017年"第十届中国-东盟教育交流周"。

7月28日,为激发学生学习华文的兴趣,提供学生展现才华的平台,学校举办华语讲故事比赛。

7月29日,为探望侨乡,联络情谊,由台湾地区金门县办事机构秘书长林德恭率领21人访问团访问了文莱中华中学。

8月7日，学校华文部门在学校文邦堂开展第二届"中华文化园游会"活动。

10月15日，学校承办的2017年汉语水平考试（HSK）开考。为了提升考生应考能力，文莱中学HSK考区筹委会特地开设了考前培训班，以帮助不同考级的HSK考生备考。

11月13日至14日，为期2天的《弟子规》课程在文莱中华中学举行，该校近百名六年级毕业生出席聆听。

11月15日，学校华文部门颁发下半年阅读奖、海外华校学生征文比赛及书法比赛3个奖项，鼓励学生平时多阅读，提高学生写作水平。

11月27日，文莱中华中学95周年校庆之校友回校日筹委会召开检讨会，以检讨过去，策励来兹，并为将来筹备100周年校庆做准备。

11月18日，文莱中华中学校友回校庆祝母校95周年校庆。

11月29日，学校主办"翻转教学之《深度阅读与创意写作》及玩转课堂创意——桌游"专题培训课程，24位华文老师参加。

12月，2017年汉语水平考试（HSK）考试成绩公布，文莱中华中学有41名考生获满分。

（二）北美洲

※加拿大蒙特利尔佳华学校

2月12日，举办迎新春联欢晚会，全校师生共同庆祝中国传统春节。

3月25日，组织教师和学生参加由魁北克孔子学院和东方艺术中心联合主办的"2017金鸡迎春音乐会"。

5月28日，组织学生参加魁北克中文学校第一届华语普通话朗诵比赛。

7月1日，组织学生赴中国上海市参加"中国寻根之旅"夏令营。

7月19日，学校获得第九届"鲁迅青少年文学奖"征文比赛（海外组）"网络评选优秀组织奖"。

8月11日至12日，承办蒙特利尔地区的"华文教师证书"培训任务。

10月30日，校长荣萌参加"2017上海华文教育国际研讨会"。

12月19日，校长荣萌和总务长何晓任参加"第四届世界华文教育大会"。

※加拿大亚省中文学校

3月10日，举行造句、作文比赛。

10月14日，举办书法比赛。

11月4日，举办幼稚园、小一及小二美劳创作比赛。

12月16日，举办歌唱比赛。

※美国华夏中文学校

4月4日，举办2017年"华夏之星"汇报演出。

9月18日，中国暨南大学代表团到访。双方就中文教材联合开发及师资培训交流等事宜展开了深入讨论，并初步达成共识。

10月22日，举办华夏中文学校智力运动会，弘扬中华文化，活跃校园文化生活，促进学校文体交流。

11月12日，举办"2017华夏教师培训暨教务管理研讨年会"。

※美国旧金山南侨学校

1月13日，组织教师参加华文教学远程培训。

1月25日，校长谭麟与教师组织南侨学校课后班一年级和三年级学生一起开展"包饺子，过大年"活动。

2月3日，举办"南侨学校是我家"主题讲座。

2月12日，获得中国广东省佛山市南海区外事侨局赠书。

3月14日，举办"华文教师证书"培训班。

3月21日，开展第二届珠心算比赛。

3月24日，组织教师学生参加旧金山湾区各界华人春节联欢庆会，并表演节目助庆。

3月25日，举办第二届珠心算比赛决赛，比赛分珠算和心算，其中珠算10分钟，心算3分钟。

4月22日，组织师生为第四十二届CLTAC暨Chinese Language Teachers Association of California（加州华文教师协会）中文演讲比赛表演节目。

5月16日，学校20名学生在第十七届华人少年作文比赛中获奖。

5月25日至28日，分别举行课后中文班、周六班和周日班结业典礼。

5月26日至28日，举办"华文教师证书"培训班。

7月4日，组织师生参加"旧金山湾区华人华侨庆祝香港回归20周年文艺演出"。

7月24日至8月4日，承办"2017华文教育·名师巡讲"活动。授课内容包括中华武术、民族舞蹈、民族音乐、中国书画、珠心算及经典诵读等。

9月23日，华埠花园角升五星红旗，学校组织学生在现场表演助兴。

11月17日，举办"小小书法家，爱笑爱中华"活动，其中包括小学一年级至三年级的硬笔字书写比赛和小学四年级至高中三年级的毛笔字书写比赛。

12月19日，参加由中国国务院侨务办公室和中国海外交流协会主办的"第四届世界华文教育大会"。

※美国希望中文学校

1月29日，举办新春迎新会。

4月29日，举办第三届中文朗诵演讲比赛。

8月12日，学校联合亚省现代中文学校承办，由全美中文学校协会凤凰城联络中心主办的"2017亚利桑那中文教师培训"。

※美国休斯敦华夏中文学校

1月8日，组织师生参加《拥抱春天》大休斯敦地区2017年春节联欢晚会。

3月8日，组织教师参加华夏中文老师春季培训。

5月18日至31日，承办"华文教师证书"培训工作。

10月1日，参加休斯敦华侨华人在休斯敦中国人活动中心举行的升旗仪式活动，庆祝中华人民共和国成立68周年。

11月12日，组织学生参加"第16届大休斯敦地区中文演讲比赛"。

（三）南美洲

※厄瓜多尔思源中国语学校

1月27日，开展主题为"中国新年大联欢"的汉语角活动。

2月17日，举行全体教师会议，近30位汉语教师汇聚一堂，讨论深化汉语教学改革的方案和策略。

3月17日，开展主题为"中国传统工艺——剪纸"的汉语角活动。

3月29日，开展主题为"中国明星"的汉语角活动。

3月31日，开展主题为"茶与书法"的汉语角活动。

4月7日，开展主题为"绕口令"的汉语角活动。

4月21日，开展主题为"网络热词和表情包"的汉语角活动。

5月5日，开展主题为"微信"的汉语角活动。

5月12日，开展主题为"乒乓球运动"的汉语角活动。

5月19日，举办主题为"情浓端午，粽香思源"的诗歌朗诵活动，通过开展诗歌朗诵、文艺演出、品粽子等活动，让大家了解中国端午节习俗，体验端午节文化。

6月9日，开展主题为"淘宝"的汉语角活动。

7月14日，2017年"中华文化大乐园"厄瓜多尔基多营在学校开营。

9月30日，学校孔子课堂举办"中国文化体验日"活动，吸引了150余名师生与当地居民参加。

（四）欧洲

※奥地利维也纳中文教育中心

1月28日，中国农历春节，中心举办了以班级为单位的联欢和学校全体师生的文艺演出。

3月18日，举行2017年中小学汉语考试（YCT）。

4月1日，中国暨南大学校长胡军率领代表团到校参观指导。

4月22日，举行汉语水平考试（HSK）。

6月17日，举办2017届毕业典礼，给毕业生颁发毕业证书和纪念礼品。

7月，组织学生赴中国云南省参加"中国寻根之旅"夏令营。

9月13日，中心开始招生，准备开设第二个中文提高班。

9月23日，承办"第六届海外华裔青少年中华文化大赛"海外赛区预赛，共89名学生参加。

9月28日，中心教师应邀出席中国驻奥地利大使李晓驷夫妇、中国常驻维也纳联合国和其他国际组织代表史忠俊大使联合举办的庆祝中华人民共和国成立68周年招待会。

※德国巴伐利亚中文中心学校

1月9日，学校的华人小朋友在中国驻德国慕尼黑总领事馆举行的丁酉鸡年春节招待会上朗诵诗歌《我骄傲，我是中国人》。

4月11日，学校学生喜获《华商报》"小荷文苑"作文比赛奖项。

5月20日，召开全校教学研讨会。

6月2日，与中国上海市侨办商讨合作事宜。

※德国华达中文学校

4月1日至11日,组织学生前往中国天津市参加2017年海外华裔青少年"中国寻根之旅"春令营。

5月21日,举办第二届"华达杯·中华情"朗诵比赛。

5月31日,组织学生参加"第十七届华人少年作文比赛",学生获奖。

6月15日,举办"华文教师证书"培训班。

8月,多名学生获得"鲁迅文学奖"海外征文比赛、"第十八届世界华人学生作文大赛"等比赛奖项。

8月26日,举办德国著名学者钱跃君博士主讲的名家讲座"中国艺术欣赏",讲座内容以中国绘画为主,兼谈书法和篆刻。

10月20日,参与举办"民俗文化日"活动。来自中国甘肃省环县的民间艺人杨登艺先生和张永新先生分别给大家讲解了皮影和剪纸的历史起源,然后又现场做了展示和互动,受到大人和孩子们的欢迎。

12月2日,举办"阅读上海"图书展,受到广大师生、家长欢迎。

12月27日,校长参加"第四届世界华文教育大会"。

12月27日,组织学生前往中国福建省晋江市参加"中国寻根之旅"冬令营。

※德国纽伦堡中文学校

1月27日,学校太极班参加了爱尔兰根学联举办的迎春晚会演出。

2月18日,举办庆祝中国农历鸡年新春联欢会。中国驻德国慕尼黑总领事馆唐琦领事、纽伦堡孔子学院陈杭柱院长及其夫人、拜罗伊特中文学校刘怡校长、学校全体师生、家长及纽伦堡各界友人应校长李立邀请参加了联欢会,共度新春佳节。

3月9日,学校校长、中国留德学者计算机学会主席李立一行赴中国山东省侨务办公室拜访,山东省侨办副主任孙西忠、吴冠与相关处室负责人分别与其座谈交流,商讨进一步在教师培训、夏令营、文化交流、招才引智等方面开展合作事宜。

5月31日,校长李立应邀在柏林参加中国国家总理李克强访德会见侨领活动。

7月1日,举行参加"中国寻根之旅"夏令营家长营员准备会议。此次夏令营,学校和中国山东省侨办合作,由孙擎红老师和韩敏芳老师带领18名孩子参加。

7月,组织学生参加中国驻德国慕尼黑总领事馆举办的"巴伐利亚州中学生汉语作文比赛",并获得了多个奖项。

10月1日,学校华裔师生、家长和德国来宾等近200人齐聚一堂热烈庆祝中华人民共和国成立68周年。

10月15日，学校代表参加了全德中文学校联合会南德地区高年级教学研讨活动。

12月，学校代表参加"第四届世界华文教育大会"。

※德国斯图加特汉语学校

1月20日，举办斯图加特鸡年春节晚会。

1月26日，《中国民间童话系列》绘本故事作者向华到校给学生讲中国民间童话。

2月8日，参加德中友好协会举办的鸡年春节联欢活动。

2月11日，举办元宵节新春庙会活动。

3月6日，与斯图加特中华文化协会会员一起开展元宵迎春聚会。

4月8日，组织学生参加"中国寻根之旅"春令营上海营。

5月13日，举办第二届斯图加特汉语学校朗诵和讲故事决赛。

7月8日，学校老师和工作人员参加斯图加特汉语学校一年一度的教学研讨会。

7月15日，举办象棋比赛体验活动。

7月30日，举行硬笔书法比赛及展览活动。

8月3日，组织学生前往中国山东省淄博市参加"中国寻根之旅"夏令营。

10月29日，组织学生参加首届"华校杯"中文歌曲大赛。

11月11日，象棋国际裁判、中国辽宁省大连市西岗区少年宫象棋总教头周晓朴老师到校进行象棋教学和竞赛经验的分享。

11月12日，举行中华绘画画展。

※葡萄牙里斯本中文学校

2月10日，举行元宵灯谜宴，组织了猜灯谜、看节目、抢红包等活动。

3月23日，组织学生参加海外华裔青少年"中国寻根之旅"夏令营。

3月29日，中国重庆市育才中学金永校长访问团到校参观。

4月15日，举行"亲情中华·汉语桥"宁波夏令营活动。

4月22日，中国福建省厦门市政协访问团到学校访问。

6月27日，组织学生参加"中国寻根之旅"夏令营江西景德镇营。

7月21日，组织学生参加"中国寻根之旅"夏令营浙江学军少年宫营。

8月29日，中国国务院侨务办公室主任裘援平一行到学校视察。

11月3日，举办2017年度"不变的情怀"汇报演出。

※葡萄牙淑敏语言文化中心

2月,举办第一届"葡华·桃李杯"汉语口才大赛。

5月28日,举办端午节系列活动,带领同学包粽子、尝粽子,了解中国传统节日。

7月2日,学校带领部分学生赴中国浙江省温州市朗诵演讲艺术学会培训基地参加"中葡交流桑梓情,文化寻根赤子心"朗诵演讲艺术交流会。

7月3日,组织学生参加中国福建省厦门市"中国寻根之旅"夏令营之音乐舞蹈文化体验营。

9月,举办"童心迎国庆,挚子寄深情"迎国庆汇演。

10月17日,中国海军戚继光舰到访葡萄牙,副指挥员陈杰大校带领40名官兵到学校参观交流,中国驻葡萄牙使馆领事部主任诸葛蔡延陪同参访。

11月,成立葡萄牙"中华舞龙队"。

12月,学校获得"第一届中国华文教育基金会'全球朗诵会'活动优秀集体"称号。

※瑞典瑞青中文学校

2月14日,组织师生参加东方博物馆"欢乐春节"活动,教师带领学生共同创作"福临门"。

5月1日,中国致公党北京市委、北欧致公协会联合向学校捐赠图书。

5月15日,举办"第一届瑞青汉字书写大赛"。

7月11日,组织学生参加"亲情中华"大连夏令营。

12月13日,举办"华文十年,贵在坚持"瑞青中文10周年庆典。

※西班牙巴塞罗那孔子文化学校

1月7日,组织学生代表参加"第五届海外华裔青少年中华知识大赛"。

1月23日,学校舞龙舞狮队和武术队应中国驻西班牙大使馆和安道尔公国邀请,在安道尔公国开展"龙腾虎跃中国新年秀"。

3月17日,组织学生参加"中国寻根之旅"湘粤文化集结营。

3月18日,组织学生参加中国北京丹东文化传媒体验营。

3月21日,组织学生参加中国北京西安丝绸之路探源古都文化感知营。

10月3日,举行"研读经典,尊师重道"祭孔特别活动。

※西班牙马德里爱华中文学校

1月23日,组织师生参加中国福建省厦门市中华文化知识大赛汇报会。

2月5日，组织学生参加USERA华文春节活动。

7月14日，组织学生参加中国北京暑期夏令营。

12月4日，举办"2017爱华中国文化大讲堂"讲解中国文化。

※意大利佛罗伦萨中文学校

2月13日、22日，在校长潘世立和国际COSPE协会亚洲部主任Maria女士的组织下，学校全体教师与保罗茨落学校小学部教师开展教学交流，共同探讨华裔学生有效教学方法。

3月13日，学校全体教师观摩了中国国务院侨务办公室外派教师戴晓珍和浙江师范大学选派教师朱超璐的公开课。

3月5日至14日，学校接待中国浙江瑞安外国语学校师生互访团。

3月26日，学校全体教师接受了首次华文师资远程培训，培训主题为"汉字教学有道理，触类旁通活水来"。

4月8日，学校全体教师观摩了中国浙江师范大学选派教师石晓飞和吴奕文的公开课。

5月6日，以中国温州大学钱强副校长为团长的代表团到校参访。

5月16日，组织学生参加第十八届世界华人学生作文大赛，共有34人获奖。

5月25日，学校受邀参加当地社区活动，开展了夏日美食文化节。

10月6日，举办中秋节活动。

10月28日，校长潘世立特邀温州大学意大利分校校长严晓鹏博士开设讲座，为学生们以及部分外派老师解读十九大报告。

10月30日，中国暨南大学出版社社长徐义雄代表团一行到校访问调研。

11月11日，举行本学年度第二次公开课，全体教师参加观摩。

12月10日，全体老师接受远程教学培训。此次培训旨在利用先进的网络媒体与设备，实时连线海外华文教师进行讲座培训，从而提高华文师资的教学能力，丰富其理论体系。

12月16日，中国中央电视台国际频道《远方的家》栏目摄制组走进学校。

※意大利罗马中华语言学校

1月29日，学校组织师生参加由中国驻意大利大使馆主办、罗马各侨团承办的罗马侨界欢度2017春节文艺演出活动。

5月21日，举行"爱在五月 感恩母亲"第四届诗朗诵大赛。

5月31日，中国暨南大学党委书记林如鹏、国际交流处处长蒲若茜、国际关系学院副院长张小欣等到校考察、调研，并就华裔学生未来教育、华侨社会成人学历教育、中意学生暨大预科培养等与学校领导及师生进行座谈。

7月8日，开展"中华文化大乐园"活动。来自中国江西理工大学的12名教师到校访问，教授诵读、书法等12门课程，从不同角度展示了优秀的中华传统文化。

7月10日，学校15名学生与来自各国的80多名海外华裔青少年一同到中国浙江省杭州市参加"中国寻根之旅"浙江学军少年宫夏令营。

9月4日，中国云南省海外交流协会名誉会长杨锦坤一行到校考察、调研，并就华裔学生教育、未来可合作项目等主题进行了深入的座谈。

10月18日，为了让中文学校的学生们有机会更好地了解中国，关注中国时事，学校组织平常班全体学生观看中国共产党第十九次全国代表大会开幕式视频。

10月22日，举行年度教研活动，鉴赏古典诗词，体味诗情诗意。

11月10日，举行年度教研活动，探讨有效教学方法，提高课堂教学质量。

11月28日，学校对外汉语新班正式开班，开设了6个月的中文学习课程，共招收了30多名意大利学员。

12月11日，邀请中国著名作家范稳先生举办"作家见面会"，让学校师生及家长感受中国现代文学，激发学生写作热情。

※意大利米兰第一中文学校

2月5日，由米兰第一中文学校等学校协办的中国民俗文化节在米兰 Piazza Gramsci 广场举行。

6月11日，组织70多名学生参加了米兰国立大学孔子学院举行的2017年汉语水平考试（HSK）。

6月15日，中国华文教育基金会副理事长、秘书长邱立国一行到校参观访问。

7月28日，学校结束2017年暑期中文学习班的全部教学任务，举行第十届毕业典礼。

8月2日，组织学生参加"中国寻根之旅·魅力北京"武术营。

※意大利米兰华侨中文学校

3月13日，校长陈小微拜访中国温州大学华文教育研究所，与温州大学国际合作学院院长严晓鹏等商讨进一步合作事宜。

6月16日，中国华文教育基金会副理事长、秘书长邱立国一行到校参观访问。

6月19日，学校组建舞龙舞狮队，并邀请广州禅武文化培训中心教师进行为期2天的舞龙舞狮培训。

8月6日,组织16名学生参加2017年海外华裔青少年"中国寻根之旅"夏令营,优秀华裔青年相约温州"瓯越工匠营"。

12月23日,学校校长陈小微率领的华文教育代表团一行6人在中国温州与温州市外侨办主任雷文东围绕如何推动华文教育"三化"(标准化、正规化、专业化)建设,加快海外华校转型升级等问题进行座谈。

※意大利米兰龙甲中文学校

2月20日,意大利瓦雷泽省著名高中Legnai的30名意大利学生到校与学校小学部及初中部的同学展开一场以"大家都讲普通话"为主题的中意青少年汉语对话。

2月,由意大利手拉手意中文化交流协会牵头、学校组织的"我是小小翻译家"师生公益小分队,为意大利一小学参加家长会的华人家长免费提供翻译服务。

3月3日,全体教师接受第二期上海侨办主办的远程华文师资培训。

6月15日,由中国华文教育基金会主办,学校与中国广东广州禅武文化中心联合承办,雅居乐地产控股有限公司资助的"2017年禅武文化培训团"开班仪式在校体育馆举行。

※意大利普拉托华人华侨联谊会中文学校

2月5日,举办2017春节联欢会。全校师生欢庆中国传统佳节春节,喜迎鸡年新春来临。

2月19日,组织师生参加当地政府在普拉托历史博物馆举办的多元文化交流活动,并展示了具有浓郁中华民族特色和风情的传统文化。

10月22日,承办由中国国务院侨务办公室主办的"第六届海外华裔青少年中华文化大赛"意大利中部赛区选拔赛。

11月11日,举行"告别我们的坏习惯"文明礼仪教育活动,弘扬中华传统美德。

11月26日,组织学生参与"童眼看丝路·国际少儿美术大赛"。

※意大利中意学校

1月16日,意大利中意学校与温州大学附属宏德实验幼儿园签约建立友好学校。

7月,举办"查字典大赛"。

10月,承办"第六届海外华裔青少年中华文化大赛"中意学校赛区的比赛。

11月,学校获得"第一届中国华文教育基金会'全球朗诵会'活动优秀集体"称号。

※英国伦敦普通话简体字学校

6月25日，组织师生参加英国中文教育促进会主办的第十五届全英普通话朗诵比赛。

7月2日，举行20周年校庆活动暨第十届学生才艺表演。

9月1日，开设琵琶学习班。

10月21日，组织学生参加由中国华文教育基金会主办，中国山东省侨办、烟台市侨办及英国中文教育促进会承办的"中华文化海外行——经纬英国营"秋令营。

10月22日，校长廖秀琴参加第十七届英国华文教师节暨优秀教师颁奖典礼。

12月9日，庆贺中英建立大使级外交关系45周年，举办中英武术精英联合汇演。

（五）大洋洲

※澳大利亚布里斯班中文学校

2月11日，中国国务院侨务办公室副主任谭天星、中国驻澳大利亚布里斯班总领事馆总领事赵永琛等一行到校走访。

5月7日，中国宁夏回族自治区政协副主席张乐琴女士率团到校参观交流。

5月30日，各班举办"端午节中国传统文化传承与体验"小型纪念活动。

8月5日，中国青岛人艺文化艺术培训学校的师生到校进行文化交流。

8月，学校派教师前往中国暨南大学华文学院参加"2017华文教育·华文教师证书"培训班。

9月，学校和中国云南省人民政府侨务办公室共同承办由中国国务院侨务办公室主办的"2017中华文化大乐园——布里斯班营"。

11月11日，学校与澳中文化交流联合会共同举办"中华少年　圆梦澳洲"大型文艺演出，师生同台表演了中文合唱、民族舞蹈、武术、朗诵、戏曲等多种多样的节目。

12月5日，组织60多名师生赴中国云南西双版纳参加为期15天的"中国寻根之旅"冬令营活动。

※澳大利亚丰华中文学校

2月14日，举办中国农历新年庆祝活动。

2月27日，中国国务院侨务办公室《华校掠影》摄影组到访学校。

4月5日，举行复活节"寻宝认字比赛"活动。

5月14日，举行让孩子们用中文为母亲送上母亲节祝福活动。

9月10日，学校和麦考瑞大学联合举办2017年"中国文化节"。

※澳大利亚苗苗中文学校

2月2日，学校为孩子们准备了一堂具有中国民间传承特色和年味的"花馍"课，让孩子们在了解花馍来历的基础上，亲自动手学做花馍。

2月25日，中国国务院侨务办公室副主任谭天星、中国驻澳大利亚布里斯班总领事馆总领事赵永琛等一行到校访问。

2月26日，举办元宵节传统文化课堂活动。

2月28日，组织师生参与Mortonbay政府举办的中华文化节活动。

3月24日，接待中国河南省郑州市中原区互助路小学的2位校长和14位老师到校交流。

4月2日，组织师生参加第六届布里斯班中国节"中华情 澳洲梦"文艺晚会，此次晚会由昆士兰华人联合会、布里斯班华助中心主办。

4月15日，学校南区教师深入探讨教学研究，交流提高教学质量的经验。

5月2日，徐州华顿国际学校校长和太仓华顿外国语学校校长一行到访开展教育和文化交流。

5月27日至28日，举办了"文化课堂"迎端午的校园活动。

8月5日，举办"2017年华韵之声暨中国语文朗读评选活动"。

9月2日，组织学生参加澳大利亚昆士兰华人互助联谊协会主办的"天涯共此时"中秋节晚会，并带去舞蹈《春晓》。

※新西兰暨南大学新西兰实验学校

1月17日，学校与新西兰华文教育联合会共同承办由中国国务院侨务办公室主办的"2017第二届新西兰魅力才艺名师巡讲团·中华文化艺术系列讲座"第二场。

1月20日，举办"第二届才学兼优精品夏令营中华才艺汇演"。

9月17日，学校和新西兰华文教育联合会共同承办由中国国务院侨务办公室主办的"中华文化大乐园——优秀才艺学生交流团"（新西兰站）活动。

10月19日，学校和梅西大学共同主办"中文之音"唱歌比赛。活动得到中国驻新西兰大使馆教育处和中国驻奥克兰总领事馆教育组的特别支持。

11月25日，中国国务院侨务办公室党组书记许又声在中国驻奥克兰总领事馆总领事许尔文的陪同下率团访问学校，并为学校"华文教育示范学校"揭牌。

第六部分

世界华文教育学术动态

一 华教学术会议

1. 第七届汉字与汉字教育国际研讨会

2017年1月6日,由高雄师范大学华语文教学研究所、经学研究所主办,文藻外语大学应用华语文系暨华语文教学研究所、台东大学华语文学系协办的第七届汉字与汉字教育国际研讨会首度在台湾地区举行。此次研讨会主题为"汉字教育、汉字研究"。美国、波兰、日本、韩国、越南、新加坡、中国大陆以及中国香港、中国澳门、中国台湾10个国家和地区近200名专家学者与会,共发表18篇专题报告、78篇小组讨论论文。

会议邀请"中央研究院"院士曾志朗、波兰亚当密坎凯维奇大学(Adam Mickiewicz)教授李高德及越南胡志明师范大学阮福禄教授等做专题演讲。会议策办人、高雄师范大学华语文教学研究所所长钟镇城认为,汉字及汉字教育早为东亚及东南亚语言文化圈共同重视推动,韩国高中生毕业前必须学韩文汉字1800字,日本也使用日文汉字,越南有汉越词,中国大陆、新加坡及马来西亚使用简体汉字。

2. 首届欧洲汉语教学国际研讨会在匈牙利举办

2017年2月11日至12日,由匈牙利罗兰大学孔子学院和欧洲汉语教学协会联合举办的首届欧洲汉语教学国际研讨会在罗兰大学孔子学院召开。研讨会以"欧洲汉语教学学科建设——挑战与机遇"为主题,来自26个国家的130多位代表与会。

在研讨会上,北京大学陆俭明教授、美国斯坦福大学孙朝奋教授、欧洲汉语教学协会理事周敏康教授、英国理启蒙大学张新生教授、德国洪堡大学韩可龙教授分别做主题发言。在分组讨论中,与会代表围绕欧洲汉语教育学科建设、欧洲汉语教师培养、欧洲国别汉语教学历时与共时研究、欧洲汉语学习者动机、现代教育科技与汉语教学、欧洲中小学汉语教学六个方面,分享了研究成果,并展开讨论。

3. 第二届尼泊尔中小学校长汉语教学论坛在加德满都举办

2017年3月1日，由中国驻尼泊尔大使馆主办、尼泊尔国际汉语教师志愿者之家承办的第二届尼泊尔中小学校长汉语教学论坛在加德满都举办。

加德满都大学孔子学院中方院长、LRI国际学校孔子课堂中方负责教师、尼泊尔国际汉语教师志愿者之家管理教师，以及多位尼泊尔中小学校长代表分别上台发言。结合平时教学中遇到的问题，校长们对于如何改善教学环境、合理统筹利用资源、建立适当的考评体系等方面提出意见和建议。多名校长表达了想让汉语课成为与尼语课、数学课一样的学分课程的强烈愿望，他们认为这不仅有助于提高学生的积极性，而且是对汉语志愿者教师们教学水平的肯定。

校长们感谢中国驻尼泊尔大使馆、孔子学院、孔子课堂、志愿者之家为发展尼泊尔教育事业提供的帮助，表示这是一场务实、接地气的论坛，在为下一步汉语推广工作打下基础的同时，也为院校之间开展交流与合作搭建了平台。

4. 全德中文学校联合总会2017年会暨华文教育研讨会在德国汉堡召开

2017年3月4日至5日，全德中文学校联合总会2017年会暨华文教育研讨会在德国北部港城汉堡举行。来自德国5个使领区10余个联邦州22座城市的26所会员学校校长参加会议。

总会秘书长、达姆施塔特华达中文学校校长苏鸿雁女士主持会议，总会副会长、斯图加特汉语学校校长陈薇女士做题为"协会与学校管理"的专题报告，赵清华公参发表讲话，总会会长、汉堡汉华中文学校校长周开雾女士向大会做理事会工作报告。

会议围绕"中国寻根之旅"夏令营、接纳新会员入会、树立总会良好形象、中文学校资质奖励、扶持中小规模中文学校、统计发放领取中文教材、创立开展大规模的华教活动、建立多媒体平台等具体议题开展了研讨活动。

5. "2017互联网+汉语国际教育专题研讨会"在英国利兹大学举办

2017年4月1日至2日，由英国利兹大学商务孔子学院和英国利兹大学东亚系主办、中文教学现代化学会承办的"2017互联网+汉语国际教育专题研讨会"在利兹大学商学院召开。来自美国、法国、韩国、中国等国的60余名学者与会。

法国巴黎东方语言文化学院白乐桑教授、北京大学李晓琪教授、北京师范大学宋继华教授等应邀做了专题报告，分别就中文慕课教学心得、网络视频教学探索、《长城汉语》编写研究等时下备受关注的议题进行了分析，向与会嘉宾展示了汉语国际教育在"互联网+"背景下的发展现状与未来前景。与会者分别进行了主题为"'互联网+'背景下的汉语国际教育"与"APP、慕课与翻转课堂"的分会场报告，围绕"互联网+汉语国际教育"、中文教学资源、新技术及新产品在中文教学的应用、多元化师资培训与考评研究等问题进行了讨论。

6. 第十届全美中文大会在美国休斯敦召开

2017年4月6日，由中国孔子学院总部/国家汉办与美国大学理事会、亚洲协会联合主办的第十届全美中文大会在美国得克萨斯州第一大城市休斯敦召开。

大会主题为"十载进程，携手同行（A Decade of Progress）"，来自美国各州及英国、加拿大等国家的教育官员、大中小学校长、汉语教学专家及教师等1300多名代表参会。会议为期3天，共举办了6场会前讨论会、4场主题全会和93场分会，其中主题全会的主题分别是"来路历程和前进方向""体育是文化和人民的大使""见证和激活全面的中美关系""对过去十年的思考"。此外，会议期间还举办了汉语教学资源展，主办方组织与会代表参观了12所当地有特色的中文项目学校。

7. 大华语战略研讨会在北京语言大学举行

2017年4月14日，由教育部人文社科重点研究基地北京语言大学对外汉语研究中心、商务印书馆《语言战略研究》杂志社、《中国社会科学报》编辑部联合举办的"大华语战略研讨会"在北京语言大学举行。李宇明、崔希亮、贾益民、杨慧林、郭熙、江怡、刁晏斌、余桂林、刘华、项江涛、聂丹、施春宏、王建勤、卢德平等十余位中国华语研究领域的专家参会并发言。

此次会议主要围绕"全球视角大华语战略研究""港澳、东南亚、欧美华语变异、分化趋势研究""大华语语言共同体构建与族群认同研究"等议题进行展开。

北京语言大学党委书记李宇明教授首倡"大华语"概念。他强调，大华语是以普通话/国语为基础的全世界华人的共同语。华侨大学贾益民教授指出大华语战略实施的基础性工作是要进行华语调查，做好顶层设计，并大力开展华语传播。中国人民大学杨慧林教授强调，大华语不仅仅是语言学的概念，更是思想工具的概念。暨南大学郭熙教授论述了华语和祖语的界定、华语作为祖语的生态等亟待研究的问题。北京语言大学聂丹教授从概念、目标、对象、原则四个角度归纳了海外华语的研究。北京师范大学江怡教授从规范性、普适性、政治性和交流性四个方面对大华语问题进行了剖析。北京师范大学刁晏斌教授则梳理了大华语研究的学科脉络并展望了学科发展。暨南大学刘华教授分享了东南亚多国的华语语言态度调查和华语规划研究成果。北京语言大学施春宏教授强调大华语研究需要深入，联系库藏语言学，并建立大规模语料库。《中国社会科学报》项江涛博士从自媒体、大数据与教科研三个角度论述了华语研究需要注意的问题。北京语言大学卢德平教授指出汉语作为公共资源转变为全球通用语,需要使汉语与其他资源产生利益关联,以形成强烈的语言学习动机。最后,北京语言大学王建勤教授重申了华语教育的重要性并建议建立大华语语言教育大联盟。专家发言后,与会师生与专家进行了互动和探讨。

8. 2017汉语教育高峰学术论坛在北京语言大学举办

2017年4月19日,2017汉语教育高峰学术论坛在北京语言大学举办。此次论坛由北京语言大学人文社会科学学部和汉语教育研究所主办,论坛主题为"汉语作为第二语言教学的理论发展",包含海内外汉语教学的理论成就、当前汉语教学面临的理论问题以及汉语教学理论的发展方向3个议题。

邓守信、刘珣、崔永华、邢欣、吕文华、丁崇明、张旺熹、陆俭明、吕必松、李宇明等知名学者分别做了发言。邓守信教授提出对外汉语教学的使命界定包括师资、课程和研究领域,还主张对外汉语教学有3个模组——语言、教育和习得,其中语言是核心。刘珣教授指出中国目前将对外汉语教学学科放在应用语言学下是比较合适的。崔永华教授认为建设教学理论的前提是要有一支合格的理论队伍,这支队伍必须对教学实践有深入的理解和研究,同时还要有跨学科的理论和素养,能将教学理论和实际很好地联系起来。邢欣教授建议汉语国际教育专业在课程设置上要有所改变。吕文华教授主要针对目前对外汉语教学语法体系面临的问题,围绕着语法"教什么""怎么教"进行了发言。丁崇明教授提出汉语究竟难不难的问题,并指出学习汉语最主要的难点在汉字,我们应该对汉语学习者进行分类,因材施教。张旺熹教授针对教学语法体系的理论建构提出了十大关系。陆俭明教授指出对外汉语教学要做到既能开展语言教学,又能传播文化,需加强软文化传播这种理念。吕必松教授从微观角度对汉语、汉字到底是难学还是容易学这一问题做了解读。李宇明教授针对此次论坛的讨论做了总结发言,表示要重视继承老一辈学者的宝贵思想和经验成果。最后张黎教授对此次论坛进行了简要总结。

此次论坛对汉语作为第二语言的理论发展问题进行了探讨,各位专家针对目前已取得的成就、当前的问题以及今后的发展方向阐述了自己的观点,并与在场学者展开了讨论。

9. 华文文学与中华文化海外传播国际学术研讨会暨新移民作家笔会在江苏师范大学召开

2017年4月21日至23日,由中国世界华文文学学会、中国现代文学馆和江苏师范大学联合举办的华文文学与中华文化海外传播国际学术研讨会暨新移民作家笔会在江苏师范大学召开。复旦大学陆士清、苏州大学曹惠民、厦门大学朱双一、南昌大学陈公仲、华中师范大学江少川、武汉大学赵小琪等40余位专家学者和来自美国、加拿大、德国、匈牙利、西班牙、日本、澳大利亚、泰国、马来西亚等国家的30余位新移民作家参加了会议。上海师范大学杨剑龙教授指出，近年来海外华文文学创作发生了重要变化，华文作家应该更加注重推出具有世界性意义作品、保持创作心态的自由与独立以及不断拓展在世界文坛的影响与价值。南昌大学陈公仲教授根据新移民文学发展的三个阶段，提出中外文化交流的双向互动性命题。美国华文作家、《彼岸》杂志社前副总编王威先生聚焦"新移民华文文学的海归现象"，深度分析近年海外华文文学蓬勃发展的多重因素。美国华文作家、华人基督文学艺术者协会主席施玮女士强调新移民作家通过地域优势、语言优势拓展文学发展的可能性，强调以新移民视野看中国历史、写中国故事。厦门大学朱双一教授解析李乔《情天无恨——白蛇新传》，认为其改写"白蛇传"之所以成功，既得益于台湾文学强调描写人性的人文主义语境，也得益于在日常生活中怀佛心、行佛事的"人间佛教"语境。江苏师范大学王艳芳教授从族群叙事下的政治争拗、革命叙事下的自我塑造、身体叙事中的性别政治三方面探讨了两岸谢雪红书写问题及其书写背后的权力关系。随后，大会就如下3个专题进行了分组讨论：华文文学与中华文化认同、华文文学与中华文化海外传播、新移民文学研讨。会议为探讨华文文学与中华文化的继承与发展、中华文化的海外传播及新移民文学的创作与研究提供了交流平台。

10. 首届国学（汉学）教育国际学术研讨会在南阳师范学院举行

2017年4月22日，首届国学（汉学）教育国际学术研讨会在南阳师范学院举行。来自英国、日本、韩国、马来西亚、中国大陆和中国台湾地区的90余名专家学者，围绕国学（汉学）"教什么""怎么教""谁教""教谁"等问题展开了讨论。

在大会主题发言环节中，教育部语言文字应用研究所所长张世平做了《经典诵读与优秀传统文化传承》的发言，台湾辅仁大学王初庆教授做了《论儒学的遵时与法古》的发言，台湾云林科技大学林叶连教授做了《论"国学"的内涵、效用与振兴》的发言，中国戏曲学院裴喆教授做了《国学何以？教育何以？》的发言，威尔士大学焦国成教授做了《试论国学（汉学）的思维特色及其教育的特殊性》的发言，清华大学赵丽明教授做了《理工科为主高校的国学教学》的发言，南阳师范学院王正荣教授做了《两岸桥繁简对照输入法功能与应用简介》的发言，日本龙谷大学太田斋教授做了《反映西北方音的王三反切》的发言，长江大学李华平副教授做了《长江大学人文教育的几点做法》的发言。

日本龙谷大学岩田宪幸教授、台湾辅仁大学孙永忠教授、台湾云林科技大学林叶连教授分别代表 3 个分会场做了总结报告。南阳师范学院聂振弢教授做了大会总结。

11. 第五届语言理论和教学研究国际学术研讨会在贵州兴义召开

2017 年 4 月 29 日，由中国语文现代化学会语言理论和教学研究专业委员会主办，兴义民族师范学院承办的第五届语言理论和教学研究国际学术研讨会在贵州省兴义市召开。中国语文现代化学会名誉会长、南开大学博士生导师马庆株教授，中国语文现代化学会副会长、湖南师范大学博士生导师彭泽润教授，兴义民族师范学院文学与传媒学院院长雷励教授分别发表讲话。

会议为期 3 天，设有大会报告、分组讨论和学术辩论 3 个环节。在大会报告环节，东北师范大学胡晓研教授、中国海洋大学安华林教授、湖南科技大学谢奇勇教授、四川文理学院加晓昕教授、广西财经学院莫光政教授、兴义民族师范学院范彩霞博士分别做了主题学术报告。在分组讨论和辩论环节，来自南开大学、湖南大学、上海大学、东北师范大学、河南大学等高校和科研机构的百余名专家学者围绕国内外语言理论研究的新发展、《语言学概论》等语言课程的教学与改革、汉语普通话和方言的描写和理论阐述、中国少数民族语言和外语的描写和理论阐述、语言资源的保护和利用、新形势下语言理论的应用研究等研究领域的学术问题展开多角度探讨和学术互动。

12. 第十届北京地区对外汉语教学研究生学术论坛在北京大学对外汉语教育学院举办

2017 年 5 月 6 日至 7 日，2017 对外汉语博士生论坛暨第十届北京地区对外汉语教学研究生学术论坛在北京大学对外汉语教育学院举办。此次论坛以"互联网 + 时代第二语言教学理论与方法"为主题，围绕"第二语言教学研究""第二语言教师和学习者研究""第二语言测试与评价研究""第二语言本体研究""第二语言习得理论研究""第二语言教材研究""第二语言研究方法研究"7 个议题展开研讨。

在大会报告环节，北京语言大学郑艳群教授做了题为"大数据视角下的第二语言远程教学理论与方法"的专题报告，北京大学对外汉语教育学院赵杨教授做了题为"互联网 + 语言教育：挑战与机遇"的专题报告。北京大学对外汉语教育学院博士生李静文报告了"'零起点'汉语课堂媒介语师生感知差异研究"，北京师范大学汉语文化学院硕士生任津锐报告了"领主属宾句在现代汉语中的使用研究"。北京大学对外汉语教育学院研究生教研室主任徐晶凝教授对两位研究生的报告进行了点评。

随后，分论坛围绕各个议题展开，61 位参会代表分别展示了自己的论文报告，并得到了相应研究领域专家的点评。此次论坛的论文选题以"互联网+"为立足点，涉及汉语本体、二语习得理论与测试、学科建设、教学实践、教师发展与技能、教育技术、跨文化交际以及跨学科研究等各个领域。

13. "一带一路"与新华侨华人学术研讨会在江苏师范大学召开

2017年5月17日至19日，由国务院侨务办公室侨务理论研究江苏基地主办，江苏师范大学承办，"一带一路"研究院协办的"一带一路"与新华侨华人学术研讨会在江苏师范大学召开。来自全国6省市20个高校和研究机构的60余位专家学者以及嘉宾，共同围绕"一带一路"这一话题从新华侨华人的视角展开讨论。

研讨会上，来自全国各地高校、研究所和政府有关部门的20余位专家学者围绕会议主题，就共建21世纪海上丝绸之路、"一带一路"中的国际华商、侨务法制建设、浙沪籍新侨、江苏海外投资、非洲华人报刊及软实力提升、在"一带一路"背景下如何发挥海外华侨华人的重要作用等话题作了大会发言。其中华侨大学贾益民教授在开幕式上作题为"发挥侨力，携手共建21世纪海上丝绸之路"主题发言，他强调，当前重点是明确华侨华人参与海上丝绸之路建设的主体力量和角色分配，充分挖掘和发挥华商、华领、华社、华教和华媒的优势，抓住以"侨"为载体、以"侨"为纽带、以"侨"为引领、以"侨"为伙伴、以"侨"为中介的五大着力点，推动两岸四地共建21世纪海上丝绸之路。

会议研讨认为，6000多万华侨华人作为中国独特、重要的资源，不仅对参与"一带一路"建设抱有热情，更有沟通中国与世界的独特优势，是"一带一路"建设的天然纽带和重要力量。

14. 首届中华文化海外传播大连论坛在大连外国语大学举办

2017年5月27日，由中国新闻史学会全球传播与公共外交研究委员会、大连外国语大学主办的"首届中华文化海外传播大连论坛"在大连外国语大学举办。论坛由主旨演讲、圆桌论坛和分论坛组成。主要议题包括"一带一路"与中华文化海外传播；中华文化的民族性与共通性；跨文化视域下的中华文化海外传播；中华文化海外传播的内容、路径与方略；孔子学院与中华文化海外传播；孔子学院可持续发展；中华文化海外传播舆情跟踪与国家形象建构；世界其他国家文化传播的经验与启示；海外汉语与中华文化教学等。

来自海内外从事中华文化研究的近400位专家、学者和汉语志愿者教师围绕"一带一路"框架下中华文化海外传播如何"固本拓新 共享发展"等时代课题进行了交流和探讨。论坛还发布了包括"一带一路沿线国家中华文化传播现状"在内的多项重大研究成果。

15. 2017全国学习者及双语语料库研究专题研讨会在曲阜师范大学举办

2017年5月26日至28日,由中国英汉语比较研究会语料库语言学专业委员会主办、曲阜师范大学外国语学院承办的2017全国学习者及双语语料库研究专题研讨会在曲阜师范大学召开。会议议题包括英语学习者语料库研究、汉语学习者语料库研究、基于语料库的双语对比及翻译研究、专门用途及学术英语语料库研究及其他语料库研究话题。来自北京外国语大学、北京航空航天大学、华南师范大学等国内多所高校的近百名语料库语言学研究领域专家和优秀青年学术骨干参加了此次研讨会。

研讨会期间,北京航空航天大学卫乃兴教授、浙江工商大学濮建忠教授和北京外国语大学李文中教授、秦洪武教授分别以"中国学者的评价性知识:研究论文评价模式的案例""扩展意义单位解读与反思""中国英语学习者词语构型能力发展研究""基于文本数据的儒学海外传播研究"为题作了大会发言。与会专家学者就中国语料库语言学研究的各个领域进行了分组研讨,交流讨论了中国在语料库语言学研究方面的最新学术成果。

16. 第二届《当代外语研究》国际第二语言加工专题研讨会在中国海洋大学召开

2017年5月27日至28日,由国际第二语言加工专业委员会和中国海洋大学主办的第二届《当代外语研究》国际第二语言加工专题研讨会在中国海洋大学召开。会议主题为"二语加工与二语习得的关系:内涵与外延"。主要议题包括句法加工研究、词汇加工研究、语音加工研究、翻译过程中的认知研究、与加工相关的习得研究等。大会共收到来自国内外的会议论文85篇,会议包括主旨发言、圆桌讨论和5个分会场发言。

来自美国马里兰大学的蒋楠教授、美国爱达荷州立大学布伦特·沃尔特(Brent Wolter)教授、阿拉巴马州立大学刘迪麟教授、江苏师范大学教育部"长江学者"特聘教授杨亦鸣以及北京大学、上海交通大学、浙江大学、北京师范大学、北京外国语大学、北京语言大学、广东外语外贸大学、中国科学院等60余所高校与研究机构的近百位专家学者参加此次会议。

在大会主旨发言中,江苏师范大学杨亦鸣教授针对人类自然语言理解的速度及机制进行了主题发言,探讨了初级认知加工和高级认知加工的序列问题;美国爱达荷州立大学布伦特·沃尔特教授探讨了二语习得和教学中的词语搭配,阐释了词语搭配的二语加工机制;北京师范大学陈宝国教授以抑制控制在语言转换过程中的作用为题证明了抑制控制能力在语言转换中的重要作用；阿拉巴马州立大学刘迪麟教授针对程式语和习语的加工机制进行了相关阐释；广东外语外贸大学卢植教授就人工翻译和译后编辑中认知努力进行了眼动研究；中国海洋大学陈士法教授阐释了基于ERP技术的英汉-汉英宾语语码转换的认知神经机制。在分会场讨论中，来自全国各地的研究者们针对语音加工、词汇加工、语篇/语用加工、二语习得神经机制、句法/语义加工等主题对一语和二语各个语言层面的加工机制进行了探讨。在圆桌讨论中，主持人蒋楠教授根据研究内容与专长邀请了多位专家担任讨论嘉宾，他们是：常辉教授（上海交通大学）、陈宝国教授（北京师范大学）、陈士法教授（中国海洋大学）、范莉博士（北京林业大学）、江新教授（北京语言大学）、乔晓妹教授（上海财经大学）、徐晓东博士（南京师范大学）、张萍教授（华南师范大学）。讨论由如何界定核心概念"加工""习得"与"表征"展开，延伸到对语言认识、二语加工与习得研究等众多问题的思考与讨论。

17. 首届二语习得前沿研究国际学术会议在大连外国语大学举办

2017年6月3日，由大连外国语大学英语学院、高级翻译学院、国际商务学院和公共外语教研部共同承办的首届二语习得前沿研究国际学术会议在大连外国语大学举办。会议围绕"理论与实践：第二语言习得当代重点问题研究"这一主题展开探讨。会议期间，来自国内外二语习得和外语教育界的著名专家学者，以及海内外百余所高等院校从事二语习得与外语教学研究的教师和硕博研究生共200余人分享研究成果，共同探讨第二语言习得理论当代发展研究、语言测试、动态评估与语言教学、第二语言习得理论与信息技术辅助外语教学研究、第二语言习得教师反馈研究、二语习得理论与外语教材研究、第二语言语用能力与概念化发展（conceptual development）研究等相关议题。

此次会议包括5场主旨演讲、12场分组讨论和2个工作坊。主旨演讲环节，宾夕法尼亚州立大学杰姆斯·兰托夫（James Lantolf）教授介绍了动态系统理论和社会文化理论之间的相关性和不同之处；科廷大学埃利斯（Rod Ellis）教授阐释了语言教学文本和科研文本之间的关联；北京外国语大学文秋芳教授强调了辩证研究方法的必要性，并提供了实例解释该方法在产出导向法研究中的应用；华中科技大学徐锦芬教授从社会文化理论和实证角度对同伴互动进行了解读；大连外国语大学常俊跃教授论证了内容依托式课程改革的重要性，并介绍了相关国家级社科项目的研究成果。分组讨论环节围绕"二语习得研究"这一母课题共设12个相关子课题，参会师生交流了自己的研究成果和心得，并由专家为他们答疑解惑。工作坊分别由外籍专家兰托夫教授、埃利斯教授和秦丽莉副教授主持，众多参会者报名参加。

18. 第十四届国际汉语教学学术研讨会在中国澳门举办

2017年6月16日至18日，第十四届国际汉语教学学术研讨会在中国澳门举办，此次会议由澳门大学、中央民族大学和美国罗德岛大学共同主办，美国佛蒙特大学和纽约城市大学协办。研讨会的主题为"全球化的中文教育：教学与研究"。

此次大会共邀请了8位国际汉语教学领域的学者做大会主旨报告，分别是澳门大学人文学院靳洪刚教授、中央民族大学国际教育学院吴应辉教授、复旦大学国际文化交流学院吴中伟教授、美国斯坦福大学东亚语言文化系孙朝奋教授、台湾"清华大学"华语中心信世昌教授、华东师范大学对外汉语学院吴勇毅教授、香港中文大学中文系冯胜利教授和美国罗德岛大学何文潮教授。

大会设立51个分论坛，分别围绕"留学生的中文教学研究""现代科技在汉语教学中的应用""汉语教师培养与在职培训""孔子学院在全球化中文教育中的作用与面临的挑战""教学法研究与后方法论""汉语教材的研究与发展""国际汉语教学中的跨文化交流""中文水平测试研究"等专题进行了交流和研讨。

参加此次大会的代表共有246人，分别来自中国、美国、日本、韩国、加拿大、新加坡等国家和地区。

19. 第15届国际汉语教学研讨会在英国南安普顿大学召开

2017年6月28日至30日，由英国汉语教学研究会（BCLTS）主办、英国南安普顿大学孔子学院承办的英国汉语教学研究会第15届国际汉语教学研讨会在英国南安普顿大学召开。会议主题为"全球汉语学习与教学：从语言政策到课堂实践"，分议题包括"各地区中文语言政策汉语本体与汉语习得研究""汉字、拼音和语法教学与研究""教研结合的汉语听、说、读、写教学、测试""评估与标准的实践与研究""专门用途汉语的实践与研究（如商务汉语教学）""汉语教材的设计、编写与开发""文化教学内容在语言课上的融合""国际汉语教育本科和研究生培养""新媒体时代的国际汉语教学（如慕课在国际汉语教学中的应用）"等。

欧洲汉语教学研究会主席、法国著名汉学家白乐桑教授，美国加州大学戴维斯分校中文部主任、语言学系博士生导师储诚志教授，英国UCL教育学院孔子学院外方院长凯瑟琳·卡鲁瑟（Katharine Carruthers），北京大学陆俭明教授，北京大学马真教授分别作了题为"汉语二语学科建设中现存的认识论障碍""再谈汉字认知与教学中的若干是非""学校里的汉语学习者的新发展和新标准""汉语语法研究的新视角""在汉语国际教育中要注意词语的正确释义，重视词语的用法研究"的主题发言。分会场上，来自海内外的学者代表们结合自身教学实践进行了经验分享和交流。

20. 第三届汉语中介语口语语料库国际学术研讨会在北京语言大学召开

2017年7月4日至5日，第三届汉语中介语口语语料库国际学术研讨会在北京语言大学召开。此次会议由北京语言大学、南京大学和美国莱斯大学联合主办，北京语言大学语言科学院承办。会议主题为"口语库—汉语中介语语料库建设与应用研究的新挑战"。此次研讨会围绕汉语中介语口语语料库建设、基于语料库的汉语习得研究、语料库与口语教学、口语测试等具体议题展开了探讨和交流。

在大会报告中，中国社会科学院语言研究所顾曰国教授对"现代汉语现场即席话语多模态语料库"的贴真建模方法进行了介绍。南京大学曹贤文教授从词汇变化度、词汇密度和词汇复杂度等三个维度阐释了汉语二语学习者口语词汇的丰富性发展。北京外国语大学许家金教授介绍了英语口语学习者语料库的建设和研究概略。北京语言大学张宝林教授对汉语中介语口语语料库建设的现状进行了概括并提出了相应的建设与研究任务。莱斯大学的拉斐尔·萨拉贝里（Rafael Salaberry）教授基于网络论述了口语微型语料库的建设标准及其对教学计划中的教学建构发挥的指导作用。同济大学刘运同教授利用会话分析的理论和方法探讨了汉语口语语法。香港理工大学刘艺助理教授对其自建的香港非华语学生粤语语音语料库进行了介绍与论述。湖南师范大学李斌副教授介绍了ELAN和语宝标注软件的使用，对口语库和多模态库的建设具有重要意义。

来自北京语言大学、南京大学、莱斯大学、教育部语言文字应用研究所、中国社会科学院、北京外国语大学、同济大学、香港理工大学、湖南师范大学、福建师范大学、鲁东大学、中国传媒大学、北京师范大学、上海师范大学、杭州师范大学等国内外20余所高校和科研机构的40多位正式代表、20余位特邀代表和部分院校的硕士、博士研究生参加了会议。

21. 第六届国际汉语教学研究生指导研讨会在上海财经大学举办

2017年7月7日至9日，第六届国际汉语教学研究生指导研讨会在上海财经大学召开。会议由上海财经大学和国际汉语教学硕博士指导研究会（英国）主办，上海财经大学国际文化交流学院承办。共有国内外40多位国际汉语教学专家及代表参加了此次会议。

在主旨发言环节中，南京大学程爱民教授做了题为"关于汉语国际教育专业硕士教学改革的几点思考"的发言，他介绍了全国汉语国际教育专业的发展情况，从学科定位、师资队伍、培养规格、课程设置、教材建设、教师实习等方面来探讨了汉语国际教育专业的教学改革。随后，英国华威大学郭志岩博士做了题为"社会文化理论与交际教学法——对外汉语教学"的发言,以"把"字句教学为例,介绍了交际法在语言教学中的运用,并介绍了二语习得、二语阅读方面的教学模式与策略。

会议围绕"对外汉语教学""汉语语法与教学""汉语写作、翻译与教学""教学理论、教学法及教学实践""中华文化与汉语教学""新媒体与汉语学习""文化视角看汉语国际教育"等主题分组进行了学术讨论。上海财经大学王永德教授做了题为"学位论文中的图和表——完善学位论文写作形式和思考"的发言,用实例说明了研究生学位论文中使用图表容易出现的问题。周红副教授运用框架语义学理论提取动词的方向性特征。汪如东副教授阐述了爱沙尼亚语的14个格以及研究爱沙尼亚语对汉语教学的启示。柳岳梅副教授、汉语国际教育专业硕士研究生张雪以舞台剧为例,讲述了如何培养汉语国际教育硕士的文化活动策划能力。

最后,中山大学周小兵教授、美国哥伦比亚大学刘乐宁教授、武汉大学赵世举教授分别做了题为"基于语料库的商务汉语教材词汇考察""教学研究与教师发展""汉语国际教育专业的困境与出路"的发言。周小兵教授从资源类型、教材分类、教材媒介语、适用对象等方面考察了商务汉语教材选词和通用大纲等级。刘乐宁教授认为本专业师资培养存在极度欠缺教学能力培训、教师评估标准不统一、文史知识不适用、跨文化交际能力欠缺等问题,集体备课和反复讲评是提升教学技能的最有效途径。武汉大学赵世举教授认为,汉语国际教育存在学生的专业迷茫、就业难等问题,原因包括专业发展过快、专业门槛偏低、专业口径狭窄、专业定位不明确、培养标准差异大,继而提出解决方法:各高校应予以正视,意识宏观微观协同,研制专业标准、优化专业布局并抓住新机遇,谋求新发展。

22. 第五届《世界汉语教学》青年学者论坛在北京语言大学举行

2017年9月23日,第五届《世界汉语教学》青年学者论坛在北京语言大学举行。此次论坛主题为"汉语作为第二语言教学(TCSL)的跨学科研究"。论坛共征集到68篇稿件,经专家审阅和编辑部讨论,共有9篇论文入选此次论坛。

厦门大学李湘博士、四川外国语大学黄劲伟博士、北京外国语大学房艳霞博士、华侨大学马伟忠博士、北京语言大学程璐璐博士、北京大学邓丹博士、澳门大学侯晓明博士、吉林大学周莉博士、北京语言大学程潇晓博士9位入选者进行大会报告。报告题目依次是《"自然焦点"有多"自然"?——从汉语方式状语的焦点结构地位说起》(李湘)、《汉语量词的语法性质及其在词类系统中的地位》(黄劲伟)、《提高语块意识的教学对汉语第二语言学习者口语产出的影响》(房艳霞)、《汉语"NA的NP+V得AP"构式研究》(马伟忠)、《论初级对外汉语教学中同形语素意识的培养》(程璐璐)、《韩国学习者对汉语舌冠塞擦音和擦音的产出和感知研究》(邓丹)、《元分析与汉语作为第二语言习得——以词汇附带习得的合并习得率为例》（侯晓明）、《"T就（更）别说了"及其相关构式研究》（周莉）、《语言类型特征与汉语学习者经越路径动词习得的相关性》（程潇晓）。中国社会科学院胡建华教授，北京语言大学张旺熹教授、张劲松教授、江新教授、施春宏教授，北京大学郭锐教授、董秀芳教授，澳门大学靳洪刚教授，北京师范大学冯丽萍教授9位界内专家学者应邀出席，并对各项研究成果进行了点评。

23. 第十四届对外汉语国际学术研讨会（ICCSL14）暨第二届汉语远程教育与传播国际学术研讨会（ICTC2）在山东师范大学召开

2017年10月14日，第十四届对外汉语国际学术研讨会（ICCSL14）暨第二届汉语远程教育与传播国际学术研讨会（ICTC2）在山东师范大学举行。此次会议由山东师范大学国际教育学院与北京语言大学对外汉语研究中心、新西兰梅西大学人文学院联合主办。

会议期间，与会专家和学者围绕"多元文化背景下汉语教学理论与方法""汉语传播与远程教育"两个会议主题，就多元文化背景下的汉语教学理论研究、汉语教学方法研究、汉语应用语言学研究方法、面向汉语教学的本体研究、汉语第二语言习得研究、大数据与汉语教学资源建设研究、汉语师资培养与发展研究、国际汉语教学的跨学科研究、汉语国际传播的理论与政策研究、远程教育与信息化等议题展开研讨。

北京语言大学校长刘利教授，北京语言大学对外汉语研究中心代主任王建勤教授，新西兰梅西大学人文学院院长凯利·泰勒（Kerry Taylor）教授，山东师范大学校长唐波教授、党委副书记张文新教授出席开幕式。北京大学陆俭明教授、北京语言大学赵金铭教授、台湾"清华大学"副校长信世昌教授、澳门科技大学副校长孙建荣教授等专家应邀出席大会。来自美国、澳大利亚、日本、韩国、新西兰、中国大陆、中国台湾、中国澳门等国家和地区高校、科研院所相关领域的专家学者近300人参加会议。

24. 汉字教学国际研讨会在浙江外国语学院举办

2017年10月21日，由浙江外国语学院主办，浙江外国语学院中国-南非教育比较研究所、杭州娃哈哈企业集团外籍人员子女学校共同承办的汉字教学国际研讨会在浙江外国语学院召开。

由诺玛·玛格丽特·奈尔教授领衔的南非大学教育学院专家团队，世界汉语教学学会副会长、法国荣誉国民教育汉语总督学乔尔·白乐桑教授，中央教育科学研究所副研究员、全国集中识字教学研究会会长、全国识字写字教学研究联盟顾问张田若等汉字教学领域专家出席了国际研讨会。

奈尔教授、白乐桑教授、张田若副研究员和浙江外国语学院汪潮教授、南非斐京华侨公学副校长刘玉华女士、杭州娃哈哈外籍人员子女学校王晓琛老师等分别作了主题报告。奈尔教授说,自2016年开始南非基础教育部已将汉语列为第二附加语言写入国家课程标准并开始局部试点,可汉语尤其是汉字教材的开发与相关教学方法的改革,在南非还处在起步阶段,此次研讨会的举办以及与中国同行的合作研究,将有助于把中国经验引入南非。

25. 汉语国际化视野下的汉语全球教育史国际学术研讨会在华东师范大学举行

2017年10月21日至22日,汉语国际化视野下的汉语全球教育史国际学术研讨会暨世界汉语教育史研究学会第九届年会在华东师范大学举行。此次研讨会由世界汉语教育史研究学会和华东师范大学对外汉语学院联合主办。会议围绕主题"汉语国际化视野下的汉语全球教育史"和国际汉语传播、国际汉学、西人汉语研究史、汉语教材史、汉语本体与教学等多个专题展开讨论,包含5个大会主旨报告和6个分会场研讨。

在大会主旨报告环节,日本神奈川大学福田亚细男教授做了"汉学中的非文字文化研究——从图像发现问题"的主题报告;华东师范大学卢守助教授做了"梁启超与《和文汉读法》"的报告;日本学者奥村代佳子做了"18世纪日本的汉语学习"的报告;中山大学范常喜教授做了"从琉球官话课本注记文字看琉球人的汉语学习难点"的报告。

此次研讨会吸引了来自海内外43所大学的100多位学者代表参加,共同探讨汉语国际化的历史传承、发展现状和未来方向。

26. 2017年亚太地区国际汉语教学学会第九届国际研讨会在韩国延世大学召开

2017年10月21日至22日,由亚太地区国际汉语教学学会主办,韩国中国教育学会、延世大学孔子学院、延世大学中国研究院承办的2017年亚太地区国际汉语教学学会第九届国际研讨会在韩国首尔延世大学召开。会议主题为"汉语教学中语言与文化的融合与应用",研讨议题有"面向未来的汉语教学及与之匹配的课程设置""跨文化交际与汉语教学""国际汉语教学中的国际文化交流环节与意义""地球村时代的特殊目的汉语教学""汉语语言要素（语音、词汇、语法等）教学""汉语语言技能（听、说、读、写、译）教学""新技术、新媒体的应用""新教学模式""新教学法的研发与应用"等。共有来自全球各地 50 多所高校的 150 余名汉语教学专家学者参与。

汉语教育专家台湾中原大学邓守信教授，日本大阪大学古川裕教授，新加坡南洋理工大学吴英成教授，越南河内大学外国语大学阮黄英教授，欧洲汉语教学协会副会长张新生，美国中文教师协会会长、斯坦福大学东亚研究院院长孙朝奋等做了大会主旨报告。亚太地区汉语教学学会会长、韩国外国语大学教授孟柱忆与上海沃动科技创始人兼 CEO 邱利军先生就非目的语地区汉语教学困境及基于移动互联网平台上 PopOn 的混合教学方案和数据驱动教学改革发表了联合报告。

27. "第二届国际华文教学研讨会"暨"第七届两岸华文教师论坛"在华侨大学举办

"第二届国际华文教学研讨会"暨"第七届两岸华文教师论坛"于 2017 年 10 月 27 日至 28 日在华侨大学厦门校区举办。此次会议由华侨大学、暨南大学、世界华语文教育学会主办，华侨大学华文学院、华侨大学华文教育研究院、海外华文教育与中华文化传播协同创新中心承办。台湾世界华语文教育学会理事长董鹏程，台湾联合大学系统校长、华侨大学客座教授曾志朗，华侨大学校长徐西鹏、原校长贾益民，暨南大学特聘一级教授、著名语言学家邵敬敏，暨南大学华文学院党委书记史学浩，中国孔子基金会副理事长牛廷涛等出席开幕式，共有海内外华文教育界的百余位学者参加。

会议主题为"华文教学研究：国别化与大数据"，分为"华文教育国别化研究""华文教师培养与华文课程、教材建设""华文教学法、中华文化与教育技术""华语习得与汉语本体研究"4 个分议题。曾志朗教授、邵敬敏教授、台湾逢甲大学外语教学中心副教授姚兰以及唐风汉语教育科技有限公司总裁李劲松 4 位嘉宾分别作了题为"从认知神经科学解析汉字发展启示：六步成智假说（仿，借，存，转，联，精）""主观性的类型与主观性的途径""两岸国际汉语推广政策比较""'互联网+'时代华文教育发展"的主旨报告。

28. 第三届国际汉字汉语文化研讨会在美国塔夫茨大学举办

2017 年 11 月 4 日，由北京师范大学文学院联合美国塔夫茨大学、俄克拉荷马大学文理学院和孔子学院共同举办的第三届国际汉字汉语文化研讨会在塔夫茨大学举办。此次研讨会围绕汉字汉语文化研究，以及与汉字汉语教学有关的问题进行研讨，旨在增进汉字汉语文化研究和教学的国际交流，提高汉字汉语文化研究和教学的水平。主要议题有跨文化视野下的汉字汉语研究、汉字汉语的国际传播、汉字汉语与中华传统文化、汉字汉语教学的理论与方法等。

北京师范大学王宁教授、北京大学陆俭明教授、法国教育部汉语总督学白乐桑教授、香港中文大学冯胜利教授做了主题报告；哥伦比亚大学中文部主任刘乐宁等6名教授作为特邀发言人分享了他们的研究成果。此外，大会还在分会场提供了共计34场报告，160多名来自美国、新加坡、日本、中国大陆以及中国台湾等多个国家和地区的学者参加了此次研讨会。

29. "国际汉语教育与文化"学术研讨会在厦门大学举办

2017年11月4日，"国际汉语教育与文化"学术研讨会在厦门大学举办，此次研讨会由中国语文现代化学会汉语国际传播研究会和厦门大学海外教育学院/国际学院联合主办，来自北京大学、北京师范大学、复旦大学等56所高校的150多名专家学者围绕"借力汉语国际传播，向世界讲好新时代的中国故事"主题展开探讨。

厦门大学海外教育学院/国际学院院长郑通涛教授，汉语国际传播研究会会长、复旦大学马秋武教授，外语教学与研究出版社范晓虹副社长，中央民族大学吴应辉教授、暨南大学曾毅平教授出席会议并发表主题演讲。

除了主会场外，此次"国际汉语教育与文化"学术研讨会还设有3个分会场9个论坛，分别就汉语国际传播的理念、路径、模式、方法、策略及效果评估等议题进行专题研讨。同济大学孙宜学教授、浙江师范大学王辉教授围绕"一带一路"汉语和中华文化传播专题作了大会主题报告。与会学者认为，汉语国际传播应遵循信息时代"以受众为中心"的传媒规律，加强对汉语传播的国际舆情分析，探寻更切合实际、行之有效的汉语国际传播的途径与模式。

30. 第五届国际学校华语教育研讨会暨工作坊在世界联合学院举行

2017年12月1日至2日，第五届国际学校华语教育研讨会暨工作坊在江苏省常熟市世界联合学院召开。大会由台湾高雄师范大学华语文教学研究所、香港大学教育学院、台湾义守大学华语文中心、华东师范大学对外汉语学院及世界联合学院合作举办。会议围绕"超越文化多样化：多元模态的教与学"的主题，华语教学与文学教师专业发展、教与学中的资讯科技、跨文化教学、教学策略及转化及国际教育等议题进行探讨。

研讨会围绕如何在国际教育环境中积极反思并切实推进华语教育的主题，由国际教育行业和华语教学领域中的领军人物、IB培训官、考官、认证官及多所国际学校第一线的教师，开设了28个工作坊分享经验；同时平行推出近60篇经过专家学者评审的论文，在大会期间分时段进行展示交流，逐一配备了专家的现场点评。

中国当代文学家、第九届"茅盾文学奖"得主金宇澄先生和国际文凭组织（the International Baccalaureate Organization，IBO）前副总裁伊恩·希尔先生、澳大利亚墨尔本大学教育研究院荣誉院士简·奥顿女士在大会期间作为特邀主讲嘉宾，分别以《记忆·非虚构与虚构：文学人物的再发现》《用IB方式教中文的挑战》《语言所蕴含的文化意义》为题做了发言。

二 论文选介

（一）华文教育理论研究

1. 马来西亚国民型华文小学多元化现象

作者：郭素芬、洪丽芬

期刊名称：《八桂侨刊》

刊期：2017 年第 1 期

摘要：马来西亚国民型华文小学（简称为华小）是以华语为媒介语的小学。华小学生的族群背景开始从单一种族走向多元种族，即从早期以华裔学生为主到现在非华裔学生人数不断增长，学生来源不再维持单元化。文章以马士丹那华小为例，从学生来源、家庭背景、家庭用语、在校用语四个方面说明华小从以华语为主转向使用多种语言进行交际，以及教学用语和行政用语也随着发生改变的现象。文章指出，该现象增加了教师们在教学方面的挑战，因此，校方可通过鼓励非华裔学生家长在为孩子报读华小前先为其打华文基础，或为非华裔学生单独开设汉语作为二语教学的课程等方式弥补学习上的不足。在此背景下，华小教师也应顺应多元化的特点，与时俱进，走向多元化的教学方式。

2. 新世纪以来菲律宾华文教育的新发展及其困境

作者：杨静林、黄飞

期刊名称：《八桂侨刊》

刊期：2017 年第 1 期

摘要：新世纪以来，华文教育在菲律宾出现了新的发展：华语使用价值的提升增强了菲律宾对华语人才的需求，菲律宾华人社团积极推广华文教育，中国大陆选派的志愿者及台湾地区派出的"替代役"教师弥补了菲律宾华文教师的不足，新编华语教材和改进的教学促进了菲律宾华文教育的本土化。但是由于华校办学经费不足与办学资源分散并存、华语教师断层和流失、具有丰富教学经验和扎实专业技能的华文教师缺乏、亲台与亲大陆的两大派系相互对立客观上造成华语教育的混乱，以及华校督课制度不利于华语教学效果提升等现象的存在，当前菲律宾华文教育面临困境。针对这一困境，需要进一步完善菲律宾华文教学体制，规范华校日常的管理与教学工作，激发教师的工作积极性，吸引优秀青年华语教师；同时加强对华语教师的技能培训，改革华文考试制度，优化华语学习环境，为华校办学争取更多的社会支持。

3. 大华语：全球华人的共同语

作者：李宇明

期刊名称：《语言文字应用》

刊期：2017年第1期

摘要：大华语拥有多个华语变体，包括大陆的普通话、台湾的"国语"、港澳华语、新马印尼文莱华语，以及正在形成的北美华语和略有雏形的欧洲华语等。各华语变体既与普通话或"国语"的推广有关，也与其自身所处环境有关，是"老国语圈"和"普通话圈"相互作用的结果。总体来说，大华语表现出两种发展趋势，一是"继续分化"，二是"趋近趋同"，其中第二种趋势更占优势。华语的逐渐融合不可避免，因此，需要通过加强促进海峡两岸的语言文字协调、推动各华语社区的交流合作、开展全球视角下的华语研究等方面的工作，以促进大华语向"趋近趋同"的趋势发展。

4. 多元化背景下马来西亚华文教育的现状、问题及对策

作者：余可华、徐丽丽

期刊名称：《海外汉语教学动态与研究》

刊期：2017年第2期

摘要：马来西亚的华文教育体系较为完整，涵盖华文小学（华小）、国民小学（国小）、独立中学（独中）、国民型中学（改制中学）与国民中学（国中），同时还包括华文高等院校以及私立华语培训机构。但由于长期以来马来西亚政府为巩固马来语的官方用语地位，着力推行"单元化教育政策"，华文教育目前依然存在不少问题，主要表现在办学经费不足、华校环境落后，师资匮乏、专业化素质较低，课程定位不够合理，华文教材难以满足多元学习者的需求等方面。因此，马来西亚应通过明确办学目标、提升办学质量、获得家长及媒体支持、制定妥善完整的师资培训和管理制度、优化课程设置、编写合适的华文教材等措施获得进一步发展。

5. 世界"汉语热"背景下马来西亚华文教育发展的困境与出路

作者：王焕芝

期刊名称：《华文教学与研究》

刊期：2017 年第 2 期

摘要：当前马来西亚华文教育的发展主要受到中国政府、马来西亚政府以及马来西亚华社三股力量的影响。在世界"汉语热"的背景下，马来西亚华文教育面临着诸如国家层面单元化教育政策的挑战、中国国际汉语推广机构与华文教育机构之间缺乏常态化沟通机制、市场层面国际学校的激烈竞争以及华文中小学自身发展的瓶颈等问题。为此，该文提出应从三方面着眼以更好地保持华人族群的民族性，即马来西亚华社需要在文教政策方面争取更大的生存空间，华文学校亟须推进以提升教育质量为主旨的教育改革，中国政府需要进一步整合汉语国际教育与海外华文教育资源并构建两者之间的常态化沟通机制。

6. 中国官方语言的演变对海外华文教育的影响

作者：姚敏

期刊名称：《华侨华人历史研究》

刊期：2017 年第 2 期

摘要：该文以时间为纵轴，梳理了从晚清、民国、新中国政府对海外华文教育的管理，不同时期的中国官方语言对海外华文教育的影响，认为晚清政府开启了管理海外华文教育的先河，使中国官方语言改革的成果可以通过华文教育传播到海外；民国时期的国语教育主要依靠国内的语言政策和海外华文教育共同实现；新中国成立后，政府高度重视语言文字工作，普通话、汉语拼音和简化字随着中国国际移民的迁移传播到海外。文章分析了从晚清中国政府开始对海外华文教育管理至今，每一时期的背景、成因及主要推动力量，借以说明民族共同语教育在构建华侨华人民族认同中的重要作用。

7. 美国的汉语教学或教育的现状和前景

作者：刘乐宁

期刊名称：《国际汉语教学研究》

刊期：2017 年第 3 期

摘要：美国目前的汉语教学比十几年前有了很大的发展，当前美国政府推动汉语教学的项目主要有"领航计划""星谈计划"和"十万强计划"。美国大学汉语教育也出现了学生人数不断增长、教师越来越专业化、教学方法多样化、中文项目越来越多和教材越来越本土化等现状。但是美国大学汉语教学也出现了老牌大学汉语学生人数大幅波动、华裔与非华裔学习者比例的变化问题。美国中小学汉语教育的需求越来越强烈，但许多公立学校汉语教学质量有待提高。美国政府对汉语的实际性态度以及美国社会对于汉语学习的需求决定了美国政府会继续支持向下延伸的"星谈计划"和向上延伸的"领航计划"。

8. 粤籍华侨与印尼近代华侨教育发展述略

作者：裴艳

期刊名称：《现代教育论丛》

刊期：2017 年第 4 期

摘要：印尼华侨教育出现时间早，但发展十分曲折，20 世纪 30 年代以前是印尼华侨教育发展的上升期。20 世纪 30 年代到 40 年代，印尼华侨教育受到政府的打击，数量没有进一步增加。第二次世界大战后由于政府的扶持，侨校数量不断增加。其中粤籍华侨以积极、热诚的态度对待华侨教育的发展、印尼华侨教育的经济基础和社会基础。粤籍移民在长时间的商业贸易中积累了大量的财富为印尼华侨教育打下了坚实的物质基础。粤籍华侨创立中华会馆学堂、以乡族团体主办侨校和抵制侨校改制，在他们的支持和推动下，中华文化和精神在华侨社会得以传承。虽然 1966 年印尼政局动荡造成华侨教育中断，但随着中印尼两国恢复外交关系，华文教育也重获生机。

9. 浅析多族群文化背景下新加坡华语发展与华人身份变迁

作者：李晓源

期刊名称：《文化学刊》

刊期：2017 年第 5 期

摘要：文章以新加坡华语发展历史作为研究脉络，通过对新加坡几个重要发展阶段下不同语言政策、语言运动的描述，提出新加坡在推广华语方面的突出问题。具体表现为：新加坡在英国殖民统治时期开始出现以各自籍贯所属地区的方言为基础的华语，且当时的"华语"是华人群体对乡音情切的一种慰藉；在寻求民族独立时期，华人群体为表达爱国之情，作为媒介的华文学校和华语报刊开始出现；在建国初期，新加坡的"双语政策"直接导致华语地位的骤降，为改变这一现象，新加坡政府开始推行"华语运动"，鼓励华人讲华语；在 21 世纪，随着"华语运动"的不断深入，华语的劣势地位并未得到改善，同时新一代华裔对华语态度淡漠、华语师资的缺乏和语言政策的不统一也促使华语教育陷入尴尬的境地。因此，新加坡的华语推广仍然面临着传承的危机，但中国良好的发展势头和语言传播所带来的资源共享使得华语的使用价值日益凸显，新加坡华语文化的根定会广泛发芽生长，枝繁叶茂。

10. 意大利华文教育的现状、问题与对策

作者：金志刚、李博文、李宝贵

期刊名称：《辽宁师范大学学报》（社会科学版）

刊期：2017 年第 5 期

摘要：意大利的华文教育最初是以家庭式补习班为主，教学模式为一对一或者一对多授课，教师为第一代移民，教材选择也由教师自定。到了 20 世纪 90 年代，逐渐发展成为华文学校。这些学校由当地华商出资创办，形式主要分为周末制、下午制和全日制三种，周末制居多。教材大部分使用《中文》，少部分使用《语文》，教师主要是当地华人、留学生或少数国内专业教师。经过十几年的发展，意大利华文教育面临着管理体系不健全、经费不足以及"三教"等诸多问题。因此意大利通过加强顶层设计，明确华文教育发展战略、整合资源，建立意大利华文教育管理机构，加强制度建设，提升华文教师素质，大力研发本土华文教材，制定有针对性的教学方法等措施，以期促进意大利华文教育更好的发展。

11. "一带一路"战略视域下的华文教育发展研究

作者：陈鹏勇

期刊名称：《高教探索》

刊期：2017 年第 6 期

摘要：华文教育是实现"一带一路"倡议的重要基础，也是推行"一带一路"倡议的重要支撑。华文教育逐渐融入了当地主流教育，日益彰显了中国软实力，强化了祖（籍）国与华侨华人社团、华文媒体的互动，并形成了共赢的关系，通过兴办华文学校、开展文化交流与合作、培养与外派华文师资等措施，为"一带一路"倡议提供了平台支撑以及文化软实力的支持。在此背景下，借助华文教育的国际化，推动"一带一路"沿线各国与中国的合作与交流；借力华文教育广泛的地域分布特征，促进"一带一路"建设模式的多元化；借力华裔新生代的多元文化认同，促进"一带一路"的可持续发展成为大势所趋。这也体现了华文教育是推进"一带一路"倡议不可或缺的力量。

12. 曼德勒市华文教育发展现状、问题及对策研究

作者：冯帅

来源：广西民族大学硕士学位论文

发表时间：2017 年 5 月

摘要：曼德勒市作为缅甸华文教育的重镇，既有传统的华教模式，也有新式的华文学校，这使曼德勒市华文教育兼具了新旧缅甸华文教育的典型性与代表性，对于研究缅甸的华文教育也具有较高的研究价值。文章运用文献法、田野调查法、访谈法等研究方法，全面了解曼德勒市华文教育的学校设施、师资状况、教学制度、学生情况等，从整体上把握曼德勒市华文教育的现状。在此基础上，分析出曼德勒市华文教育面临法律地位未定、"三教"问题突出、办学资金滞后、华文应用前景不佳、华文教育中的对立分化等问题。据此，文章提出缅甸华文教育界应从以下几个方面开展工作：做好顶层设计，促进华文教育合法化；凝聚华人社团核心力量，强化华文教育发展动力；积极更新理念，解决教学难题；促进多元文化融合，实现可持续发展；注重出路，拟定华文教育事业发展蓝图。

13. 老挝小学华文教育现状分析——以百细华侨公学为例

作者：张超奇

来源：渤海大学硕士学位论文

发表时间：2017 年 6 月

摘要：该研究以对在老挝的华文教师志愿者和华校教师的走访调查为基础，运用问卷调查、综合分析法，分析华侨公学的华文教育现状。调查问卷的设计分别从学生和教师的角度出发，分析了百细公学小学华文教育的优势与不足。其中优势主要体现在学生学习动机强、学习氛围浓厚；汉语教师学历较高、教学方法多样；学校注重交流与合作、积极引进先进人才；华文教育历史悠久、教学体系完整。劣势则具体表现为师资力量不足，过于依赖"国派"老师；办学经费不足、教学设施落后；教材实用性不强、学生理解困难；以及课程设置不合理，未考虑当地实际情况。根据存在的问题，从学校、教师、学生三个方面分别提出了一些改革建议：稳定汉语教师数量，大力培养本土汉语教师；加强校际联系，编写、选择合适的汉语教材；提高专业知识及教学技能，改善教学方法，教师之间加强交流，定期进行教学观摩；夯实汉语基础，提高学习汉语兴趣，加强汉语口语练习，提高汉语的使用频率；参加汉语水平考试（HSK）等。

14. 浅析马来西亚华裔学生的来华留学招生政策制定

作者：童苏阳

期刊名称：《知识经济》

刊期：2017 年第 20 期

摘要：马来西亚华文教育目前呈现出半游离于国民教育体系的特点，华文教育的财政保证和毕业生的升学渠道均面临着不公平，这使得马来西亚毕业的华裔学生将出国留学作为升学的主要选择之一。马来西亚华裔学生由于有多语言沟通能力好、文化适应性强的特点，在来华留学生中具有较强的优势。目前中国820多所本科院校均承认马来西亚独立中学的统考文凭，并作为免考HSK4级证书的条件。中国政府也通过有针对性的宣传、设立奖学金和短期项目等方式来吸引更多马来西亚的优质生源。

15. "一带一路"建设与汉语教学

作者：陆俭明

期刊名称：《汉语应用语言学研究》

刊期：2017年10月

摘要："一带一路"是国家提出的一项重要倡议，其核心内容是和平合作、开放包容、互学互鉴、互利共赢。要实现"一带一路"的构想需要语言铺路搭桥，语言互通是实施"五通"的基础。文章提出，要普遍树立并增强语言意识，认识到个人和国家的语言能力在当今社会的重要意义，同时要积极推进语言教育，努力培养多层次的语言人才，而国家要设立一定的规划、管理机构，制定"一带一路"总体的语言规划和顶层设计。鉴于"一带一路"建设是以经济建设为主导，汉语教学必须重视商务语言教学。"一带一路"建设前景光明，语言教学必定大有用武之地。

（二）华文教学研究

1. 非汉语环境下中小学汉语教学用句型研究——基于泰国中学汉语教学标准的研制

作者：步延新、朱志平

期刊名称：《国际汉语教学研究》

刊期：2017年第3期

摘要：在非汉语环境下，汉语作为外语教学要实现能力培养这个目标，就应该采用句型衔接交际任务以实现这一教学目标，句型和交际任务之间的关系要一一对应，需要依据句型所携带的语义功能。泰国中学汉语教学在课时少、人数多、课程连续性差、教学不成系统等问题上均具有代表性。文章借助泰国中学课程教学标准研制等研究课题，对二语教学视角下的汉语句型进行应用研究，指出非汉语环境对汉语二语教学的挑战，并基于交际任务为句型划分了层次，以适应海外非汉语环境下的中小学教学需求。

2. 非目的语环境下汉语教学实践与策略研究——以扎耶德大学汉语课堂教学为例

作者：王媛媛

期刊名称：《安徽农业大学学报》（社会科学版）

刊期：2017 年第 4 期

摘要：海外汉语教师在教学过程中过度关注汉语口语教学，忽视其他技能训练，并且使用英语直接讲课影响学生学习汉语的兴趣。这些问题导致阿联酋扎耶德大学汉语课堂效率低下和学生流失严重。文章在行动研究理论的指导下，采取一门汉语综合课统摄听、说、读、写四项技能训练的教学方式，并提出了加强汉语教学用语的训练、提高汉语课堂教学效率和采取情景化交际训练的三种课堂教学策略。四个学期的效果追踪表明，在扎耶德大学零起点汉语班可以使用汉语讲课，一门汉语综合课统摄四项技能训练课的教学方式对学生坚持学习汉语有着良好的效果。

3. 字本位视域下对外汉语单音动词教学模式探析

作者：王晓庆、赵君

期刊名称：《延边大学学报》（社会科学版）

刊期：2017 年第 6 期

摘要：对外汉语教学由于受到西方语言学理论影响，一直以来是"词本位"占据主导地位。但是字本位将"字"作为研究对象，在一定程度上符合汉语独有的特点，对汉语单音动词的教学可以使用"字本位"理论及教学法，使汉字和单音词结合起来学习，并构建单音制作义动词教学模式。文章具体研究了单音制作义动词的课堂教学策略实施，提出了合理运用语言输入假说、运用中介语理论、运用义位理论的教学方法，并提出在学习者学习策略方面应根据词汇、词理识记，根据词汇语义结构分析，根据词汇文化因素渗透来培养，使学生获得最好的教学效果。

4. 基于网络信息技术的华文教学中协作学习研究

作者：李莹、邱赛兰、岑文、成志雄

期刊名称：《教育教学论坛》

刊期：2017 年第 24 期

摘要：现代信息技术以网络和多媒体技术为核心，教学的网络化已成为现代教育的一大特征，必将引起华文教学的革命性变化。网络信息技术提供了丰富的教学资源，适合开展协作学习，可以对学习者提供个性化指导，教师和学生角色发生彻底转变，对华文教学产生了全面、深刻的影响。基于网络信息技术的华文教学协作学习存在教育观念落后、情感交流不够、缺少适当的评价等问题，文章提出，为提高网络华文教学协作学习时效性，应精心设计教学策略、合理分配参与者角色、优化协作学习环境、实施有效评价。

5. 关于塞尔维亚汉语教学的一些问题

作者：碧莲娜（塞尔维亚）

期刊名称：《汉语应用语言学研究》

刊期：2017年10月

摘要：塞尔维亚有越来越多的高校开设了汉语课程，少数为必修、选修，多数为兴趣班，中小学也有十几所学校将汉语列为选修课。但塞尔维亚学生学习汉语动机普遍缺乏，对语音学习也感觉十分困难，语法学习容易受到母语负迁移的影响，学生也经常混淆汉语近义词，并且中塞文化差异导致学习者在语言中产生一些偏误。文章提出要从了解中国文化入手，通过企业合作和媒体的运用来让塞尔维亚的学生了解中国，并提高汉语学习意识。

6. 美国中小学沉浸式汉语教学的实证研究现状和教学启示

作者：江新、邢滨钰

期刊名称：《汉语应用语言学研究》

刊期：2017年10月

摘要：美国中小学汉语教学的方式主要有两种：以教外语的形式教授汉语和沉浸式汉语教学。2011年全美有71所学校开设汉语沉浸式课程。对于美国中小学沉浸式汉语教学的实证研究主要围绕沉浸式汉语教学对于学业成绩、语言水平和认知能力的作用，学生家长对于沉浸式课程的态度，沉浸式课堂教师话语和行为等问题展开。文章通过考察研究加州两个校区的中小学沉浸式汉语课堂教学现状发现，汉语沉浸式教学对于学生的语言水平和学业成绩有很大帮助。同时，通过问卷调查发现，汉语沉浸式教学的家长特征主要表现为白人、双语者、学历高、收入高，并且存在汉语动机和非汉语动机。通过考察沉浸式汉语教师的课堂行为和话语分析发现，汉语教师应该起到调节者的作用，并需要具备一定的领导能力。中国国内少数民族地区可以借鉴美国中小学沉浸式汉语教学的模式来进行双语教学。不过，目前关于沉浸式汉语教学的研究还不够充分，需要做更多的实践调研。

7. 柬埔寨华校中学生华文课教学设计研究

作者：马瑞雪

来源：新疆大学硕士学位论文

发表时间：2017 年 5 月

摘要：柬埔寨作为"一带一路"建设的沿线国家之一，汉语在柬埔寨应用的领域逐渐扩大。但是柬埔寨华校教学方法陈旧、教职人员队伍老化、知识更新缓慢等问题十分突出，无论是从课程安排层面还是从教学层面，华校的教学都呈现出一种无序的状态，使华文课的教学质量没有太大的提升。作者以自身授课的学校柬埔寨公立广肇学校的学生为研究对象展开研究，以暨南大学华文学院编写的《中文》（初中版）教材第四册《种子的力》一课为例，以汉语教学理论为基础，选择了交际法中的部分理念结合任务型教学法的教学方法对华文课进行教学设计与实施。通过研究发现，交际教学法与任务型教学法相结合的方法，可以突出柬埔寨中学生学习汉语的目的，并且可以在课堂中充分调动学生学习的积极性，使其对所学习的新知识掌握较好，可以达到预期的教学目标。

8. 马来西亚华文高中作文教学的问题与对策研究——以宽柔中学为例

作者：岑瑞娟（马来西亚）

来源：华中师范大学硕士学位论文

发表时间：2017 年 5 月

摘要：学生不会写作和不爱写作是马来西亚华文高中教学普遍存在的问题。论文通过问卷调查发现学生存在学习兴趣低、自我要求低、对教学法不满意、缺乏阅读习惯等问题，而教师则存在教学专业素质不高、缺乏主动性等不足。通过对教师的教学及学生学习状况的成因分析，分别从系统性原则、创造性原则及赏识性原则探讨改进作文教学的原则，提出适合宽柔中学高中生的作文教学方式，如将学生生活体验引入作文教学、以阅读带动作文学习、加强作文技巧的指导、培养学生作文想象力以及作文批改多元化等。

（三）华文测试与习得研究

1. 意大利华人青少年汉语语言态度及语言使用情况调查研究——以米兰 ZAPPA 高中为例

作者：李宝贵、姜晓真

期刊名称：《云南师范大学学报》（对外汉语教学与研究版）

刊期：2017年第1期

摘要：由于海外华人青少年特殊的学习和生活环境，双语现象在海外二代移民中普遍存在。如何在这种环境下学习汉语，成为华人移民家庭的一道难题。文章以米兰ZAPPA高中为例，通过对华人青少年的语言态度和语言使用情况进行调查和分析发现，华人青少年的汉语语言态度和汉语使用情况具有一定的相关性，据此提出了改进华人学生汉语教学的建议：一是激发华人学生学习汉语的动机；二是培养华人学生对汉语的感情；三是应从家庭语境、课堂语境和社区语境三个方面入手，创设适合华人学生的汉语学习环境。

2. 汉语疑问词非疑问用法早期习得的实验研究

作者：范莉、孙雅静、宋刚

期刊名称：《华文教学与研究》

刊期：2017年第3期

摘要：疑问词的非疑问用法是汉语具有显著特色的语言现象之一，汉语疑问词的非疑问用法受到严格的语境限制，属于语言、认知等多层面的问题。文章通过5个年龄组进行汉语疑问词非疑问用法测试以及对测试结果的组间分析和组内分析发现，儿童在2岁左右开始在否定句中使用疑问词和儿童在5岁左右在主要允准语境中使用非疑问词与成人不存在显著性差异。文章提出了儿童习得疑问词非疑问用法的知识性前提，以及疑问词非疑问用法在习得过程中具有的阶段性发展特点。

3. 交际性语言测试理论视野下汉语口语成绩测试的改进研究

作者：郭修敏

期刊名称：《华文教学与研究》

刊期：2017年第3期

摘要：在对外汉语教学的口语成绩测试中，直接型口试的测验组织形式被广泛实践和应用。文章在分析成绩测试与水平测试的区别后，对直接型口试和半直接型口试的定义与特点展开分析，得出直接型口试以面试为代表，特点是较真实地测试考生的交际能力；半直接型口试包括录音和机助，特点是适应信度要求较高的大规模标准化考试。文章基于交际性测试理论，探讨交际性和互动性对于直接型口试的重要性，着重通过分析现行的直接型汉语口试成绩测试存在的有效性和学生口头报告不佳等问题，提出从试题角度调整题型、从命题角度和施测角度综合改进题型和确立评分系统等建议。

4. 三岁至六岁马来西亚华人儿童汉语特指问句的习得研究——以居林市儿童为例

作者：张琪敏

来源：华东师范大学硕士学位论文

发表时间：2017 年 5 月

摘要：特指问句是疑问句最基本的句式之一，但是在汉语二语习得领域里研究成果并不充足，而且研究主要都是以成人为主，针对儿童的汉语作为第二语言习得研究几乎空白。该研究采用实验研究、语料分析相结合的方法，同时通过个案跟踪和群案分析，对马来西亚华人儿童对特指问句的理解和产出状况进行研究。研究发现，总体上来看，马来西亚 3~6 岁儿童对特指问句的理解与年龄成正比；从年龄变化趋势来看，除了"怎样"问句之外，其他问句的理解正确率与年龄成正比。从特指问句的产出来看，各个年龄段的儿童产出数量相差无几，无明显规律；从年龄趋势来看，"什么"问句和"为什么"问句随着年龄的增长而降低，而其他问句则存在很大的不稳定性，并没有明显的相关规律。此外，由于受到了马来西亚华语话语特点的影响，儿童产出的"为什么"问句数量极少，取而代之的是大量的"做么"问句；数量问句中，儿童产出了含有"几"的问句，但表达的却是时间意义，如"几时""几早"，没有产出一般意义上的数量问句和时间问句。

5. 新加坡成年华人的华语再学习研究——以当地 WSQ 华语课程为例

作者：张扬

来源：山东大学硕士学位论文

发表时间：2017 年 5 月

摘要：在当今的新加坡华人群体中，出现了一种有别于传统华文教育的特殊华语学习现象，即成年华人在离开学校教育之后，再次进行华语学习。这些华人往往有着一定的华语背景，有着较强的学习需求，呈现较为突出的群体特点。该文以新加坡"劳动力技能资格系统"下设的华语课程为例，具体分析了目前新加坡以成年华人为对象的华语教学发展现状，并从教材、学生、师资三个方面分析课程运行情况，指出新加坡商务华语课程目前存在市场的开放性与政府监管的矛盾、市场化的竞争导致行业内交流困难、商务华语课程的内在不足等问题。文章据此提出，政府需定期对所介入课程进行反思和检讨，以及初级课程与中高级课程需有不同的教学侧重，以期对新加坡及全球范围内成年华人华语教学有所启示。

6. 近二十年来泰国学生汉语学习动机研究现状及问题分析

作者：吕军伟、钟杏梅

期刊名称：《东南亚纵横》

刊期：2017年10月

摘要：学习动机是支撑个人学习行为的动力之源，直接影响第二语言学习效果。文章通过对近20年间针对泰国学生汉语学习动机文献的分析，得出现有的动机分析普遍存在统计手段简单化、调查问卷信效度缺乏检验、样本量小、动机激发策略针对性不强、理论探讨欠缺等问题。为把握泰国学生汉语学习动机及其变化情况，关于泰国本土学生汉语学习动机的探讨必须紧扣泰国学生特点及泰国教育背景等因素，充分重视其汉语学生动机激发策略的研究和实践动机研究的指导方法。

（四）华文教材研究

1. 20世纪上半叶朝鲜半岛汉语教科书研究

作者：毕信燕

期刊名称：《东疆学刊》

刊期：2017年第3期

摘要：20世纪上半叶，朝鲜半岛编纂了一系列汉语教科书。文章分析了这些教材的出版背景，主要是出于朝鲜与中国贸易通商、赴华留学、移民东三省的需要；其主要内容是《老乞大》《朴通事》等朝鲜朝时代汉学书的传承，多为北京官话教材，内容涉及衣食住行、学校、通商、通信等；以不分等级的单册居多，这些教材与同时期西人汉语教材共同构成域外汉语教材体系。文章着重分析了这一系列教材的体例——使用韩文字母逐字注音、图声标记声调、中朝文对译、采用译官语法随文注释等。它们为北京官话研究和早期现代汉语研究提供了新鲜的材料。

2. 新版新加坡小学华文教材汉字编写模式

作者：罗庆铭、王燕燕、闵玉

期刊名称：《华文教学与研究》

刊期：2017年第3期

摘要：汉字是华文作为第二语言教学的难点之一。作为第二语言的汉字教学与母语的汉字教学，由于教学对象不同，教学内容、过程和方法都存在差异，新加坡独立以后，长期推行以英语为主导的双语教育政策，客观上改变了学习华语的天然语言环境。华语已不是新加坡儿童的第一语言，识字、写作教学成为制约华语教学的一个瓶颈。新版小学华语教材《欢乐汉语》汉字编写模式中对"语""文"关系的处理进行了新的尝试，并对在学习《欢乐汉语》之后的新加坡小学的学生进行汉字认读能力测试，《欢乐汉语》汉字教学编写模式为今后华语教材的编写提供了一个新的视角。

3. 东南亚汉语教材发展评估的国别比较研究

作者：梁宇

期刊名称：《民族教育研究》

刊期：2017 年第 4 期

摘要：东南亚是全球汉语教材发展的重点地区，兼具区域的整体成长形态和内部的国别失衡特征。文章提出海外汉语教材发展离不开政策引领、需求导向、资金保障、机构落实四大必要条件，将这四大条件细化成 14 项关键因素构成"4 维度下 14 项指标"的评估框架，对东南亚 10 国的汉语教材现状进行评估，得出了东南亚 10 国汉语教材的发展呈现成熟型、探索型和待发展型三个层级的结论。文章最后指出东南亚汉语教材发展策略的分层模型，以此指导东南亚国家教材的发展。

4. 新加坡《中学华文（特别课程）》编写分析与建议

作者：杜明铭

来源：广州大学硕士学位论文

发表时间：2017 年 5 月

摘要：文章从编写理念、结构与体例、语言要素、题材与体裁四方面入手，结合对外汉语教材编写和选用的"针对性、实用性、科学性、趣味性和系统性"原则，对《中学华文（特别课程）》教材进行分析，指出教材的编写优点及缺乏针对性与趣味性的不足之处。同时，结合对新加坡师生的问卷调查，详细介绍了学生与教师的语言情况及其对教材编写的总体评价，客观上印证了教材分析中指出的问题，如难度过高、趣味性不足等，不能激发学生的主观积极性和能动性，在一定程度上也影响了学习者对汉语的印象和评价。由此，文章对《中学华文（特别课程）》的编写进行了总体评价，指出了其结构编排合理、课文体裁多样以及练习丰富的优点；同时指出语音教学内容不够丰富、不够重视听说技能训练，生词量安排不合理、超纲情况严重，课文选取未达到《中学华文课程标准》等缺点。文章结合未突出新加坡"差异教学"理念下的教学对象特性和缺乏中华文化与华文教学的文化联结两项不足，对课文选取、语言要素编排进行了编写设计,同时做出了部分编写设计示例。

5. 印尼巴淡国际学校使用的新加坡华语教材调查报告——以《小学华文》《中学华文》为例

作者:徐春晖

来源:上海外国语大学硕士学位论文

发表时间:2017年5月

摘要:该研究选取使用广泛的新加坡华语系列教材《小学华文》《中学华文》作为研究对象,以印尼巴淡国际学校为例,对华语教材进行评估,采用 Tom Hutchinson 和 Alan Waters 的教材评估理论和模式,即把对教材本身进行的客观对象分析与对教材使用者进行的自身需求分析相结合,两相对照做出评估。对新加坡华语教材进行的评估包括教材选材的语言要素(字、词、语法)、形式内容(体裁、题材)以及中华文化元素评估。文章以问卷调查的形式对教材使用者——印尼巴淡国际学校的华人学生做了自身需求分析,包括问卷的制作、发放实施、回收和统计结果及数据分析。在此基础上,提出新加坡在华语教材方面应优化生词和语法项目、随着年级的增加提高教材的交际性和实用性、在中华文化方面应加强传统价值观念的输入以及加强名人故事和历史事迹的典型性等改进措施。

6. 马来西亚教材《国小华语》和泰国教材《快乐学中文》的话题对比研究

作者:裴新蕾

来源:中央民族大学硕士学位论文

发表时间:2017年6月

摘要:文章以《国小华语》和《快乐学中文》两套教材为例,通过话题选取情况和话题内容的对比分析、两套教材的共性和区别特征以及两套教材词汇的比较,发现两套教材话题处理的异同。据此,文章建议在编写本土少儿汉语教材时应注意以下几个方面:在话题的选择上应遵循少儿汉语教材的话题自身特点、结合本国教育需求的实际;在话题内容的设置方面应结合历史与国情,跟中国建立关联并体现多样化的角度;在话题体裁的选择上应以对话体为主,培养学生的交际能力,同时注意体裁的多样性,激发学习者兴趣;最后在词汇的选取方面,要注意词汇量应适合学习者水平,考虑学习者动机及本土特征。

7. 华文教材课文编排顺序研究——以小学《中文》（修订版）为例

作者：王蕾

期刊名称：《课程教学研究》

刊期：2017 年 7 月

摘要：华文教材研究涉及面广泛，但对于教材课文编写的顺序研究却很少。教材编写顺序对于学生的认知结构影响重大，有层次的编写顺序会让学生形成系统、稳定的认知结构。文章通过对于小学《中文》教材课文编排顺序的考察，分析了该教材在课文编写上同一题材课文编写顺序混乱、各种文体混杂的不足，并通过与人教版新课标《语文》的对比，提出《中文》在单元内容规划方面应该对单元内容有明确的规划，以题材和主题来编排文章。

（五）华文教师发展研究

1. 新加坡华文教师教育及其启示

作者：余可华

期刊名称：《云南师范大学学报》（对外汉语教学与研究版）

刊期：2017 年第 5 期

摘要：新加坡华文教育属于母语教育的重要组成部分，新加坡历来重视华文教师的培育，是汉语全球化后专业华语教师师资培训的重要基地，其华文教师既具有共性，也具有独特的个性。文章具体分析了新加坡华语教师培养由政府主导与学校形成合作关系、政策的支持和保障、完善的培养方案、教研结合的方式以及与中国国内高校联合培养的五个特点，得出了新加坡政策支持、以需求为导向和多层次培养方案的国际汉语师资培养的启示。

2. 印尼本土华文教师现状调查分析及建议——以雅加达、唐格朗为例

作者：郑亚南

来源：西安外国语大学硕士学位论文

发表时间：2017 年 6 月

摘要：印尼本土华文师资问题是目前印尼华文教育面临的主要问题。文章以印尼首都雅加达及相邻城市唐格朗为例，首先对比国际汉语教师与印尼本土华文教师标准

并给出相关建议，然后从个人信息、专业情况以及华文教师职业需求三个方面对印尼本土华文教师展开问卷调查分析。文章通过和以往学者的调查对比，总结出目前印尼本土华文教师出现的新老问题。老问题包括师资缺乏、性别失衡、收入低、幼儿教学理念缺乏等，新问题则包括年轻教师职业化程度低以及多媒体技术欠缺。由此，文章提出通过提高华文教师收入、统一教师上岗标准、改变师资培训方法、增加现代科技设备等方法提高印尼本土华文教师的质量。

3. 印尼万隆国际外语学院中文师资问题对策研究

作者：薛璋霖

来源：河北师范大学硕士学位论文

发表时间：2017年6月

摘要：在目前印尼华文教育的大好形势下，"中文师资"是一个突出的并且亟待解决的问题。文章以万隆国际外语学院为例，通过分析学院中文师资来源，中文教师与院长和助理、本土老师、万隆劲松基金会以及就读学生的关系，了解当前该学院的师资现状。然后从法律、华语环境、学院管理制度、教师专业化培养的相关措施以及教师自身专业发展方面分析对华文教师产生的影响，提出缺乏称职和够格的华文教师是当前华文教育师资方面面临的最主要问题。由此，文章建议通过争取印尼官方在法律上对华文教育的认可、系统性和持续性地运作华文师资培训、为华文教育的复苏完善学院管理制度、提高华文教师的专业化以及树立教师敬业乐业和终身学习的理念五个方面解决学院中文师资存在的问题。

（六）跨文化传播及华文传媒研究

1. 泰国华文媒体与在泰华人的身份认同

作者：林进桃

期刊名称：《东南亚南亚研究》

刊期：2017年第1期

摘要：作为泰国华人社会中信息传播的重要媒介，以在泰华人为主要受众的华文报纸，对在泰华人的身份认同有着重要的意义。文章通过对泰国当下六家最具影响力和知名度的华文报纸（包括《星暹日报》《新中原报》《中华日报》《亚洲日报》《世界日报》《京华中原联合日报》）的发展脉络进行梳理，以及对其内容、版式和风格特征等的深入剖析，探析全球化背景下在泰华人的身份认同问题。文章认为一方面，泰国本土包容的文化氛围和宽松的华人政策，使在泰华人尤其是第二代华人移民对泰国产生国家认同，从而顺利地融入当地社会；另一方面，中国在国际舞台上日益强大也促进了在泰华人对中国保持高度的认可。据此，文章提出在泰华人的身份认同出现多元性和复杂性的特点。

2. 中华文化在马来西亚的传播——中文教育和华文报纸扮演的角色

作者：杨丽芳

期刊名称：《国别传播》

刊期：2017 年第 2 期

摘要：多种文化力量塑造着海外华人的当代文化，珍惜和重视这些不同的文化力量，是完整认识海外华人的关键。文章分析了马来西亚的中文教育、媒体和多元化、媒介自由以及互联网现状，并将重点放在讨论马来西亚华人的文化、马来西亚的中文教育及华文报纸在这个多元文化国家中的作用，以突出现有文献研究中对当代马来西亚华人的认识。文章认为相比其他东南亚国家，马来西亚的中文教育历史具有持续、悠久且适应性强的特点。

3. 从对中国电影的态度看中华文化在海外华人中的传播——对英国华裔青少年的调查分析

作者：马琳、刘琛

期刊名称：《华侨华人历史研究》

刊期：2017 年第 3 期

摘要：作为受众最多、影响最广的大众媒体之一，电影有着重要的文化功能。中国电影从 2003 年全面产业化改革以后，海外发行量得到了显著提升。文章通过对英国华裔青少年进行问卷调查的方式，调查了海外华侨华人观看中国电影的数量、方式、原因、喜欢的类型以及对中国电影中文化符号的兴趣度和理解中国电影的主要障碍等，并探讨了电影对中华文化在海外华侨华人中传播的作用和效果，指出中国电影要对中国文化在海外华侨华人中起到积极作用，应该提供多元化、立体化的展现中国文化的机会，让海外华侨华人青少年可以更好地了解中华文化的博大精深。

4. 海外华文传媒转型的关键

作者：赵文侠

期刊名称：《应用新闻研究》

刊期：2017 年第 4 期

摘要：移动互联网的发展使海外华文传媒遭受重创，而从海外华文传播乃至中国对外传播的角度来看，这也是发展华文传媒的一个难得的历史机遇。据此，文章提出海外华文传媒应加速向新媒体转型，整合现有资源，重塑传统媒体的影响力；借助新技术，形成多向传播或多媒体立体传播；适应用户阅读习惯，实现有效传播。通过以上三个方面的努力，加速新媒体转型，从渠道上转型，内容上转变。

5. 印尼华人家庭宗教信仰现状分析

作者：沈玲

期刊名称：《华侨大学学报》（哲学社会科学版）

刊期：2017 年第 5 期

摘要：印尼是一个信仰宗教的国家，印尼政府规定每一位印尼公民必须信仰一种宗教。文章通过抽取印尼首都雅加达地区的华校对新生代华裔民族文化认同的问题进行了调查。研究发现，印尼华人家庭二代人中每一代都存在多种宗教信仰，印尼华人家庭宗教信仰呈现多元化局面；佛教、孔教信仰者的比例随代际呈现递减趋势，基督教、天主教信仰者随代际呈现递增趋势，极少有华人家庭信仰伊斯兰教和道教；在所有宗教信仰者中，佛教的信仰者比例最高。印尼新生代华裔愿意超越宗教信仰等差异与印尼本地人通婚，新生代华裔仍然保持一定的民族认同，有回祖籍探亲祭祖的愿望。

6. 清末民初南洋华人族群认同的发展走向——以新加坡华文报刊的社会功能为例

作者：赵颖

期刊名称：《民族文学研究》

刊期：2017 年第 5 期

摘要：清末民初的新加坡华文报刊具有很强的时代性，是对 19 世纪末 20 世纪初海外华人生活细致入微和立体多维的写照。族群认同角度可以反映不同时期华人对于国家认同观的变迁。文章从华文报刊的社会功能入手，着重考察华文报刊上体现出的不同时期华人对民族文化和身份问题的不同认识，指出在文化多元的新加坡，族群认同的发展从单向同化走向流动复合的过程。

7. 东南亚新生代华裔文化认同的国别比较研究

作者：沈玲

期刊名称：《民族教育研究》

刊期：2017 年第 6 期

摘要：东南亚是华侨华人最为集中的地区，文章选择该地区华人相对较集中的印尼、泰国、菲律宾、马来西亚为研究对象，自 2012 年起对其中的大专院校进行了调查问卷与访谈，得出了这些国家华人在政府多年来有关政策的影响下，新生代华裔的国家认同已经基本明确，总体倾向于居住国，族群融合意识进一步增强，在居住国的社会融合程度日益提高。同时得出这些国家华人对祖籍国有一定的亲近之情，但对中华文化的认同呈现代际减弱趋势，使得中华文化的代际传承面临传播危机的结论。

8. 21 世纪东南亚海上丝绸之路文化传播与海外华人文化认同研究

作者：朱锦程

期刊名称：《福建论坛》

刊期：2017 年第 8 期

摘要：作为沿线各国和民间在历史上和现阶段对外贸易和文化交流的重要方式，东南亚地区海上丝绸之路是推动海外华人文化认同的重要连接纽带。文章从二元维度探索了东南亚地区海上丝绸之路对文化传播的影响，分析了 21 世纪东南亚海上丝绸之路文化传播在促进海外华人文化认同方面的价值和凝聚效应。研究发现，在新的海上丝绸之路背景下，促进海外华人文化认同的主要方式包括重视融合东南亚地区华人凝聚力的文化传播载体、完善东南亚华人文化培养的教育培训机构和提高东南亚地区华人新移民具有的文化传播效力。

9. 海外华语传播与中华民族文化认同的建构——兼论华文媒体的特殊作用与发展进路

作者：丁和根

期刊名称：《新闻界》

刊期：2017 年第 9 期

摘要：海外华语传播有多重渠道和载体，华文媒体是其中主要的一种。华文媒体可以充分利用语言所固有的文化特性，形成受众之间的实践性互动。同时，华语自身也需要改进华语表达、充分挖掘中华传统文化资源、利用好新媒体的力量，使华语传播深入华侨华人心里，从而不断提升华侨华人的民族文化认同感。

10. "一带一路"背景下新生海外华文媒体发展初探——以泰国亚洲大众传媒有限公司为例

作者：董光鹏

期刊名称：《声屏世界》

刊期：2017年2月

摘要："一带一路"发展路线图指出，丝路沿线国家合作的主要内容，应以政策沟通、设施联通、贸易畅通、资金融通、民心相通为主。海外华文媒体作为连接中国与当地民众的重要环节，发挥着不可替代的作用。文章主要分析了泰国亚洲大众传媒有限公司取得成功的原因，如：立足本土，与政府及皇室保持良好关系；为华人提供准确资讯；通过各类活动取得话语权等。文章提出其他华文媒体可通过扩展读者群、与当地政府保持良好关系、加强本土化、发挥出民心相通的作用等措施提高华文媒体的影响力，逐渐融入当地社会。

（七）海外华语特点与使用现状研究

1. 全球华语国内研究综述

作者：祝晓宏、周同燕

期刊名称：《语言战略研究》

刊期：2017年第1期

摘要：中国国内华语研究30年来硕果累累，经历了从境外华语到海外华语，再到全球华语三个时期。华语研究的格局也从对全球华语本身的了解、华文教学的讨论发展到调查全球华语生活并将其与国家语言战略、全球华人的命运发展联系为一体。文章以时间为序、以地域为界，梳理了全球华语研究在国内的发展历程，以展现该学科兴起的背景、议题范围、代表成果和主要进展。主要表现为：20世纪80年代中国现代汉语研究开始关注境外华语，围绕华语主要进行了对台湾地区华语词语的解释和海峡两岸用语差异的比较、对大陆以外华语规划和使用情况的介评两类研究；20世纪90年代华语本体研究开始重视多地华语、多层面的比较研究，重视接触视野下的华语研究，华语规划随着港澳回归成为两岸学者关注的焦点，华文教育在境外的复苏带动了华语教学和华文教育研究；21世纪以来，华语作为一个学术概念，其内涵和外延逐渐清晰，华语本体研究的深度和广度进一步扩展，华语规划吸收"语言协调"这一重要理念并取得许多具有代表性的成果，地区性的华语词典开始增多，对华文教学的目的和性质的讨论增多，海峡两岸开启华语接触研究，华语生活研究逐渐汇入中国语言生活研究。

2. 全球华语国外研究综述

作者：王晓梅

期刊名称：《语言战略研究》

刊期：2017 年第 1 期

摘要："华语"已经不是海外华人的"专利"，而是一个囊括现代汉语标准语不同地域变体的概念。"全球华语"的提出显示中国在语言规划方面开始采用全球的视野。文章通过梳理"全球华语"研究涵盖的地域范围以及具体的研究内容（如微观的本体研究、宏观的社会语言学研究、语言教学与学习研究等），认为全球华语研究正处在发展阶段，与当前中国的发展进程密切相关。在新时期国家的发展战略下，语言学界也开始注重语言战略的研究，全球华语将成为研究热点。就研究趋势来看，对于全球华语的本体描写将从宏观走向微观，更加注重华语使用与认同的动态变化。此外，全球华语的研究成果也将进一步促进现代汉语相关研究及社会语言学研究。

3. 英国华语与普通话的词汇差异

作者：张聪

期刊名称：《语言战略研究》

刊期：2017 年第 1 期

摘要：文章以英国华语报纸中分析整理出的用例为依据，探讨英国华语与普通话在词汇方面的差异：英国华语中出现了很多特有的词语；一些英国华语和普通话的词语在义位和陪义上存在差异；英国华语中个别词语的搭配上与普通话也不尽相同；由于英国与香港在历史上的特殊关系，很多粤方言词语也成为英国华语的一部分。在此基础上，文章分析了二者产生差异的主要原因，主要表现为英语和香港方言的影响：英语作为当今世界通用语，在与其他语言接触中处于优势地位，英国华语不可避免地要被打上英语的烙印；而早期到达英国的华人移民大多来自香港，主要说粤语，因此英国华语也在很大程度上受到香港方言的影响。据此，文章提出促进英国华语与普通话的沟通的几点建议：不断与各国华侨华人建立交流和沟通，找出相对现实的、受到广泛认可的方法；在处理海外华语与普通话的差异时，不作硬性规定，采取宽容的态度；加强理论指导；强化华语的本体规划和地位规划。

4. 马来西亚华语研究的设想与实践

作者：邱克威（马来西亚）

期刊名称：《辽宁师范大学学报》（社会科学版）

刊期：2017 年第 3 期

摘要：该研究从 2011 年开始关注报章的语病，思考华语规范工作的原则与操作问题，又经此延伸至语言系统的共时描写，再追溯至历时系统的考察，最后由华语系统扩大至方言系统，力求做到掌握材料的穷尽性与分析上的系统性，尤其重视将材料置于整个现代汉语研究的学科框架之中进行审视。经此生发出新的设想，以求展示马来西亚乃至全球华语研究的可能性。

5. 试论建立"全球华语学"的可能性与必要性

作者：刁晏斌

期刊名称：《语言战略研究》

刊期：2017 年第 4 期

摘要：全球华语学是一门研究全球华人共同语言及相关对象的一个语言学分支学科。它的研究领域大致分为共时和历时、理论和应用、微观和宏观三个方面。全球华语学具有成立的历史条件、理论准备和一批思想敏锐、勇于创新的学科带头人，为全球华语学的建立提供了可能性，建立全球华语学的必要性则体现在全球华语研究的顶层设计需要且它的最终建立必将有利于拓展研究范围、提高水平、加深认识，同时也有利于该领域理论的建构和完善。

6. 两岸华语后置标记"样子"的语用差异及其成因

作者：孙利萍

期刊名称：《中国语文》

刊期：2017 年第 4 期

摘要：文章基于两岸华语语料库，探讨后置标记"样子"在两岸华语的语用差异及不同华语功能，并从历时演变角度探讨差异原因及其融合趋势，对深入研究两岸华语标记的形成及差异具有重要参照作用。台湾地区华语后置"样子"的语义功能比大陆普通话使用频率高，具有更为丰富的话语功能，且虚化程度更高。"样子"的语义经历了由实到虚，最后成为一个语用层面上的标记成分的语法化和主观化过程，这是造成语用差异的内因。

7. 汉语在新加坡社会中的功能变迁：布迪厄语言社会学视角

作者：刘振平、赵守辉

期刊名称：《华文教学与研究》

刊期：2017 年第 5 期

摘要：由于社会和语言政策的变革，汉语在新加坡的功能不断发生变迁。1919年现代标准汉语取代汉语方言成为华校的教学媒介语，1986年后又被英语取而代之。1979年后随着"讲华语运动"的开展，华语逐渐取代汉语方言成为华族社群的主要交际用语，2004年被英语取而代之。文章通过布迪厄的场域与文化资本理论，对华语在新加坡所发生的两次重大功能变迁进行阐释，得出了汉语在新加坡社会中功能变迁的动因。第一次是由于新加坡政府出台的报告书中立法规定各个语文源流学校应该将英语、马来语、汉语和淡米尔语四种语言中的两种作为教学媒介语，第二次是由于新加坡政府脱离马来西亚成为独立国家，政府不希望四大语言并行发展，而是希望英语独大。

8. 缅甸北部地区华人的语言生活与语言教育对策

作者：谭晓健、陈君玉、李珍珍

期刊名称：《民族教育研究》

刊期：2017年第5期

摘要：文章通过问卷和访谈调查缅甸北部地区两所学校的华裔学生并分析调查结果得出，缅甸华人主要是双语人或多语人，汉语缅语水平相当，在家庭主要使用汉语方言，在华校中主要使用普通话，缅校中多使用缅语，在校外社会交往中主要使用汉缅双语。他们对汉语、缅语均持积极态度，对母语文化和本族群高度认同。当地政府应充分尊重和保障华人母语教育和使用母语权利，将汉语教育纳入国民教育体系。

9. 华语的历时流变和共时格局及整体华语观

作者：赵世举

期刊名称：《华侨华人历史研究》

刊期：2017年第6期

摘要：华语是全球华人共有的语言，构建对华语的整体性认识和概念的统一，不仅有利于深化对华语的全面认识，促进华语健康发展，而且有利于增强全球华人的族群认同、文化认同和凝聚力。文章通过历史上各个时期对于华语的界定研究以及汉语的共时传播研究提出了"整体华语观"的概念，主要为充分尊重不同社区华语的渊源、重视全球华语的整体性和联系性、把握华语发展的互动性和趋同性。

三 著作选介

1.《汉语二语习得者普通话口语语音习得研究》（华文教育与研究丛书）

作者：王功平

出版社：暨南大学出版社

出版时间：2017年1月

内容摘要：该书以汉语辅音和声调为主要研究目标，通过设计标准化的实验，借用现代化仪器设备，将感知实验与发音实验相结合，将横向习得实验与纵向习得实验相结合，重点总结汉语二语习得者习得汉语口语语音的偏误规律，揭示汉语二语习得者产生汉语口语语音偏误的深层机制，探寻汉语语音的习得顺序和教学重难点，并提出相应的教学对策。该书共有十一章：第一章为绪论，第二章为汉语二语习得者普通话声母感知实验，第三章为汉语二语习得者普通话单音节舌尖前/后塞擦辅音感知偏误机制，第四章为汉语二语习得者普通话单音节舌尖前/后辅音产出实验，第五章为汉语二语习得者普通话双音节舌尖前/后辅音感知实验，第六章为汉语二语习得者普通话双音节舌尖前/后辅音产出实验，第七章为汉语二语习得者普通话单音节舌尖前/后辅音纵向习得实验，第八章为汉语二语习得者普通话双音节声调感知实验，第九章是汉语二语习得者普通话双音节轻声音高加工实验，第十章为汉语二语习得者普通话双音节上上连续调产出实验，第十一章为汉语二语习得者普通话口语语音教学系统实验。

2.《全国对外汉语教学与汉语国际教育基本信息调研报告》

作者：朱瑞平、冯丽萍等

出版社：中国社会科学出版社

出版时间：2017年1月

内容摘要：该书的总体目标是在国家汉办的指导和协调下，对全国对外汉语教学机构与专兼职师资队伍状况进行全面调研，以获得相关数据，建立数据库，并在此基础上，分析国内对外汉语教学以及汉语国际教育师资培养领域的现状、发展趋势和存在的问题，为国家汉办制定相关政策提供科学依据。该著作第一部分交代了项目概况，包括项目的背景和目标、研究的问题与主要任务、调研内容、项目的实施与组织等，项目调研内容是对外汉语教学与汉语国际教育机构的调研，调研对象为全国高等院校涉及对外汉语教学或汉语国际教育的机构。第二部分是具体调研内容：一是机构的基本信息，包括机构的类型、办学历史、机构设置、机构职能、国际合作等信息；二是机构人才培养信息，包括与人才培养相关的招生、培养、就业情况，重点关注近三年的信息；三是机构师资信息。第三部分是外国留学生非学历教育调研报告；第四部分是外国留学生汉语言本科调研报告；第五部分是对外汉语本科调研报告；第六部分是学术型硕士培养调研报告；第七部分是专业硕士培养调研报告；第八部分是语言学及应用语言学博士培养调研报告；第九部分是对外汉语专职教师调研报告；第十部分是对外汉语兼职教师调研报告。

3.《对外汉语教育心理学十二讲》（修订版）

主编：朱麟

出版社：知识产权出版社

出版时间：2017年1月

内容摘要：该书是编者根据其所讲授的课程"对外汉语教育心理学"的讲义和PPT，并结合对已有的理论进行梳理和汇编而形成的一本教材。该书修正了《对外汉语教育心理学十二讲》（第一版）中存在的问题，共分为两大部分。第一部分是"汉语国际教育心理学的基础知识"，共十一讲，依次阐述了汉语国际教育心理学基础知识、教师心理、学习心理、语言与心理学、学习心理学、行为主义心理学、认知心理学、学习与动机以及对外汉语教育考试与评估的相关内容，介绍了现在较为主流的、西方的各种教育心理学的理论、著名实验以及心理学者的评论等。第二部分是"汉语国际传播"，其主体是以论文集的形式汇集了国内外著名高校教师、在读研究生首次公开发表的"汉语国际传播"论文，分为中美文化交流史、中外文化交流借鉴和参考两个部分。其中"中外文化交流借鉴和参考"又包括《浅谈中国在"中非遇"中的话语权》《外派汉语国际教师与目的国教师资质要求差异性研究》《中美建交以来美国中国学研究与汉语教学关系初探》《中美教学案例分析：中美对外汉语课堂教学对比初探》。

4.《汉语水平考试常见易混词语辨析》

作者：孔丽华、李莉

出版社：北京大学出版社

出版时间：2017 年 3 月

内容摘要：该书以学习汉语的外国人为使用对象，以孔子学院总部/国家汉办制订的《汉语水平词汇与汉字等级大纲》中的词语为基本筛选范围，选取学生在学习汉语过程中和参加汉语水平考试时容易混淆的词语建组，打破了以往大部分词语辨析类书籍根据词性选取对比词的传统，同时也打破了仅选取常见近义词进行辨析的桎梏。该书共分为总目、前言、易混淆词检索表、词语检索表和正文五个部分；收录的词语共 200 组，采取表格体例，尽量用浅显易懂的语言从词性、词义、用法等方面来对比易混淆词。每组词语下都有两张表格，第一个表格对比分析词性、词义和语法功能，并给出例句；第二个表格着重用法对比，根据每组词语的不同特点，从不同角度分析，详细指出它们在做不同句子成分、不同句式、表达不同语气、常见搭配、固定用法等方面的异同点。每组易混淆词都尽可能做到讲解扼要清楚，区别一目了然。该书在对比时也列出了学生的常见偏误，并加以指正，在每组易混淆词后面都设有专门的练习，以便学习者进一步巩固所学习的内容，练习提供参考答案。该书可作为 HSK 复习备考用书，也可作为汉语学习者的日常工具书。对于国际汉语教师来说，则是一本教学参考资料。

5. 《华文教育研究》（第 1 辑）

主编：曾毅平

出版社：暨南大学出版社

出版时间：2017 年 3 月

内容摘要：该书为"华文教育国际学术研讨会"论文结集，共收录论文 31 篇。收录论文分为华文教育认同研究、国别与区域华文教育、华文教学标准、华文教材研究、华文教学法研究、语言要素及汉字教学、本体及语用研究七个部分，涵盖了新加坡、美国、泰国、马来西亚、菲律宾、印度尼西亚等国家的华文教育现状、政策、具体教学研究以及相关的华文教育史和华文教育前沿技术研究。具体来讲，华文教育认同研究部分收录了《语言认同与华语传承语教育》等 3 篇论文，国别与区域华文教育部分收录了《夏威夷大学和美国的中文教学》《新马华语与汉语国际传播》等 7 篇论文，华文教学标准部分收录了《试论对外汉语有效教学的标准——兼谈课堂教学案例分析》等 3 篇论文，华文教材研究部分收录了《全球华文教材的现状与前瞻——基于教材库的华文教材系统考察》《海外华语教材的文化"内化"》等 5 篇论文，华文教学法研究部分收录了《来华华裔学生汉语教学特殊性的思考》等 3 篇论文，语言要素及汉字教学部分收录了《印度尼西亚、泰国留学生汉语擦音发音分析》

《汉语国际推广背景下华文汉字教学观研究》等 7 篇论文，本体及语用研究部分收录了《汉语动词用法资源库建设构想——基于大规模语料库、面向汉语教学》等 3 篇论文。该辑刊综合反映了华文教育现状及当前比较突出的研究动向。

6. 《国际汉语教师教学能力框架》

作者：郭睿

出版社：北京语言大学出版社

出版时间：2017 年 4 月

内容摘要：该书从国际汉语课堂教学的需要入手，详细论述了汉语教师从事汉语教学的一系列基本教学技能，以便为奋战在全球各地的汉语教师和志愿者提供参考和指南。该书把国际汉语教师的教学能力分为汉语教学认知能力、汉语教学设计能力、汉语教学实施能力、汉语教学管理能力以及汉语教学评价能力，在此基础上又进一步分为 34 项具体教学技能，构建了国际汉语教师的教学能力框架。该书共五章，第一章从把握教学大纲、熟悉学习者情况、了解教学环境、认识教学主体四个方面介绍了国际汉语教师的汉语教学认知能力，第二章从制定教学目标、整合教学内容、设计教学过程、制订教学计划四个方面介绍了国际汉语教师的汉语教学设计能力，第三章通过激发学习兴趣、呈现和讲解、指导学习者学习、促进课堂活动四个方面介绍了国际汉语教师汉语教学实施能力的相关内容，第四章从管理课堂秩序、管理教学时间、管理课堂空间三个方面介绍了国际汉语教师的汉语教学管理能力，第五章从评价学业表现、评价教学效果两个方面介绍了国际汉语教师应有的汉语教学评价能力。该书对各项教学技能的理解和操作进行了具体阐述，并侧重于讨论一线汉语教师在课堂上如何操作，包括具体原则、做法、技巧等，还针对具体教学技能提供了一些汉语课堂教学的真实案例。

7. 《国际汉语教学探讨集》

作者：李泉

出版社：北京语言大学出版社

出版时间：2017 年 5 月

内容摘要：该书是北京语言大学出版社计划出版的"名家论文集"系列中的一册，收录了作者 2008 年至 2015 年发表的 33 篇论文，是《对外汉语教学思考集（增订版）》（收录 1991 年至 2008 年发表的论文）的姊妹卷。该书包括四个部分：学科理论探讨、教学与教材研究、教师发展研究、汉语研究与评论。该书以《国际汉语教学学科建设若干问题》《关于建立国际汉语教育学科的构想》《关于"汉语难学"

问题的思考》《关于"汉字难学"问题的思考》《通用型、区域型、语别型、国别型——谈国际汉语教材的多元化》等篇目为"纲",以书中有关教学中的标准问题、课程设置和教学模式问题、教学中的文化取向问题、教师培养与教师发展问题、教学具体内容的研究为"目";纲目结合,阐发了作者有关学科建设中理论问题和实践问题的完整认识。其中,学科理论探讨部分收录了《国际汉语教学学科建设若干问题》《关于建立国际汉语教育学科的构想》等7篇文章,教学与教材研究收录了《国际汉语教学理念与策略探讨》《教学大纲与教材编写》《汉语教材的"国别化"问题探讨》等17篇文章,教师发展研究收录了《汉语国际教育硕士:培养目标与教学理念探讨》《国际汉语教师培养规格问题探讨》等5篇文章,汉语研究与评论收录了《试论现代汉语完句范畴》《单音节词在汉语语法研究中的价值》等7篇文章。

8.《对外汉语教学思考集》

作者:李泉

出版社:北京语言大学出版社

出版时间:2017年5月

内容摘要:该书收录了作者1991年至2008年发表的34篇文章,内容包括学科理论探讨、教学理论思考、教材编写研究和教学研究评论四个部分,集中反映作者对对外汉语教学若干问题的思考,以及对外汉语教学发展脉络。其中学科理论探讨围绕对外汉语教学的学科理论基础、体系、基本理论和语言教育研究展开,精选了4篇文章探讨相关问题;教学理论思考则涉及理论与实践、教学原则、课堂教学、语体研究、语法教学、文化教学、听力教学、中高级对外汉语教学等相关研究,精选了《对外汉语教学理论和实践的若干问题》《面向对外汉语教学的语体研究的范围和内容》《对外汉语教学释词的几个问题》《文化教学的刚性原则和柔性策略》等14篇文章;教材编写研究主要集中在第二语言教材编写、对外汉语教材的四大特征、第二语言教材评估和具体教材的设计与实施等相关领域,选取了《近20年对外汉语教材编写和研究的基本情况述评》《第二语言教材的属性、功能和基本分类》《第二语言教材编写的通用原则》《论第二语言教材评估》《对外汉语教材中文化偏误分析》等12篇文章;教学研究评论则分为外汉语教学语法研究述评、对外汉语语法教学研究综观、对外汉语教学语法体系研究纵览、汉字研究与汉字教学研究综观四个部分。

9.《世界华文教学》(第3辑)

主编:贾益民

出版社:社会科学文献出版社

出版时间：2017年5月

内容摘要：该书以提升海内外华文教学与研究水平为目标，着重反映华文教学与研究领域的最新成果，是华文教育学术研究的重要平台。该辑收录文章16篇，分三个部分。第一部分是"世界华文教育发展专题研讨会"专栏，包括《"21世纪华文教育发展愿景与行动"倡议》《世界华文教育发展新形势与多元驱动》、专家发言选摘及5篇专家访谈，都以"推动21世纪华文教育发展的愿景与行动"为主题。第二部分是"华文教学与习得研究"，收录《日本大学二外汉语教学的现状及对策——兼论女子大学的教学特色》《新加坡小学华文字词教学的问题讨论——以四年级教材为分析案例》《论海外中华传统文化教学中的故事意识》《华文师范生培养的课程设置比较研究——以暨南大学和华侨大学为例》《国际学校华语文教材的文化项目设置——以〈轻松学汉语〉为例》5篇文章，主要反映当前海内外华文教学状况。第三部分是汉语本体研究，收录《框架语义学应用于动词近义词之偏误分析——以对外华语学习者为例》《"不得了""了不得"的词汇化及语法化考察》《"奇了怪了"的多角度分析》3篇文章。

10.《跨文化视角下的对外汉语教学研究》

作者：白玉寒

出版社：中国水利水电出版社

出版时间：2017年5月

内容摘要：该书通过搜集、整理、分析大量对外汉语教学的相关资料，并吸收国内外跨文化交际学的最新研究成果，以跨文化为视角，对对外汉语教学进行研究，对对外汉语教学的教学理论、语音教学、词汇教学、语法教学、汉字教学以及各个技能课型的教学提出新的看法。该书共八章：第一章是语言与文化，阐述了语言与文化的关系和当代汉语的国际化传播的相关内容；第二章是中西文化差异与第二语言教学，阐述了中西文化的渊源及其影响下形成的文化差异、跨文化交际中的文化适应与文化休克和跨文化交际与第二语言教学的相关内容；第三章是跨文化视角下的对外汉语教学理论，阐述了对外汉语教学的理论基础、性质及特点、目标与任务、前景展望等内容；第四章是跨文化视角下的对外汉语语音教学，介绍了对外汉语语音教学的重要性及其难点、外国学习者的语音偏误与对外汉语语音教学应遵循的原则，以及对外汉语语音教学的方法与技巧分析等内容；第五章是对外汉语词汇教学，介绍了对外汉语的词汇范围及词汇教学的地位、不同文化模式对汉语文化词语的认识，以及对外汉语词汇教学的方法与技巧分析等内容；第六章是对外汉语语法教学，介绍了对外汉语语法教学的重要性和必要性、外国学生汉语语法偏误与对外汉语教学的原则分析，以及对外汉语语法教学的方法与技巧分析等内容；第七章是对外汉字教学，介绍了对外汉语汉字教学的任务与原则、外国学生的汉字偏误与汉字教学的新模式以及对外汉语汉字教学的方法与技巧分析等内容；第八章是跨文化视角下的对外汉语课堂教学，从跨文化视角介绍了对外汉语教学中的听力教学、口语教学、阅读教学和写作教学。

11.《第二语言学习者汉语声调范畴习得与模拟研究》

作者：王建勤　等

出版社：商务印书馆

出版时间：2017 年 5 月

内容摘要：该书是国内外首例采用行为实验、人工神经网络模拟和课堂教学实验多种研究方法，系统考察汉语作为第二语言的学习者汉语声调范畴习得的综合研究。书中探讨了学习者汉语声调范畴感知和产出的机制，模拟了汉语声调范畴建立的过程与补偿机制，并通过教学实验证实了知觉训练法能够切实有效地提高学习者汉语声调范畴的习得。除序言和综述外，该书分四部分，共十二章。第一部分是第二语言学习者汉语声调范畴感知研究，由第一到四章组成。第一章是第二语言学习者汉语声调范畴感知机制研究，第二章是英语母语者不同 ISI 条件下汉语声调感知机制研究，第三章是视觉加工对英语母语者汉语声调感知的影响，第四章是知觉训练对非声调语言母语者汉语声调范畴感知的影响。第二部分是第二语言学习者汉语声调特征感知研究，由五到八章组成。第五章是第二语言学习者汉语声调表征研究，第六章是声词特征敏感性和声调范畴感知的关系研究，第七章是调域时长对第二语言学习者汉语声调感知的影响，第八章是汉泰声调相似范畴对泰国学习者汉语声调感知的影响。第三部分是第二语言学习者汉语声调产出机制与策略研究，由第九到十二章组成。第九章是英语母语者汉语声调产出的加工策略研究，第十章是视觉加工对英语母语者汉语声调产出的影响，第十一章是汉语学习者汉语声调产出的语言类型效应及产出策略研究，第十二章是汉语双字调顺、逆接模式对汉语学习者声调范畴习得的影响。第四部分是第二语言学习者汉语声调范畴习得模拟研究，由第十三、十四章组成。第十三章是汉语声调教学策略实验和计算机模拟研究，第十四章是泰国学习者汉语声调范畴习得过程模拟研究。

12.《国际汉语初级阶段语块构建研究》

作者：王文龙

出版社：北京大学出版社

出版时间：2017 年 5 月

内容摘要：该书立足于对外汉语教学，借鉴语块理论及相关研究成果，以初级阶段汉语教材中语块为切入点，开展初级阶段语块构建研究。全书以梳理、分析语块理论基本观点及相关研究成果为基础，对汉语及汉语教学中语块的界定、选取和分类问题进行了讨论，并从理论和实践两个角度分析了初级阶段语块教学的必要性和可行性，从而论证了将语块理论应用于初级汉语教学的理据。同时，运用定性和定量相结合的实证研究方法，对初级阶段语块项目展开构建研究，最终制定出"国际汉语初级阶段语块项目表"。该书的创新点在于对"语块"的界定上，没有照搬西方的"语块"概念，而是深入分析汉语各语言单位之间的关系，并结合汉语特点而提出了汉语语块的定义及其科学严谨的分类框架。除此之外，该书的核心内容"国际汉语初级阶段语块项目表"更是一个具有开创性的工作，为今后教学及教材编写提供了可以参考的具体内容。该书共分为六章，第一章是语言及语言教学中的语块研究，第二章是国际汉语教学中语块的界定与选取原则，第三章是国际汉语初级阶段语块教学的理据，第四章是国际汉语初级阶段教材语块项目选取，第五章是国际汉语教学初级阶段语块项目构建，第六章是结语。

13.《汉语作为二语的交际能力研究》

作者：胡兴莉、郑通涛

出版社：世界图书出版公司

出版时间：2017年5月

内容摘要：该书从多学科视角深入剖析了第二语言交际能力的本质特征，认为汉语作为第二语言的交际能力具有复杂适应系统的特征，并从复杂动态系统视角重新审视和定义汉语作为第二语言的交际能力，提出汉语作为第二语言的交际能力是一个复杂动态系统的观点，并从理论和实践两个方面加以论证。该书共四章：第一章对第二语言交际能力研究现状与前景展开分析，包括选题缘起、概念界定、研究综述、研究内容与方法等内容；第二章是汉语作为第二语言交际能力理论研究，介绍了相关理论基础，对交际能力本质特征和定义进行分析，构建了汉语作为第二语言交际能力发展的理论框架和汉语作为第二语言交际能力培养体系；第三章是汉语作为第二语言交际能力发展实证研究，分别对初级汉语综合课短期班教学实践、初级汉语口语课长期班教学实践、学习者主题发展相关性进行实证研究；第四章则为研究总结。该书通过对第二语言的交际能力的理论研究，针对交际能力的本质特征及交际能力定义加以分析，进而构建出汉语作为第二语言交际能力的发展理论框架及培养体系。此外，该书利用汉语作为第二语言交际能力发展的实证研究对教师的交际能力理念加以调查，并结合了作者的实践经验对学习者主体发展相关性加以分析。

14.《对外汉语网络课程评价体系的构建研究》

作者：杜迎洁

出版社：世界图书出版公司

出版时间：2017 年 5 月

内容摘要：该书主要探究了对外汉语网络课程评价体系的构建问题，一是针对外国学习者的汉语本体，以教学中的难点以及汉语跟学习者母语或第一语言的差异为重点，结合学习者的认知心理和语言习得以及跨文化交际对汉语进行了多角度综合研究；二是进行了汉语作为第二语言的学习理论与教学理论的研究，包括习得理论、教学模式、教学方法等的研究；三是针对教学实践及其遇到的瓶颈问题的研究，包括教学案例、课堂教学设计、教学管理、测试评估、语料库建设、教材编写、师资培训、现代教育技术等。该书共四章，第一章是对外汉语网络课程研究导论，阐述了选题缘起、基本概念、研究综述、研究内容、研究思路和方法等内容；第二章是对外汉语网络课程的现实诉求，介绍了对外汉语网络课程应用现状的调查设计和研究报告；第三章从评价主体的确定、评价体系的总体设计、评价指标内容的构建、评价指标权重系数的计算与分析和智能化对外汉语网络课程评价系统的设计五个方面对对外汉语网络课程评价体系进行构建；第四章是建议与总结，对对外汉语网络课程设计的总方向、核心问题以及对外汉语网络课程开发与设计流程图提出建议并对研究进行总结。

15.《汉语文化国际传播实践与推进策略研究》

主编：张德瑞、孔雪梅

出版社：暨南大学出版社

出版时间：2017 年 5 月

内容摘要：该书在全球化日益加深，中国各语言文化传播机构有组织、有系统地向全世界传播汉语和中华文化的大背景下，在纵向梳理汉语文化海外传播历史脉络与横向对比中外语言文化传播经验的基础上，从语言学、传播学相关理论入手，厘清汉语文化国际传播内涵，结合实践分析现阶段全球化背景下汉语文化国际传播的利弊条件，直面传播过程中存在的多种问题并给出切实可行的应对策略。除去序言和前言，该书共六章。第一章是汉语文化国际传播的内涵与价值评估，第二章是汉语文化国际传播的理论基础，第三章是汉语文化国际传播的主体、形式、模式及个案研究，第四章是汉语文化国际传播中的优势及有利因素分析，第五章是汉语文化国际传播中的问题分析，第六章是汉语文化国际传播优化策略分析。在全球化发展背景下，伴随着中国国力增强和汉语文化在世界范围内的强烈认知需求，中国在海外建立起多种语言文化传播机构，运转十余年中不断向规范化调整。这些海外机构所归属的国内职权部门如教育部、国务院侨办、文化部等单位也在各自职能范围内积极统筹国内语言文化建设与海外汉语文化传播的政策制定与监督实施等工作，有组织、有系统地向全世界传播汉语与中国文化已经成为中国政府实行"柔性外交"的重要环节。

16.《汉语国际传播研究》（第9辑）

主编：吴应辉

出版社：商务印书馆

出版时间：2017年5月

内容摘要：该辑收录了《美国汉语国际传播：学生、课程、教师》《汉语学习难易辩——兼论开展多元汉语教学的新思路》《复杂的多语系统——浑沌学视角》《海外汉语教学中的文化因素——以澳大利亚汉语课堂为例》《中华学堂对马来西亚华文教育创立之影响》《论美国明德汉语教学模式的教学设计》《中级汉语学习者交际策略的分类及分布研究》《汉语国际教育背景下的中华文化海外传播研究综述》《论汉语教学案例的视频资源开发》《马来西亚高校汉语作为二语教学法"盲点"现象分析》《国际汉语语素教学研究现状及未来研究方向》《"重点优先理论"及其对〈国际汉语教师标准〉修订的启示》《关于汉语国际教育硕士语言文化赛事组织与培训能力的培养——以"北京市外国留学生汉语之星大赛"为例》《西语区汉语教材〈循序渐进汉语2〉的编写实践——兼谈〈国际汉语教学通用课程大纲〉与汉语教材编写的相互促进作用》等论文，共17篇。论文内容涉及汉语传播理论与实践研究、汉语教学研究、汉语教材研究、师资培养及培训研究等多个方面。

17.《中国华文教育政策历史研究：语言规划理论透视》

作者：姚敏

出版社：复旦大学出版社

出版时间：2017年6月

内容摘要：该书从华文教育事业的宏观视角审视国家语言规划，以史为纲，梳理了清末至今政府发布的华文教育政策和措施，几乎囊括了中国涉侨领域的语言政策的全部历史。在分析各阶段历史背景的基础上，客观评介了各阶段华文教育规划的背景、效果和存在的问题。以史为鉴，深入挖掘了华文教育的特点和影响因素，指出当下华文教育的新趋势、新情况，认为当下的华文教育应该分清教学对象和层次，根据不同性质的学习者制定不同的政策措施，更多地发挥华文教育在汉语国际传播中的作用，同时，该书还运用"语言生活"理论及"大华语"战略对当下的华文教育规划提出了建议。该书共五章，第一章是绪论，介绍了该研究的研究意义、文献概览和研究概况；第二章是清末华文教育政策，介绍了清末海外华文教育政策，清末国内侨生教育，清末华文教育兴盛的历史归因；第三章是民国政府的华文教育政策，分别介绍了北洋政府时期华文教育政策，南京国民政府时期华文教育政策，民国时期华文教育的特点；第四章是中华人民共和国华文教育政策，从初始期、转折期、停滞期、恢复期、兴盛期五个时期分别阐述了国内华文教育政策的变化；第五章是当代华文教育规划设想，阐述了华文教育规划的发展阶段及特点、影响华文教育的因素、华文教育在汉语国际传播中的地位和作用、华文教育热的冷思考、华文教育规划试析等内容。

18. 《对外汉语教学中的思维导图实践与创新》

作者：冯冬梅

出版社：四川大学出版社

出版时间：2017年6月

内容摘要：该书主要阐述了对外汉语教学中的思维导图实践，所收录的案例主要是教学实验期间留学生的日常作业，以及留学生进行HSK五级词语自主学习时绘制的思维导图。该书分为课文学习、HSK五级词语两部分。"课文"部分主要是针对《发展汉语初级综合Ⅱ》第1课到第20课的词语、语法、短文、写作的学习。这一部分主要由三幅思维导图组成，它们分别是词语思维导图、语法思维导图、短文思维导图。"HSK五级词语"部分的词汇是根据2013年HSK词汇大纲，并参考刘云主编的《新HSK词汇精讲精练（五级）》（北京大学出版社）挑选出来的1200个词语组成的。留学生经过自学后自己绘制思维导图，这些思维导图作品体现了留学生学习自学的方法与技巧，大部分词语标注了拼音、泰语翻译（英语、孟加拉国语），有短语、词组，也有例句，便于其他汉语学习者学习和复习HSK五级词语。该书可作为对外汉语教师备课和教学的参考用书；也可作为对外汉语教师分析留学生头脑中关于汉语材料的知识构成的参考用书。

19. 《跨文化交际与国际汉语教学》

作者：〔英〕迈克尔·拜拉姆（Michael Byram）

出版社：外语教学与研究出版社

出版时间：2017年6月

内容摘要：该书内容选自作者在2016年夏季世界汉语教学学会举办的"跨文化交际与国际汉语教育高级讲习班"上的4场讲座，介绍了语言教学中较少关注的目标，即人文主义与教育目标——用于加深学习者对自身及所处社会、对他者的社会及文化生活方式的批判性理解。该书阐释了一些基本的概念，如"文化""能力""社会身份"等，并进一步说明这些概念如何为建立一个系统的、理论基础扎实的方法做奠基，从而为语言教学加入文化的维度。作者在阐释过程中运用了大量不同国家英语及其他语言教学的实例，并就该方法如何在国际汉语教学领域中实施提出建议，为国际汉语教学及二语习得教学实践和研究提供借鉴。该书分为五个部分，第一部分是引言，第二部分介绍了跨文化交际语言教学（ICLT）的基本概念，第三部分为课程与课程规划，第四部分为评价与评估，第五部分为批判性思维与人文主义目标。该书是中英文左右对照的学术书籍，语言通俗易懂，可以提高读者研读效率；实例丰富，紧贴教学实际；每篇讲座末均有"交流互动"环节，有助于解决实际教学中的问题。

20.《吉尔吉斯斯坦汉语国际教育现状》

主编：闫丽萍

出版社：武汉大学出版社

出版时间：2017年6月

内容摘要：该书是一部吉尔吉斯斯坦汉语国际教育事业发展的研究成果汇编。共选编文章17篇，展示了吉尔吉斯斯坦汉语国际教育的背景环境、师资、教材、学习者及其相关因素、汉语教育与教学模式发展情况，可以为广大汉语教师及相关研究人员提供一定的借鉴。其中，高校篇收录了《汉语在吉尔吉斯斯坦作为外语教育之研究》《吉尔吉斯国立民族大学孔子学院汉语国际教育发展现状与思考》《吉尔吉斯斯坦奥什地区汉语教学现状调查吉尔吉斯斯坦高校学生汉语学习现状调查研究——以奥什国立大学为例》《吉尔吉斯斯坦大学生汉语学习的社会影响因素调查》《吉尔吉斯斯坦孔子学院汉语教材使用现状调查——以吉尔吉斯国立民族大学孔子学院为例》《吉尔吉斯斯坦高校汉语教材使用现状调查》等15篇文章；中小学篇收录了《吉尔吉斯斯坦中小学汉语教学现状研究》《吉尔吉斯斯坦比什凯克市第六十九中学汉语教学个案调查研究》两篇文章。

21.《立足于对外汉语教学的类推研究》

作者：陈晓宁

出版社：科学技术文献出版社

出版时间：2017年6月

内容摘要：该书从汉语自身特点和对外汉语教学特点出发，建立了立足于对外语教学类推研究的理论和实践框架。针对对外汉语教学中有效运用类推的理论依据、正面作用和实践应用进行了研究，也阐述了对过度类推的看法。同时，作者基于切身的教学体会和观察，提出了积极、前瞻且能够有效预防和避免"过度类推"的方法与建议。该书共六章，第一章是类推的定义及前人的研究成果，分别介绍了广义的类推，语言学、第二语言习得、对外汉语教学视野的类推，第二语言习得中类推存在的必然性和重要性以及前人的研究成果。第二章是类推法在当前对外汉语教学中的应用研究，分别介绍了类推法在对外汉语教法、学法和教材中的具体应用。第三章是利用类推法进行对外汉语教学的理据研究，分别介绍了汉语普通话语音系统、汉字系统、汉语词汇系统、汉语语法系统的内在类推性质。第四章是利用类推法进行对外汉语教学的理论研究，分别介绍了教法原则、学法原则、教材原则。第五章是对外汉语教学中的过度类推现象，分别介绍了对外汉语教学中的过度类推及其阶段和特点，并对其成因进行分析，采取积极态度面对过度类推。第六章是利用类推法进行对外汉语教学的实践研究，分别介绍了语音、汉字、词汇、语法类推教学。

22.《汉语作为第二语言教学认知心理学》

作者：徐子亮

出版社：北京语言大学出版社

出版时间：2017年6月

内容摘要：该书结合汉语学习的特点阐述了汉语作为第二语言教学的心理规律，分析了感知、注意、编码、记忆与遗忘、提取与匹配等心理过程；剖析了汉字、词语和汉语句式的第二语言认知特点，同时还揭示了环境对汉语作为第二语言学习和认知的影响与作用。全面系统地将认知心理学引入汉语作为第二语言教学领域，从认知心理学的角度解决了汉语作为第二语言教学的诸多问题，并从教学内容、教学方法上全方位凸显了创新意识以及对国际汉语教师教学实践能力的培养。该书共十章，第一章从感知、注意、编码、记忆与遗忘、提取与匹配等方面介绍了语言学习的心理过程，第二章从汉字、汉语词语与句式的认知特点介绍了汉语作为第二语言认知的特殊性，第三章从环境与一般认知、语言学习、表达功能的关系以及环境的利用与创造等方面介绍了汉语作为第二语言教学的认知环境，第四章介绍了汉语作为第二语言课堂教学的特点，第五章介绍了汉语作为第二语言课堂教学的环节、容量与节奏，第六章从语言模式、词语模式的构建、句子模式和思维模式的构建介绍了汉语作为第二语言教学的模式构建，第七章介绍了汉语作为第二语言教学的模式匹配、提取与应用，第八章介绍了语言练习与语言实践，第九章介绍了教材的认知因素，第十章介绍了汉语教师教学能力培养的相关内容。

23.《国际汉语教师中级语法教学手册》

作者：杨玉玲、孙红玲

出版社：高等教育出版社

出版时间：2017 年 7 月

内容摘要：该书以使用频率高、教材中出现频率高、抽象和难教为标准选取了 50 个语言点，按照音序排列，从知识扫描、常见偏误、注意事项、教学建议、课堂活动及训练营等角度对每一个语言点进行细致的讲解练习。该书在知识扫描部分用通俗易懂的语言把语言点在语法、语义和语用上的特点进行了清晰的描述，并列出了适合该阶段的足量例句；在常见偏误部分，对选自 HSK 动态作文语料库的典型偏误进行简单分析，使读者能够提前预见学生在该语言点上可能出现的偏误及其原因，有针对性地进行讲解；在注意事项部分，对语言点在知识或教学中应该注意的问题进行提示；在教学建议部分，每个语言点至少设计两种教学案例供读者参考，每个案例都按照导入、讲解和操练进行，使读者在阅读时身临课堂，在模仿中逐步提高自己的教学技能，设计出更适合自己的教学案例；在课堂活动部分，设计相关的课堂活动，以实现"寓教于乐"的目标，同时使学生顺利实现从语言学习到语言运用的过渡。另外，该书还设有训练营模块，对学生进行测试。

24.《汉语国际教育视角下的方言与民俗》

作者：魏薇

出版社：中国书籍出版社

出版时间：2017 年 7 月

内容摘要：该书是一项宏观分析"汉语国际教育"的研究。汉语国际教育不仅是一个教育行为、一个教学行为，而且也是一个"国际传播"行为；因此，需要以"传播"为核心概念，有效地构拟出一个宏观的分析框架，以能够真正在既充分注意到中国的后发地位和汉语的既有国际地位，又注意到世界各国对汉语国际教育的接受态度与政策的条件下，有效地把握汉语国际教育的宏观模式，为落实汉语国际教育提供实际可行的建议。该书共分为三大部分，第一部分是汉语国际教育，由汉语国际教育的概念梳理、汉语国际教育的既有认识、汉语国际教育的根本目标的重新界定三章内容组成；第二部分是汉语国际教育视角下的方言，由对外汉语教育与方言、对外汉语教学中的方言文化教学、方言中的物质文化、对外汉语教学中方言物质文化教学的思考四章内容组成；第三部分是汉语国际教育视角下的民俗，由对外汉语教学中的民俗文化解说、民俗文化对对外汉语教学的意义、对外汉语教学中有关民俗教材的研究、对外汉语教学中的民俗课程设置及教学方法研究四章组成。

25.《汉语国际教育学报》（第二辑）

主编：张旺熹

出版社：科学出版社

出版时间：2017 年 8 月

内容摘要：该学报由北京语言大学汉语国际教育学部主办，反映各国不同学科背景的学者在汉语国际教育方面的研究成果，包括汉语国际教育发展战略、汉语教学研究、汉语本体研究、汉语习得研究、汉语教学史研究、汉外对比与跨语言、孔子学院发展、跨文化研究、学术综述等内容。该辑收录论文共 13 篇，其中汉语教学研究部分收录《汉语作为二语教学中的语法知识》《事件结构视角下的汉语词汇教学》《浅议对外汉语教学中跨文化交际能力的培养》《美国大学中文教材的发展历程对教材编写的启示》《对外汉语 MOOC 课程的对比与剖析》5 篇论文；汉语本体研究收录《关联理论视角下的语气词人际互动功能研究——以陈述句句末语气词"啊"为例》《跨语言交际中话语标记"所以"的功能使用及其分布特征——以母语为韩语者和英语者为例》2 篇论文；汉语习得研究收录了 Complexity in the Acquisition of Relative Clauses: Evidence from school-age sequential Mandarin-Italian bilingual children 和《汉语中介语语料库声调标注方法初探》；汉语教学史研究收录了《早期西方汉语学习难易之论》和《清华大学东欧交换生中国语文专修班的几点史实》；跨文化研究收录《论〈牡丹亭〉和〈罗密欧与朱丽叶〉母题性质的异同性》；学术综述收录了《1998—2014 年 CSSCI 对外汉语教学相关论文统计分析》。

26.《华文教育心理学》

主编：张金桥

出版社：暨南大学出版社

出版时间：2017 年 8 月

内容摘要：该书将教育心理学的一般原理与华文教育这一特定领域相结合，突出了华文学习理论、华文学习过程、华文教师心理和华文学生心理健康等主要内容。华文教育心理学是基于教育心理学的理论与原则，专门研究汉语，特别是汉语作为外语和第二语言的教学与学习规律的应用学科。该书分为八章，第一章是绪论，第二章是华文教学理论，第三章是华文学习动机，第四章是华文知识的学习与教学，第五章是学习策略，第六章是学习迁移，第七章是华文教师心理，第八章是华文学生的心理健康教育。大多数章节附有教学实例，章后设置有"本章内容提要""复习与思考""延伸阅读"三部分内容，方便读者理解与记忆。

27.《汉语同语义类动词搭配研究：第二语言教学视角》

作者：郝瑜鑫

出版社：社会科学文献出版社

出版时间：2017 年 8 月

内容摘要：该书从同语义类的视角出发，面向对外汉语教学，运用语料库语言学的基本方法，多维度考察汉语同语义类动词搭配与外国学生习得汉语同语义动词搭配的相关问题。该书共六章，第一章是绪论；第二章是词语搭配与词汇知识体系，介绍了词语搭配的界定、词语搭配与词汇知识的相关内容；第三章是语言学视角词语搭配研究框架，介绍了面向对外汉语教学的词语搭配本体研究框架和词语搭配应用研究框架的相关内容；第四章是本体视角同语义类动词搭配多维度研究，介绍了同语义类动词搭配的句法特征考察、语义考察、语用考察以及同语义类动词搭配中句法语义语用的互动；第五章是同语义类动词搭配习得研究，对中介语和本族语同语义类动词搭配的使用情况进行对比，归纳二语者习得汉语同语义类动词搭配的偏误类型并分析其成因；第六章是面向二语教学的汉语搭配词典研究，介绍了现有汉语搭配词典调查研究、外国学生汉语搭配词典需求调查、汉语学习型搭配词典编纂的基本原则、学习型同语义类动词搭配词典样例分析等内容。书中建立了同语义类动词搭配知识的体系模型；依托中介语语料库考察外国学生习得汉语同语义类动词的情况，进而将两库所得结果进行比较；运用语言习得理论讨论外国学生习得汉语同语义类动词的发展过程以及发生偏误的类型和原因；探讨同语义类动词搭配词典的编纂和研究问题。

28.《国际汉语教育》

主编：赵杨

出版社：外语教学与研究出版社

出版时间：2017 年 9 月

内容摘要：该书是一本介绍国内外汉语教学信息、宣传中国汉语推广政策的辑刊。其宗旨在于使国内对外汉语教学界真实、全面地了解国外汉语教学的历史和现状，使国内研究者及时把握国外汉语教学界的新情况、新成就、新问题，促进全球汉语作为第二语言教学同行间的合作与交流，并适时地为教育部、国家汉办制定相关政策提供可参考的第一手资料。该辑为 2017 年第 3 期，由主编寄语、专家主题论坛、教师培养与发展、教材问题研究、学术前沿与动态、教学研究与分析、新媒体技术与汉语教学七个部分组成，共收录 12 篇论文。其中专家主题论坛围绕中国大学与孔子学院建设收录了《论中国大学对孔子学院发展的支撑能力建设》《新常态：孔子学院的完善与创新》《中外大学合作建设孔子学院的利益分析》等 5 篇文章；教师培养与发展部分收录了《汉语教师培养之我见》；教材问题研究部分收录了《基于主题的汉语教材分期研究》和《教师为评价者的国际汉语教材评价标准实证研究》2 篇文章；

学术前沿与动态收录了《汉语作为第二语言习得中的界面》；教学研究与分析收录了《面向二语教学的构式研究——以"V 着也是 V 着"为例》和《意大利汉语学习者"会"与"能"偏误分析及教学策略》2 篇文章；新媒体技术与汉语教学收录了《基于微信平台的汉语课下练习设计探究》。

29.《汉语进修教育研究》（第一辑）

主编：王瑞烽、邢红兵

出版社：中国书籍出版社

出版时间：2017 年 9 月

内容摘要：该论文集的内容涵盖范围广，来自教学实践，又以解决教学的实际问题为目标，具有较强的应用性和实践性。该论文集分为语言本体研究、语言和文化教学研究、语言习得与测试研究、语言习得与测试研究、文学研究五个部分，共收录 18 篇论文。其中语言本体研究收录《普通话影响下的张家口市方言入声音变》《从生成词库论看汉语的"动　名"型复合名词》《以"子"为词缀的异形词整理研究》《"A＋X"型二字汉语词汇的结构、语义与翻译》《基于事件语义学的现代汉语"叫"字句语法化分析》《北京话语气副词"敢情"的话语考察》等 8 篇文章；语言与文化教学研究收录了《商务汉语信函写作的语体产出研究》《成功的中文沉浸课堂的模式、运作及推广》《基于正字法与学习者认知视角的对外汉字教学》《中华文化教学的新实践》等 5 篇文章；语言习得与测试研究收录了《中高级韩国学习者口语产出中动宾搭配的自然度考察》《语言能力测验构想效度研究的困境》等 3 篇文章；文学研究收录了《论冰心"爱的哲学"的文化心理建构》和《长安何如日远》2 篇文章。

30.《日本汉语教学历史研究》

作者：刘海燕

出版社：中国传媒大学出版社

出版时间：2017 年 9 月

内容摘要：该书介绍了 19 世纪"转型期"的日本汉语教学情况，这一时期的日本汉语教学既体现了汉语的特征（原型化），又是切合日本国情、语情、民情的"靠前化"教学。就前者说，其教材教法遵循的是字－词－句的教学模式；就后者说，汉字在日本已经经过"训读"之路进入日语，不只是表达汉语的文字了，由于使用汉字，日本的书面语和口头语的距离也像汉语那样不断地扩大。该书共六章，第一章是日本汉语教学历史研究背景，介绍了现阶段日本汉语教学的困顿与教学研究中存在的不足，以及世界汉语教学历史研究的兴起等内容。第二章阐述了日本汉语教学历史分期，包括以往的分期论述、西方外语教学分期的佐证和确立日本汉语教学历史分期的主要因素三个部分。第三章是日本汉语教学历史的古典期，介绍了唐代以前的汉语教学、遣唐使的汉语学习特点、古典时期奠定汉字对日语的影响。第四章是日本汉语教学历史的转型期，介绍了从接受汉语到改制汉语、江户时代唐通事的汉语教学、西方语言学和语言教学思想的影响等内容。第五章是侵华战争时期，介绍了汉语教学的"巅峰状态"、关于实用主义的讨论两部分内容。第六章是日本汉语教学历史思考，包括正面阐释汉字的价值、汉语教学原型化理念有待深入研究和贯彻、原型化与同别化的对接、借现代教育技术深化汉语研究和汉语教学研究四部分内容。

31.《蒙古和独联体等国家汉语教学研究》

作者：钱道静

出版社：中国社会科学出版社

出版时间：2017年9月

内容摘要：该书是"'一带一路'沿线国家汉语教学研究丛书"中的一本，主要调查研究了蒙古国、俄罗斯、白俄罗斯、乌克兰、哈萨克斯坦、塔吉克斯坦、吉尔吉斯斯坦、土库曼斯坦、乌兹别克斯坦、阿塞拜疆、格鲁吉亚、亚美尼亚、摩尔多瓦的汉语教学状况。每个国家的相关研究包括国家概况、汉语教学简史、汉语教学的环境和对象、汉语教材、师资和教学法等内容，重点介绍蒙古国和独联体国家现阶段中小学、高等院校、孔子学院（课堂）的汉语教学情况，分析取得的成绩和存在的问题，为下一阶段深入研究各个国家汉语师资培养、教材编写、教学策略与方法等问题奠定基础。该书共有十三章：第一章是蒙古国的汉语教学，第二章是俄罗斯的汉语教学，第三章是白俄罗斯的汉语教学，第四章是乌克兰的汉语教学，第五章是哈萨克斯坦的汉语教学，第六章是塔吉克斯坦的汉语教学，第七章是乌兹别克斯坦的汉语教学，第八章是土库曼斯坦的汉语教学，第九章是吉尔吉斯斯坦的汉语教学，第十章是格鲁尼亚的汉语教学，第十一章是摩尔多瓦的汉语教学，第十二章是阿塞拜疆的汉语教学，第十三章是亚美尼亚的汉语教学。

32.《南亚和东南亚国家汉语教学研究》

作者：刘振平

出版社：中国社会科学出版社

出版时间：2017年9月

内容摘要：该书是"'一带一路'沿线国家汉语教学研究丛书"中的一本，主要调查研究了南亚和东南亚各国的汉语教学状况，每个国家的相关研究包括"国家概况""汉语教学简史""汉语教学的环境和对象""汉语教材和师资"等内容,重点介绍了南亚和东南亚各国现阶段中小学、高等院校、孔子学院(课堂)的汉语教学情况,分析了当前南亚和东南亚各国汉语教学取得的成绩和存在问题,为下一阶段深入研究各个国家汉语师资培养、材编写和教学策略与方法等问题奠定基础。该书分为南亚和东南亚两个部分,共十八章。前七章介绍了南亚各国汉语教学的情况,第八章到第十八章则介绍了东南亚各国的汉语教学情况。第一章是巴基斯坦的汉语教学,第二章是孟加拉国的汉语教学,第三章是斯里兰卡的汉语教学,第四章是阿富汗的汉语教学,第五章是印度的汉语教学,第六章是马尔代夫的汉语教学,第七章是尼泊尔的汉语教学,第八章是新加坡的汉语教学,第九章是东帝汶的汉语教学,第十章是缅甸的汉语教学,第十一章是泰国的汉语教学,第十二章是越南的汉语教学,第十三章是文莱的汉语教学,第十四章是老挝的汉语教学,第十五章是马来西亚的汉语教学,第十六章是印度尼西亚的汉语教学,第十七章是菲律宾的汉语教学,第十八章是柬埔寨的汉语教学。

33.《埃及和西亚国家汉语教学研究》

作者:栗君华

出版社:中国社会科学出版社

出版时间:2017年9月

内容摘要:该书是"'一带一路'沿线国家汉语教学研究丛书"中的一本,主要调查研究了"一带一路"沿线国家中位于北非的埃及和西亚各国的汉语教学情况,每个国家具体研究包括"国家概况""汉语教学简史""汉语教学的环境和对象""汉语教材、师资和教学法"等内容。该书重点介绍了埃及和西亚各国现阶段中小学、高等院校孔子学院(课堂)的汉语教学情况,分析了各国在汉语教学上取得的成绩和存在问题。该书共九章,第一章是埃及的汉语教学,第二章是阿联酋的汉语教学,第三章是巴林的汉语教学,第四章是黎巴嫩的汉语教学,第五章是土耳其的汉语教学,第六章是伊朗的汉语教学,第七章是以色列的汉语教学,第八章是约旦的汉语教学,第九章是阿曼、巴勒斯坦、卡塔尔、沙特阿拉伯等国的汉语教学。

34.《中东欧十六国汉语教学研究》

作者:牛利

出版社:中国社会科学出版社

出版时间:2017年9月

内容摘要:该书是"'一带一路'沿线国家汉语教学研究丛书"的一本,主要从各国的"国家概况""汉语教学简史""汉语教学的环境和对象""汉语教学师资、教材和教学法"等方面阐述了"一带一路"沿线中东欧国家的汉语教学现状，并分析了所取得的成绩和存在的问题。该书共有十六章，第一章是匈牙利的汉语教学，第二章是罗马尼亚的汉语教学，第三章是捷克的汉语教学，第四章是斯洛伐克的汉语教学，第五章是保加利亚的汉语教学，第六章是波兰的汉语教学，第七章是拉脱维亚的汉语教学，第八章是立陶宛的汉语教学，第九章是斯洛文尼亚的汉语教学，第十章是爱沙尼亚的汉语教学，第十一章是克罗地亚的汉语教学，第十二章是阿尔巴尼亚的汉语教学，第十三章是塞尔维亚的汉语教学，第十四章是马其顿的汉语教学，第十五章是波黑的汉语教学，第十六章是黑山的汉语教学。

35.《对外汉语词汇教学系统性与有效性研究》

作者：陆庆和、林齐倩、陶家骏

出版社：北京大学出版社

出版时间：2017年9月

内容摘要：该书通过对第二语言学习者中介语语料偏误的统计与分析，发现中介语偏误的成因、特点与规律，并进一步发掘与汉语词汇系统性有关的现象，进而从系统性的角度，对汉语词汇教学进行全面研究，提出一系列汉语词汇教学策略。该书绪论部分介绍了研究缘起与研究目的，回顾了相关前人研究，介绍了研究理论、研究方法、研究思路与框架等内容。除绪论以外，该书共十一个章节，第一章是结合构式的动词分类教学，第二章是使役动词的系统教学，第三章是心理动词的系统教学，第四章是助动词的系统教学，第五章是名词和形容词的系统教学，第六章是副词与介词的系统教学，第七章是助词与连词的系统教学，第八章到第十一章是词汇教学有效性的相关研究。

36.《轻松教中文：美国汉语教学实用指导手册》

作者：任国平

出版社：外语教学与研究出版社

出版时间：2017年10月

内容摘要：该书介绍了美国的课堂管理事项、以学生为中心的课堂教学方法，以及作者的教学实践经验。作者认为，通过阅读该书并将书中介绍的游戏和活动运用到实际教学中，教师能够使自己的汉语教学更加符合美国以学生为中心的教学理念，使学生在轻松愉快的课堂氛围中爱上汉语学习。该书分六个部分，共二十七章；第一部分为课堂管理、课程教案和文化教学篇，由课堂管理、教学设计、单元教案和文化教学四章组成；第二部分为美国外语教学理论篇，由美国外语教学的5C标准、项目教学法、区别教法和主动学习以及全身反应法组成；第三部分为汉字、词汇、句法和成语教学篇，由汉字的起源教学设计、汉语词法给力教学、汉语句法给力教学和汉语成语教学四章组成；第四部分为课堂游戏篇，由汉语宾果游戏、汉语纵横字谜、汉语找词游戏和词语搭配游戏、汉字几何游戏、记忆游戏和猜谜语游戏组成。第五部分为课堂教学活动篇，由看图画画儿讲故事、Jeopardy 汉语智力问答游戏、歌曲演唱、短剧表演四章组成；第六部分为数字化教学设计及软件应用篇，主要内容包括汉语词库和单词认写练习表、电子识字卡、汉语学习常用软件及网站和数字化虚拟课堂及新的教学模式。

37.《全球视野下的商务汉语教学与研究》

主编：关道雄、刘美如

出版社：北京大学出版社

出版时间：2017 年 10 月

内容摘要：该书从四个方面对商务汉语教学和教材的相关问题进行了详尽的探讨，包括商务汉语教学研究的现状与发展、商务汉语教材研究、商务汉语教学理念与实践、商务汉语语法词汇研究。该书有相当一部分内容来源于 2014 年 11 月举办的国际商务汉语教学、商务教材研发暨商务跨文化交际研讨会的报告与论文。

38.《对分课堂之对外汉语》

作者：张长君

出版社：科学出版社

出版时间：2017 年 10 月

内容摘要：该书根据对外汉语相关课程的特点和要求，分析了当前对外汉语课堂教学中存在的问题及其教学改革方向。作者通过案例呈现、对分操作和效果分享等形式对对外汉语不同课程的课堂教学提供了对分运用的指导，并对传统的教学方法进行反思，为对外汉语教学探寻新的教学方法。该书共十九章，第一章是语音教学，第二章是词汇教学，第三章是语法与句型教学，第四章是汉字教学，第五章涉及综合课的相关内容，第六章涉及少儿对外汉语教学，第七章涉及听力教学的相关内容，第八章涉及口语教学的相关内容，第九章涉及阅读教学的相关内容，第十章涉及写作教学的相关内容，第十一章涉及翻译教学的相关内容，第十二章介绍了中国概况课的相关案例，第十三章介绍了中国文化与中华才艺课的相关案例，第十四章介绍了中文影视欣赏课的相关案例，第十五章介绍了听歌学汉语的相关案例，第十六章介绍了商务汉语的相关案例，第十七章介绍了比赛辅导课的相关案例，第十八章介绍了复习课的相关案例，第十九章是对外汉语教育在对分课堂理念下的反思。

39.《华文教育技术与实践》

作者：熊玉珍

出版社：暨南大学出版社

出版时间：2017 年 11 月

内容摘要：该书通过展示丰富的案例、实验指导、实验素材和微视频等资源，系统详尽地讲解了高效获取网上华文教学资源的方法、数字化华文语言要素素材（汉字笔顺动画、图像化汉字、图解词义、语法教学和课文教学的可视化等）等内容。同时也讲解了如何进行华文教学课件的设计和制作，数字化课堂华文教学的组织原则、流程等内容。该书共六个部分，第一部分是华文教育技术概述，第二部分是网上华文教学资源的应用，第三部分是数字化华文教学素材的设计与制作，第四部分是华文课件的设计与制作，第五部分是华文教育技术在课堂教学中的应用，第六部分是云端环境下华文教育技术的应用。

40.《影响来华留学生汉语学习的学习者内部因素实证研究》（英文版）

作者：刘凤阁

出版社：浙江大学出版社

出版时间：2017 年 11 月

内容摘要：该书通过问卷、访谈等研究工具，以来华留学生为研究对象，对影响其汉语学习的内部因素进行了实证研究。研究的内部因素主要包括学习动机、学习焦虑感、学习策略及其相关关系。研究结果对针对来华留学生的汉语教学具有较大的价值。该书共五个章节：第一章是前言，介绍了研究背景、研究意义、研究目标与结构大纲；第二章是文献综述，从语言学习动机、语言学习焦虑、语言学习的自我调节、语言学习的自我效能四个方面对前人研究进行回顾；第三章是调查方法，分为研究目的、研究问题、动机结构问卷的制定、二语学习内在动机系统问卷的制定、语言学习焦虑问卷的制定、自我调节问卷的制定、语言学习自我效能问卷的发展、被试、数据收紧、总结十个部分。第四章是结果与讨论，包括在华学习汉语留学生的内部结构，在华学习汉语留学生的二语学习动机系统，学习焦虑、自我调节、自我效能和动机强度之间的关联，学习焦虑、自我调节、自我效能对动机强度的贡献，在华学习汉语留学生的学习焦虑，自我调节和自我效能对动机强度贡献的群体比较，教育学意义等内容。第五章是结论。

41.《对外汉语课堂学生自主话语及师生互动研究》

作者：王丹

出版社：四川大学出版社

出版时间：2017 年 11 月

内容摘要：该书采用社会文化理论框架，运用会话分析的方法就对外汉语课堂的学生自主话语及相应的师生互动进行微观动态研究，主要内容有对外汉语课堂师生互动中学生自主话语的特点和类别，教师对学生自主话语的回应方式以及对会话序列的影响，由学生自主话语引发的师生互动形式，学生自主话语与第二语言习得的关系。从会话组织、序列结构的角度提出"学生自主话语"的概念，为教学中"以学生为中心"的教学理念提出新的诠释。该书除绪论以外，共有七个章节，第一章是文献综述；第二章介绍了研究方法；第三章是学生自主话语研究，介绍了由教师引发的学生自主话语和由学生引发的学生自主话语；第四章是教师对学生自主话语的回应研究，介绍了封闭性回应和开放性回应；第五章是与学生自主话语相关的师生互动模式分析，介绍了有关词汇讲授的会话序列分段考察的相关内容；第六章是学生自主话语与第二语言习得，介绍了"习得"与"学习"，"转换""参与"与"习得"，自主话语、语言输出与习得的相关内容；第七章是研究结论。

42.《汉语教学名家文选·周小兵卷》

作者：周小兵

出版社：北京语言大学出版社

出版时间：2017 年 11 月

内容摘要：该书基于汉语国际教育的发展需求，精选了作者有关汉语语法本体研究、汉语作为第二语言的习得研究、汉语作为第二语言的教学研究和汉语作为第二语言的教材研究四个方面的重要论文共 48 篇。其中，汉语语法本体研究选取了《浅谈"除"字句》《谈汉语时间词》《频度副词的划类与使用规则》等 19 篇论文，汉语作为第二语言的习得研究选取了《学习难度的测定和考察》《非母语者汉语语法偏误研究程序》《汉语语法点学习发展难度》等 11 篇论文，汉语作为第二语言的教学研究收录了《对外汉语教学中的速读训练》《汉语第二语言教学语法的特点》《对外汉语语法项目的选择与排序》等 9 篇论文，汉语作为第二语言的教材研究选取了《对外汉语学习词典的编写》《汉语教材本土化方式及分级研究》《区域教材的研究与开发》等 9 篇论文。所选论文的主要特点是：将多种理论模式与方法融入具体研究；在生态学视域下，结合语言对比与认知考察，从形式、语义、篇章、语用多角度研究汉语和二语学习；基于事实与数据，概括语言与二语教学的规则与规律；从教学资源到课堂互动协同，发掘与解释语法、教材、教学和习得各领域的规则和相互关系。

43.《汉语印尼语对比语法》

作者：胡明亮

出版社：暨南大学出版社

出版时间：2017 年 12 月

内容摘要：该书从语法形式、语义关系和语用功能三个方面对比汉语和印尼语的一些语法现象，以期为汉语和印尼语的学习者、教学者和研究者提供参考。对比的主要方面包括类型学对比、语义对语序的限制、定指性和话题结构、动词短语、介词短语、时体的表述、定语和状语等句子成分、倒装句、存现句、强调句、被动句、疑问句等句子类型，以及复句、衔接手段和语言教学等。该书共分为六个部分，第一部分是整体性对比，主要包括汉语与印尼语的类型学对比、语序和语义、话题结构；第二部分是由汉语和印尼语的动词短语、连动式以及时、体的表述三章组成；第三部分是由介词短语、汉语和印尼语的状语、定语等章节组成；第四部分是特殊句型，由汉语和印尼语的主谓倒装句、汉语和印尼语的强调句等五章组成；第五部分是由汉语和印尼语的一般问句、特指问句、选择问句三章组成；第六部分是语篇衔接和汉语教学，涉及汉语和印尼语的复句、语篇衔接、反身代词等内容。

44.《对外汉语教学发展史·上编》

作者：吕必松

出版社：北京语言大学出版社

出版时间：2017 年 12 月

内容摘要：该书全面、系统地介绍了中国对外汉语教学从新中国成立初期到 1990 年的发展概况，主要从对外汉语教学事业的发展、对外汉语教学法的发展和对外汉语教学学科理论的发展三个方面进行了扼要的论述。该书共三章，第一章介绍了对外汉语教学事业的发展，将其分为初创阶段、巩固和发展阶段、恢复阶段和蓬勃发展的阶段；初创阶段为 50 年代初到 60 年代初，巩固和发展阶段为 60 年代初期到 60 年代中期，恢复阶段为 70 年代初期到 70 年代后期，蓬勃发展的阶段为 70 年代末至今。第二章介绍了对外汉语教学法的发展，将其分为初创阶段、改进阶段、探索阶段和改革阶段；初创阶段为 50 年代初到 60 年代初，改进阶段为 60 年代初到 70 年代初，探索阶段为 70 年代初到 80 年代初，改革阶段为 80 年代初至今。第三章是对外汉语教学学科理论的发展。作者从教学理论研究和基础理论研究两个方面进行了论述，其中基础理论包括语言理论、语言学习理论和比较文化理论等。

第七部分

华教天地

一 华文教育基地

为了适应海外华文教育快速发展的形势，中国国务院侨务办公室自 2000 年开始陆续在国内遴选实力雄厚、独具特色的高校和部分中学作为"华文教育基地"，为海外华文学校编写教材、培训师资，并承接海外华裔青少年的"寻根之旅"冬夏令营等活动。有的基地还定期选派一些教师赴海外任教。这些活动的积极推广取得了良好效果，在一定程度上缓解了海外华文教育的教材与师资问题，推动了华文教育事业健康有序的发展。截至 2017 年 12 月，国务院侨务办公室华文教育基地已增至 49 个，为做好新时期海外华文教育工作发挥了重要作用。

（一）华文教育基地名录

表 7-1 华文教育基地一览

序号	所在省（自治区/直辖市）	基地院校名称	所在城市
1	广东省	暨南大学#	广州市
2		深圳耀华学校△	深圳市
3	福建省	华侨大学#	泉州市/厦门市
4		厦门大学#	厦门市
5	北京市	北京华文学院#	北京市
6		北京海淀进修实验学校☆	北京市
7	广西壮族自治区	广西华侨学校#	南宁市
8		广西师范大学○	桂林市
9	云南省	昆明华文学校#	昆明市
10	安徽省	安徽大学☆	合肥市
11		安徽师范大学△	芜湖市

续表

序号	所在省（自治区/直辖市）	基地院校名称	所在城市
12	吉林省	东北师范大学☆	长春市
13		延边大学△	延吉市
14	海南省	海南大学*	海口市
15		海南师范大学☆	海口市
16	河南省	河南大学☆	开封市
17		郑州大学△	郑州市
18		河南省实验中学△	郑州市
19	湖南省	湖南师范大学#	长沙市
20	上海市	华东师范大学#	上海市
21		上海师范大学*	上海市
22	湖北省	华中师范大学*	武汉市
23	江西省	九江学院☆	九江市
24	辽宁省	辽宁师范大学*	大连市
25	江苏省	南京师范大学☆	南京市
26		南京晓庄学院○	南京市
27		常州大学○	常州市
28	山东省	青岛大学*	青岛市
29		泰山学院△	泰安市
30		山东泰安艺术学校△	泰安市
31		中国孔子研究院○	曲阜市
32	山西省	山西大学☆	太原市
33	陕西省	陕西师范大学*	西安市
34	四川省	四川大学*	成都市
35		成都树德中学☆	成都市
36	天津市	天津大学*	天津市
37	浙江省	温州大学*	温州市
38		温州市少年艺术学校#	温州市
39		温州体育运动学校**	温州市
40		杭州学军中学△	杭州市
41		浙江大学*	杭州市
42	甘肃省	西北师范大学△	兰州市
43	重庆市	重庆师范大学△	重庆市
44		重庆市暨华中学#	重庆市
45	黑龙江省	哈尔滨外语学校☆	哈尔滨市

续表

序号	所在省（自治区/直辖市）	基地院校名称	所在城市
46	河北省	张家口市第六中学**	张家口市
47	河北省	河北大学○	保定市
48	贵州省	贵州师范学院**	贵阳市
49	青海省	青海民族大学○	西宁市

注：带○号者为《世界华文教育年鉴（2018）》重点介绍基地；
带**号者为《世界华文教育年鉴（2017）》重点介绍基地；
带△号者为《世界华文教育年鉴（2016）》重点介绍基地；
带☆号者为《世界华文教育年鉴（2015）》重点介绍基地；
带*号者为《世界华文教育年鉴（2014）》重点介绍基地；
带#号者为《世界华文教育年鉴（2013）》重点介绍基地。

（二）华文教育基地院校风采

1. 广西师范大学（广西桂林）

2011年7月，广西师范大学成为广西壮族自治区华文教育基地，基地院校风采收录在《世界华文教育年鉴（2017）》的省级华文教育基地中。2017年4月14日，广西师范大学升级为国务院侨务办公室华文教育基地。因此，《世界华文教育年鉴（2018）》中不再对该校风采进行介绍。

2. 南京晓庄学院（江苏南京）

南京晓庄学院为江苏省和南京市共建的全日制公办本科院校，办学历史可追溯至1927年3月伟大的教育家陶行知先生创办并任校长的晓庄试验乡村师范学校。2000年3月，经教育部批准，合并组建成为全日制公办本科院校。现为江苏省文明单位、江苏省文明学校和国家级语言文字规范化示范学校。建校90多年来，学校坚持"教学做合一"的办学理念，为社会培养输送了近10万名基础教育师资和各类专门人才，其间涌现出数百名中小学特级教师、教学名师和教学管理者，被誉为南京"中小学教师的摇篮"。教师教育是该校的特色。

学校现拥有方山、莫愁和晓庄3个校区，占地1500余亩。教职工近1200人，具有高级职称的教师300多人，其中正高职称近100名，享受国务院政府特殊津贴专家2名，教育部中小学心理健康教育专家指导委员会委员、教育部高等学校小学教师培养教学指导委员会委员各1名，江苏省突出贡献中青年专家1名，江苏省高校"教学名师"1名，江苏省"333工程"第三层次培养对象11名，江苏省高校"青蓝工程"培养对象16名，来自美、英、日、韩等国的外籍教师近20名。

学校十分重视对外交流与国际教育合作，坚持开放办学。2001年以来，先后为来自马来西亚、新加坡、美国、韩国、西班牙、菲律宾、老挝、缅甸等近10个国家的800余名海外华文教师和华裔青少年进行了长短期华文培训，得到了国务院侨务办公室、中国华文教育基金会、江苏省人民政府侨务办公室、南京市人民政府侨务办公室以及参训学员的高度认可和充分肯定。同时，先后外派多名教授赴马来西亚、印度尼西亚、菲律宾、老挝从事长短期的华文教育工作。2011年被江苏省人民政府侨务办公室授予"江苏省华文教育基地"。2016年，南京晓庄学院被选为"国务院侨务办公室华文教育基地"。

3. 常州大学（江苏常州）

常州大学是江苏省人民政府与中国石油天然气集团公司、中国石油化工集团公司及中国海洋石油总公司共建的省属全日制本科院校。学校始建于1978年，前身为南京化工学院无锡分院、常州分院。2010年更名为常州大学。学校历经39年的建设发展，现已成为一所以工学、理学、管理学为主，多学科协调发展，"产学研"紧密结合的高等院校。

常州大学现有武进、白云、西太湖3个校区，占地2498亩，教学科研仪器设备总值约4.2亿元，纸质图书160余万册。学校设有16个学院，全日制在校生18000余人。现有1个一级学科博士学位授权点、11个一级学科硕士学位授权点、7个工程领域和1个艺术领域硕士专业学位授权点。化学、材料科学2个学科进入全球ESI学科排名前1%。现有3个国家级特色专业、2个国家级综合改革试点专业、9个省级品牌（特色）专业、5个省级品牌专业建设工程一期项目。

学校坚持开放办学，不断推进国际化教育交流与合作进程，以校际合作、学术交流、科研合作为重点，积极推进国际化人才培养战略。学校现与20多个国家及地区的50余所大学建立了紧密合作关系；与加拿大圣西维尔大学、爱尔兰梅努斯大学、美国新泽西城市大学开展6个中外合作办学项目；2013年，学校与泰国驻上海总领事馆联合成立了华东地区首个"泰国研究中心"；2016年，与玻利瓦尔大学共建了中国在委内瑞拉的首家孔子学院，并承办西班牙安达卢西亚自治区8所孔子课堂。2017年，经国务院侨务办公室批准，学校成为"国务院侨务办公室华文教育基地"，随即于2017年5月8日至12日承办国务院侨务办公室外派教师苏浙皖行前培训班，共有来自江苏、浙江、安徽的近70位即将外派到海外任教的老师接受岗前培训。

4. 中国孔子研究院（山东曲阜）

1996 年，国务院批准在孔子故里——山东省曲阜市建立孔子研究院。它集学术研究、文化交流传播、文献收藏、人才培养、博物展览五大功能于一体，以建设世界儒学研究交流中心为发展目标，是唯一经国务院批准设立的儒学研究机构。

建院 20 多年来，中国孔子研究院先后承担"中国曲阜儒家石刻文献集成""世界孔子庙研究"等国家社会科学基金项目和数十项省部级重点课题；编纂出版《孔子家语通解》《论语诠解》《世界孔子庙研究》《20 世纪儒学研究大系》等 40 余部丛书和专著。自 2007 年开始，连续承办了七届世界儒学大会和六届"孔子文化奖"评选活动。创办了《孔子学刊》《孔子文化季刊》等学术刊物和公益性文化交流平台"春秋讲坛"，组建了"中国孔子研究院网"门户网站。与中国孔子基金会、中国台湾中华大成至圣先师孔子协会、韩国安东大学孔子学院等 20 多个境内外文化机构、高校建立了长期友好合作关系，共同推动儒学研究、中华文化传播以及海外孔子学院教育等事业的发展。

2014 年，中国孔子研究院成立了"孔子学院总部体验基地"，并积极拓展与海外孔子学院的交流合作。2016 年，先后接待"汉语桥"大学生比赛观摩营、"新汉学"博士团、西班牙巴塞罗那大孔子学院代表团等 110 多个国家的孔子学院院长、师生到基地体验儒家文化，开展文明对话交流。此外，中国孔子研究院还接待韩国成均馆翰林院、韩国忠清南道历史文化研究院、"2016 文化中国——海外华文媒体山东行"代表团等 30 多个文化参访团到院考察交流。2017 年 8 月 25 日，"国务院侨务办公室华文教育基地"在中国孔子研究院揭牌。

5. 河北大学（河北保定）

河北大学位于国家历史文化名城保定市，由河北省人民政府和中国教育部、国家国防科技工业局共建，是"一省一校"国家重点建设大学，河北省重点支持的一流大学建设一层次高校。

截至 2017 年 12 月，学校占地 2430 亩，有本部、新校区和医学部等校区，建筑面积为 129 万平方米，固定资产总值为 29 亿元。共设有二级学院 27 个；拥有一级学科博士学位授权点 8 个、二级学科博士学位授权点 3 个；一级学科硕士学位授权点 41 个、二级学科硕士学位授权点 5 个，硕士专业学位授权点 23 个（其中，工程硕士专业学位涵盖 11 个领域）；94 个本科专业。学科专业分布在哲学、经济学、法学、教育学、文学、历史学、理学、工学、农学、医学、管理学、艺术学 12 大门类，是全国学科门类设置较齐全的高校之一。另设独立学院 1 所，即河北大学工商学院，有本科专业 56 个。

学校先后与世界上 100 多所高校建立了合作交流关系，设有教育部批准的河北省第一个中外合作办学机构——河北大学－中央兰开夏传媒与创意学院，在俄罗斯、马来西亚等国家设有汉语教学中心，在巴西里约热内卢天主教大学、美国路易斯安那泽维尔大学设立孔子学院 2 所，为 50 多个国家和地区培养博士、硕士、学士及短期留学生 3000 余名，是"教育部留学出国人员培训与研究中心"试点高校、河北省首家具有接收中国政府奖学金生资格的高校。

2017 年 6 月 18 日，河北大学被正式增补为"国务院侨务办公室华文教育基地"，是河北省唯一获批基地。目前，河北大学已在印度尼西亚、马来西亚建立了多个汉语教育中心，并承办了 2017 年海外华裔青少年"中国寻根之旅"夏令营（河北营），得到学员们的一致好评。

6. 青海民族大学（青海西宁）

青海民族大学创建于 1949 年 12 月，是青藏高原建立最早的高校，是新中国建校最早的民族院校之一，是全国首批获得硕士学位授予权的单位之一，是青海省人民政府与国家民族事务委员会共建高校，入选国家"中西部高校基础能力建设工程"。

学校现有 23 个学院、3 个直属教学系部，学科专业设置涵盖文学、理学、法学、经济学、管理学、教育学、历史学、医学、工学 9 大门类；有 58 个本科专业、37 个专科专业、10 个硕士学位授权一级学科、78 个二级硕士学位授权点、5 个专业硕士学位点。学校有 1 个国家级实验教学示范中心、1 名国家级教学名师、1 个国家级教学团队、3 门国家级精品课程、4 个国家级特色专业、3 个国家级科研机构；13 个省部级重点学科、8 个省级重点实验室、6 个省级实验教学示范中心、43 门省级精品课程和重点课程、9 个省级科研机构和 18 个校级科研机构。

青海民族大学凭借自身地缘、历史优势、多元文化特色和已有对外语言文化教育成效，成为教育部批准的外国留学生定点教育单位。截至 2017 年 11 月 10 日，学校共有留学生 300 余人。学校与美国弗吉尼亚大学、德国德累斯顿工业大学、日本南山大学、马来西亚马来亚大学、蒙古国乌兰巴托大学、韩国韩南大学等 11 个国家和地区的 36 所院校建立了合作交流关系。

在青海省侨务办公室、青海省教育厅的支持和推荐下，青海民族大学于 2016 年向国务院侨务办公室申报并获批建设"华文教育基地"，成为全国 49 所基地院校之一。2017 年度，国务院侨务办公室委托该校组织开展中华语言文化非学历培训班、"中国寻根之旅"专题营和"华文教育·华文教师证书"培训项目等。

二　华文教育示范学校

建设海外华文教育示范学校是中国国务院侨务办公室为推动新时期海外华文教育发展而采取的一项新举措，首批示范学校建设于 2008 年启动，并取得了一定成绩，积累了经验。在此基础上，本着"成熟一批，评选一批，建设一批，成功一批"的基本原则，中国国务院侨务办公室于 2011 年初再次启动第二批评选活动，在众多候选学校中确定了 15 个国家的 46 所作为第二批"华文教育示范学校（单位）"。"华文教育示范学校"的评选得到广大海外华校的热烈响应，2013 年有 27 个国家的 88 所海外华文学校入选第三批"华文教育示范学校（单位）"，2014 年有 7 个国家的 18 所华校入选第四批"华文教育示范学校（单位）"。2015 年有 19 个国家的 41 所华校入选第五批"华文教育示范学校（单位）"，2016 年有 11 个国家的 30 所华校入选第六批"华文教育示范学校（单位）"，2017 年有 25 个国家的 31 所华校入选第七批"华文教育示范学校（单位）"。目前，海外"华文教育示范学校"总数已增至 312 所，分布在亚洲、欧洲、南美洲、北美洲、大洋洲、非洲的 47 个国家。

《世界华文教育年鉴（2018）》继续选择 20 所"华文教育示范学校（单位）"进行介绍。挑选的学校名单主要依据两个原则：（1）首次出现的国家优先介绍；（2）继前五辑年鉴之后，继续介绍第二批至第七批的部分"华文教育示范学校（单位）"。

（一）国务院侨务办公室华文教育示范学校

表 7-2　2009 年首批"华文教育示范学校（单位）"入选名单（58 所）

国家	入选学校（单位）名称
菲律宾	1. 菲律宾中正学院*
	2. 菲律宾侨中学院#

续表

国家	入选学校（单位）名称
菲律宾	3. 宿务耶稣会圣心学校*
	4. 描戈律大同中学☆
老挝	5. 万象寮都公学#
	6. 沙湾拿吉崇德学校*
	7. 百细华侨公学*
蒙古国	8. 旅蒙华侨友谊学校#
日本	9. 横滨山手中华学校*
	10. 神户中华同文学校#
泰国	11. 北榄公立培华学校*
	12. 国光慈善中学*
	13. 育华学校*
	14. 智民学校#
缅甸	15. 东方语言与商业中心△
	16. 福星语言与电脑学苑#
	17. 福庆学校*
文莱	18. 文莱中华中学#
韩国	19. 汉城华侨小学#
	20. 韩国大邱华侨小学☆
奥地利	21. 维也纳中文学校#
	22. 维也纳中文教育中心*
丹麦	23. 丹麦华人总会中文学校#
	24. 美人鱼中华文化学校*
荷兰	25. 旅荷华侨总会乌特勒支中文学校#
	26. 安多芬中文学校*
西班牙	27. 马德里华侨华人中文学校#
英国	28. 伯明翰华联社中文学校*
	29. 伦敦普通话简体字学校#
	30. 华夏中文学校☆
意大利	31. 意大利普拉托华人华侨联谊会中文学校*
	32. 米兰华侨中文学校#
加拿大	33. 蒙特利尔佳华学校#
	34. 亚省中文学校☆
	35. 侨文中文学校*
	36. 湾景周六中文学校△
	37. 温哥华北京中文学校*

续表

国家	入选学校（单位）名称
美国	38. 希望中文学校#
	39. 南侨学校*
	40. 圣地亚哥华夏中文学校☆
	41. 尔湾中文学校☆
	42. 休斯敦华夏中文学校☆
	43. 亚特兰大现代中文学校*
	44. 华夏中文学校△
	45. 希林亚裔社区中心△
澳大利亚	46. 澳大利亚汉语国际推广中心#
	47. 南澳中华会中文学校☆
	48. 苗苗中文学校*
	49. 神州中文学校☆
新西兰	50. 基督城路易·艾黎中文学校#
	51. 奥克兰现代中文学校*
毛里求斯	52. 新华学校#
巴西	53. 圣保罗华侨天主堂中文学校*
	54. 袁爱平中巴文化中心☆
苏里南	55. 广义堂中文学校#
法国	56. 法国华侨华人会中文学校#
	57. 法国潮州会馆中文学校*
	58. 法国欧洲时报文化中心中文学校☆

注：带△号者为《世界华文教育年鉴（2016）》重点介绍学校；
带☆号者为《世界华文教育年鉴（2015）》重点介绍学校；
带*号者为《世界华文教育年鉴（2014）》重点介绍学校；
带#号者为《世界华文教育年鉴（2013）》重点介绍学校。

表7-3　第二批"华文教育示范学校（单位）"入选名单（46所）

国家	入选学校（单位）名称
菲律宾	1. 菲律宾中西学院☆
	2. 菲律宾华教中心△
	3. 怡朗新华学院**
	4. 三宝颜中华中学**
柬埔寨	5. 金边端华学校☆
	6. 崇正学校△
	7. 福建会馆民生中学**
缅甸	8. 缅甸东枝东华语言与电脑学校☆

续表

国家	入选学校（单位）名称
缅甸	9. 缅北腊戌果文中学△
泰国	10. 泰京培英学校☆
	11. 罗勇府公立光华学校△
	12. 龙仔厝府三才公学△
	13. 呵叻府磨艾县公立育侨学校**
	14. 帕府中兴学校**
	15. 泰南勿洞中华学校**
澳大利亚	16. 悉尼大同中文学校△
	17. 丰华中文学校**
	18. 悉尼中文学校**
	19. 中华会馆黎明中文学校■
阿根廷	20. 富兰克林中文学校☆
德国	21. 柏林华德中文学校☆
	22. 巴伐利亚中文中心学校△
	23. 不来梅华威中文学校**
	24. 汉堡汉华中文学校☆
	25. 斯图加特汉语学校**
荷兰	26. 丹华文化教育中心△
加拿大	27. 渥太华欣华中文学校■
	28. 大温哥华中华文化中心李树坤书院－中文学校**
	29. 卡尔加里育丰中文学校**
美国	30. 哈维中文学校△
	31. 美中实验学校**
	32. 剑桥中国文化中心**
	33. 瑞华中文学校**
葡萄牙	34. 里斯本中文学校△
瑞典	35. 瑞青中文学校△
	36. 瑞京中文学校**
比利时	37. 布鲁塞尔中文学校△
西班牙	38. 马德里爱华中文学校△
	39. ESERP孔子文化学校**
	40. 中国文化学校**
	41. 中加西友好学校■
意大利	42. 基督教罗马中文学校△
	43. 意大利佛洛伦萨中文学校△

续表

国家	入选学校（单位）名称
意大利	44. 米兰第一中文学校**
	45. 意大利金龙学校■
	46. 罗马中华语言学校**

注：带■号者为《世界华文教育年鉴（2018）》重点介绍学校；
带**号者为《世界华文教育年鉴（2017）》重点介绍学校；
带△号者为《世界华文教育年鉴（2016）》重点介绍学校；
带☆号者为《世界华文教育年鉴（2015）》重点介绍学校。

表7-4 第三批"华文教育示范学校（单位）"入选名单（88所）

国家	华文学校（单位）名称
菲律宾	1. 罗申那同和中学暨附小
	2. 红奚礼示立人中学
	3. 菲律宾怡省毓侨中学
	4. 怡朗华商中学
	5. 宿务中华中学
	6. 碧瑶爱国中学
	7. 仙朝峨中华中学
韩国	8. 光州全南中国侨民学院中国华侨学校■
柬埔寨	9. 公立广肇中学
	10. 暹粒中山中学
	11. 西哈努克省公立港华学校
	12. 立群学校
老挝	13. 老挝琅勃拉邦新华学校
缅甸	14. 缅甸仰光九龙堂天后华文补校
	15. 八莫佛经学校
	16. 曼沽勐稳学校
	17. 抹谷千佛寺学校
	18. 景栋中文培训中心
日本	19. 同源中国语学校
	20. 九州中国人学者技术人员联谊会附设习悦中文学校
泰国	21. 曼谷培知公学
	22. 芭提雅明满学校
	23. 大城强华学校
	24. 网銮公立建华学校
	25. 清迈崇华新生华立学校
	26. 彭世洛醒民学校

续表

国家	华文学校（单位）名称
泰国	27. 清莱网攀公立中华学校
	28. 泰国坤敬公立华侨学校
	29. 乌汶华侨学校二
	30. 德教树强学校
	31. 泰国合艾陶华教育慈善中学
	32. 东盟普及泰华学校
爱尔兰	33. 爱尔兰华协会中文学校
波兰	34. 华沙汉语中心
	35. 华沙中文学校
比利时	36. 安特卫普中文学校
德国	37. 德国柏林益智中华文化学校
	38. 德国华达中文学校
	39. 汉园杜塞尔多夫中文学校
	40. 纽伦堡中文学校
法国	41. 法国语言文化国际交流协会附属精英中文学校
	42. 法国中华学校
捷克	43. 布拉格中华国际学校■
挪威	44. 挪威中文学校■
葡萄牙	45. 维拉贡德中文学校
瑞典	46. 斯德哥尔摩新星中文学校
	47. 哥德堡第一中文学校
瑞士	48. 日内瓦中文学校
西班牙	49. 塞维亚中文学校
	50. 巴萨罗那中国学校
英国	51. 英国共和协会中文学校
	52. 英国依岭中文学校
	53. 英国格林威治中文学校
	54. 苏格兰华夏中文学校
	55. 曼城侨联社华人子弟学校
意大利	56. 米兰龙甲中文学校
哥斯达黎加	57. 中哥文化教育中心■
加拿大	58. 蒙特利尔孔子学校
	59. 孟尝会中文学校
	60. 怀尔逊中文学校
	61. 侨道中文学校

续表

国家	华文学校（单位）名称
美国	62. 特拉华州春晖中文学校
	63. 美洲中华中学校
	64. 美国夏威夷明伦学校
	65. 德克萨斯达拉斯现代语文学校
	66. 底特律中文学校
	67. 西北中文学校
	68. 克利夫兰当代中文学校
	69. 亚省现代中文学校
	70. 圣路易现代中文学校
	71. 长城中文学校
	72. 密歇根州新世纪中文学校
	73. 俄亥俄州现代中文学校
	74. 亚省希望中文学校
	75. 安华中文学校
	76. 大辛辛那提中文学校
牙买加	77. 牙买加中华会馆中文班■
阿根廷	78. 阿根廷侨联中文学校
澳大利亚	79. 悉尼实验中文学校（原大同中文学校）
	80. 樱桃小溪华人协会中文学校
	81. 布里斯班中文学校
	82. 同心中文学校
	83. 亚洲语文学校
	84. 新金山中文学校
	85. 新金山文化学校
新西兰	86. 惠灵顿中文学校
	87. 新西兰华人社区服务中心文化学院
	88. 奥克兰华新中文学校

注：带■号者为《世界华文教育年鉴（2018）》重点介绍学校。

表7-5 第四批"华文教育示范学校（单位）"入选名单（18所）

国家	华文学校（单位）名称
柬埔寨	1. 贡布省禄山市公立华侨学校
	2. 逢咋叻县觉群学校
缅甸	3. 曼德勒云华师范学院
	4. 大其力大华佛经学校

续表

国家	华文学校（单位）名称
泰国	5. 泰国春府大众学校
	6. 光明华侨公立学校
	7. 横色令县公立敬德学校
	8. 武哩喃公立华侨学校
	9. 陶公复兴学校
英国	10. 伦敦哈劳中文学校
	11. 曼彻斯特中国教育文化社区协助中心中文学校
加拿大	12. 萨城中文学校
	13. 环球中文学校
澳大利亚	14. 澳华公会中文学校
美国	15. 光华中文学校
	16. 明尼苏达明华中文学校
	17. 凯瑞中文学校
	18. 匹兹堡中文学校

表7-6 第五批"华文教育示范学校（单位）"入选名单（41所）

国家	入选学校（单位）名称
菲律宾	1. 菲律宾巴西市中华书院
	2. 丹辘新民中学
	3. 百阁公民学校
	4. 菲律宾鄢市恩惠学校
韩国	5. 汉城华侨中学
柬埔寨	6. 柬埔寨洪森兴中公校
	7. 乌廊市公立启华学校
缅甸	8. 缅北腊戍黑猛龙中学
	9. 东枝果文中学
	10. 丙弄勐稳佛经学校
	11. 南帕戞龙兴中小学校
	12. 缅北华文佛学中学
文莱	13. 文莱马来奕中华中学
泰国	14. 泰国北碧府呈万育侨学校
	15. 泰国尖竹汶府公立东英学校
	16. 泰国泰京普智学校
	17. 泰国素可泰府公立光中学校
	18. 泰国难府新中学校

续表

国家	入选学校（单位）名称
泰国	19. 泰国清迈大谷地教联高级中学
爱尔兰	20. 爱尔兰卢肯中文学校
比利时	21. 比利时浙江工商会列日中文学校
丹麦	22. 丹麦快乐美人鱼中华文化学校
	23. 丹麦哥本哈根美人鱼中华文化学校
德国	24. 法兰克福华茵中文学校
西班牙	25. 西班牙华裔中文学校
英国	26. 雷汀中文学校
	27. 华声社中文学校
意大利	28. 意大利中意学校
加拿大	29. 加拿大中国学院
	30. 加拿大温伯尼中文学校
美国	31. 美国黄河长江中文学校
	32. 波士顿纽伦堡中华侨立中文学校
	33. 美国周洁晓慧舞蹈学校
	34. 奥斯汀长城中文学校
	35. 坦帕湾中文学校
巴西	36. 巴西德馨双语学校
赞比亚	37. 赞比亚中文国际学校■
澳大利亚	38. 澳大利亚新世纪中文学校
	39. 澳洲华人服务社－启思中文学校
	40. 澳洲华裔相济会中文学校
新西兰	41. 新中国文化教育中心

注：带■号者为《世界华文教育年鉴（2018）》重点介绍学校。

表7-7　第六批"华文教育示范学校（单位）"入选名单（30所）

国家	入选学校（单位）名称
菲律宾	1. 计顺市菲华中学
柬埔寨	2. 树英学校
	3. 公立华明学校
缅甸	4. 缪勒亚佛经学校
	5. 大勐宜勐稳语文学校
	6. 缅甸掸北腊成果民学校
	7. 当阳孔圣佛经学校
	8. 缅甸掸邦腊成双龙学校

续表

国家	入选学校（单位）名称
泰国	9. 春武里府公立文益学校
	10. 曼谷时代中学
	11. 景乃昌良村育英中学
	12. 披集府竹板杏华侨学校
	13. 乌隆华侨公学
	14. 宋卡华侨公学
西班牙	15. 杜甫中华文化学校
英国	16. 英华中文学校
	17. 米顿坚斯中文学校及社区中心
	18. 北爱尔兰中文学校
美国	19. 北卡罗来纳州洛丽汉语学校
	20. 启明中文学校
	21. 长城中文学校
	22. 丹城中文学校
	23. 华盛中文学校
	24. 万驰中文学校
	25. 北京中文学校
秘鲁	26. 若望二十三世秘中学校
澳大利亚	27. 华夏文化学校
	28. 北大中文学校
新西兰	29. 暨南大学新西兰实验学校
阿联酋	30. 你好语言学校■

注：带■号者为《世界华文教育年鉴（2018）》重点介绍学校。

表7-8 第七批"华文教育示范学校（单位）"入选名单（31所）

国家	学校
菲律宾	1. 拉允隆文化书院
	2. 蜂省大同中学
缅甸	3. 仰光卓越语言教育中心
泰国	4. 佛丕府光中公学
	5. 董里符中华学校
	6. 洛坤府曾里华侨公立振华学校
南非	7. 中国文化和国际教育交流中心学校■
智利	8. 智京中华会馆中文学校■
奥地利	9. 奥华中文学校

续表

国家	学校
德国	10. 易北中文学校
	11. 汉堡中文学校
	12. 波恩华侨中文学校
俄罗斯	13. "孔子"东方语言文化学院■
荷兰	14. 旅荷华人联谊会中文学校
瑞典	15. 隆德中文学校
瑞士	16. 日内瓦华文教育基金会
西班牙	17. 马塔罗华人纺织子弟小学
英国	18. 格拉斯哥华文学校
巴西	19. 幼华学园
厄瓜多尔	20. 思源中国语学校■
马达加斯加	21. 马达加斯加孔子小学■
埃及	22. 德仁中文学校■
希腊	23. 希腊雅典中文学校■
法国	24. 法国南方华人总商会中文学校
	25. 小熊猫学校
葡萄牙	26. 葡萄牙淑敏语言文化中心
加拿大	27. 域多利华侨公立学校
美国	28. 明尼苏州育才中文学校
斐济	29. 斐济逸仙学校■
匈牙利	30. 中匈双语学校■
秘鲁	31. 中华三民联校

注：带■号者为《世界华文教育年鉴（2018）》重点介绍学校。

（二）海外华文教育示范学校风采

1. 中华会馆黎明中文学校（澳大利亚）

中华会馆黎明中文学校于 1991 年由中华会馆在黎明高中的校区建立，是一所非营利、以老师和志愿者为主要力量的社区华文学校。建校初期，全校有 5 个班级、约 100 名学生、4 位老师和 1 位校长。2002 年，学校面向成人开设中文课程；2005 年，开设了学前班；2007 年，为所有高中班级学生开设中文打字课程；2009 年，开设了幼儿园班；2010 年，开设了文化学习班和卡拉 OK 课程；2011 年，开设 HSK 辅导班和学前托儿班；2015 年，开设口语交流课程。至 2013 年，中华黎明中文学校登记学生数已经增至 450 余名，31 个班级，以及 45 名老师和教职员工。目前，学校按照学生的年龄和中文程度提供不同的学习机会，包括：学前托儿班（1~3 岁的孩子）、幼儿园班（4 岁左右的孩子）、学前班（5 岁左右的孩子）、一年级至十二年级班。

中华黎明中文学校的使命是"尽我们最好的所能为学校学生提供设备设施和各种机会，让他们学习中文的听、说、读和写；并且帮助学生增加对中国文化与传统的兴趣和欣赏"。

2. 渥太华欣华中文学校（加拿大）

渥太华欣华中文学校创办于 1996 年，由学校天主教理事会支持，是目前渥太华地区规模最大的中文学校。该校在渥太华东部、西部和南部共有 3 个校区。学校师资力量雄厚，任教老师全部来自中国大陆，受过高等教育，并且都有在学校工作的经验。大部分教师具备英语交流能力。

渥太华欣华中文学校自办学以来，本着教授中文、弘扬中华文化的宗旨，以儒家五常"仁、义、礼、智、信"为信念，来帮助学生们树立正确的价值观和人生观。

渥太华欣华中文学校的学习内容以中文课为主，辅以数学、绘画、民族舞蹈、围棋、民乐等兴趣课。

3. 中加西友好学校（西班牙）

西班牙巴塞罗那中加西友好学校是一所坐落在西班牙加泰地区的周末制中文学校，成立于 2008 年 7 月，隶属中国民族文化协会。现有总校 FONDO 校区、PLAZA ESPAÑA 中加华星学院校区、BADALONA 中加翰林学院校区、SANT BOI 中加明德学院校区、SANT ANTONI 中加老子学院校区、OLOT 校区共 6 个校区，遍布巴塞罗那各个华人聚居区。

学校不仅为西班牙各个地区华人子弟提供中文教学，而且根据不同需求，在各校区开展特色教学：FONDO 总校区、PLAZA ESPAÑA 中加华星学院校区、SANT BOI 中加明德学院校区都开设了课外特长班，除英语、数学的课外辅导外还提供民族舞、腰鼓、中国武术、书法、国画、民族乐器等特长培训，以培养孩子的文化情操，让孩子在学习中文的同时更习得一技之长。BADALONA 中加翰林学院校区则与西班牙当地学校的教学要求相结合，针对华人学生的学习习惯，因材施教，开展特色教学，以中文课为主，以英语课和数学课为辅，让学生在掌握中文的同时，与西式教育相接轨，让学生中文、英语、西班牙语、数学水平全面提高。SANT ANTONI 中加老子学院校区则针对学龄前儿童，开设学龄前儿童中文辅导教学、国学启蒙，规范孩子的母语环境。

建校至今,中加西友好学校一直致力于在让孩子学好中文的同时,提高孩子综合素质,让孩子获得更多教育和体验的机会,为孩子搭建更大的舞台,提供给他们更多展示自我的机会和渠道,帮助华人子女建立自信,找到文化认同。自2008年建校以来,每年六一儿童节都举办文艺汇演,给孩子提供展示特长的机会和舞台;同时举办趣味运动会,充实孩子的课余生活。2014年9月21日,在中国驻巴塞罗那总领事馆的大力支持下,学校及中国民族文化协会联合主办庆祝中华人民共和国建国65周年"歌唱祖国"专题音乐会,与孩子们共唱中国心,共牵中国情,获得各方好评。从2015年开始,每年举办国庆诗朗诵比赛,培养学生的演讲特长,更让孩子们通过诗朗诵的形式表达爱国情;每年新年、圣诞节,学校都会举办相关汇演活动。2016年9月9日,组织学校舞蹈特长班的学生参加"2016文化中国·中华才艺(舞蹈)大赛",获得优异成绩。

学校秉承着"海外华文教育不只是语言学习,更是文化传播"的理想信念,在完善师资、提高教学质量的同时,努力为学生搭建文化活动的平台,让孩子们不但从课本上学中文,更从文化实践活动中体悟中华文化之美,既学习中华文化,又成为中华文化的小小传播者。2008年,学校腰鼓队登上了西班牙SUPER 3电视台台庆日的舞台,至今是唯一一次中国人出现在该舞台上。2009年,中加西友好学校参加当地的"魔鬼节"活动盛况被制成影片,在上海世博会的巴塞罗那馆展播。2015年7月21日,学校应西班牙埃斯巴拉克拉(Esparraguerra)市政府邀请参加当地节日游行庆祝活动。2015年11月8日,学校武术特长班组成的少儿武术队参加"二零一五巴塞罗那国际武术大赛"。2016年2月13日,学校参加"巴塞罗那中国春节彩妆大游行",展示中华文化,与巴塞罗那共庆中国春节。2016年2月20日,参加"闹元宵——与Santa Coloma共度元宵佳节"游行庆祝活动,学校师生的元宵民俗活动为当地带去喜庆热闹的节日氛围。2016年8月10日,学校应邀参加"巴塞罗那中国之夜",献上开幕表演,点亮中国之夜。

除了为学生提供在西班牙当地的文化交流展示平台,中加西友好学校更积极加强与中国国内的联系,为孩子们提供更多交流体验的机会。2011年7月,在中国民族文化协会的牵线搭桥下,中加西友好学校所在地的MIGUELHERNANDEZ学校和中国浙江青田实验小学结为姊妹学校。2012年,在国务院侨务办公室的支持下建立了华星书屋;2014年,又在中国浙江温州侨务办公室的支持下建立蒲公英图书室,为孩子提供更多优秀的中文书籍,让孩子爱上中文阅读,在阅读中自然而然地学习中文。从2015年开始,学校与中国国务院侨务办公室合作,举办"中国寻根之旅"夏令营,让学生在回国探亲的同时有机会参加中国文化夏令营。

4. 意大利金龙学校（意大利）

意大利金龙学校创立于2001年2月20日，是意大利威尼托（Veneto）地区规模最大、影响力最大的汉语培训基地。目前，金龙学校总部设在帕多瓦（PADOVA），现已在卡敏（CAMIN，商城分校）、斯特拉（Stra）、罗维戈（Rovigo）、特雷维索（Treviso）、皮奥维·迪萨科（Piove di Sacco）和维罗纳（Verona）创办了7所分校，覆盖了威尼托大部分地区。

学校始终秉承"父心，母心，师者之心；德育，智育，育人之本"的办学理念，立志于"办中国人自己的学校，培养海外华语人才"这一信念。经过全校师生的不懈努力，金龙学校形成了自己的传统与特色，取得了令人瞩目的成绩。2011年，中国国务院侨务办公室为表彰金龙学校建校十余年来在海外华文教育所做的贡献，授予意大利金龙学校"海外华文教育示范学校"称号。校长李雪梅博士荣获"海外华文教师优秀奖"，金龙学校顾问王福生博士获得"热心海外华文教育杰出贡献奖"。

目前，金龙学校拥有一支高水平、高素质、年轻、充满活力、品学优长、敬业爱校、佑启后学的师资队伍，完备的"幼儿—青少年—成年"培养体系，针对性强且丰富多彩的课程体系。全校共计有29个不同层次的授课班级，并设有舞蹈、合唱、书法等特长班。金龙学校每年还组织学生到中国和欧洲各地学习、参观和旅游，其目的是开阔学生视野，认识中国和欧洲，了解中国和欧洲文化。

金龙学校有良好的校风和学风，治学严谨，教学成绩突出，在历年汉语水平考试（HSK）中，成绩优异，其中2008年、2009年和2010年连续三年获得了意大利北部地区汉语水平考试前20名的佳绩。学校还组织在校学生参加了中国驻罗马大使馆举办的"华裔青少年作文比赛"和"华裔青少年才艺比赛"，参赛者全部获奖，并在比赛中摘取了两项"状元奖"及"最佳组织奖"。学校近三年连续组织本校学生参加"世界华人青少年作文比赛"，每年都有学生获得一等奖、二等奖和三等奖。

金龙学校凭借先进的办学理念、优秀的教学团队、一流的教学设施和过硬的教学质量赢得了广泛的社会赞誉，为弘扬中华文化、提升海外华人素质、探索海外华文教育做出了贡献。

5. 布拉格中华国际学校（捷克）

布拉格中华国际学校始建于1995年，是经捷克政府批准成立的具有从事教育和语言教学资质的独立法人教育机构，是中国国家汉语推广和教学权威机构"孔子学院/课堂"成员之一，是捷克第一所以汉语为授课语言的全日制中文国际学校。

学校秉承"格物致知，厚德载物"的办学宗旨，积极开展爱祖（籍）国、爱家乡，传承和传播中华文化活动，促进多元文化的交流与融合。学校坚持"严谨、求是、创新、卓越"的办学理念和"高起点、高水平、高质量"的办学方针，注重中西方教育相结合，与时俱进。目前，学校面向旅居捷克的 6 岁至 18 岁的华裔青少年，为他们提供从小学到初中 9 年系统的中文基础教育和 3 年国际高中文凭（International Baccalaureate）中文课程教育。作为一个全方位的中文教育机构，学校同时开设有针对非华裔学生的汉语教学课程。

目前，学校已形成华裔小学和初中教学部、高中教学部和非华裔教学部。学校本部，即华裔小学和初中教学部，位于交通便捷的捷克首都布拉格市中心，宽敞、明亮的教室、功能齐全的体育大厅和运动场等教学设施为学生们提供了较好的学习环境。学校华裔高中教学部位于布拉格市 10 区。学校非华裔教学部在布拉格市设有 3 个教学中心。学校实行全日制教学模式，即从周一至周五每天下午连续 4 个 45 分钟标准学时的课时设置。

学校采用系统、规范的课程体系，与中国国内教育体系和国际教育体系双接轨。华裔部小学和初中课程依据中国教育部颁布的《九年义务教育全日制小学语文教学大纲》和《九年义务教育全日制初级中学语文教学大纲》，使用汉语普通话授课，采用中国人民教育出版社出版的"义务教育课程标准实验教科书"，教学进度与中国国内同步。小学和初中阶段，开设中文、数学、英文和历史等必修课程，以及美术、书法、舞蹈、围棋和计算机等选修课程。高中中文课程依据国际教育文凭组织（International Baccalaureate Organization，简称 IBO）的教学大纲，提供高中（大学预科）语言 A（汉语－母语）类别高级水平（HL）的"文学""语言和文学"等国际文凭课程。

6. 挪威中文学校（挪威）

挪威中文学校创办于 1995 年 6 月，是一所由挪威华人组织建立的非营利性学校，系目前挪威境内唯一一所"华文教育示范学校"。建校 20 多年来，挪威中文学校克服校舍紧张、师资不足等各种困难，不断进取，在校学生从最初的几十人发展到现在的 240 多人，授课教师达 20 余位（截至 2016 年的统计数据），为推广中文教学、传承和弘扬中华文化、促进中挪交流和友好做出了重要贡献。

挪威中文学校采用暨南大学《中文》教材，从拼音开始，系统全面地进行中文教学。教学以学生为本，以学汉字为主，同时插入中国文化、历史和地理知识。有 25 个不同程度的中文和中国文化课程班，以及不同类型的兴趣班，如舞蹈班、成人电脑班、太极拳班等。学校也经常开办美术班、书法班、英文班、剪纸手工班、功夫班等。教师都具有大学以上学历，大多数曾从事过教育工作，有一定的教学经验。学生有挪威华侨华人子弟、中挪混血儿、挪威青少年和成人等。学校每周日开展教学，每班授课 2 课时，每课时 45 分钟。

7. 中哥文化教育中心（哥斯达黎加）

中哥文化教育中心位于哥斯达黎加首都圣何塞，成立于 2010 年 5 月，是由 10 名在哥华侨华人组织成立的致力于汉语教学及中华文化推广的非营利性教育机构，主要目的是通过教授中文等活动，促使当地华裔后代了解、接受和传承中华民族的文化传统，促进中哥文化交流。

中心成立以来，推广中文教育与开展文化活动两大核心工作齐头并进，传承并弘扬中国传统文化，致力于将中心打造成为哥斯达黎加中国语言文化传播的首要平台，不断密切中哥人文交流，促进两国民众的相互理解与认知。

8. 牙买加中华会馆中文班（牙买加）

牙买加中华会馆中文班位于牙买加首都金斯顿，于 2002 年 1 月成立。其创建的目的是为了传播中华文化、历史、音乐艺术等，让更多的人了解中国。中文班成立以来，为牙买加的华侨华人学习中文提供了很大帮助，并且使牙买加的学生们在不同程度上了解了中国的文化、历史、艺术等，提高了他们对学习中文的兴趣。起初，牙买加中华会馆中文班主要开设中文班和唱歌班，任教人员包括牙买加籍华人义工和专职中文教师。

自 2006 年 10 月起，牙买加中华会馆文化处对原有的中文班和唱歌班进行了调整。目前，中文班开设了华侨华人儿童班（初、中、高级）、牙买加儿童班（初级）和成人班。儿童班学生的年龄在 6 岁至 15 岁，而成人班则不受年龄和国籍限制。儿童班的教材为中国暨南大学出版社出版的《中文》，以让学生学会使用拼音、学会汉字书写、能运用汉语为教学目标。成人班的教材为北京语言大学出版社出版的《汉语会话 301 句》，以让学生学会使用拼音、掌握基本的汉语会话为教学目标。

儿童唱歌班以各类不同的中国音乐舞蹈的 CD 和 DVD 为教材，期望通过音乐舞蹈形式加强儿童对中文的理解和运用，提高他们学习中文的兴趣；教学生学唱中国国歌，学习中国流行儿童歌曲，学跳中国民族舞蹈。

9. 赞比亚中文国际学校（赞比亚）

赞比亚中文国际学校（Chinese International School in Zambia）于 2009 年在中国国家汉办以及中国驻赞比亚大使馆的支持下，由在赞比亚的 7 位热心华人企业家共同筹资组建，是赞比亚第一所以华文教育为办学特色的中文国际学校。

办学之初，学校组建了周末制、补习制的华文教学部、对外汉语部，主要教学对象为学习中文的华人子弟以及学习汉语的外国人士。2012年起，随着当地社会对中赞交流、汉语学习需求的不断增长，学校董事会因时制宜，扩展了教学范畴，把当地非华裔儿童纳为教学对象，成立了中文国际学校全日制的幼儿小学部，并延续发展至今。这一举措填补了赞比亚华文教育的空白，使学校实现了教育对象从华裔到各族裔、从儿童到成人的全覆盖，为学校后续的发展奠定了经济基础，取得了良好的社会效益。目前学校是中国国家汉办在赞比亚的考试中心所在地。下面对学校华文教学部、对外汉语部、幼儿小学部作逐一介绍。

华文教学部以华人子弟为主要教学对象。办学之初即秉承"惠及华人子弟、传承中华文化"的初衷，投入大量人力、财力、物力。在前期学校财务营收赤字的情况下，始终坚持教育为先、利益靠后。为让华人子女在海外接受与中国国内无缝对接的华语教育，在教学上采用中国《九年义务教育全日制语文课程标准》，并使用暨南大学出版社出版、人民教育出版社出版的系列教材，几年来先后开设了覆盖小学一年级到六年级的语文课程。学生年龄范围在5岁到12岁。学校每年都举行元宵节聚会，邀请在赞比亚的华人子弟和家长到学校聚餐，玩游戏，培养华人子弟对中华文化的情感，建立华人子弟互相交流的平台。2015年4月，学校还组织学生到中国参加"北京文化体验之旅"。学校一直把为华人子弟提供华文教育，传承中华文化，为华人后裔追根溯源、交融会通铺就一条文化之路作为光荣使命。

对外汉语部通过实施"学生迎进来、老师走出去"的教学方针，先后与赞比亚总统办公室、银行、军队、中资企业等机构展开语言培训合作项目，并在当地的法国学校、社区国际学校开设授课点（语言班），均取得良好的学习效果和社会效益。同时，设有校外教学合作项目（点）6个。平均每年培训语言学生200余人次。建校以来，对外汉语部学生参加中国国家汉办举办的HSK一级、二级、四级考试人数共40余人。

全日制幼儿小学部从幼儿部、小学部发展到从幼儿小班到七年级共12个班，共有全日制学生200余人，15个国籍（包括中国国籍学生），为当地人民了解中国、接触中国搭建一座文化桥梁。

学校以"传承中华文化、培育社会精英、共筑友谊桥梁"为宗旨，以幼儿部、小学部、华文部、对外汉语部为教学单位，以"Love to Learn, Learn to Love"为教学训导，始终秉承"有教无类"的基本教育原则，无论学生是何种族、国籍、信仰，均一视同仁。学校教学以培养终生学习者、心智开放的公民、有效的沟通者、智慧独立的决策者为目标和己任。结合当地教育大纲和社会实际需求，形成了融会中、非、西三方文化和传统教育特色的办学思路和教学方法。

在课程设置上，学校在尊重当地风俗和学生意愿的基础上，以促进两国文化交流为出发点，在当地教育大纲的基础上，增加了中文为外语必修课，先后开设了传统音乐、非洲舞蹈、中国武术等特色课程；在节日活动中，以非洲（赞比亚）和中国的传统重大节日为主，辅以西方节日，把各民族文化内涵寓教于乐。

随着学校的有序发展，来自学员、学生家长、合作机构的积极反馈越来越多，学校在赞比亚当地的影响力逐渐扩大。在教育领域深耕细作的中文学校逐渐成为中赞双边交往中各方媒体的关注对象，逐渐赢得了赞比亚社会各界以及华侨华人的认可，在发展中赞友谊、传播中华文化的积极作用上受到了中国驻赞比亚大使馆的高度评价和历届大使的高度赞扬。

10. 你好语言学校（阿联酋）

你好语言学校由叶奇校长于2012年创立。学校坚持"以人为本，用爱教育"的理念，秉承"传中华美誉，树华文名校"的校训，致力于阿联酋华侨子女的汉语言文化教育以及非华裔人士的汉语教学工作。如今，你好语言学校已经发展成为阿联酋最具有影响力的华文学校之一。

目前学校有两个校区，分别位于迪拜国际城和人工湖边 JLT Aarmada Tower 2，拥有华文学生400多名。学校不仅为学生提供中文学习课程，还积极参加或举办各种推广中华文化的活动，如"中国寻根之旅"夏令营、"汉语桥"大赛、朗诵比赛、汉字大赛等，为学生提供了多彩的展示平台，帮助学生全面成长。

学校拥有专业华文教师20余名。所聘教师拥有研究生、本科学历，拥有多年教学经验。学校重视教师教育教学质量，关心教师个人成长，鼓励教师参加中国国务院侨务办公室主办的培训。此外，学校教师还积极参加华文教育示范学校·华教机构负责人华夏行、华文教育大会、华文教育杰出人士华夏行等活动，接受华文教育正规化指导，与海内外华教人士互通有无，共同进步。

11. 中国文化和国际教育交流中心学校（南非）

南非中国文化和国际教育交流中心学校于2011年成立，分别在比托利亚和约翰内斯堡设有校区（包括国际学校和中资企业协会学校）。学校以传播中华文化、弘扬汉语魅力为己任，坚持为南非的华侨子女提供好的中文教育。经过多年的发展，教学模式已相对成熟，2017年注册学生206人。学校师资雄厚，以中国国务院侨务办公室和中国国家汉办公派教师为主体。学校还定期举办各种活动，如"培苗杯"作文比赛、"读一本好书"活动、"我眼中的中国"主题征文比赛等。这些活动不仅能提高同学们对学习中文的兴趣，而且能提升同学们听说读写的综合能力，为同学们今后的成长打了良好的基础，受到学生、家长和社会各界的一致好评。

12. 智京中华会馆中文学校（智利）

智利智京中华会馆中文学校于 2003 年 7 月 5 日成立，是由具有 120 余年历史的智利华人社团"智利（智京）中华会馆"为当地华裔子女学习中文和中华文化集资创办的非营利半公益性学校，教材得到了中国广东省侨务办公室、广东省教育厅以及暨南大学的支持。经过多年的实践与摸索，已拥有相对成熟和完善的教学体系，以中文教学为主线，舞蹈、音乐、美术、手工、绘画等才艺课为辅助。

办学伊始，会馆本着"只要有一个学生，也要把中文学校办成"的办学理念，四处推广中文学校。如今，为学校工作过的教师和志愿者已经超过 70 人，学生 110 多名，年龄 6 岁到 20 岁，有一些是智利当地人。学校有 8 个年级，每周六下午有 4 小时课程。该校还推荐学生参与中国举办的"华人作文比赛"，教孩子们学习中国的民族舞蹈，带孩子们到中国各地参观，并回到家乡寻根。这一切都旨在将中华文化的根烙进孩子们的心里。

13. "孔子"东方语言文化学院（俄罗斯）

"孔子"东方语言文化学院 2007 年与中国国家汉办签订合作协议，2008 年启动运行。该学院位于圣彼得堡市中心的叶卡捷琳娜二世时期的皇家行宫。作为俄罗斯第一家也是唯一一家由华人创办的汉语教学机构，在中国政府的大力支持下，多年来充分发挥自身优势，坚持立足现实、融入当地，在推动当地汉语教学发展和促进中外文化交流方面做出了重要贡献，取得了丰硕的成果。学院先后被评为"先进孔子课堂""海外华文教育示范学校"，并获得全球"2017 年汉语考试优秀奖"。

学院一直致力于促进俄罗斯本地汉语教学事业的深入发展，教材、教师、教学法是教学工作重心。2016 年，学院促成了首届全俄中小学汉语教学研讨会的顺利召开，并且全权承办了的 2016 年度全俄奥林匹克中学生汉语比赛圣彼得堡赛区的命题和组织工作，开创孔子学院与政府合作的典范。同时，学院还深入社区，组织和参加各种中国文化活动，做中国文化传播、汉语传播的使者。此外，学院一直积极推广汉语水平考试，不断提高汉语水平考试的知名度。目前，"孔子"东方语言文化学院是圣彼得堡市唯一一个兼具 HSK、HSKK 以及 YCT 的考点。

14. 思源中国语学校（厄瓜多尔）

思源中国语学校是曹孝宏先生于 2004 年在厄瓜多尔首都基多创立的，是一所课后制中文学校。目前有 2 个校区，近 30 间校舍，专职教师 26 名，兼职教师 4 名。

该校华文教育课程以综合课为主,课堂模式类似于中国国内的小学语文课堂,拼音、识字、听力、阅读、写作等内容都融合在同一堂课里。为激发学生的学习兴趣,学校还开设了书法、绘画、音乐、手工、武术等兴趣课程。随着华裔生源的增多,学校购买一栋楼房作为开展华文教育的场所。虽然没有富余的经费,甚至需要依靠校长开办的旅行社、翻译公司给予资金上的支持,但学校还是不断加大力度发展华文教育。2015年,中国国务院侨务办公室派出2名幼儿教师到校开展教学,其工作深受学生和家长好评;2016年,学校又向中国国务院侨务办公室申请增补2名外派教师。

如今,在"一带一路"倡议下,学校的发展迈向新阶段。

(一)因地制宜,开设孔子课堂教学点。学校创办之初定下的发展方向是对外汉语教育。直到现在,对外汉语教育依然是学校发展的一个重要方向。2009年,学校的中文教育获得了厄瓜多尔教育部的资历认证,毕业生会获得相当于中专学历的文凭,为他们毕业后就业加分不少。2013年,学校与中国国家汉办签署了合作协议,成为"孔子课堂"教学点。2016年9月,学校与厄瓜多尔教育部签署了一份汉语教学合作协议。按照协议条款,厄瓜多尔教育部将在全国中小学试点推广汉语课程,思源孔子课堂将为厄瓜多尔教育部选定的汉语教学试点学校提供师资、汉语教材及其他支持。

(二)合作共赢,联合中资企业推广中华文化。2005年底,中石油成为第一家进入厄瓜多尔的中资企业,收购了当地的一家石油公司。学校承担了为该公司高管培训中文的项目,这是学校首次与中资企业合作。近年来,中资企业大量进入厄瓜多尔,随之带来了大量的生源和师资,为学校发展带来了新的机遇。而与中资企业合作,是学校发展的一种新形势。

(三)根植当地,密切联系当地政府、媒体。学校许多活动,如夏令营开闭营式、学校揭牌仪式、各种文艺表演等,都会邀请当地政府官员参加。学校积极寻求与当地政府合作的机会,如开办学历教育、与厄瓜多尔教育部签署汉语教学合作协议等。另外,学校希望和当地旅游局达成协议,为厄瓜多尔培养一批中文导游。随着厄瓜多尔政府越来越重视汉语,合作前景让人期待。

思源中国语学校在厄瓜多尔影响力的增强是与媒体报道分不开的。早在2006年,当地报刊头条就以"跟我学汉语吧"为标题,报道了学校上汉语课的情形。2015年,"中华文化大乐园·基多营"在思源中国语学校开营,当地影响力排名第二的Teleamazonas电视台现场直播了这一活动。

15. 马达加斯加孔子小学(马达加斯加)

马达加斯加孔子小学成立于2009年,位于首都塔那那利佛。它又名马达加斯加汉语学习中心、马达加斯加孔子学院少儿部。孔子小学历经三次转址，才于2015年收购了一所法属学校后定址。截至2016年底，学校有学生300多名，其中华裔学生100名，学生年龄在5岁至16岁。现任校长为王素梅。

学校现开设了语文、数学等小学基础课程。其中，语文选用的是人民教育出版社出版的小学《语文》教材，每周授课6次，每次3学时。课程教学目标是使学生达到HSK三级水平。

每年都有来自中国的公派教师和教师志愿者到校传授中华文化知识。2017年，学校成为第一所加入"华文教师·完美远程培训"的马达加斯加华校。孔子小学的华文教师利用此次机会，进行不受地域和时间限制的学习，逐步提升自身教学水平，为海外华文教育事业的发展贡献一己之力。

16. 德仁中文学校（埃及）

德仁中文学校是由埃及华人联谊理事会会长陈建南于2009年发起创办的，也是埃及第一所中文学校。目前，学校为周末班，即每周五、周六两天各上5节课，上课时间为9：00~13：50。学校共有7个班级，即学前班、一年级、二年级、三年级、四年级、五年级、初一，共有100多名学生。学校不仅招收侨胞子女，也招收埃及学生。学校共有9名教师，有中国籍的，也有埃及籍的。除了教授中文，学校也有英语和阿拉伯语课程，以及中国广播体操、中国歌曲学习等。

17. 希腊雅典中文学校（希腊）

希腊雅典中文学校创建于2004年7月5日，并于2017年正式成立希腊中文推广中心，是希腊目前最大的一所华文教育机构。学校本着"以教育为本，传承中华文化"的办校宗旨，以"创办家长满意的学校"为办学目标，以"传承中华文化，发展海外教育事业，促进中希文化交流"为己任，力求在异土将中华文化发扬光大。

建校初期，学校只有8名希腊华人子弟，他们每天读完希腊小学课程之后，还要学习中文。在家长和老师的共同努力下，雅典中文学校现有学生40多名，分为6个班，选用中国暨南大学编写的《中文》教材。学校的日常运行由校委会负责。校委会成员由家长推选产生，义务为学校服务。几年来，家长们为学校的维持和发展，投入了极大的热情，贡献了大量的业余时间。家长们积极组织及参与学校的活动，如中秋庆祝会、春节晚会、书法比赛、才艺展示、年末聚会等。现阶段，家长是孩子们学习中文的驱动力。

学校教师大多拥有小学、中学或大学的教学经历。在崭新的海外中文教学领域，学校教师认真敬业，结合自身经验，根据不同年龄段孩子的特点，运用教唱歌、念歌谣、猜谜语、做游戏、排话剧等多种形式,提高孩子们的中文学习兴趣和效率。

18. 斐济逸仙学校(斐济)

斐济逸仙学校(Yat Sen School)由华人社团于1936年创办,是斐济规模最大、设备最完善、管理最规范的一所中文学校。学校坐落于斐济首都苏瓦。学校设有中学、小学教育。其中,小学教育拥有80多年的历史,中学教育拥有30多年的历史。学生每天在学校学习1课时中文,教材选用中国暨南大学编写的《中文》教材。斐济学生主要由三部分构成:一是从中国转学到斐济的,这一群体多是汉语学习的佼佼者;二是略有中文基础的华人子弟;三是零起点的斐济本地学生,包括斐济族、印度族以及少数韩国、澳大利亚、菲律宾等国的学生。

学生们学习汉语和中华文化的途径包括每周固定的汉语课程以及中国教师带去的"中华文化大乐园"夏令营活动。活动中,老师们会教授学生毛笔书法、水墨画、武术、剪纸等中华文化课程,为学生了解中国打开一扇窗。

19. 中匈双语学校(匈牙利)

2003年,时任匈牙利总理迈杰希访华时提议建立中匈双语学校。2004年6月,时任中国国家主席胡锦涛访问匈牙利期间,中匈两国签署了关于建立中匈双语学校的备忘录,旨在为华裔子女及匈牙利儿童提供一个学习汉语的平台。

中匈双语学校位于布达佩斯15区,是匈牙利唯一一所以匈语和中文作为共同教学语言的公立双语小学。2004年9月,学校正式开始招收学生。学校设置1~8年级,70%以上的学生会讲匈语。

学校的课程65%是匈语教学,35%是中文教学,低年级学生更容易融入课程中,语言方面的障碍较小。高年级学生插班入读的话,需要参加学校的免费匈语培训强化课程。该校的学生除了每周4~6个小时的中文语言课程外,还可以参加每周2小时的中国艺术类课程和用中文教学的IT课程。该校60%的中国学生具有良好的英语口语水平,很多孩子掌握3~4种语言。

中匈双语学校创办时,共有教师18名,其中匈牙利教师11名,中国教师7名(包括中国公派汉语教师1名和当地聘用的汉语教师1名)。学校目前有匈牙利教师16名(不包括后勤行政人员),中国教师6名,其中汉语教师3名,其他3位分别是中方副校长、体育老师和艺术老师。

20. 光州全南中国侨民学院中国华侨学校(韩国)

光州全南中国侨民学院中国华侨学校(简称韩国光州中国华侨学校)是由马玉

春于2005年10月1日创办的,是韩国第一所被当地教育厅认证的华文学校,是第一所使用中国大陆语文教材、教简体字、使用汉语拼音的华文学校。学校本着发扬中华传统文化的宗旨,以植树育人为己任。在不断传播中华文化的同时,培养中韩友好和良性互动的全能人才。如今,学校拥有3个校区,在校学生400多人,共设7个年级(学前班至小学六年级)。到2017年2月,已经培养了6届毕业生。

学校多次组织参与中韩交流活动。2009年,学校组织学生参加了在中国北京举办的夏令营、中国国务院侨务办公室和国家汉办主办的"海外华人少年作文比赛"。从2010年开始,学校每年都组织学生参加"中国寻根之旅"夏令营及冬令营活动。2010年10月,学校被吸收为中国文化促进会会员,是该会在韩国地区唯一的会员单位。2012年,学校与中国辽宁大学国际汉语教育学院签订协议,成为辽宁大学汉语国际教育学院的海外教学基地。韩国光州中国华文学校校长可以向辽宁大学推荐留学生,校长所推荐的留学生到辽宁大学读书可享受全额奖学金。

三　华文教育人物

海外华文教育的蓬勃发展离不开广大华人华侨的鼎力支持。在近半个世纪的历史洪流中，他们栉风沐雨、砥砺歌行，或是为了争取华人华侨的华文学习权利与当局者进行顽强抗争；或是艰苦创业，为改善海外华文教育条件慷慨解囊、倾资助学；或是默默坚守在不同国家的华文教育一线，实践着在海外播撒中华文化种子、传承华夏文明的伟大使命。正是有了他们的舍身奉献，才有了如今海外华文教育蒸蒸日上的局面。《世界华文教育年鉴（2018）》继续推出"华文教育人物"板块，介绍10名世界范围内对华文教育做出贡献的杰出人物，以彰显他们实现海外华人华侨"华文教育梦"的动人事迹。

表7-9　华文教育人物一览

姓名	国籍	职业/身份
陈薇（女）	德国	斯图加特汉语学校校长、斯图加特中华文化协会会长、全德中文学校联合总会副会长、德国巴符州侨领
陈玉玲（女）	南非	全非洲华人女企业家创会会长、南部非洲粤港澳总商会会长、南非华文教育基金会创会会长
古润金	马来西亚	完美（中国）有限公司董事长、马来西亚中国友好协会署理会长、马来西亚中山会馆联合会总会长、马来西亚中华大会堂总会中委会常委兼文化总基金委员会主席、中山市政协委员、中山市侨资企业商会会长
何文金	印度尼西亚	泗水新中三语学校董事长、印尼中华总商会永久名誉主席
刘芳勇	阿根廷	刘氏集团（中国）有限公司董事长、阿根廷南极洲国际旅游公司董事长、阿根廷华人网董事长、南美创想文化传媒有限公司董事长、阿根廷华文教育基金会会长、阿根廷侨联中文学校前任校长、阿根廷华助中心常务副主任
袁爱平（女）	巴西	中巴文化交流中心创始人
曾圆香（女）	缅甸	东方语言与商业中心董事长、仰光汉语教师协会首届会长
张述洲	日本	日本神户中华同文学校校长、日本唯一列席中国全国政协十二届五次会议的侨领代表

续表

姓名	国籍	职业/身份
赵静（女）赵国刚	奥地利	维也纳中文教育中心创办人
周洁明（女）	柬埔寨	柬埔寨崇正学校校长

注：本表人名按姓氏拼音排序。

1. 陈薇

陈薇，重庆人，毕业于重庆建筑学院建筑力学专业。1990年远赴德国，后进入斯图加特大学担任讲师，并创办斯图加特汉语学校，至今任斯图加特汉语学校校长、斯图加特中华文化协会会长、全德中文学校联合总会副会长等职，德国巴符州侨领。

陈薇和丈夫董明是重庆建筑学院建筑力学专业77级的同学。大学毕业后，陈薇到后勤工程学院当教官，董明则进入重庆大学读研后留校任教，并于20世纪80年代中期赴德国攻读博士，之后留德从事汽车研发工作。为了和丈夫团聚，1990年，陈薇远赴德国。到了德国，她首先学德语。掌握基本口语后，她开始从事制图这类简单工作。陈薇一直努力学习德语，凭着一股重庆妹子的拼劲，从普通的制图员到公司翻译，最后如愿获聘成为斯图加特大学的中文讲师。

斯图加特是德国四大工业城市之一，当年这里的华人不多。1991年，孩子从中国到自己身边后，陈薇很快发现一个问题：找不到一个地方可以让孩子系统地学习中文。陈薇决定自己教儿子中文，但几年后问题凸显：孩子在家学中文没语言环境、没学习动力。"无论走到哪里，汉语都是我们中国文化的根。"正是为了这个最纯粹的信念，作为斯图加特中国学联的理事之一，她有了开设中文班的愿望。

1997年10月，在斯图加特学联的支持下，她在斯图加特大学借了一间教室，开办了一个中文班。这便是斯图加特汉语学校的前身，开班第一年招收了13个学生，年龄最小的5岁，最大的10岁，其中包括陈薇的儿子。老师将学生分为两个小班分别授课。面对办学的种种矛盾，陈薇决定一开始就从规范化入手。汉语班只在周六开课，由一位老师负责授课，陈薇则专职管理，处理包括租借教室、组织教材、与外界沟通等各种事务。慢慢地，从一个教学班增加到三个班，中文班发展成为小规模的斯图加特汉语学校。随着学校规模逐渐不断扩大，陈薇面临头疼的问题——斯图加特大学没有办法提供更多的教室。经与政府以及德国学校等多方协商，当地一所德国学校愿意周末借出教室。在办学过程中，由于缺乏经验，在各方面也不断遇到困难，陈薇凭着对教育的热爱，在摸索中逐渐了解和学习德国学校管理体制，以正规管理汉语学校、展现自己的强项，赢得德国人的信赖和尊重。在协调好外部事务的同时，陈薇积极吸纳管理人才和教育人才，进一步加强和发展汉语学校。办学至今，虽然陈薇的儿子早已从汉语学校毕业，但她每个周末上课时间必定到场，风雨无阻，与同事们一起工作，亲力亲为处理各种办学事务。

在陈薇和老师们的努力下，在社会各界人士的支持下，斯图加特汉语学校发展成为当地一所有规模的、管理和教学机制均较为健全的知名中文学校。至2019年，已增开了2个分校，主校与分校师生人数达到600多名，其中教职员工62人，共有25个儿童和青少年汉语班、成人汉语班，设有武术、绘画、舞蹈、美术、儿童合唱、音乐律动等14个文化班，还开设家长讲座，给华人提供信息交流的平台，极大地发挥了汉语学校在海外的作用。在她的带动和影响下，当地一批华人主动报名，成为学校的义工。比如，学校有义务的管理团队，有义务为学生提供服务的图书管理员，在春节联欢庙会上家长们争相为学校筹款义卖等。

2010年，斯图加特汉语学校被记录为德国斯图加特Feuerbacher地区的中文学校；2011年，斯图加特汉语学校被中国国务院侨务办公室评为"海外华文教育示范学校"。学校自2011年至今每年组织学生参加"海外华裔青少年中国寻根之旅春令营/夏令营"，推广和接待中德学生文化交流活动。学校还每年定期参加斯图加特市的文化活动及国际文化节，在海外推广和宣传中华文化。2012年至今，陈薇还被中国驻法兰克福总领馆聘请为名誉领事保护员，配合法兰克福总领馆向广大的华人华侨提供领事保护；2015年至今，陈薇被推选为全德中文学校联合总会副会长。

借助中华文化协会和汉语学校平台，陈薇扩大了当地华人朋友圈，与德国当地社会也有着密切的联系。快人快语、办事风风火火、热心公益的陈薇也成为斯图加特所在的巴符州侨领之一，参与中德各类文化活动和商贸接洽，为"一带一路"倡议实施贡献一己之力。

"我们认同自己的故乡，热爱并认同自己的文化，而汉语则是我们文化的根。"陈薇说，一个人不掌握自己的母语，不管在外面有多大的成就，都像一颗无根的草，虚无缥缈存在于这个世界。

2. 陈玉玲

陈玉玲，女，南非籍华人，1949年出生在广东省广州市，现任全非洲华人女企业家创会会长、南部非洲粤港澳总商会会长、南非华文教育基金会创会会长。

陈玉玲1982年到南非，通过自己多年的努力，在事业上取得了不俗的成就。2004年，她被推选为南非紫荆会会长，开始走上一条为海外华人提供公益服务的侨领之路。2004年，因治安开始恶化，很多侨民的利益受到了侵害，陈玉玲与其他志同道合的侨领一起创办了南非华人警民合作中心。通过和南非警察的合作，有效地遏制了针对华人的犯罪行为。

随着中南两国关系的不断发展,在海外传播汉语与中华文化的社会需求更加迫切。陈玉玲与其他华人于2005年5月联合创办了南非华文媒体《非洲时报》,向当地侨胞传递最新的新闻资讯,传播祖国日新月异的发展新貌,强化海外华文媒体的话语权。《非洲时报》的发行,充实了当地华人的精神生活,发行量位居当地华文媒体之首。

陈玉玲还多次举办南非全侨春节晚会,出资聘请中国演员到南非为侨胞演出。除此之外,陈玉玲还慷慨解囊,热心资助南非侨界文体活动。这些活动大大丰富了南非侨胞的业余文化生活,也促进了侨社的和谐发展,增强了侨社的凝聚力,并向南非主流社会充分展示了华人社团的正面形象和影响力。

随着南非华人子女的成长,下一代的中文教育和传统文化的传承,又成为南非侨社面临的新问题,陈玉玲敏锐地看到了中文教育的必要性和重要性。

2012年6月,陈玉玲创立了南非华文教育基金会。陈玉玲认为,没有中华文化的弘扬和继承,便没有海外侨胞精神灵魂的归宿,在海外弘扬中华文化,有着十分特殊的意义。在南非开展和推广中文教育,也是祖国强大的软实力的体现。经过多年辛勤努力,如今的南非华文教育基金会已经有了固定的教学场地、多课程的师资队伍、规范的教学计划以及一定的知名度,很多华人子女都到华文教育基金会学校学习。

鉴于南非侨界艺术人才分散,缺乏整体管理和运作的窘境,2014年,在陈玉玲会长的直接策划和帮助下,南非又一家侨团组织——南非—中国文化艺术交流协会成立。该协会吸收了当地有一技之长的华人艺人,进行整体包装和培训,精心策划一系列高质量的演出节目,在南非侨界频频亮相,并代表南非华人参与南中两国间的多项高层次文化交流活动,得到了两国政府官员的高度评价。2016年,南非—中国文化艺术交流协会被中国国务院侨务办公室授予"南非约堡华星艺术团"的称号。

身在海外,陈玉玲女士也没有忘记祖国的孩子们。从2006年开始,她每年资助云南麻粟坡中学数十个贫困学生的学习用品,至今已13年。

十几年来,陈玉玲以她无私的情怀、直率的性格、干练的做事风格和求真务实的工作态度,尽心尽力在南非推动汉语与中华文化的普及和宣传事业,不仅获得了南非华人的普遍尊重,也得到了中国政府有关方面的充分肯定。当地华人亲切地把陈玉玲叫作"南非母亲",把她当作南非华人社会的标杆和骄傲。

3. 古润金

古润金,生于1959年,祖籍广东省中山市,是出生在马来西亚吉隆坡一个清贫家庭的第三代华裔,是马来西亚企业家,也是中、马两国颇具知名度的慈善家,现任完美（中国）有限公司董事长，并担任马来西亚中国友好协会署理会长、马来西亚中山会馆联合会总会长、马来西亚中华大会堂总会中委会常委兼文化总基金委员会主席、中山市政协委员、中山市侨资企业商会会长等社会职务。古润金先生始终致力于华文教育事业在马来西亚的发展，为马来西亚的华人青少年传承中华文化、加深中华文化认同、促进中马文化交流做出了极大的贡献。

少时的古润金曾经面临失学的危险，后来到一所慈善人士捐建的中学读书，免去了学费负担，学业才得以顺利完成。古润金在吉隆坡循人学校毕业后，便投身于创业兴家的社会大潮中。1994 年，他到中国中山创立"完美（中国）有限公司"，主要从事日用化学品行业，是首批获得中国政府直销牌照的企业之一。现已发展壮大成为集科研、开发、生产、销售、服务于一体的大型现代化企业，成为中国内地优秀的侨商代表企业。

完美公司在董事长古润金的带领下，一直秉持"公益中华，四海同心"的公益理念，积极投身公益事业。在过去的 20 多年里，古润金先生累计为慈善事业捐款 6 亿元，而其中很大一部分被用在华文教育上。为了能让马来西亚的华人子女学习中文，古润金自己出资成立了马来西亚吉隆坡循人华文独立中学，并且不断努力改善学校条件，让学生有更好的学习环境。古润金对循人中学的捐款已经达到了 600 万元。他先后在中国 30 个省（市、自治区）捐建了 100 所希望小学，同时在马来西亚也捐助了多个图书馆。2012 年 9 月 7 日，古润金被聘为暨南大学校董，并以完美（中国）有限公司的名义向中国华文教育基金会（暨南大学专项基金）捐赠 1000 万元人民币。至目前，完美公司先后向中国华文教育基金会捐资近 1 亿元人民币，用以发展华文教育完美远程培训、名师海外巡讲团等海内外华文教育。

凭借着多年来对中国以及海外华文教育事业的巨大贡献，2011 年，在第二届世界华文教育大会上，古润金先生荣获中国国务院侨务办公室颁发的"热心海外华文教育杰出人士"称号。2017 年，在第四届世界华文教育大会上，古润金先生荣获国务院侨务办公室颁发的"热心海外华教人士杰出贡献奖"。

4. 何文金

何文金是印度尼西亚的"金饰大王"，是印尼中华总商会永久名誉主席、泗水新中三语学校董事长、世界福清同乡会第一常务副主席。他生长在印尼，却始终心系祖籍国建设发展，更热衷于中华语言和文化的传承。在第四届世界华文教育大会上，何文金荣获"热心海外华教人士杰出贡献奖"。

2003 年，何文金和朋友一起出资创办了印尼泗水新中三语学校，从幼儿园到高中实行全日制教育。

在学校创办初期，曾有朋友建议，要以英语为主。但何文金斩钉截铁地回绝了，何文金当时就跟他们说，汉语占比要和英语一样，否则就不出资。在他的争取下，新中三语学校的课程中，汉语和英语课程各占40%，印尼语占20%。因为当时何文金就认为，未来的世界一定朝向中国，所以汉语很重要。14年来，在何文金的大力推动和悉心经营下，泗水新中三语学校已经成为印尼具有影响力的优秀华文学校之一。2017年，在"汉语桥"世界中学生中文比赛印尼全国选拔赛中，新中三语学校囊括前三名；此后，印尼泗水新中三语学校的冠军学生代表印尼参加中国总决赛，获得三等奖。2017年，学校首届学生高中毕业。有一位学生考进了清华大学，也有学生迈进了中山大学、华侨大学的大门。何文金说过，只要看到学生们成绩好，他就高兴，就会不惜一切把学校办下去。随着新中三语学校在当地声望的提高，学生家长纷纷希望何文金开办大学。但是何文金都拒绝了，他希望孩子们到中国读大学，了解中国的文化、中国的发展。

现在，中国为鼓励华裔子弟回祖（籍）国读书，提供了诸多奖学金项目。但对印度尼西亚许多家庭困难的学生来说，仅靠这笔奖学金，仍旧难以实现中国大学梦。所以，何文金的学校会另外提供奖学金资助这些家庭困难的学生。他希望学生到中国的师范院校就读，这样未来就可以回印尼教授更多的学生。

在何文金看来，学校培养的学生应该符合未来时代发展的需要。随着中国"一带一路"倡议的深入实施，华文教育在夯实"民心相通"方面，也发挥着越来越重要的作用。出于这方面的考虑，新中三语学校在华文教育上，非常注重融入中国元素。学校在华文课程设计中有针对性地植入中国现代发展元素，如中国的高铁、桥梁设计、航天技术、人工智能等，老师都会有意识地渗透入课堂之中；当新的语言现象出现，老师也会有意识地跟进教学。除了鼓励学生参加"中国寻根之旅"夏令营、"中华文化大乐园"等活动之外，学校也会组织各种华文活动，让学生对中国社会有更深入的了解。学生们毕业后，有十余位进入清华大学、浙江大学、中山大学、中国传媒大学等中国高校深造。

为了解决泗水西区的学生到距离比较远的东区来上学不太方便的问题，何文金今后还准备在泗水西区再开一所学校。

何文金说："做好华文教育，让学生做中国和印度尼西亚文化交流的使者，这是身为华文教育工作者的职责所在。"

5. 刘芳勇

刘芳勇，生于1976年，祖籍江西省南昌市，1996年移居阿根廷。刘芳勇先生是刘氏集团（中国）有限公司董事长、阿根廷南极洲国际旅游公司董事长、阿根廷华人网董事长、南美创想文化传媒有限公司董事长、阿根廷华文教育基金会会长、阿根廷侨联中文学校前任校长、阿根廷华助中心常务副主任。

多年来,刘芳勇先生为阿根廷侨联中文学校的发展,为阿根廷华文教育事业的发展做出了人们有目共睹的贡献,赢得了阿根廷侨界的好评,被中国国务院侨务办公室授予"热心海外华文教育杰出人士"称号。

阿根廷侨联中文学校是阿根廷华人华侨创办的第一所公益性华文学校,是中国佛教会下属独立营运管理单位。学校成立于1973年4月,创始人是杨镕鉴先生。建校的40余年间,学校在学生人数、师资队伍、教学场所、办学规模等各方面都有较大的发展。但随着中国逐渐走向世界舞台中心,中华文化影响力不断扩大,阿根廷华人华侨和华文爱好者对学习中文的需求日益增加,侨联中文学校的现实状况也难以适应日新月异的发展形势。

2009年,刘芳勇先生临危受命,出任阿根廷侨联中文学校副校长,主管学校简体中文的试点工作。两年后转任校长一职,正式执掌侨联中文学校。之后,刘芳勇校长与阿根廷佛教会守志法师一起对学校进行全方位的整改,并开始大力推广简体中文教育。当时由于缺少简体字的中文教材,刘芳勇先生便通过自己的货柜免费把一批批教材从中国广东广州运到阿根廷,使得教材稀缺的状况得到缓解。从2012年2月起,中国国务院侨务办公室便陆续给侨联中文学校赠送由暨南大学编写的《中文》教材。自此,学校利用中国国务院侨务办公室和阿根廷社会各界赠送的各类图书资料建立起了"华星书屋",为阿根廷华侨子女青年学生学习中文、了解中国提供了良好的条件。

在中国国务院侨务办公室、中国驻阿根廷大使馆和社会各界的大力支持下,在刘芳勇校长的带领下,经过几年的努力,目前侨联中文学校面貌焕然一新。全校共有教室30余间,有图书馆、阅览室、电化室、会议室、音乐厅、乒乓球场、活动中心、师生食堂等各类场所;班级涵盖了幼儿园班、华语班、小学、初中、高中各年级;课程设置了语文、数学、外语、中华传统文化、书法、美术、音乐、舞蹈、武术、象棋、乒乓球等。学校于2014年被中国国务院侨务办公室评为"海外华文教育示范学校"。

为进一步促进侨联中文学校的健康发展,刘芳勇先生在中国华文教育基金会和中国驻阿根廷大使馆的大力支持和协助下,克服各种困难,于2017年12月牵头成立了阿根廷华文教育基金会,并担任首届基金会会长。基金会自成立以来就积极推动各项华文教育工作,特别是在华文师资培训、华文学校发展资金筹措、推广传统节庆文化活动、华文教辅材料开发等方面做了大量的工作,并同中国国务院侨务办公室文化司、中国华文教育基金会及世界各地的华文教育机构开展交流与合作,为推动阿根廷华文教育工作的发展发挥了积极的作用。

同时,为了让阿根廷侨胞能够及时了解阿根廷及中国的有关资讯,2011年,刘芳勇先生创办了阿根廷南美创想文化传媒有限公司,公司旗下有阿根廷华人网(www.argchina.com)中文版、阿根廷华人网手机APP、阿根廷华人网微信公众号、阿根廷中阿新闻网(www.newsargenchina.com)西语版。经过多年发展,阿根廷华人网及阿根廷中阿新闻网在阿根廷华人社区及阿根廷当地社会产生了广泛影响力,现已成为了阿根廷地区最具代表性的综合性华人网站之一。2015年,刘芳勇先生创办的南美创想文化传媒有限公司在阿根廷侨界开展了首届"南美创想杯"中文写作和书画大赛。比赛采用网络投稿,在线投票打分的方式进行评比。这项公益性活动得到了广大侨胞的大力支持和积极参与,为推广和传播中华文化起到了积极的作用。

在热心办学的同时,刘芳勇先生还积极推动面向华人华侨青少年的爱国主义教育。2015年8月16日,刘芳勇先生在阿根廷中国城主持举办了"中国人民抗日战争暨世界反法西斯战争生日70周年"纪念活动。活动内容包括"珍爱和平"主题演讲、书法表演、烛光祈福。中国驻阿根廷大使馆参赞王晓林、主任刘小洁、领事陈志军,以及罗超西等多位在阿侨领、华侨青少年共150余人参加了当天的纪念活动。

6. 袁爱平

袁爱平,CCCB——中巴文化交流中心创始人,也是一名20多年来用热情和爱心在巴西这个桑巴王国传播汉语的中文教师。她毕业于河北师范大学英文系,在中国国内时已有较为丰富的教学经验。

1997年,袁爱平到巴西,一边学习葡萄牙语一边在一家华人商铺帮忙。与在中国国内生活的强烈落差,让她十分想念站在讲台上传道授业的日子。1998年,当偶然听说华侨孩子们非常需要中文老师时,袁爱平立刻主动请缨。在巴西里约热内卢华人联谊会的母亲节活动中,袁爱平获得了五分钟登台演说招生的机会。话音刚落,30多个孩子要求报名上中文班。1998年5月,袁爱平拥有了自己第一个汉语教学班。

随着袁爱平老师的名气逐渐增大,参加她汉语班的学生,除了华侨华人的孩子,开始出现巴西本地人。有一天,跟随袁爱平学汉语的巴西环球电视台导演塞尔索说:"您是我遇到的最好的老师,但是使用的教材还都是以英语为媒介来学习汉语,其实您把给我讲课的这些记录下来就是很好的葡汉教材啊。"塞尔索的这番话让袁爱平下定决心编写汉葡教材。不过那时候巴西电脑软件中葡萄牙语和汉语还不兼容,无法编辑汉字。袁爱平的一名精通电脑的学生用画图的方式在电脑中一笔一画地"写"出了汉字,让袁爱平的第一本汉葡教材得以在2003年10月问世。之后袁爱平一边授课一边写教材,十几年来牺牲了无数休息时间,大部分教材都是她后半夜熬夜写出来的。袁爱平系列教材共20多本，有按水平分的初级、中级、高级；有按年龄分的儿童版、成人版、自学版；有按领域分的商务汉语、旅游汉语、体育汉语等。

2003年时任巴西总统卢拉访问中国后，在巴西掀起了一股不小的中国热。袁爱平将自己编写的教材寄给了卢拉，竟然得到了总统的热情回复，让她备受鼓舞。

深受鼓舞的袁爱平再接再厉，创立了以自己名字命名的中文学校——袁爱平中巴文化研究中心。袁爱平中巴文化研究中心最初只有一间40平方米的教室，4名学生，但10个月后学生人数就增加到了200人。随着学生人数的增加，袁爱平将学校搬到了400平方米的教学场所，并在里约热内增设了两家分校。袁爱平的学生一般保持两三百人的规模，11年来，跟她学习汉语的学生已经过万，可谓是"桃李满巴西"。

教师自古以来就是清贫的职业。袁爱平除了中文学校也有其他产业，不过其他生意的利润更多是用来弥补学校的各项开支。

中文学校必须保证300名学生的规模，才能支付所有员工工资、场地物业和其他运转资金，如果碰上巴西经济不景气，学校很容易赔钱。好多学生问袁爱平：为什么还要干下去？因为把400平方米的场地出租收租金，然后靠课本的版税钱，完全可以舒舒服服过日子，为什么还要这么拼命？袁爱平的回答是："我无法想象不教书、不站在讲台上生活会怎样，我太热爱教书这份工作了！"

袁爱平认为，在巴西进行汉语教学要适应巴西人的学习习惯。她利用巴西人童心未泯、喜欢游戏的心理，发明了玩具钱币。学生表现好玩具钱币挣得多，可以用来换取学校提供的中国春联、图书、音乐、电影等。同时，袁爱平编的初级课本和儿童课本都配有游戏卡，上面是汉字、拼音等，巴西学生很喜欢这种方式，许多成年人也愿意用儿童课本来学习汉语。

2007年，利用北京奥运会即将召开的契机，也为了适应越来越多到中国进行商务、文化等交流合作人士的需求，袁爱平在北京开设了第一家海外分部；2009年她又利用2010年将举行上海世博会的机会，在上海开设了分部。这样，热爱中国文化的巴西人到中国后依然能够继续他们的学业。

2014年，袁爱平被中国国家汉办评为"优秀海外华文教师"，她的学校也被中国国务院侨务办公室选为"华文教育示范学校"。

2018年，鉴于袁爱平女士在中巴两国文化交流领域所做的突出贡献，里约热内卢州议会授予她"里约荣誉市民"的称号。

7. 曾圆香

曾圆香，女，1948年出生于福建省厦门市，1岁时跟随父亲漂洋过海到达缅甸，现为缅甸籍华人，缅甸东方语言与商业中心董事长。

16 岁时，曾圆香就开始了她的执教生涯。那时的她还只是一名普普通通的幼儿华文教师，但她对孩子们无微不至的关怀与呵护，已体现出她对华文教育事业的无限热忱和高度责任感。1965 年，缅甸所有的华侨学校都被收归国有，曾圆香也被迫离开了自己的母校，在教师联合会的安排下成为了一名家教。两年后，曾圆香被分配到缅甸北部开展华文教育工作。当时条件非常艰苦，由于缅甸政府明令禁止开展华文教育，因此教授华文只能偷偷摸摸地进行。尽管如此，曾圆香还是毅然选择了坚持华文教学。1996 年，她被推举为妇协幼儿园的校长兼校务主任。在她担任这一职务期间，妇协幼儿园的学生人数大幅增加，办学水平也有了很大的提升。2007 年，发展中的缅华妇协幼儿园增建教学楼，曾圆香个人出资三分之一（缅币 5000 万）购买了一块地皮，如今已建成一栋 12 层的新教学楼，大大改善了幼儿园的学习环境。

2011 年，63 岁的曾圆香被推选为东方语言与商业中心第四任董事长。上任后，曾圆香立即对中心进行了大刀阔斧的改革，并对校舍进行全面翻修，自掏腰包更换了所有制冷不佳的空调，以确保孩子们在一个凉爽怡人的环境中学习。在曾圆香的努力下，东方语言与商业中心的面貌焕然一新，成为了仰光地区软件、硬件设施最好的华文幼儿园，学生人数一度达到 700 余人。至 2018 年，东方语言与商业中心已是一所拥有 1500 名学生、仰光最大规模、学制规范的中文学校。学生数量剧增，原有租用的教室已容纳不下，无法满足华裔青年和缅族及其他外籍学生学习中文的需求。此时，曾圆香又将储蓄多年的八亿私房钱，全部交与先生李松枝并请他填补，在金山公司李松枝主席和社会各界热心华教的人士、东方语言与商业中心校董的鼎力赞助下，8 万余平方米的八层教学楼开始筹建，预计于 2020 年建成。它将是仰光市一所华侨自己拥有的教学楼。

随着仰光地区华文教育的复苏，为建设一支强有力的教师队伍，2012 年在曾圆香的倡导下，仰光汉语教师协会成立，曾圆香任首任会长。该协会一成立，立刻吸引了 260 多名仰光本土教师入会。2012 年 10 月，曾圆香独资举办了仰光首届汉语教师节。从此，仰光的汉语教师们有了属于自己的教师节，华文教师的地位从此在一定程度上得到了提高。众所周知，缅甸南部中文教育在历史进程中受创极深。教师协会成立以来，曾圆香和众同人多次反复走访缅南各镇，推动、支助、补给，希望能把祖辈们曾经创建在当地的中小学拾回，团结完全不懂华语的中青年人士，重新开始。如今，年轻的教师协会又重组了 20 个城镇地区的 28 个学习华文的基地，并在缅甸南端丹老市华人企业家的协助下，将华文课程延伸到缅甸国立第一中学，给岛上居民带去学习华文的机会。

曾圆香一向对华文教育事业很慷慨，虽然幼年时期家境贫寒，但是功成名就后时刻不忘回报社会，资助教育事业。截至 2008 年，她累计捐建学校 38 所。2008 年，缅甸发生特大风灾，很多学校因风受损，她又捐建了 25 所中小学校。她的这一善举也受到了缅甸政府的高度赞扬和肯定，为促进缅甸教育事业和中缅两国人民的友谊做出了重要贡献。

40 余载，曾圆香孜孜不倦地为缅甸华文教育的复兴奔走操劳。鉴于她在华文教育事业上的突出贡献，2013 年，曾圆香荣获"中华之光——传播中华文化年度人物"奖。

如今，已经 65 岁的曾圆香依旧坚守在推广华文教育、弘扬中华文化的路上，她不知疲惫，不辞辛苦地站在异国的土地上播种着中华文化的种子，并期盼着终有一日华文教育在缅甸的每一寸土地上都留下深深的印记。

8. 张述洲

张述洲，现任日本神户中华同文学校校长，是日本唯一列席中国全国政协十二届五次会议的侨领代表。

张述洲是恢复高考后第一届中央音乐学院歌剧系毕业生，毕业后留校工作。1985 年底回到原单位天津歌剧团，并成为歌剧团艺术室副主任。无论是表演、创作，还是舞台美术，他都有着深厚的功力，在圈内也有着极好的声誉。20 世纪 80 年代末，驰骋在歌剧大舞台上的张述洲，选择到日本国立兵库教育大学留学，攻读教育学硕士学位。和大多数留学生一样，初到日本，张述洲先从语言学起，同时开始了在餐馆等的打工生活。1994 年，张述洲带着教育学硕士毕业证书，供职于一家贸易公司。1995 年 4 月，张述洲走上神户中华同文学校的讲台。在神户中华同文学校任教的 20 多年里，张述洲一直致力于推动西日本华文教育事业的发展和普及中国民族音乐的活动，为传承中华文化，促进中日文化交流做出了重要贡献。

神户中华同文学校是 1899 年由梁启超先生倡导、神户华侨自力创建的一所已经有 120 年历史的小一至初三九年一贯制的全日制华校，是华侨华人子弟学习中华文化的重要平台，也是中日文化交流的纽带。在神户中华同文学校任教以来，张述洲由于个人专业素质过硬，担任过许多科目的教学，包括汉语、音乐、美术、地理等。此外，在技术家庭科方面，他还教授孩子们木工、电工、电脑、缝纫、保育、料理等。为了让孩子们了解中华文化，在料理课程中，张述洲最常教的便是中国菜。在美术教学中，张述洲把当地出售的彩砂教材，融入中国元素，首创"彩砂脸谱"，教孩子们用彩砂粘贴出京剧脸谱作品。教学相长的同时，张述洲利用业余时间，历时两年，编写了供小学五年级使用的《中国地理》教科书。他寓教于乐，独具创意，将一些枯燥难记的数字、地名用儿歌的形式编写，创作出《学儿歌·识地理》，让孩子们在说唱儿歌的过程中学习知识。随后，张述洲还将《学儿歌·识地理》共享到中国华文教育网上，惠及更多的学生。

在音乐教育方面，神户中华同文学校有一个成立于1985年的民乐部。在几任教师的努力下，民乐部从几个人发展到20多人，拥有二胡、琵琶、笛子、扬琴、大阮等常规乐器。张述洲在担任负责老师兼指挥的14年里，充分发挥自己音乐科班出身的优势，为团队陆续增加了古筝、柳琴，改良高音笙、低音笙、大革胡等一些特色乐器。现在这个乐队已经发展到将近50人的规模，成为日本学生乐队中唯一的一支中国民族乐队，至今已连续15年应邀参加代表神户市业余文艺汇演最高水平的"紫阳花音乐会"，并曾荣获"中国音乐比赛金奖""兵库县知事奖"等，是学校众多成果当中一颗璀璨的明珠。

2005年4月17日，"西日本华文教育者协会"这一非营利民间团体成立，胡士云担任会长，张述洲为副会长。早在协会成立以前，两人在致力于西日本地区的华文教育、增进中日情谊活动中结为好友。他们于2007年12月23日创办"中华杯·在日华侨华人青少年汉语演讲比赛"，到2018年底已经成功举办了12届。此外，协会组织华侨华人青少年积极参加中国国务院侨务办公室举办的"中国寻根之旅"夏令营也已走过12个年头。2013年，张述洲以西日本华文教育者协会会长的身份同时担任西日本新华侨华人联合会副会长，其间主持了2014、2015、2018年于大阪举行的第六、第七、第十届"中秋明月节"大型品牌活动的开幕式。

2016年4月，张述洲接任神户中华同文学校校长，也是这所拥有悠久历史华校的第一任新华侨校长。自担任校长以来，张述洲一直在思索学校未来的方向。他提出"继承同文优良传统，紧跟时代作育人才"的十六字理念，"想法要大胆，准备要细致，操作要认真"的十五字做法，"应该做的认真做，能够做的积极做"的十四字原则等。近年，还在西日本地区举办华文教育座谈会、承办"华文教师证书培训""华文教育·名师巡讲"等活动，在推动西日本地区华文教育发展的道路上大步前行。

9. 赵静、赵国刚伉俪

赵静、赵国刚夫妇为奥地利籍华人。他们在国内大学毕业后，于20世纪80年代中期赴欧洲学习，并定居维也纳市。随后创建维也纳中文教育中心，是奥地利华文教育的早期引领者。

华人旅居奥地利的历史很短，只有80多年。20世纪八九十年代后奥地利华侨华人人口快速增长。但华文教育和中华文化的传扬，在当地几乎是个空白。为了让生活在维也纳的华人家庭孩子能学习到中文，1996年，赵静与丈夫赵国刚博士在维也纳办起了一所周末中文学校——赵静中文学校。他俩平时都在当地公司上班，完全是业余时间义务为学校服务。租教室、编教材、协调当地教育部门，事无巨细，都要两个人亲自去做。中文学校从诞生的第一天起，就充满了艰辛和坎坷。首先面临的就是没有合适的教材，赵静、赵国刚一起多方网罗，四处搜集适合孩子们的儿歌、故事，自己动手编写教材和练习题。

找校舍、编教材等困难可以克服，说服华人家长送孩子上中文学校，这在刚开始的时候也不是一件容易的事情。当时维也纳华人大多从事餐饮行业，家长们忙于生计，还没有意识到学习中文的迫切性。为了动员华人家长将子女送到中文学校上课，赵静夫妇每天下班后的第一件事就是往中餐馆跑，做华人家长的思想工作。那时他们自己的孩子才2岁多，却没时间去关心，孩子常常自己睡在汽车里。

为了更多地赢得社会各界的关注和支持，这所学校后以"维也纳中文教育中心"注册。经过近20年的坚持努力，到2013年"维也纳中文教育中心"已有40多个班，800名左右的学生、30多位老师。除教授中文外，还为学生们开设了音乐、舞蹈、绘画、武术、象棋等兴趣班。另外还有德语、英语、太极、知识讲座等针对学生家长的学习班。创建初期，学校主要是对华人子弟的中文教育；近年来，非华裔学生人数开始逐年增加。学校还组织举办各种类型的报告会、研讨会、文化活动，吸引奥地利人民了解中国、了解中国文化。

2006年，学校举行成立十周年庆典，奥地利总统、总理等国家政要和很多社会组织都相继发来贺电和贺词。各大媒体也相继报道。多年来，在赵静、赵国刚及其他华教界同仁的不懈努力下，维也纳中文教育中心赢得了奥地利从政府到民间的广泛赞誉，也逐渐得到了社会各界的支持和帮助。

赵静、赵国刚是奥地利中文教学的创办人和推广者，也是在奥地利传扬中华文化的代表人物。也因此，赵静于2015年获得中央电视台颁发的《中华之光——传播中华文化2015年度人物》的殊荣。

10. 周洁明

周洁明，女，出生于柬埔寨，祖籍中国广东省东莞市常平镇，现任柬埔寨崇正学校校长。她17岁时成为马德望省吾哥比里市中华学校的一名华文教师，在60多年的华文教育生涯中，她桃李满天下，培养的学生分布于世界各地，很多学生亲切地叫她"周妈妈""周奶奶"。为表彰其在华文教育事业方面的贡献，以及她勇往直前、不屈不挠的精神，2008年，中国国务院侨务办公室授予其"华文教育终身成就奖"。

周洁明出生在一个富裕的华人家庭，刚出生，母亲就因产后忧郁症去世。14岁那年，她有了一个后母，但和后母的关系很不好。17岁时，由于她发表的诗歌《想亲娘》表达了对生母的想念和对现实生活的不满，导致了她和父亲关系的恶化，从此她走上了独立谋生的道路。

在《工商日报》编辑的帮助下,她成为了一名教师,在马德望省吾哥比里市中华学校任教,教授数学、音乐、舞蹈等课程。也就是在这所学校,周洁明与她的先生相识相爱了。当时柬埔寨华校有一个传统,两三年学校就会换一次校长,而原先的教师就不得不重新找工作。就是因为这个缘故,周洁明在短短几年间,换了好几所学校任教,暹粒的中山学校、马德望的联华学校及宿蒙学校、磅清扬的华侨学校都留下了周洁明的足迹。

教书十余年后,柬埔寨的政局开始动荡不安,1970年朗诺政变后,学校被迫关闭,连华文报刊也停办了,周洁明只好回到金边给孩子们辅导华文勉强生活。1975年,红色高棉入城,周洁明一家人被赶到了农村,很多家庭流离失所。在村子里,最后只剩下了3个华人,但她从来没有放弃过,越是动荡的岁月,越让她的信念更加坚定,总有一天她们可以回到心爱的华文教师岗位。

在艰难的岁月里,周洁明吃了很多苦。但幸运的是,1993年,随着柬埔寨国家权力机构相继成立和民族和解的实现,柬埔寨进入和平发展的新时期。柬埔寨政府与中国的关系也开始正常化,华文教育得以恢复。昔日同事李自奋校长邀请她到崇正学校任教,担任教务处主任。刚开始,学校只有幼儿班到小学四年级,一共700多名学生,在老师们的共同努力下,学校规模逐渐扩大。2009年,她从教导主任职务上退休,过上了清闲的日子,但崇正学校的校风出现散漫的苗头。2011年下半年,因为校长人选出现断档,学校希望周洁明能出任校长,与老师们一起把学校带出困境,所以她毅然回到了崇正学校。现在崇正学校的发展走上正轨,成为了柬埔寨的第二大华校。

如今,周洁明依然坚持每天工作12小时。她的声带因常年的一线教学工作而受损,发声略显吃力,医生叮嘱她不要过多说话、大声说话,但作为一校之长,她仍用她那一份勇往直前、无畏艰难的执着,坚守在工作岗位上。她认为最大的幸福就是看到学生自强、自立,这就让她有了克服一切困难的勇气。

周洁明经常对学生们说:"学习华文不仅是为了弘扬中华文化,更是符合未来世界发展的需要。作为华侨华人的学生,应该永远记得'我是中国人,我的祖籍在哪里?要努力学习,留住炎黄子孙的根'。对我们柬埔寨同学来说,要努力把中文、柬文、英文都学好,成为社会的有用之才!"

图书在版编目（CIP）数据

世界华文教育年鉴.2018 / 贾益民主编. -- 北京：社会科学文献出版社，2019.8
 ISBN 978 - 7 - 5201 - 4934 - 1

Ⅰ.①世… Ⅱ.①贾… Ⅲ.①华文教育 - 世界 - 2018 - 年鉴 Ⅳ.①G749.1 - 54

中国版本图书馆 CIP 数据核字（2019）第 098821 号

世界华文教育年鉴（2018）

主　　编 / 贾益民
副 主 编 / 胡培安　胡建刚

出 版 人 / 谢寿光
责任编辑 / 张建中

| 出　　版 / 社会科学文献出版社·社会政法分社（010）59367156
地址：北京市北三环中路甲29号院华龙大厦　邮编：100029
网址：www.ssap.com.cn
| 发　　行 / 市场营销中心（010）59367081　59367083
| 印　　装 / 三河市东方印刷有限公司
| 规　　格 / 开 本：787mm×1092mm 1/16
　　　　　　 印 张：27　插 页：0.5　字 数：523 千字
| 版　　次 / 2019年8月第1版　2019年8月第1次印刷
| 书　　号 / ISBN 978 - 7 - 5201 - 4934 - 1
| 定　　价 / 198.00元

本书如有印装质量问题，请与读者服务中心（010 - 59367028）联系

 版权所有 翻印必究